웹으로 배우는

영어발음 이론과 실습

김형수 지음

KM 경문사

머리말

이 책은 내가 전주대학교 영어교육과에서 오랜 기간 음성학을 가르친 경험을 바탕으로 썼다. 사실 음성학은 인문학의 일부인 영어교육을 전공하는 학생들에게는 생소한 과목이다. 지금에 와서 고백하자면 나도 대학 시절 배운 영어학 과목 중 제일 싫었던 과목이 음성학이었다. 우선 무엇이든 외워서 기억하는 데 별로 소질이 없던 나는 음성학에 나오는 수많은 용어를 외워야 한다는 것에 흥미를 잃고 말았다. 그 다음은 과목 자체가 별로 깊은 사고력을 요하지 않는 것처럼 보였다는 점이다. 많은 경우 과목의 내용이 이미 알려져 있는 사실들에 대한 기술인 경우가 많았고 그 외의 특별한 사고력을 요구하지 않았다는 점이다. 이 점은 당시 내가 좋아하던 과목이던 통사론과는 사뭇 대조된다. 통사론의 경우 여러 가지 문제가 주어지고 이를 가정을 세워서 풀어야 하는 전형적인 문제풀이 과목인 반면에 음성학은 이러한 절차가 거의 필요하지 않았다. 그러다 보니 곧 흥미를 잃게 되었고 캐나다로 유학을 결정하였을 때 나는 음성학이나 음운론보다는 통사론을 공부하리라 마음먹고 있었다. 이러한 생각은 대학원 지도교수를 만나면서 음운론을 전공하는 쪽으로 달라지긴 하였지만 음성학에 대한 거부감은 음운론 이론을 공부하던 대학원 시절에도 내내 계속되었다.

그런데 원수는 외나무다리에서 만난다고 하였던가! 내가 오랜 유학시절을 끝내고 전주대학교 영어교육과에 부임하면서 처음 가르치기 시작한 과목이 바로 영어음성학이었다. 교수로서 첫 수업에 임하는 나의 착잡한 심경을 헤아려 보라! 제일 먼저 떠오른 생각은 내가 왜 대학시절 음성학을 좀 더 깊이 있게 공부해 두지 않았나 하는 후회였다. 또 유학시절, 음성학을 좀 더 심도 있게 공부할 수 있는 기회가 여러 번 있었음에도 이 핑계 저 핑계로 회피한 데 대한 뉘우침도 있었다. 그러나 당장 급한 것은 나만 바라보고 이 과목을 선택한 40여 명의 학생들을 가르쳐야 한다는 것이었다. 이때 내가 택한 방법 역시 나의 음성학에 대한 낮은 흥미를 나타내는 매우 소극적인 것이었다. 당시는 지금처럼 정보통신의 기술이 발달하기 전이었고 그렇다고 학생들을 위한 멀티미디어를 활용한 교재도 없던 시절이었다. 그래서 나는 유학시절 읽은 유일한 음성학 교재인 Abercrombie의

『Elements of General Phonetics』(Chicago; Aldine, 1967)을 수업시간에 학생들과 함께 강독하는 것으로 수업을 진행하였다. 우선 교재가 영어로 되어 있으니 영어교육을 전공하는 학생들에게는 영어공부도 할 겸 음성학 이론도 익힐 겸 일거양득이 된다는 게 나의 핑계였지만 사실은 이미 내가 한 번 읽은 책이고 이렇게 가르치는 것은 그 어떤 방법보다도 쉽고 편리할 뿐 아니라 무엇보다도 그 골치 아픈 음성학에 대하여 깊이 생각할 필요가 별로 없었다. 거기에 Abercrombie의 좋은 문장들은 가끔씩 나에게 영어문장 강독에 대한 조그만 기쁨마저 주었으니 나에게도 일거양득인 셈이었다. 그러다가 같은 교재를 반복해서 강독하기가 지루해지자 MacKay의 『Introducing Practical Phonetics』(Little, Brown and Company; 1978), Ladefoged의 『A Course in Phonetics』(Harcourt Brace Jovanovich, Inc), Gimson의 『An Introduction to the Pronunciation of English』와 Prator & Robinett의 『Manual of American English Pronunciation』(Holt, Reinhart and Winston, Inc; 1972) 등으로 바꾸기도 하였지만 교수방법은 별로 변하지 않았다.

내 음성학 교수방법에 변화가 오기 시작한 것은 학교에 매킨토시 컴퓨터실이 생기면서부터였다. 유학 시절 매킨토시 컴퓨터로 학위논문을 썼고 UCLA의 매킨토시용 음성학 프로그램을 접해본 적이 있던 나는 그 프로그램을 학교용으로 구입하여 음성학 수업에서 사용하기 시작하였다. 멀티미디어 컴퓨터 프로그램을 이용한 음성학 수업의 영향은 학생들의 수업태도에 곧바로 나타났다. 전에는 재미없어하고 지루해하던 학생들이 이 프로그램을 이용하면서부터는 지루해하지 않는 것이었다. 전에는 교재에 나오는 여러 언어에서 일어나는 음들을 나의 설명과 부족한 시연(?)에만 의존해야 했으나 이제는 학생들이 컴퓨터에서 직접 들어 볼 수 있게 된 것이다. 학생들의 이러한 변화를 보면서 나도 만약 대학 시절에 이러한 수업을 받았다면 음성학에 대하여 일찍부터 흥미를 가질 수 있지 않았을까 하는 생각을 했다. 다만 아쉬운 점은 당시에는 아직 음향음성학을 소개할 수 있는 적절한 음성분석 프로그램이 많지 않았고 있어도 고가의 것들이어서 수업시간에 학생들이 직접 사용할 수 없다는 것이었다. 그러나 이러한 나의 우려는 암스테르담 대학의 Paul Boersma와 David Weenink 교수가 만들어 무료로 배부하고 있는 'Praat'나 런던 대학교의 'Wasp'과 같은 프로그램들이 나오면서 곧 해소되었다. 이와 함께 인터넷과 멀티미디어 컴퓨터의 발달은 웹상에서 학생들이 원하면 언제든지 필요한 음성학 자료를 접할 수 있게 해 주었다. 이렇게 되자 나도 자연스럽게 음성학을 가르치는 일이 즐거워졌고, 복잡한 이론과 설명을 별로 듣고 싶어하지 않는 우리 학생들에게 영어교육도로서 필요한 만큼의 음성학 지식을 스스로 익힐 수 있게 하는 방법을 고민하게 되었다. 이러한 고민을 하는 과정에서 잉태하게 된 것이 이 책이다. 이제는 우리 학생들이 여러 언어에 일어나는 음을 멀티미디어 컴퓨터를 통해서 직접 들어보고 분석하면서 스스로 음성학 공부의 즐거움을 맛볼 수 있어야 한다고 생각한다. 이런 이유로 이 책에서는 강력하면서도 접근이 용이한 'Praat(프라트)'를 주 음성분석프로그램으로 사용하였다. 여기에 인터넷상에서 접근이 가능한 음성학 자료들 중 학생들이 필요하다고 생각되는 것들을 필요할 때마다 직접 찾아보도록 하였다. 특히 영어 단어의 발음 분석을 위해서 미국영어는 Webster의 인터넷 사전(www.m-w.com)에서, 영국영어는 www.naver.com의 영영사전에서 원어민의 발음을 다운받아서 프라트를 이용하여 분석해내는 방법을 소개하고 이를 필요할 때마다 사용하였다. 이와 함께 영어 발음상의 특징들이 스펙트로그램상에서 어떻게 나타나는지를 알려주고 같은 단어나 구절, 문장 등을 원어민의 발음으로 인터넷상에서 다운받고 자신의 발음은 컴퓨터의 녹음기능을 이용하여 음성파일로 만든 다음 이들을 프라트에서 불러들여 서로 비교 분석하면서 교정하는 방법도 소개하였다.

이 책을 쓰면서 또 한 가지 염두에 둔 점은 영어와 우리말의 음성적 비교이다. 이는 이 두 언어가 우리 학생들에게 가장 친근한 언어이므로 쉽게 음성학 이론에 접근할 수 있는 자료를 제공하기 때문이기도 하지만 영어는 전공자로서, 국어는 원어민으로서 그 음성학적 특징을 기본적으로 알아둘 필요가 있기 때문이다. 이 두 언어 외에도 꼭 필요한 경우에는 다양한 언어 자료를 소개하였다. 아직 부족한 점이 많고 보충해야 할 내용도 많으나 이 작은 강의 노트를 통하여 우리 학생들이 음성학에 대한 호기심도 충족시키고 컴퓨터와 인터넷으로 대표되는 현대 정보통신 혁명이 가져다주는 이점도 함께 누려 볼 수 있기를 바란다. 그동안 나의 재미없는 음성학 강의를 꾸준히 들어준 학생들에게 미안함과 고마움을 표한다.

2016년 7월

차 례

1 음성학이란?

2 프라트(Praat)를 이용한 음성학 공부

3 유·무성, 조음점에 의한 자음 분류

4 조음방법에 따른 자음의 분류

5 영어 말소리의 분류: 모음

9 영어 리듬과 억양(Rhythm and Intonation)

10 문장 내에서 일어나는 음운변화

1

음성학이란?

And the Gileadites took the passages of Jordan before the Ephraimites: and it was so that when those Ephraimites which were escaped said, Let me go over, that the men of Gilead said unto him, Art thou an Ephraimite? If he said Nay: then said they unto him, Say now, Shibboleth: and he said Sibboleth: for he could not frame to pronounce it right. Then they took him, and slew him at the passages of Jordan: and there fell at that time of the Ephraimites, forty and two thousand.

-Judges, xii. 5-6

길리앗 사람들이 에브라임 사람들보다 먼저 요단강가를 차지하고서 도망나온 길리앗 사람이 와서 강을 건너게 해달라고 하면, 너 혹시 에브라임사람이냐고 물었다. 그 사람이 아니라고 하면, 그럼 쉽볼레(Shibboleth)[1]를 발음해보라 한 후 제대로 발음하지 못하고 십볼레라고 하면 강가로 데려가 살해하였다. 그때 그렇게 죽은 에브라임 사람이 사만 이천에 이르렀더라.

-사사기 12장 5-6절

In that sore battle when so many died
Without reprieve, adjudged to death
For want of well pronouncing Shibboleth.
－John Milton 〈Samson Agonistes〉

쉽볼레 하나 제대로 발음하지 못해
그 참담한 전투에서 구제받지 못하고
죽음에 이른 수많은 사람들
-존 밀튼 '삼손 아고니스테스' 중

1) Shibboleth의 원래 히브리어 의미는 '강'(river)이다. 영어에서는 성서의 이 구절에서 기인하여 '관습을 나타내는 말투나 정당의 구호'등을 가리킬 때 사용된다.

음성학(phonetics)은 말소리를 연구하는 학문이다. 말소리는 언어를 통한 의사소통의 가장 기본이 되는 매체(medium)인 바 우리가 영어의 발음에 대하여 관심을 가지는 이유도 영어를 통한 대부분의 의사소통이 말소리를 매체로 이루어지기 때문이다. 음성학은 이렇듯 의사소통에 중요한 역할을 하는 말소리를 체계적이고 과학적으로 연구하는 학문이다.

1.1 소리연쇄(Speech Chain): 음을 통한 의사소통은 어떻게 이루어지나?

그러면 음을 통한 의사소통은 어떻게 이루어지는 것일까? 의사소통 때 일어나는 말소리의 연쇄반응을 보여주는 아래의 그림을 보면서 알아보기로 하자.

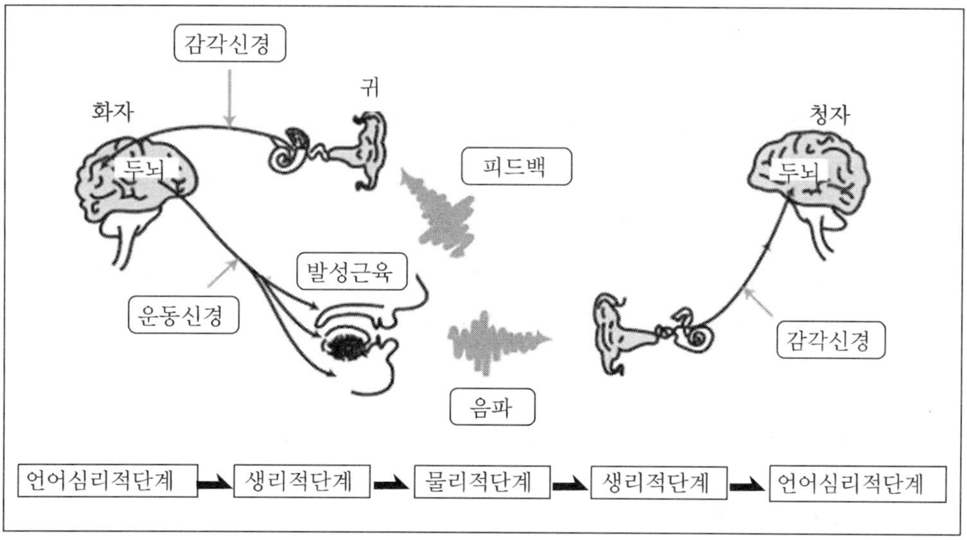

그림 1 | 말소리를 통한 의사소통에서 일어나는 연쇄반응. Cf. Denes & Pinson(1993, p.5).

의사소통이 일어나려면 우선 화자(speaker)와 청자(listener)가 있어야 함은 물론이다. 화자는 의사소통을 위해 먼저 머릿속에서 말하려는 내용에 대한 언어개념을 형성한다. 위 그림의 첫 단계인 언어심리적 단계이다. 화자의 신경조직(nervous system)이 이렇게 형성된 개념을 운동신경(motor nerves)을 통해 발음기관(organs of speech)에 보내면 발성근육들(vocal muscles)이 신경조직의 명령에 따라 움직이면서 일련의 소리가 난다. 이는 신경조직의 명령에 따라 근육이 움직이는 **생리적 단계**이다. 이렇게 만들어진 소리는 공기의 파장을 통하여 청자의 귀에 전달되는데 세 번째인 **물리적 단계**이다. 이렇게 생성된 음파(sound wave)는 청자뿐 아니라 화자의 귀에도 전달되는데 이를 '피드백'이라고 한다. 즉 우리는 입으로 말을 하는 동시에 귀로는 자신의 말을 모니터하는 것이다. 귀에 전달된 소리가 감각신경(sensory nerves)을 통하여 두뇌에 전달되면 청자는 이를 화자의 메시지로 해석한다. 의사소통은 화자와 청자가 역할을 바꿔가며 이 과정을 반복하면서 이루어진다.

소리연쇄를 통한 의사소통의 과정을 단계적으로 보여주는 위의 그림은 음성학의 하위분야를 자연스럽게 노출시킨다는 점에서 유용하다. 첫 번째인 언어심리적 단계는 두뇌에서의 언어발달(language development), 언어정보처리(language processing) 등과 밀접히 연관되어 있어서 심리언어학(psycholinguistics)과 신경언어학(neurolinguistics)에서 주로 다룬다. 두 번째 생리적 단계는 두뇌에서 형성된 언어개념이 음의 생성 및 조율을 통하여 구현되는 과정이므로 **조음음성학**(調音音聲學; articulatory phonetics) 분야에 해당한다. 세 번째 단계는 이렇게 생성된 음이 청자에게 물리적으로 전파되는 과정을 다루는 분야인 **음향음성학**(音響音聲學; acoustic phonetics)에서 주로 연구한다. 나머지 네 번째와 다섯 번째 단계는 이렇게 전파된 음을 귀가 듣고서 어떻게 인지하는가와 관련되므로 **청각음성학**(聽覺音聲學; auditory phonetics)에서 연구한다.

음성학 연구는 위의 세 분야 중에서 가장 관찰이 용이한 조음음성학으로부터 시작하였다. 그 이유는 다른 두 분야와는 달리 조음(articulation)의 경우 연구자 자신이 발음을 하

음성학의 하위분야

조음음성학	음향음성학	청각음성학
허파에서 시작한 공기의 흐름이 후두와 기타 발성기관을 지나면서 어떻게 말소리로 만들어지는가를 연구한다.	조음기관에서 만들어진 말소리가 어떻게 전파되는지를 물리적으로 연구한다.	귀(고막)에 전달된 말소리를 듣고서 어떻게 인지하는가를 연구한다.

그림 2 | 음성학의 하위 분야

면서 내관(內觀)을 통하여 특정한 음이 어디서 어떻게 발음되는가를 알아볼 수 있기 때문이다. 그러다가 1940년대에 미국의 벨연구소에서 스펙트로그래프(spectrograph)가 개발되어 음의 전파에 대한 물리적 연구가 가능해지면서 음향음성학 연구가 급속히 발달하였다. 반면에 음성학자들이 인지하는 음과 스펙트로그래프를 이용하여 정량적으로 분석한 결과가 차이가 있을 수 있음을 인식하면서 청각음성학의 중요성이 대두되었다. 다만 이 분야의 경우 소리연쇄의 첫 단계와 마찬가지로 인간 두뇌에서의 언어활동과 밀접한 관계가 있기 때문에 아직 많은 부분이 미지로 남아있다. 본 교재에서는 음성학의 전통적 연구 분야인 조음음성학(articulatory phonetics) 위주로 학습하되 그 이해를 돕기 위하여 멀티미디어 컴퓨터의 개발로 최근에 더욱 활성화된 음향음성학과 청각음성학 분야를 필요할 때마다 병행하여 설명하도록 한다.

1.2 발성기관(Speech Organs): 말소리는 어떻게 만들어지나?

말소리는 허파로부터 시작하는 공기의 흐름을 타고 만들어진다. 이는 우리에게 그리 생소한 사실은 아니다. 누구나 한 번쯤은 빈 병의 입구에 공기를 불어서 소리를 내본 경험이 있을 것이다. 피리나 나팔처럼 불어서 내는 관악기의 소리도 허파에서 나오는 공기의 흐름에 의지하여 난다. 말소리가 나는 원리도 이런 점에서 피리 소리가 나는 원리와 같다. 즉 허파에서 시작한 공기의 흐름이 기관을 거쳐 후두(larynx)에 이른 후 인두(pharynx)와 구강(oral cavity)을 지나 입 밖으로 이어지는 긴 관을 거치면서 소리가 나는 것이다. 빈 병, 피리, 나팔 등을 불면 소리가 나는 이유는 공기가 빈 공간을 통과하면서 울림이 일어나기 때문이다. 말소리도 아래 그림에서 볼 수 있듯이 허파에서 시작한 공기 흐름이 입으로 이어지는 긴 관을 울리면서 만들어진다.

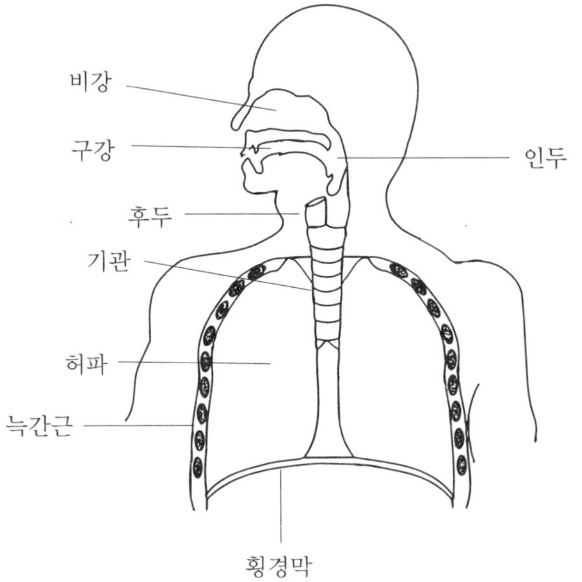

그림 3 | 인간의 발성기관: 하나의 긴 관으로 되어 있다.

실습

영어를 포함한 대부분의 언어에서 말소리는 허파에서 나오는 공기가 기관을 통과할 때 울려서 난다. 이러한 울림소리(resonant sounds)의 특징은 관의 형태가 어떻게 변하느냐에 따라 소리가 달라진다는 점이다. 아래의 사이트를 방문하여 사람이 내는 모음과 그 모음을 조음할 때와 같은 형태의 관을 불었을 때 나는 소리가 정말 비슷한지 비교해 보자.

http://www.exploratorium.edu/exhibits/vocal_vowels/vocal_vowels.html

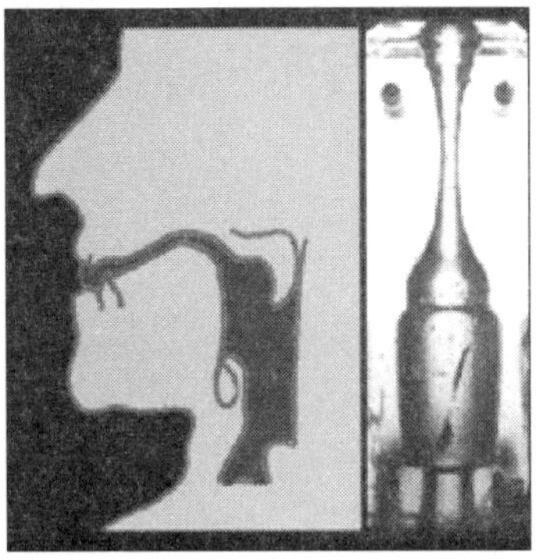

그림 4 | "ee"의 모형도

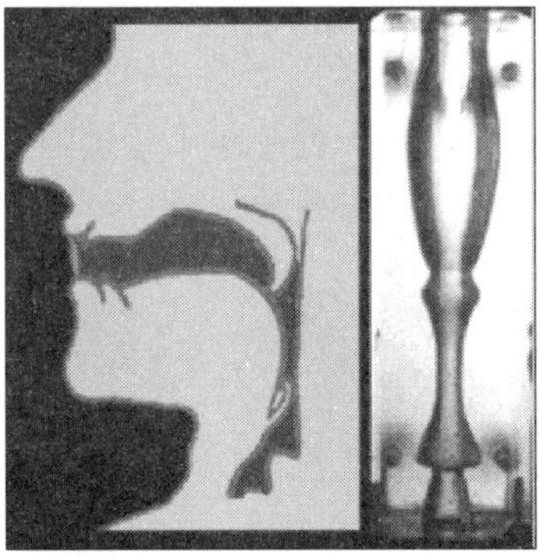

그림 5 | "ah"의 모형도

그러나 말소리가 모두 울려서 나는 것은 아니다. 좀 더 정확히 표현하자면 소리가 크게 나는 /a, e, i, o, u/ 같은 모음이나 /r, l, n/ 같은 자음들은 후두 위에 형성된 여러 형태의 관이 울려서 소리가 난다. 반면에 자음 중에서 /p, k, s, f/처럼 소리가 거의 들리지 않을 정도로 작은 것들은 이러한 울림이 없다. 다시 말해서 전자는 **울림소리**(resonant sounds)이고 후자는 **비울림 소리**(nonresonant sounds)이다.

영어에서 /s/나 /f/ 같은 비울림 소리가 어떻게 만들어지는지를 직접 관찰해 보자. 이 음들도 허파에서 시작하는 공기흐름에 의지하는 점은 울림소리와 같으나 통과하는 구강의 공간이 너무 좁아서 울림(resonance)이 일어나지 못하고 대신 '**마찰**'(friction)이 일어나면서 소리가 난다. 반면에 영어의 /p/나 /k/는 /s/나 /f/와 같은 '마찰음(fricative)'은 아니지만 역시 '울림소리'가 아니다. 이 음들은 허파에서 나오는 공기가 일단 구강에서 완전히 차단되면서 울리지 못하고 대신 막힌 관이 밀고 올라오는 공기의 압력을 견디지 못해 터지면서 소리가 난다. 음성학 용어로는 이를 '**파열**'(plosion)이라 부른다. 마찰음(fricative)과 파열음(plosive)도 울림소리인 모음과 마찬가지로 영어뿐 아니라 세계 대부분의 언어에서 사용된다. 다만 이러한 '비울림 소리'들은 울림이 일어나지 않는 관계로 소리 자체가 크지 못하다. 실제로 영어의 /s, f/ 같은 마찰음과 /p, t, k/ 같은 파열음을 발음해 보라. 모음과 같은 울림소리를 세게 발음하면(즉, 허파로부터 나오는 공기의 세기를 키우면) 그 크기가 덩달아 커지는 것과는 달리 이 비울림소리들은 아무리 세게 발음해도 일정한 수준 이상 커지지 않는다.

그런가 하면 말소리 중에는 허파로부터 시작하는 공기의 흐름을 아예 사용하지 않는 것도 있다. 이러한 음들은 많지 않으므로 'click'이라 부르는 **흡착폐쇄음**에 대해서만 알아보자. 먼저 영어단어 'click'을 사전에서 찾아보면, 음성학과 관련된 의미로 '혀 차는 소리; 흡착폐쇄음' 등이 있음을 알 수 있다. 불행히도 이 음은 영어에 없으므로 실험을 위해 그냥 '혀 차는 소리'가 우리가 잘 모르는 어떤 언어에서 '흡착폐쇄음'이라 불리는 말소리로 사용된다고 생각하고 혀를 차면서 이 소리가 어떻게 만들어지는지 확인해 보자. 비록 이 소리를 낼 때 조음기관이 어떻게 구성되어 있는지 분명치 않더라도 허파로부터 나오는 공기 흐름을 타고 나는 소리가 아님은 분명히 느낄 수 있을 것이다.

그림 6의 사전에서 'click'과 관련하여 눈길을 끄는 것이 네 번째의 설명이다. 이 중 영어의 'tut' 소리는 'tut-tut' 혹은 'tsk-tsk'와 같이 주로 중첩(reduplication)이 일어나 쓰이며 '의성어'(onomatopoeia)로서 경멸, 비난 등을 나타낸다. 우리말로 번역한다면 '쯧쯧' 정도이지만 인터넷사전 www.m-w.com에서 실제 음을 들어보면 '텃텃'에 가깝다. 두 번째의

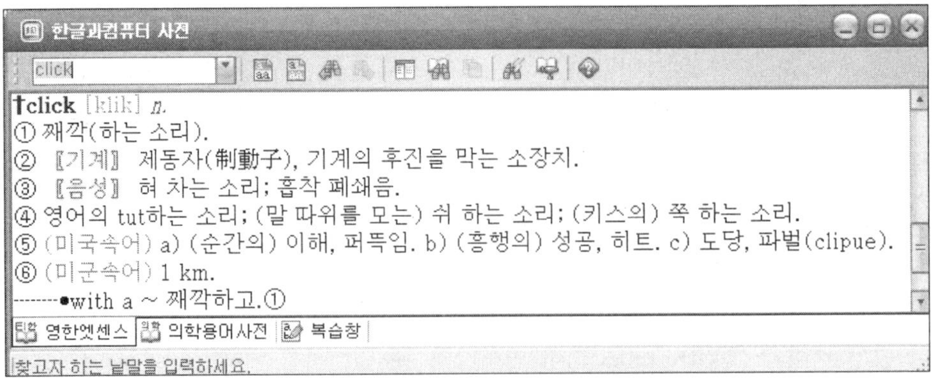

그림 6 | 한컴사전에서 'click' 찾아보기

'(말 따위를 모는) 쉬 소리'는 'cluck'이라고도 불리는데 이 또한 일종의 'click'이지만 위의 의성어와는 발음되는 위치와 방법이 조금 다르다. 마지막으로 생각지도 못한 키스 소리가 '흡착폐쇄음'이라니 흥미롭다. 키스 소리, 혹은 '뽀뽀' 소리야 언어마다 비슷할 것이므로 우리말의 '쪽'이나 '뽀' 소리를 내보면 이들이 허파로부터 시작하는 공기의 흐름을 타고 나는 소리가 아님을 쉽게 확인할 수 있다. 이 소리들은 두 가지 점에서 특이하다. 첫째는 허파로부터 공기를 배출하면서 내기보다는 키스할 때처럼 공기를 밖으로부터 흡입하면서 낸다는 점이고 둘째는 공기 흐름의 발동(發動; initiation)이 허파가 아닌 구강이라는 점이다. 이에 대하여는 아래 '말소리를 만드는 기류의 종류'에서 좀 더 자세히 설명한다.

지금까지의 설명을 요약해보면, 1) 말소리는 대부분이 허파에서 시작한 공기의 흐름을 타고 난다. 2) 이렇게 허파로부터 발동한 공기가 긴 관으로 되어있는 발음기관을 통과하면서 울리면 모음이나 /l, r, n/ 등과 같은 울림소리가 난다. 3) 반면에 조음기관이 서로 가까이 근접하여 울릴 수 없을 정도로 관의 통로가 좁아지거나 막히면 비울림소리가 나는데, 근접은 하되 통로가 아주 막히지는 않아서 마찰이 일어나면, /s, f/ 같은 '마찰음'이 나고 관이 완전히 막혔다가 터지면서 소리가 나면, /p, t, k/와 같은 '파열음'이 난다. 4) 공기의 흐름이 허파에서 발동하지 않는 말소리로 흡착폐쇄음이 있는데, 이 음은 키스할 때처럼 밖의 공기를 구강 안으로 흡입하면서 내는 소리이다.

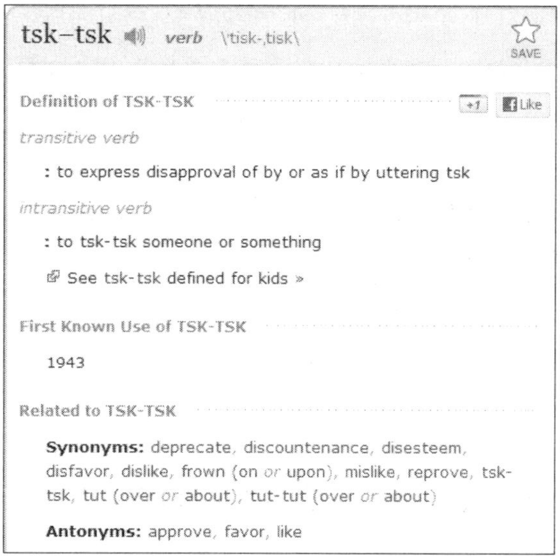

그림 7 | www.m–w.com에서 tsk–tsk 발음 들어보기: 단어 옆에 있는 스피커를 클릭하면 소리가 나온다.

The Click Song

흡착폐쇄음인 'click'은 그 소리가 갖는 음악성으로 인해 노래의 제목으로 사용되기도 하였다. 특히 남아프리카 공화국(The Republic of South Africa)의 가수이자 인권운동가인 Miriam Makeba(1932~2008)가 코사(Xhosa)어로 불러서 유명해졌다. YouTube에서 이 노래를 들어보자.

그림 8 | YouTube에서 'click song' 들어보기

그러면 허파로부터 시작한 공기가 하나의 긴 관으로 되어 있는 기관을 지날 때 어떤 일이 일어나는 것일까? 이를 설명하기 위해 음성학자들은 말소리를 만드는 데 참여하는 기관을 기능별로 아래와 같이 세 가지로 구분한다.

1) 호흡기관(respiratory system)
2) 발성기관(phonatory system)
3) 조음기관(articulatory system)

1.3 말소리를 만드는 기관의 분류(Classification of Speech Organs)

1.3.1 호흡기관(The Respiratory System)

허파(lung), 기관(氣管; trachea), 기관지(氣管支; bronchus, pl. bronchi) 등이 여기에 속한다. 허파는 발성에 절대 없어서는 안 되는 기관이지만 원래는 숨 쉬는 기능을 위해 존재한다. 재질이 스펀지처럼 되어 있어서 횡경막(diaphragm)의 움직임에 따라 쉽게 팽창하고 수축한다. 허파의 이러한 움직임은 각각 공기의 흡입(inspiration)과 배출(expiration)을 일으키는데 이것이 바로 호흡(respiration)이다. 호흡이 일어나는 과정은 다음과 같다.

1) 횡경막이 수축하면 흉곽이 팽창하여 허파 속으로 공기가 흡입된다. (아래 그림 왼쪽)
2) 횡경막이 이완하면 흉곽이 수축하면서 허파의 공기가 배출된다. (아래 그림 오른쪽)

허파로부터 나오는 공기는 두 개의 기관지와 기관을 거쳐 후두(喉頭; larynx)로 들어가게 된다. 허파가 중요한 발음기관이 되는 이유는 인간의 언어에 사용되는 대부분의 음이 허파에서 나오는 공기의 흐름을 타고 나기 때문이다.[2] 영어와 우리말의 경우 모든 음이 이러한 **폐장배출음**(肺腸排出音; pulmonic egressive sound)이다. 이렇게 허파에서 **발동**(發動; initiation)한 공기는 두 개의 기관지를 지나 기관(trachea)에서 만나서 후두 안에

2) 이미 언급하였듯이 흡착폐쇄음(click)과 같은 음은 구강에서 발동되므로 허파로부터의 공기흐름에 의지하지 않고 난다.

있는 성문(glottis)을 통과하게 되는데 여기서부터 발성(發聲: phonation)이 시작되는 것이다.

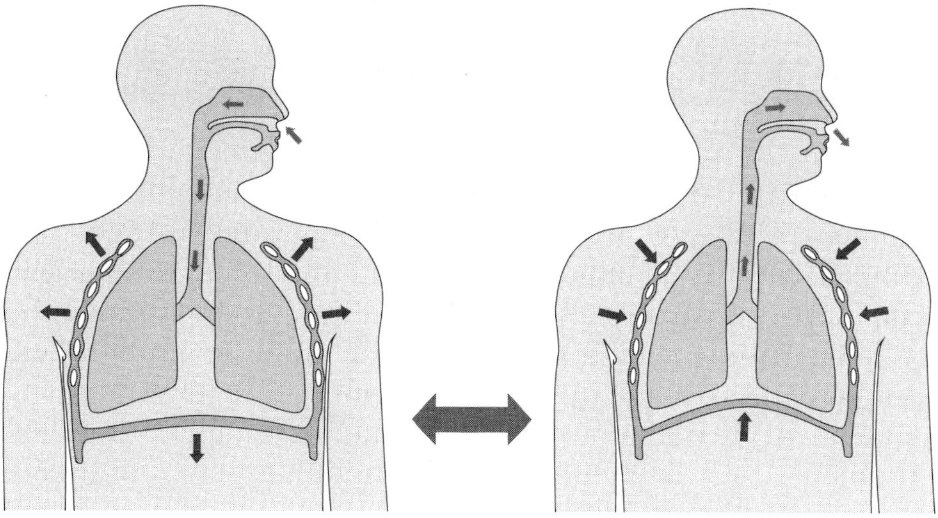

그림 9 | 횡경막의 수축과 이완에 따른 호흡활동

말소리를 만드는 기류의 종류(Types of Airstream Mechanism)

말소리를 만들어내는 공기의 흐름, 즉 기류(氣流; airstream)는 그 근원에 따라 폐장기류(pulmonic airstream), 연구개기류(velaric airstream), 그리고 성문기류(glottalic airstream)로 나눈다. 여기에 공기의 입출방향에 따라 흡입(ingressive)과 배출(egressive)로 나뉘어 이론상 모두 6가지의 메커니즘(mechanism)이 가능하다.

1) 폐장배출기류(pulmonic egressive airstream)
2) 폐장흡입기류(pulmonic ingressive airstream)
3) 연구개배출기류(velaric egressive airstream)
4) 연구개흡입기류(velaric ingressive airstream)
5) 성문배출기류(glottalic egressive airstream)
6) 성문흡입기류(glottalic ingressive airstream)

이 중 세계 언어에서 일어나는 대부분의 음은 1)의 폐장배출기류를 사용한다. 2)의 폐장

흡입기류는 허파로 숨을 들이키면서 말하기가 쉽지 않아서 사용되지 않는다. 3)과 4)의 연구개기류는 혀의 뒷부분이 연구개(입천장의 뒷부분)에 맞닿으면 구강에 공간이 형성되고 유연한 혀가 움직여 그 안에 있는 공기를 흡입하거나 배출하여 기류를 형성한다. 다만 3)의 연구개배출기류는 현재까지 알려진 언어에서는 사용되지 않고 있다. 반면에 4)의 연구개흡입기류는 이미 언급한 'click'과 같은 흡착폐쇄음을 낼 때 사용된다. 남아프리카의 줄루(Zulu)나 코사(Xhosa)어 등에서 여러 가지 흡착폐쇄음이 사용된다. 5)와 6)의 성문기류는 후두 안의 성대가 서로 맞붙어 성문이 굳게 닫힌 상태에서 성문을 움직여 기류를 형성한다. 성문이 위로 올라가면 그 위 공간에 갇힌 공기가 밖으로 나오면서 배출기류가 되고, 아래로 내려오면 밖의 공기가 안으로 들어오면서 흡입기류가 형성된다. 5)는 소위 방출음(ejectives)을, 6)은 내파음(implosives)을 만드는 데 사용된다. 아프리카의 서부 나이지리아의 하우사(Hausa)어에는 여러 종류의 방출폐쇄음(ejective stops)이, 파키스탄과 인도에서 사용되는 신디(Sindhi)어에서는 여러 위치에서 내파음이 난다.

실습

Ladefoged의 음성학 페이지에서 방출음(ejectives), 내파음(implosives), 흡착음(click)이 어떤 언어들에서 일어나는지 알아보고 직접 들어보자. (힌트: www.phonetics.ucla.edu로 들어가서 'Index of sounds'에서 Ejectives, Implosives, Clicks를 찾아서 들어보면 됨.)

어휘분석: inspiration, expiration, respiration, aspiration

호흡기관의 기술에 사용되는 'inspiration', 'expiration', 'respiration'은 모두 라틴어에서 호흡을 의미하는 동사 어간 *spir-*에 각각 접두사 *in-*"in", *ex-*"out", *re-*"again"가 붙어서 파생된 단어들이다. 그래서 숨이 안으로 들어가면 'inspiration', 나오면 'expiration', 그리고 이 들숨과 날숨이 반복되면 호흡을 의미하는 'respiration'이 되는 것이다. 'expiration'에는 어간 *spir-*가 숨어 있어서 잘 보이지 않지만 접두사 *ex-*의 발음이 /ɛks/인 점에 유의하자. 즉 'expiration'은 원래 접두사 *ex-*에 어간 *spir-*가 있었으나 발음상 두 개의 /s/가 반복되므로 하나로 줄어들게 되어 철자에는 나타나지 않는 것이다.

eks-spir-ation ⟶ ekspiration ⟶ expiration
(s + s → s) (발음 /ks/를 철자 ⟨x⟩로 표기)

재미있는 점은 'inspiration'은 '들숨' 외에도 '영감'의 뜻도 있는데 동사로 'inspire'는 '영감을 불어넣다'는 뜻을 가지는 반면에 'expiration'은 '날숨' 외에 '(계약 등의)만료'를 의미하기도 한다. 그래서 'expiration date'은 만기일이고 'The contract expires on Dec. 31, 2010'하면 계약이 2010년 12월 31일에 끝난다는 의미이다. 같은 어간을 가지고 있는 또 다른 단어로 '열망, 소망'을 의미하는 'aspiration'이 있다. 이 단어의 접두사 *ad*-'to'의 /d/는 /s/ 앞에서 탈락하였다. 즉 *ad-spir-ation → aspiration으로 변한 것이다. 'aspiration'은 나중에 배울 기식음(氣息音)을 가리키는 용어로 사용된다. 기식음이란 영어 'peak', 'take', 'cool'의 발음처럼 어두의 /p, t, k/가 구강에서 막혔던 기관이 터지면서 한 줌의 숨이 나오는 것을 가리킨다. 보통 [p^h], [t^h], [k^h]로 표기한다. 더 자세한 설명은 제3장 자음의 분류를 참조.

1.3.2 발성기관(The Phonatory System)

허파에서 시작한 공기가 기관지를 지나 **후두**(喉頭; larynx)에 이르기 전에는 공기의 흐름에 불과하여 소리의 성격을 띠지 않는다. 이렇게 보면 후두야말로 진정한 의미에서 소리를 만드는 기관이다. 그래서 서양에서는 후두를 '소리상자'(voice box)라고 부른다. 성인 남자의 경우 후두의 앞부분이 많이 튀어 나와 아담의 사과(Adam's apple)라 불리기도 한다. 아래 그림은 필자의 후두 위치이다.

후두 안에는 후두강(喉頭腔; laryngeal cavity)이라 불리는 작은 공간이 있고 이 안에 띠로 된 밸브가 있어서 열렸다 닫혔다 한다. 이 밸브가 **성대**(聲帶; vocal cords or vocal folds)이고 그 사이의 공간이 **성문**(聲門; glottis)이다. 후두는 소리를 내는 것 외에 허파로

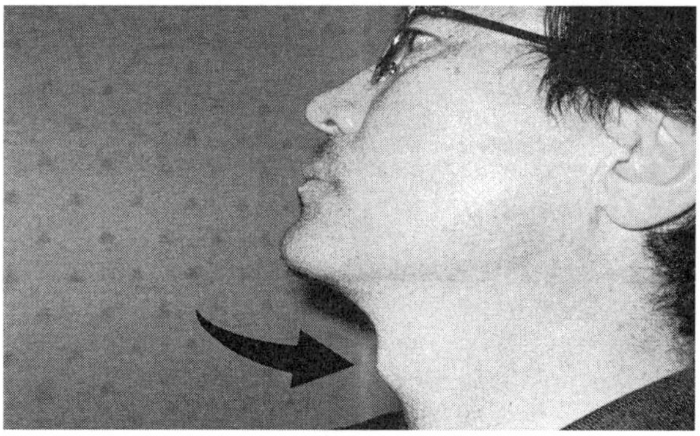

그림 10 | 필자의 후두 위치

부터 나오는 공기의 양을 조절하거나 허파로 이물질이 들어가지 못하게 하는 역할 등을 한다.[3] 아래 그림은 후두와 기관의 여러 모양들이다.

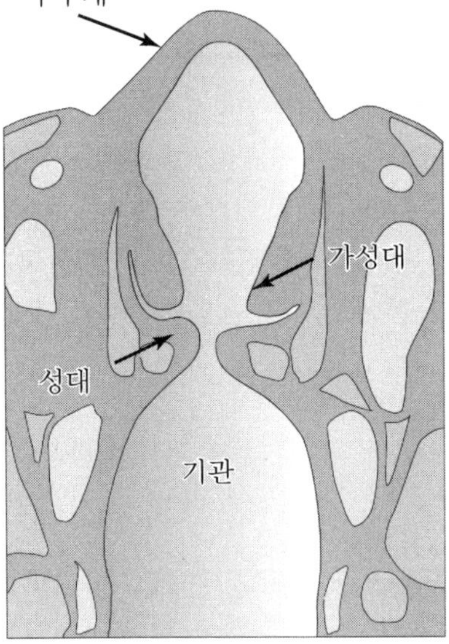

그림 11 | 전면에서 본 기관과 후두의 단면

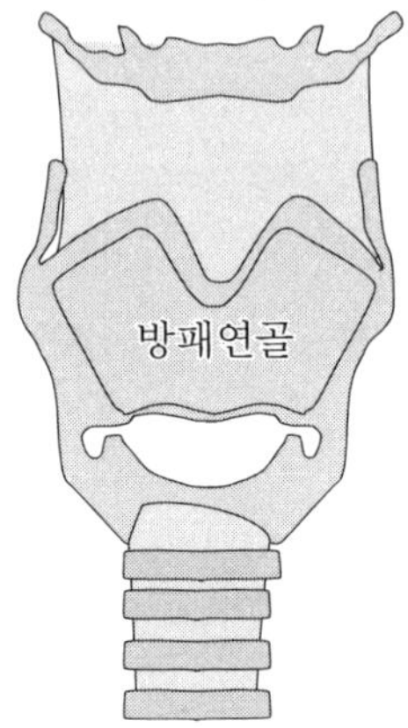

그림 12 | 전면에서 본 후두의 모습

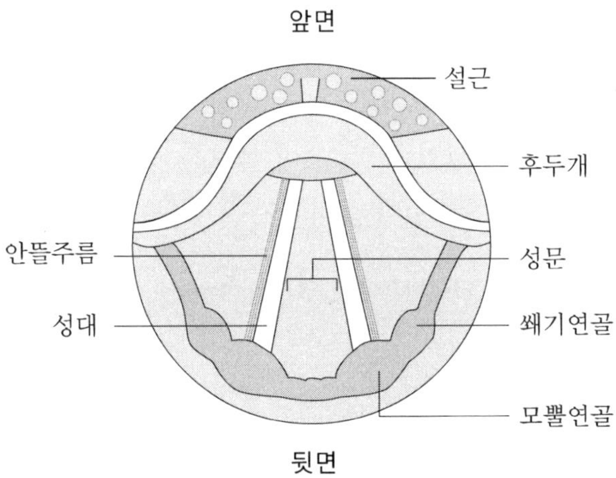

그림 13 | 위에서 본 후두의 모습. 가운데 하얀 띠가 성대이다.

3) 우리가 무거운 물건을 손으로 들 때도 성대는 중요한 역할을 한다. 성대가 닫히면서 허파 속에 공기를 가두게 되면 흉곽이 단단해져 팔로 힘을 쓸 수 있게 되는 것이다. 만약 성대가 열린 상태로(숨을 쉬는 상태로) 무거운 물건을 들려고 하면 무척 힘이 드는 것은 이 때문이다. Abercrombie 1976, p.21; 전상범 1985, p.66 참조.

그러면 후두에서 어떻게 발성이 이루어지는 것일까? 우선 염두에 두어야 할 점은 후두에서 나는 소리가 그리 크지 않다는 것이다. 이는 마치 클라리넷과 같은 관악기의 소리가 크게 들리지만 리드(reeds)를 불어서 나는 원천적 소리는 아주 작은 것과 같은 이치이다. 이렇게 작게 시작한 소리는 바로 위에 있는 인두강(pharyngeal cavity)과 구강(oral cavity), 비강(nasal cavity) 등으로 이어지는 긴 성도(聲道; vocal tract)를 통과하면서 울림(resonance)이 일어나 크게 들리는 것이다. 좀 더 자세한 설명은 '울림이 주로 일어나는 곳들'에 대한 글상자 참조.

울림이 주로 일어나는 곳들

후두에서 발생한 작은 소리는 후두 위의 공간들을 지나며 울리면서 증폭된다. 울림은 다음의 네 공간에서 주로 일어난다.

1) 인두강(pharyngeal cavity)
2) 구강(oral cavity)
3) 입술강(labial cavity)
4) 비강(nasal cavity)

인두강은 후두를 지난 공기의 흐름이 가장 먼저 만나는 울림 공간인데 그 크기가 설근(舌根; tongue root)의 움직임에 의하여 조절된다. 설근이 앞으로 움직여서 공간이 늘어나게 되면 그 움직임에 따라 전설, 중설, 후설모음 등의 조음이 이루어진다. 구강은 많은 소리가 조음되는 곳이다. 그렇지만 구강이 울리는 경우는 모음과 /n, m, l, r/ 등과 같은 울림소리일 때 뿐이고 /t, d, s, f/ 등의 비울림소리일 때 구강에 울림은 없다. 입술강은 입술을 동그랗게 하면서 조음하면 크기가 커지면서 울림이 일어난다. 이렇게 하여 나는 소리가 바로 원순모음(round vowel)이다. 반면에 평순모음(unround vowel)은 입술강에서 울림이 거의 없다. 비강에서의 울림은 입소리(구강음; oral sounds)와 콧소리(비음; nasal sounds)의 차이를 결정한다. 비강이 울리면 콧소리이고 울리지 않으면 입소리이다. 이에 대한 좀 더 자세한 설명은 뒤의 1.6 입소리와 콧소리의 조음을 참조하라.

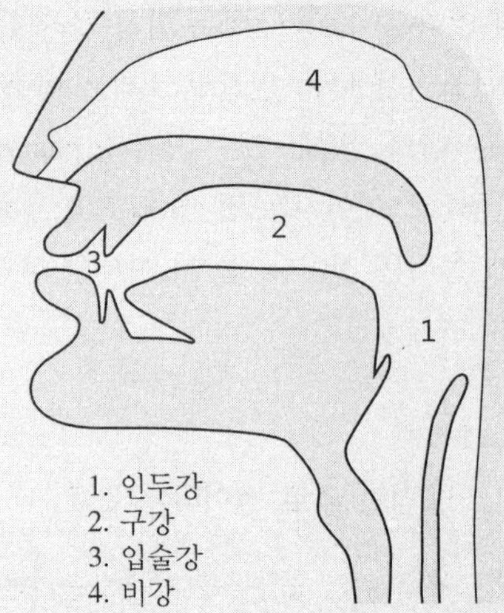

그림 14 | 울림이 주로 일어나는 곳들

그러므로 어떤 소리가 나는가는 다음의 두 요소가 중요하다. 1) 발성기관인 성대가 어떤 모양을 하고 있는가?; 2) 성대에서 시작한 작은 소리를 울려서 키우는 조음기관의 관이 어떤 형태를 하고 있는가? 전자는 발성에, 후자는 조음과정에 속한다. 이 중 성대의 모양은 소리의 높이를 결정하는 중요한 요소가 된다. 예를 들면 여자의 성대는 일반적으로 남자의 것보다 짧고 가늘다. 남자의 경우 성대의 길이가 보통 23mm 정도인 반면에 여자는 17mm 정도이다. 이러한 성대 길이의 차이는 소리의 피치(pitch), 즉 높낮이의 차이로 나타난다. 소리의 높낮이는 성대의 떨림수에 따라 결정된다. 성대가 짧은 시간 안에 많이 떨릴수록 높은 소리가 나는데 이를 결정하는 가장 중요한 요인 중의 하나가 성대의 길이와 두께이다. 허파로부터 올라오는 공기의 압력이 같다고 가정할 때 성대의 길이가 짧고 그 굵기가 얇을수록 많이 떨리게 되어 높은 소리가 나는 것이다. 여자의 목소리가 평균적으로 남자의 것보다 높은 것은 여성의 성대가 남성의 것보다 짧고 얇기 때문이다.

성대의 길이와 두께가 성대의 떨림의 차이로 나타나 소리의 높낮이를 결정하는 것은 마치 현악기의 줄이 그 길이와 굵기에 따라서 높고 가는 소리가 나거나 낮고 굵은 소리가 나는 것과 이치가 같다. 예를 들면 현악 삼중주에 등장하는 악기들을 보면 현의 길이가 바이올린, 비올라, 첼로의 순서로 긴데, 이러한 길이의 차이는 떨림의 차이로 나타나게 되고 결국은 소리높이 영역의 차이로 나타나는 것이다. 바이올린은 높은 영역의 소리를, 그보다 좀 더 큰 악기인 비올라는 중간 영역의 소리를, 그리고 가장 큰 악기인 첼로는 낮은 영역의 소리를 담당하는 것이다.

성문의 상태(States of The Glottis)

성문은 후두 안에 있는 띠로 된 근육인 성대 사이의 공간을 가리킨다. 음성학자들은 말소리와 관련하여 성문의 상태를 기본적으로 다음 세 가지로 구분한다.

(1) 무성의 상태: 성대가 서로 멀리 떨어져 있어서 성문이 많이 열려 있다. 허파로부터 올라오는 공기가 별 저항을 받지 않고 통과하므로 성대의 떨림이 일어나지 않는다. 이렇게 해서 무성음이 만들어진다.

(2) 유성의 상태: 성대가 서로 느슨하게 맞닿아 있어서 성문이 조금 열려 있다. 허파로부터 올라오는 공기가 통과하면서 베뉴이 효과에 의하여 떨리게 된다. 이렇게 발성되는 소리가 유성음이다. 이에 대해서는 아래 설명 참조.

(3) 성문폐쇄의 상태: 성대가 서로 맞붙어 있어서 성문이 완전히 닫혀 있다. 허파로부터 올라오는 공기가 통과할 수 없을 정도로 꽉 닫혀 있으므로 성대가 떨릴 수 없다. 올라오는 공기로 인해 성문 밑의 공기 압력이 계속 높아지면서 더 이상 지탱할 수 없게 되면 갑자기 터지게 된다. 이렇게 해서 나는 소리가 나중에 자세히 배우게 될 성문폐쇄음(glottal stop)이다.

성문의 상태에는 위에 언급한 세 가지 외에도 속삭임(whisper), 삐걱소리(creaky), 호흡소리(breathy) 등이 있으나 영어에는 일어나지 않으므로 자세한 설명은 생략하기로 한다. 숨쉬기를 할 때는 3)의 무성 상태일 때보다 성문이 더 많이 열려 있다.

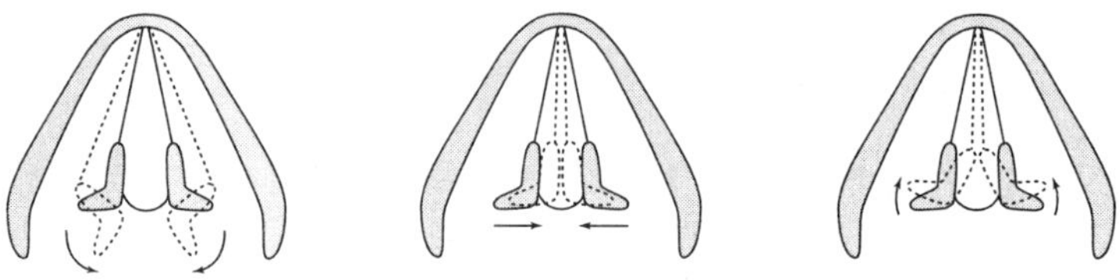

그림 15 | 성문의 상태: 왼쪽부터 1) 무성, 2) 유성, 3) 성문폐쇄의 상태이다.

실습

Google에서 'states of the glottis'를 검색하여 위의 세 가지 성문의 상태를 보여주는 그림을 찾아보자.

힌트: 검색어를 입력하여 관련이미지를 펼쳐 보고 위의 상태와 맞는 그림을 찾아본다.

성대 떨림과 베뉴이 효과(The Bernoulli Effect)

성대가 어떻게 하여 지속적으로 떨리게 되는가는 아래의 그림을 참조하면 쉽게 이해할 수 있다.

1) 성대가 닫힌 상태일 때 허파로부터 공기가 올라오면서 성문 밑 부분의 공기 압력이 올라간다. (그림 1, 2, 3)
2) 올라간 압력을 닫힌 성대가 더 이상 지탱할 수 없을 때 성문이 열리면서 올라가던 공기의 압력이 급격히 떨어진다. (그림 4, 5)
3) 성문이 열린 상태이므로 압력이 높은 성문 윗부분에서부터 압력이 낮은 성문 아랫부분으로 공기의 역흐름이 발생한다. 이로 인해 열려있던 성문이 제자리로 되돌아오게 된다. 이 과정을 베뉴이 효과라 부른다. (그림 6, 7, 8)
4) 허파로부터 올라오는 공기가 닫힌 성문에 부딪치면서 첫 단계부터 반복된다. (그림 9, 10)

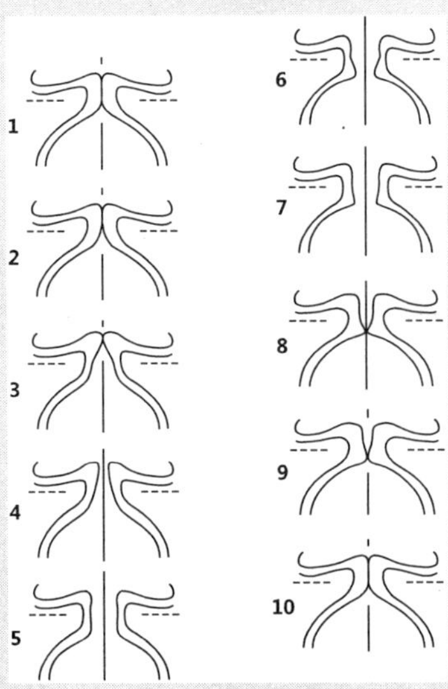

그림 16 | 베뉴이 효과에 의한 성대 떨림

1.3.3 조음기관(The Articulatory System)

허파에서 시작한 공기의 흐름이 후두 안의 성대를 떨리게 하면 발성(phonation)이 시작되고 이 원천적 소리는 후두 위의 관을 지나면서 변형되는데 바로 이 과정을 '조절(調節)'하는 기관이 조음기관(調音器官)이다. 다시 말하면 허파에서 시작한 공기의 흐름이 다양한 모양의 조음기관을 통과하면서 여러 종류의 소리를 만드는 것이다.

조음기관에는 코, 입술, 그리고 입 안의 기관들, 특히 이와 혀가 여기에 속한다. 코는 허파로부터 나오는 공기가 코 내부의 공간, 즉 비강(鼻腔; nasal cavity)을 울려서 만드는 비음(nasal sound)을 내는 데 사용된다. 입술은 소위 입술소리 혹은 순음(脣音; labial sounds)을 내는 데 사용된다. 영어의 /p, b/처럼 두 입술이 다 사용될 수도 있지만 /f/처럼 아랫입술 하나만 사용될 수도 있다. 전자의 경우 양순음(bilabial sound), 후자는 아랫입술과 윗니가 함께 사용되므로 순치음(脣齒音; labiodental sound)이다. 이는 위·아래가 따로 조음에 참여하므로 윗니(upper tooth)와 아랫니(lower tooth)로 구분하여 지칭한다.

혀는 매우 능동적인 조음기관이다. 이런 이유로 조음에 참여하는 부위에 따라 여러 부분으로 나눈다. 우선 혀의 앞부분 중 끝은 설첨(舌尖; tongue tip or apex), 날 부분은 설단(舌端; tongue blade or lamina)이라 부르고 나머지 부분을 나누어서 각각 전설(front), 중설(mid), 후설(back)이라고 부른다. 혀끝(설첨)이나 혓날(설단)은 주로 자음을 조음하는 데 쓰이므로 자음의 분류에서 사용하고 전설/중설/후설은 모음의 분류에서 사용한다. 끝으로 혀의 뿌리는 설근(舌根; tongue root or radix), 혀의 뒷부분은 설배(舌背; tongue back or dorsum)라 부른다.

능동적 조음자와 수동적 조음자(Active vs. Passive Articulator)

조음기관을 편의상 능동적 조음자(active articulator)와 수동적 조음자(passive articulator)로 나누기도 한다. 구강 쪽의 조음기관 중 윗턱(upper jaw)은 고정돼 있어서 움직임이 없으나 아래턱(lower jaw)은 많이 움직인다. 이런 이유로 윗턱에 속하는 윗니와 입천장은 수동적 조음자인 반면에 아랫턱에 속한 아랫니, 혀 등은 능동적 조음자이다. 입술의 경우 윗입술도 /p/나 /b/와 같은 입술소리를 낼 때 움직이므로 아랫입술과 함께 능동적 조음자에 속한다. 아래의 그림은 인간이 말소리를 내는 데 필요한 주요 조음기관을 보여준다.

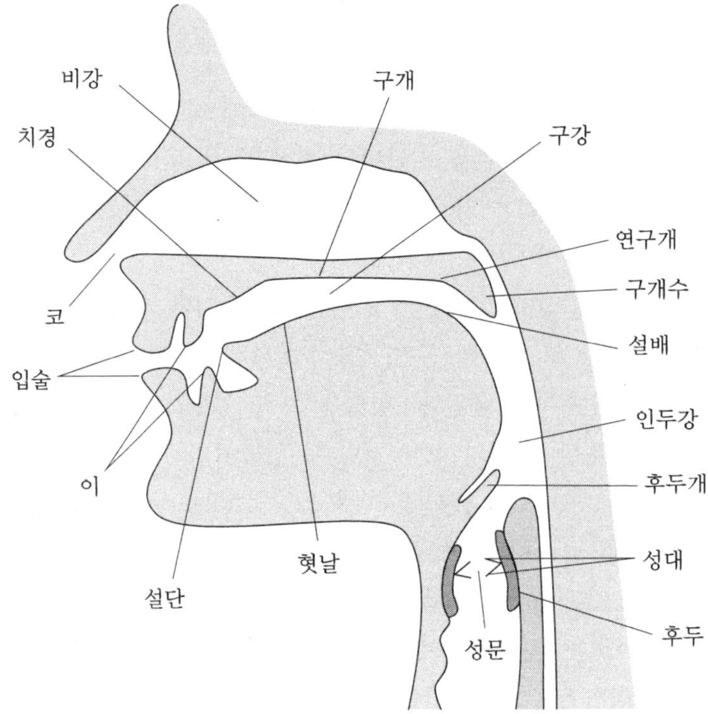

그림 17 | 성도와 조음기관의 우리말 명칭

귀

위의 기관들 외에 조음기관의 설명에 꼭 포함시켜야 할 것이 귀이다. 귀는 위의 세 기관 어디에도 속하지 않지만 의사소통의 중요한 부분인 듣기를 담당하는 기관이기 때문이다. 그럼 듣기가 어떻게 일어나는지 아래 그림을 보면서 간단히 설명해보자. 화자로부터 나온 소리의 파동은 귓바퀴와 외이도(外耳道; external auditory meatus)를 지나면서 증폭되어 고막(鼓膜; tympanic membrane)에 전달된다. 고막은 얇고 민감한 조직으로 이루어져 있어서 음파가 닿으면 함께 진동한다. 이때 고막과 연결된 작은 세 개의 뼈마디(ossicles)가 고막의 진동을 확대시켜 내이(內耳)에 있는 달팽이관(cochlea)에 전달한다. 달팽이관의 내부는 액체로 되어 있는데 이 속에 있는 유모세포(hair cell)들이 액체의 파동으로 인한 진동을 신경의 흥분으로 바꾸어 청신경(auditory nerve)인 달팽이 신경에 전달하면 청자는 이를 두뇌에서 해석한다.

여기서 우리가 염두에 두어야 할 점이 두 가지가 있다. 첫째는 화자에서 나온 음향정보와 청자가 듣는 정보가 반드시 일치하지 않는다는 점이다. 그 이유는 공기의 파장으로 고

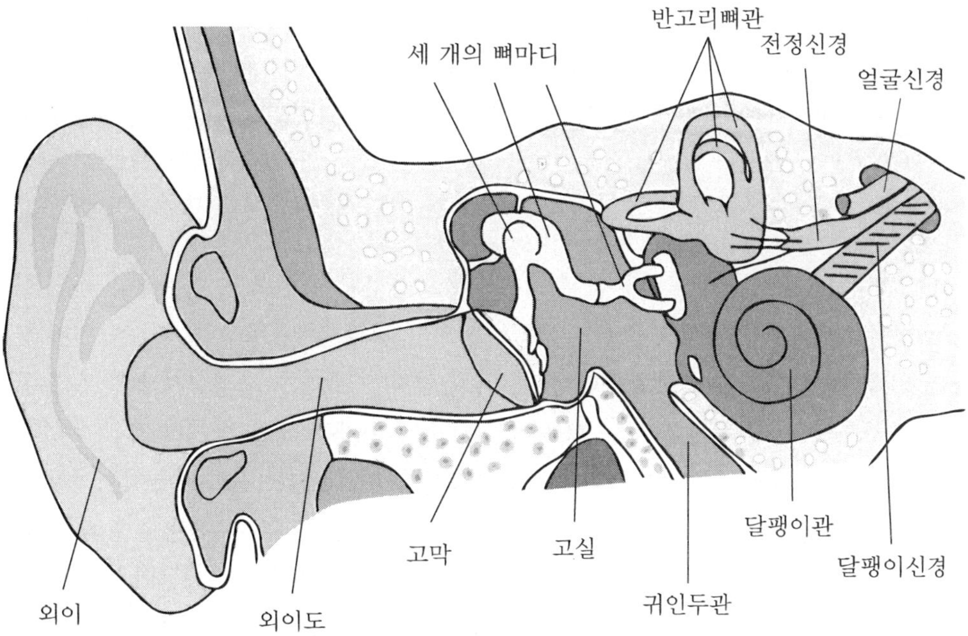

그림 18 | 귀의 구조

막에 전달된 음향정보는 외이도에서 증폭이 되었음에도 정보 자체에는 변화가 없으나, 달팽이관 내부에서의 진동은 화자의 음향에너지를 청각에너지로 바꾸기 때문이다. 둘째는 이렇게 바뀐 청각에너지를 청자가 그대로 인지하는 것 또한 아니라는 점이다. 청각과 인지는 또 다른 문제이다. 그 이유는 인지에는 청각 외에도 다른 여러 가지 요인이 작용하기 때문이다. 이렇게 보면 다음의 공식이 성립한다.

음향(acoustics) ≠ 청각(audition) ≠ 인지(perception)

전용(轉用; Exaptation)

이상에서 우리는 말소리를 만들어내는 세 기관들을 살펴보았다. 그러나 이 기관들은 원래 말소리를 내는 일보다 더 원초적인 기능을 위해서 만들어졌다. 영국의 음성학자 Abercrombie 교수의 아래 글은 이를 잘 설명한다.

> "The paradox is often quoted that there *are* no organs of speech. In other words, there is no part of a human being which is specifically designed for talking. The parts of the

body which produce the sounds of language are incidentally useful for this purpose, but they all have other duties to perform which from the biological point of view are older and more important-duties connected, for instance, with breathing, chewing, swallowing, smelling, and other such activities. These duties are the *primary* functions of the organs used for speech..."(Abercrombie 1967, p.20; 이탤릭은 원본임)

다시 말하면 입, 혀, 코, 허파, 이 등 우리가 말소리를 내는 데 쓰는 기관들의 원래 목적은 말소리를 내는 것이 아니고 숨쉬기, 씹기, 삼키기 등과 같이 우리의 생존을 위해 본능적으로 필요한 행위를 위한 것들이라는 것이다. 심지어 우리가 소리상자라고 부른 후두(larynx)조차도 식도로 들어가야 할 음식이 허파로 들어가는 것을 방지하거나 기타 이물질의 침입으로부터 허파를 보호하는 일차적 목적을 가지고 있다. 진화론에서는 이처럼 일차적 기능을 위해 만들어진 기관을 본래의 목적과 관계없는 새로운 기능을 위해 돌려쓰는 현상을 전용(轉用; exaptation)이라고 부른다. 예를 들면 대부분의 새들의 날개는 원래 빙하기에 추위로부터 체온을 유지하기 위해 발생한 것이었으나 후에는 나는 목적으로 전용된 것이다. 언어발달이라는 역사인류학적 관점에서 보면 우리가 말소리를 만드는 데 꼭 필요하다고 한 발음기관들도 원래는 좀 더 본능적인, 생존에 필요한 일차적 기능을 위해 발생한 기관들이 언어에 필요한 발성을 위해서 '전용'된 것으로 볼 수 있다.

1.4 자음과 모음의 차이(Vowel vs. Consonant Sounds)

그러면 자음(子音)과 모음(母音)의 음성학적 차이는 무엇일까? 허파로부터 나오는 공기가 성문을 통과한 후 조음기관을 통과할 때 장애(障碍; obstruction)를 받느냐 받지 않느냐의 차이이다. 성문을 통과한 후 전혀 장애를 받지 않으면 모음이고 장애를 받으면 자음이다. 모음은 조음기관을 통과할 때 장애를 받지 않고 울려서 나기 때문에 그 소리를 쉽게 들을 수 있다. 반면에 자음은 울리는 정도가 적거나 아예 없으므로 상대적으로 나는 소리도 작다. 영어에서 자음을 'consonant'라고 부르는 이유는 바로 이처럼 홀로 소리를 내기가 어려워서 모음과 어울려야만 소리를 낼 수 있기 때문이다. 'consonant'의 접두사 *con-*은 '함께'라는 뜻이고(cf. conjoin 'join together; 합치다') 어간은 소리를 의미하는 *-son-*이다

(cf. resonance 'sounding back; 울림'). 즉 자음은 모음과 어울려 나는 소리라는 뜻이다. 우리말에서 모음을 '홀소리', 자음을 '닿소리'라 부르는 것도 같은 이치이다.[4]

실습

/p/ 소리를 내보고 그 소리의 양이 모음인 /a/보다 훨씬 적음을 확인하라.

/p/ 소리는 '피'가 아니라 우리문자로 표기해 보자면 'ㅂ'에 해당하는 소리이다. 우리가 '피'(혹은 영어로는 'pi')라고 하면 이는 영어 알파벳 문자 ⟨p⟩를 가리키는 이름이다. 발음기호로 [p]인 'p'음은 허파로부터 나오는 공기가 양 입술에서 한 번 완전히 멎었다 터지면서 나는 소리이다. 반면에 모음 /a/는 우리말의 모음 /ㅏ/와 같은 소리이다. 허파로부터 나오는 공기가 입으로 나오는 동안 전혀 저항을 받지 않고 울려서 난다. 실험에서 알 수 있듯이 모음 /a/는 자음 /p/보다 훨씬 소리가 크다.

발음과 철자: 같음과 다름

어떤 사람들에게 /p/ 소리를 내보라고 하면 영어 알파벳 'p'의 이름인 'pi'를 발음하기도 한다. 이는 발음과 철자를 혼동한 경우이다. 철자의 주된 기능은 물론 해당 언어의 발음을 표시하는 것이지만 아래에서 볼 수 있듯이 철자가 항상 발음과 일치하는 것은 아니다. 영어에서는 특히 한 철자가 여러 개의 발음을 가지거나 한 발음이 여러 개의 철자로 표기된다.

1) 하나의 철자가 여러 개의 발음을 나타낼 수 있다:

철자	발음	예
'ough'	/ʌf/	tough, enough
	/ɑf/	cough, trough
	/aʊ/	bough, plough, drought
	/oʊ/	though, dough
	/ɔ/	thought, bought
	/u/	through
	/ʌp/	hiccough

4) 이 용어들은 주시경 선생에 의해 처음 쓰이기 시작한 것으로 알려져 있다.

2) 여러 개의 철자가 하나의 발음을 표기할 수 있다:

철자	발음	예
‘o’		to
‘wo’		two
‘oo’		too
‘ough’	/u/	through
‘ew’		threw
‘ue’		clue
‘oe’		shoe
‘oux’		Sioux ‘미국 인디안 부족 이름’

영어 알파벳 ‘p’는 영어에 자주 일어나는 /p/ 발음을 나타내기 위한 문자이다. 차차 배우게 되겠지만 영어의 문자 ‘p’는 음성학적으로 자세히 보면 [p], $[p^h]$, [p˺] 등과 같은 /p/ 계열의 다양한 발음들을 대표하는 (음소)문자인 것이다. 이러한 이유로 문자 ⟨p⟩와 발음 [p]를 구분하기 위하여 음성학에서는 발음을 표기할 때는 항상 사각괄호([ ]) 안에 표기하도록 하고 있다. 이런 점에서 보면 [p] 소리를 낸다면서 문자 ‘p’의 이름인 $[p^hi]$를 발음한 것은 문자와 소리뿐 아니라 알파벳 ⟨p⟩라는 문자와 그 문자의 이름까지 혼동한 것이다. 대부분의 언어의 경우 하나의 문자가 그 언어에 일어나는 하나의 음을 대표하나, 영어는 이처럼 문자와 발음 사이의 괴리가 커서 배우는 사람들이 많은 어려움을 겪는다.

1.5 입소리와 콧소리의 차이(Oral vs. Nasal Sounds)

허파로부터 나오는 공기가 구강(oral cavity)과 비강(nasal cavity)에서 울릴 수 있음은 이미 언급하였다. 이 중 비강으로의 통로를 조절하는 것이 연구개(soft palate; velum)이다. 연구개는 마치 밸브처럼 위로 올라가면 그림 19의 오른쪽처럼 비강이 막혀서 구강으로만 공기가 소통한다. 이렇게 하여 입소리(oral sounds)가 난다. 반면에 연구개가 그림 19의 왼쪽처럼 내려와 있으면 비강이 열려 있게 되어 공기가 구강과 비강 양쪽으로 소통한다. 이렇게 되면 콧소리, 즉 비음(nasal sounds)이 난다. 영어의 /m, n, ng(ŋ)/이나 불어의 콧소리 모음이 이렇게 조음된다. 비음을 제외한 자음과 모음은 대부분의 환경에서 비강이 닫힌 상태에서 소리가 나므로 입소리이다. 이런 연유로 입소리, 즉 'oral sound'는 특별한 경우가 아니면 따로 이름을 붙여서 부르지 않고 콧소리인 경우만 영어로 'nasal sound'라 부른다.

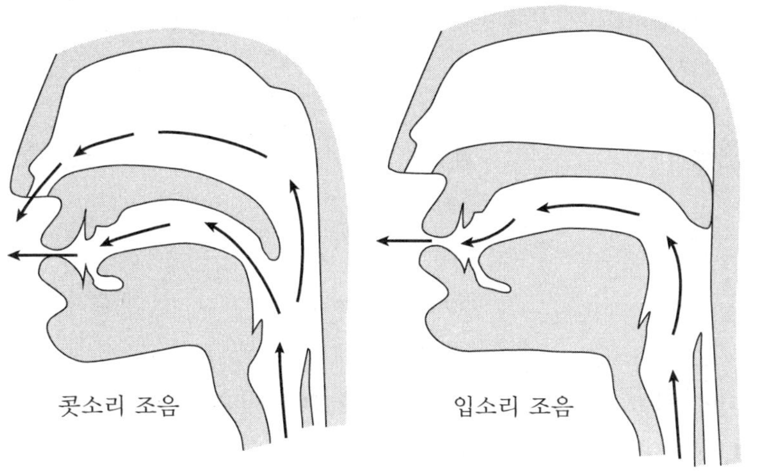

그림 19 | 콧소리와 입소리의 조음

실습

연구개가 실제로 움직이면서 비강으로의 통로를 열기도 하고 닫기도 함을 느껴보기 위해서 모음 /a/와 /ã/을 번갈아 가며 발음해 보라. /a/는 구강모음인 반면에 /ã/은 비강모음이므로 전자에서 후자로 바뀌는 과정에서 연구개가 움직임을 느낄 수 있게 된다. 이 두 모음의 차이를 잘 못 느끼면 故 Ladefoged 교수의 음성학 홈페이지(http://www.phonetics.ucla.edu)에서 Index of Languages〉〉French(Nasalized Vowels)로 들어가서 /la/ "there"와 /lã/ "slow" 등을 번갈아 듣고 따라해 보자.

1.6 조음기관별 명칭(Names of the Articulatory Organs)

조음기관을 가리키는 영어 명칭이 명사와 형용사 간에 일치하지 않고 차이가 나는 경우가 많다. 이 용어들은 제3장에서 배울 자음의 조음점(point of articulation)과 조음방법(manner of articulation)을 지칭할 때 주로 사용되므로 조음기관의 영어 명칭을 보여주는 그림과 함께 여기서 미리 소개한다.

명사(조음점)	형용사	관련 음성학 용어
mouth	oral	구강
nose	nasal	비강
lips	labial, bilabial	(양)순
tooth	dental	치아
(upper) tooth/lower lip	labio-dental, dentilabial	순치, 치순
alveolar ridge	alveolar	치경
hard palate	palatal[5)]	(경)구개
soft palate(velum)	velar	연구개
uvula	uvular	구개수
pharynx	pharyngeal, pharyngal	인두
glottis	glottal	성문
larynx	laryngeal	후두
epiglottis	epiglottal	후두개
tongue	lingual	혀
tongue tip(apex)	apical	혀끝, 설첨(舌尖)
tongue blade(lamina)	laminal	혓날, 설단(舌端)
tongue back(dorsum)	dorsal	혀뒤, 설배(舌背)
tongue root(radix)	radical	설근
side of the tongue	lateral	설측

5) 원래 구개(palate)전체를 가리키나 'velar'가 연구개(soft palate)를 가리키므로 주로 경구개(hard palate)를 가리킨다.

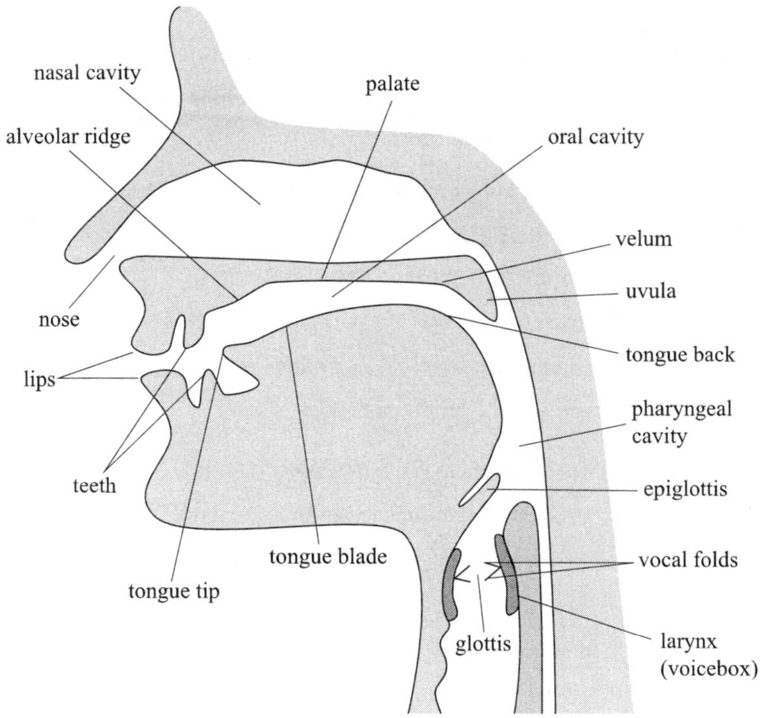

그림 20 | 성도와 조음기관의 영어 명칭

영어 합성어에서 사용되는 연결모음 '-o-'와 '-i-'

음성학뿐 아니라 대부분의 학문에서 두 어간(stem)이 서로 합하여 하나의 단어를 이루는 합성어가 많이 등장한다. 예를 들면 영어 /f/음의 경우 조음에 참여하는 기관이 윗니와 아랫입술이기 때문에 이 두 부위를 모두 포함하는 용어가 필요하다. 이럴 때 두 어간을 연결시켜주는 모음이 자주 사용되는데 영어에서는 주로 모음 /o/나 /i/를 쓴다. 'labi**o**-dental'이나 'dent**i**-labial'과 같은 용어는 이렇게 만들어진 것이다. 다음은 같은 방법으로 형성된 합성어들 중 음성학에서 사용하는 것이거나 일반적으로 많이 쓰는 것들을 모은 것이다.

1) 연결모음 -o-

palato-alveolar, alveopalatal '치조 구개음'
lamino-dental '설단 치음', apico-dental '설첨 치음'
pedometer '보도계', barometer '기압계', speedometer '속도계'
thermometer '온도계', nanometer '나노미터(100억분의 1미터)'

biochesmist '생화학자', astrophysics '천체물리학', blogosphere '블로그세계'
acrophobia '고소공포증', hydrophobia '물공포증', decidophobia '결단공포증'
afro-american 'african american의 준말', anglo-american '영국계 미국인'
Anglophone '영어 사용자' Francophone '불어사용자' microphone '확성기'

2) 연결모음 -i-

altimeter '고도계', calorimeter '열량계', centimeter '1미터의 1/100'
insecticide '살충제', bactericide '살균제' patricide '부친살해' fratricide '형제살해'
carnivore '육식동물', herbivore '초식동물', omnivore '잡식동물'
altitude '고도', aptitude '적성', amplitude '진폭'

합성어에서 어간 간에 하이픈(hyphen)의 사용여부는 합성어를 하나의 단어로 인식하는 정도의 차이와 관련된다. 예를 들면 'barometer'와 'thermometer'의 경우 이미 한 단어로 인식하고 있으므로 하이픈이 사용되지 않는 반면에 'afro-american'의 경우 상대적으로 최근에 형성된 합성어인 관계로 하이픈을 사용하고 있다. 그렇지만 이러한 단어도 차츰 영어 모국어 화자들이 하나의 단어로 인식하게 되면 하이픈 없이 사용될 것이고 종내는 사전에도 하이픈 없이 등록될 것이다. 최근에 만들어진 단어인데도 하이픈 없이 사용된 것으로는 '(World Wide) Web log'의 준말인 'blog'와 'sphere'가 합성된 'blogosphere'가 있다.

개인적으로 합성어 연결에 관하여 재미있는 경험을 한 일이 있다. 감기 같지는 않은데 자꾸 기침이 나와서 종합병원에 갔을 때이다. 내 기관지(bronchus, pl. bronchi)에 청진기를 대고 검진한 의사가 쓴 처방전에는 'nasopharyngitis(common cold)'라고 씌여 있었다. 즉, 코와 인두에 염증이 생겼다는 것이고 이는 일반 감기 증상이라는 것이다 (접미사 *-itis*는 염증을 의미함).

조음기관별 명칭을 어떻게 하면 쉽게 외울 수 있을까?

음성학에 등장하는 생소한 용어들 때문에 고생하는 경우가 많다. 물론 암기력이 뛰어난 사람이라면 별로 걱정할 필요가 없겠지만 나를 포함하여 대부분의 사람들은 암기하는 것을 별로 즐기지 않는다. 이럴 땐 어떻게 접근하는 것이 좋을까? 내가 권장하는 방법은 이 용어들에 숨어있는 관련 어휘들과 연관시켜서 공부하는 것이다. 예를 들면 영어 명사 'tooth'는 우리 모두가 아는 단어이지만 그 형용사형인 'dental'은 생소한 단어일 수 있다. 이럴 경우 '이'와 관련한 영어 단어로 같은 어간에서 나온 'dentist'와 연관시켜서 공부하는 것이다. 두 단어가 모두 'dent'라는 어간을 공유하므로 그 뜻이 '치아'임이 분명해진다. 이 어간에 전자는 형용사를 만드는 접미사인 '-al'(예: labial, oral, nasal 등)이 붙었고 후자는 특정한 부류의 사람을 가리키는 접미사 '-ist'(예: humanist, sexist, sentimentalist 등)가 붙었다. 여기에다 내친 김에 한술 더 떠서 아래와 같은 단어들까지 한꺼번에 공부하면 음성학뿐 아니라 영어 어휘도 익힐 수 있어서 일거양득이 된다.

dent- '치아'

dental, dentist, orthodontist '치열교정사', indentation '문단의 들여쓰기', interdental '치간음', denture '틀니'

본 교재에서는 이러한 이유로 기회가 있을 때마다 음성학 용어와 어간을 공유하는 단어들을 함께 소개하기로 한다.

그런데 조음기관의 명칭에 쓰이는 형용사 *bilabial, dental, palatal, pharyngeal, glottal, laryngeal, lingual, apical, laminal, dorsal, radical, lateral* 등은 '-al'로, *alveolar, velar, uvular* 등은 '-ar'로 끝난다. 왜 그럴까?

조음기관을 가리키는 대부분의 형용사형들이 *-al*이나 *-ar*로 끝나는 것은 이들이 모두 라틴어에서 차용된 단어들이기 때문이다. 라틴어에서는 형용사형 어미가 보통 *-al*(원래의 라틴어 접미사 형태는 *-alis*이나 영어로 차용되면서 어미 *-is*가 탈락되었다)이지만 어간이 'l'로 끝나는 경우에는 *-ar*로 나타난다. 즉 '치아'(tooth)를 뜻하는 어간 'dent'에 형용사형 접미사가 붙으면 'dental'이지만 연구개를 뜻하는 어간 'vel'(velum의 *-um*은 또 다른 접미사임)에 같은 접미사가 붙으면 'velar'로 나타난다. 왜 이런 현상이 나타나는 것일까? 이에 대한 답은 어간 'vel'에 접미사 '-al'을 붙여 놓고 보면 분명해진다. **vel-al*의 경우 /l/이 모음을 사이에 두고 연속으로 나타남을 알 수 있다. 즉 같은 음의 반복을 피하기 위해서 두 번째 'l'이 같은 유음(liquid)으로서 /l/에 가까운 음인 /r/로 변한 것이다. 같은 음의 반복을 피하는 현상은 음운론에서 이화작용(異化作用; dissimilation)이라 부른다(제10장 문장 내에서 일어나는 음운변화 참조). 형용사를 만드는 접미사 '-al'처럼 한 형태소(morpheme)가 환경에 따라 다른 형태로 나타나는 일은 많다. 이들은 한 형태소(morpheme)가 각각 다른 환경에서 달리 나타나는 이형태소들(allomorphs)이다.

1.7 발음의 기술: 국제음성부호 IPA(International Phonetic Alphabet)

세계 언어에 일어나는 많은 음들의 발음을 표기할 방법이 다방면으로 연구되었으나 로마 문자에 기초한 체계인 지금의 IPA와 같은 모습을 가지게 된 것은 19세기 말에 국제음성학회(International Phonetic Association)가 음소체계에 기초한 국제음성부호(International Phonetic Alphabet)를 발표하면서부터였다. 국제음성부호를 만드는 가장 일반적인 원칙은 음소, 즉 의미를 구분하는 음은 독립된 하나의 문자를 갖도록 한다는 것이다. 예를 들면 영어의 'sing'이나 'dish'같은 단어의 발음을 기술할 때 맨 끝의 음을 〈ng〉나 〈sh〉처럼 두 개의 문자를 사용하지 않고 /ŋ/이나 /ʃ/와 같은 하나의 부호로 표기하는 식이다. 그래서 두 음이 세계 어떤 언어에서도 의미 구분을 하지 않을 경우에는 서로 다른 문자를 쓰지 않고 따로 음성적 구분이 필요할 때는 이를 나타내기 위한 부수기호(diacritic marks)를 사용하도록 하였다. 그동안 나라별로 조금씩 달랐던 발음기호 체계가 1888년에 세계 언어에 공통으로 사용할 수 있는 하나의 체계로 통일되었는데 그 후 1900, 1932, 1989, 1993년 그리고 가장 최근에는 2005년에 수정이 이루어졌다. 현재의 체계에는 자음과 모음을 합쳐 모두 107개의 부호가 있으며 이에 덧붙일 수 있는 31개의 부수기호(diacritics)와 19개의 초분절음(suprasegmental) 기호를 가지고 있다. 부호 자체는 주로 라틴어(Latin)와 희랍어(Greek)문자를 사용하고 있으나 의문부호에서 맨 밑의 점을 뺀 성문폐쇄음(glottal stop)의 기호 /ʔ/처럼 전혀 다른 부호를 사용한 경우도 있다. 본 교재에서는 IPA를 기본으로 사용하되 모든 부호를 익히기보다는 영어의 학습과 교육에 필요한 부호 위주로 학습하기로 한다.

발음의 기술

발음의 기술에는 통상 아래와 같은 두 가지의 괄호가 사용된다.

pin	/pɪn/	[pʰɪn]
spin	/spɪn/	[spɪn]

이 중 첫 번째의 비스듬한 괄호는 의미를 구분하는 음소체계의 기술에, 두 번째의 사각괄

호는 어떤 음소가 특별한 환경에서 나타나는 발음을 음성적으로 기술할 때 사용한다. 지금까지 이 교재에서 발음을 기술할 필요가 있을 때에는 주로 첫 번째의 음소괄호를 사용하였으며 특별히 음 자체를 기술할 필요가 있을 때만 두 번째의 음성괄호를 사용하였다. 6장의 '음소와 이음소'에서 이 두 기술에 대하여 좀 더 자세히 설명할 것이므로 지금 이해가 잘 되지 않는다고 해서 너무 걱정할 필요는 없다. 첫 번째 괄호는 개략적 기술(wide transcription)에 쓰고 두 번째 괄호는 자세한 기술(narrow transcription)에 쓴다고 이해하도록 하자.

컴퓨터에서 발음기호 입력

IPA가 음성학 및 언어교육에서 표준 발음기호로 사용됨에 따라 컴퓨터로 문서 작성할 때 편리하게 사용할 수 있는 음성학 글꼴들이 개발되었다. 국내에서 주로 사용하는 '흔글' 프로그램의 경우 맨 위의 메뉴에서 '입력〉〉문자표〉〉한글문자표'에 들어가 보면 〈영문 및 라틴어〉 글꼴 밑에 〈국제음성기호〉 글꼴이 있는데 여기에 대부분의 IPA 기호들이 들어 있어서 편리하게 사용할 수 있다. 다만 어떤 기호들—e.g. /ŋ/—은 여기에 들어 있지 않고 〈영문 및 라틴어〉 글꼴의 하단에 여러 '이국적'인 문자들과 함께 들어 있으므로 찾아서 사용하면 된다.

음성학에서는 불어의 비음모음 /ã/의 경우처럼 〈국제음성기호〉 글꼴에 한 단위로 들어 있지 않는 발음기호를 만들어 써야 하는 경우가 있다. 이러한 부수기호(diacritic marks)가 있는 발음기호를 입력하는 방법은 두 가지가 있다. 하나는 〈국제음성기호〉의 하단에 있는 아래와 같은 악센트 조합 기호들을 사용하는 방법이다. 이 부호들을 입력하면 앞에 이미 입력된 기호와 합쳐진다. 예를 들면 'ã'을 입력하고 싶다면 먼저 〈영문 및 라틴어〉

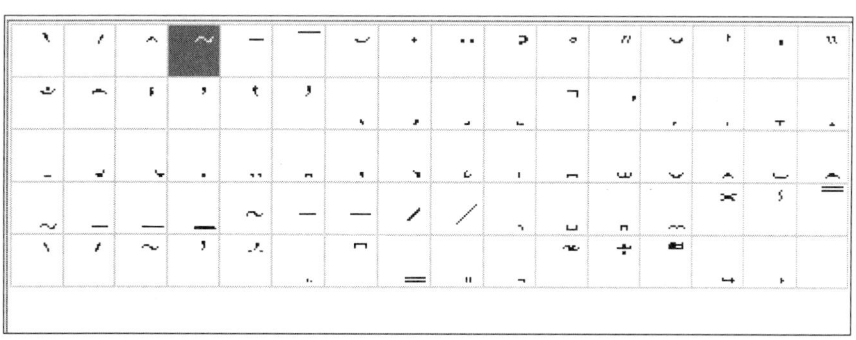

그림 21 | 〈국제음성부호〉의 악센트 조합 부호들. 입력하면 앞의 문자와 자동적으로 합쳐진다.

글꼴에서 ‘a’를 입력한 다음에 〈국제음성부호〉에서 악센트 부수부호 ‘~’를 입력하면 자동적으로 ‘ã’가 입력되는 식이다.

또 다른 방법은 ‘훈글’에만 있는 ‘입력〉〉글자겹치기’ 기능을 사용하는 것이다. 예를 들면 모음 /a/가 단모음임을 가리키는 ‘ ă ’를 입력한다고 치자. 〈글자겹치기〉에서 먼저 겹쳐 쓸 모양을 선택하고 겹쳐 쓸 글자 안에 〈영문 및 라틴어〉 글꼴에서 ‘a’를 입력하고 곧바로 마우스 오른쪽 버튼을 누르면 새로운 메뉴판에 〈문자표〉가 뜨는데 클릭 후 〈국제음성부호〉에 들어가 필요한 문자, 즉 ‘ ˘ ’를 입력한 후 ‘넣기’를 클릭하면 된다.

다음은 국제음성학회 홈페이지(http://www.internationalphoneticassociation.org)에서 받은 국제음성부호표이다. 이 표에 나오는 발음기호들은 대부분 인터넷상에서 그 발음을 들어볼 수 있다. 특히 이 교재에서 많이 사용할 Ladefoged 교수의 음성학 홈페이지 http://www.phonetics.ucla.edu에서 ‘Course in Phonetics’교재에 들어간 후 맨 처음에 나오는 ‘IPA Chart’로 들어가서 발음부호를 누르면 바로 들어 볼 수 있다. 이때 자음은 소리 자체가 크지 않으므로 모음 /a/와 함께 발음되는데 부호의 왼쪽을 누르면 음절의 머리에서 나는 소리를 들려주고 오른쪽을 누르면 모음과 모음 사이에서 나는 소리를 들려준다. 예를 들면 IPA부호 ‘p’의 왼쪽을 누르면 /pa/가 발음되고 오른쪽을 누르면 /apa/가 발음되는 식이다. IPA 발음기호를 익히는 것도 본 교재를 공부하는 목적 중의 하나이므로 이 페이지는 잘 기억해 두었다가 모르는 발음기호가 나올 때마다 참조하도록 하자.

THE INTERNATIONAL PHONETIC ALPHABET (revised to 2015)

CONSONANTS (PULMONIC) © 2015 IPA

	Bilabial	Labiodental	Dental	Alveolar	Postalveolar	Retroflex	Palatal	Velar	Uvular	Pharyngeal	Glottal
Plosive	p b			t d		ʈ ɖ	c ɟ	k ɡ	q ɢ		ʔ
Nasal	m	ɱ		n		ɳ	ɲ	ŋ	ɴ		
Trill	ʙ			r					ʀ		
Tap or Flap		ⱱ		ɾ		ɽ					
Fricative	ɸ β	f v	θ ð	s z	ʃ ʒ	ʂ ʐ	ç ʝ	x ɣ	χ ʁ	ħ ʕ	h ɦ
Lateral fricative				ɬ ɮ							
Approximant		ʋ		ɹ		ɻ	j	ɰ			
Lateral approximant				l		ɭ	ʎ	ʟ			

Symbols to the right in a cell are voiced, to the left are voiceless. Shaded areas denote articulations judged impossible.

CONSONANTS (NON-PULMONIC)

Clicks	Voiced implosives	Ejectives
ʘ Bilabial	ɓ Bilabial	ʼ Examples:
ǀ Dental	ɗ Dental/alveolar	pʼ Bilabial
ǃ (Post)alveolar	ʄ Palatal	tʼ Dental/alveolar
ǂ Palatoalveolar	ɠ Velar	kʼ Velar
ǁ Alveolar lateral	ʛ Uvular	sʼ Alveolar fricative

VOWELS

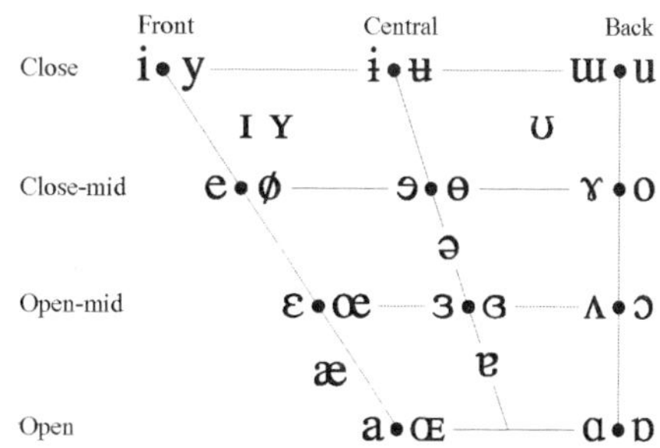

Where symbols appear in pairs, the one to the right represents a rounded vowel.

OTHER SYMBOLS

ʍ Voiceless labial-velar fricative

w Voiced labial-velar approximant

ɥ Voiced labial-palatal approximant

ʜ Voiceless epiglottal fricative

ʢ Voiced epiglottal fricative

ʡ Epiglottal plosive

ɕ ʑ Alveolo-palatal fricatives

ɺ Voiced alveolar lateral flap

ɧ Simultaneous ʃ and x

Affricates and double articulations can be represented by two symbols joined by a tie bar if necessary. t͡s k͡p

DIACRITICS Some diacritics may be placed above a symbol with a descender, e.g. ŋ̊

̥ Voiceless	n̥ d̥	̤ Breathy voiced	b̤ a̤	̪ Dental	t̪ d̪
̬ Voiced	s̬ t̬	̰ Creaky voiced	b̰ a̰	̺ Apical	t̺ d̺
ʰ Aspirated	tʰ dʰ	̼ Linguolabial	t̼ d̼	̻ Laminal	t̻ d̻
̹ More rounded	ɔ̹	ʷ Labialized	tʷ dʷ	̃ Nasalized	ẽ
̜ Less rounded	ɔ̜	ʲ Palatalized	tʲ dʲ	ⁿ Nasal release	dⁿ
̟ Advanced	u̟	ˠ Velarized	tˠ dˠ	ˡ Lateral release	dˡ
̠ Retracted	e̠	ˤ Pharyngealized	tˤ dˤ	̚ No audible release	d̚
̈ Centralized	ë	̴ Velarized or pharyngealized	ɫ		
̽ Mid-centralized	e̽	̝ Raised	e̝ (ɹ̝ = voiced alveolar fricative)		
̩ Syllabic	n̩	̞ Lowered	e̞ (β̞ = voiced bilabial approximant)		
̯ Non-syllabic	e̯	̘ Advanced Tongue Root	e̘		
˞ Rhoticity	ɚ a˞	̙ Retracted Tongue Root	e̙		

SUPRASEGMENTALS

ˈ Primary stress ˌfoʊnəˈtɪʃən

ˌ Secondary stress

ː Long eː

ˑ Half-long eˑ

̆ Extra-short ĕ

| Minor (foot) group

‖ Major (intonation) group

. Syllable break ɹi.ækt

‿ Linking (absence of a break)

TONES AND WORD ACCENTS

LEVEL		CONTOUR	
e̋ or ˥	Extra high	ě or ˩˥	Rising
é ˦	High	ê ˥˩	Falling
ē ˧	Mid	e᷄ ˦˥	High rising
è ˨	Low	e᷅ ˩˨	Low rising
ȅ ˩	Extra low	e᷈ ˧˦˧	Rising-falling
ꜜ	Downstep	↗	Global rise
ꜛ	Upstep	↘	Global fall

2

프라트(Praat)를 이용한 음성학 공부

프라트는 암스테르담 대학교 언어학과의 두 교수 Paul Boersma와 David Weenink가 만든 음성분석(speech analysis) 프로그램이다. 인터넷상에는 이 프로그램 외에도 무료로 내려받아 손쉽게 사용할 수 있는 프로그램들이 많다.[1] 그럼에도 불구하고 프라트의 사용을 고집하는 이유는 초보자가 사용하기 쉬우면서도 전문적인 기능도 함께 제공하기 때문이다. 본 교재에서는 꼭 필요한 만큼의 사용법만 소개하기로 한다.[2] 프라트를 내려받기 위해서는 우선 아래의 홈페이지 주소(www.praat.org)에 접속한 다음 왼쪽 코너에서 사용하는 컴퓨터 시스템의 종류를 선택하면(MaCintosh, Window, Linux 중에서 선택; 보통의 PC의 경우 Window를 택하면 됨) 아래와 같은 그림이 뜬다.

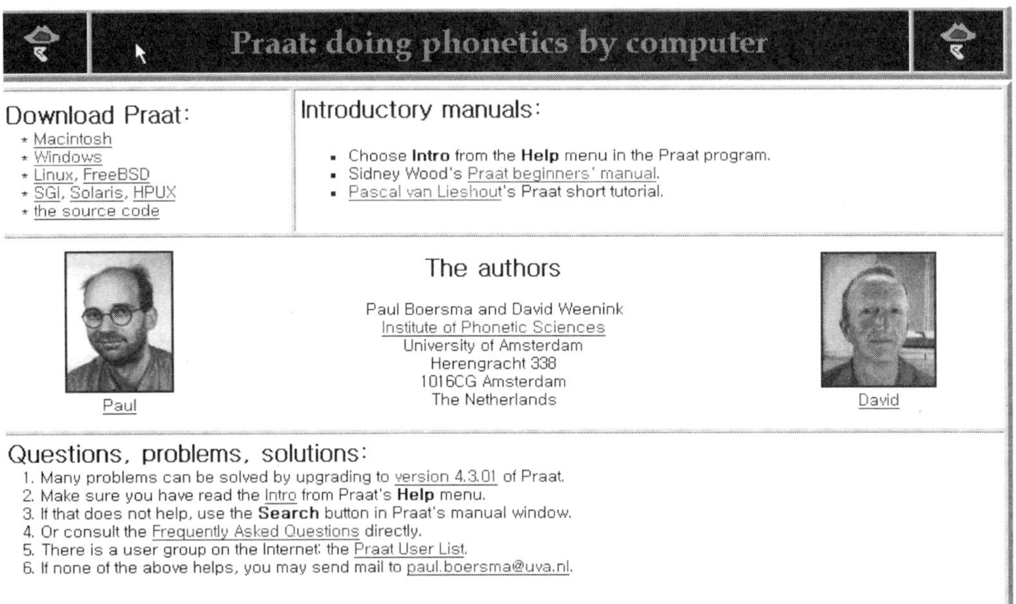

그림 1 | 프라트 홈페이지 'www.praat.org'의 첫 화면

1) 예를 들면 'Wavesurfer'와 런던 대학교의 음성언어학과에서 만든 'WASP' 등이 있다.
2) 전문적인 사용법은 다음의 책들을 참조: Pascal van Lieshout, *Praat short tutorial: A basic introduction*; 양병곤 《프라트(Praat)를 이용한 음성분석의 이론과 실제》(만수출판사; 2003); 박한상 《PRAAT: 음성분석 프로그램》(한빛문화; 2007) 등.

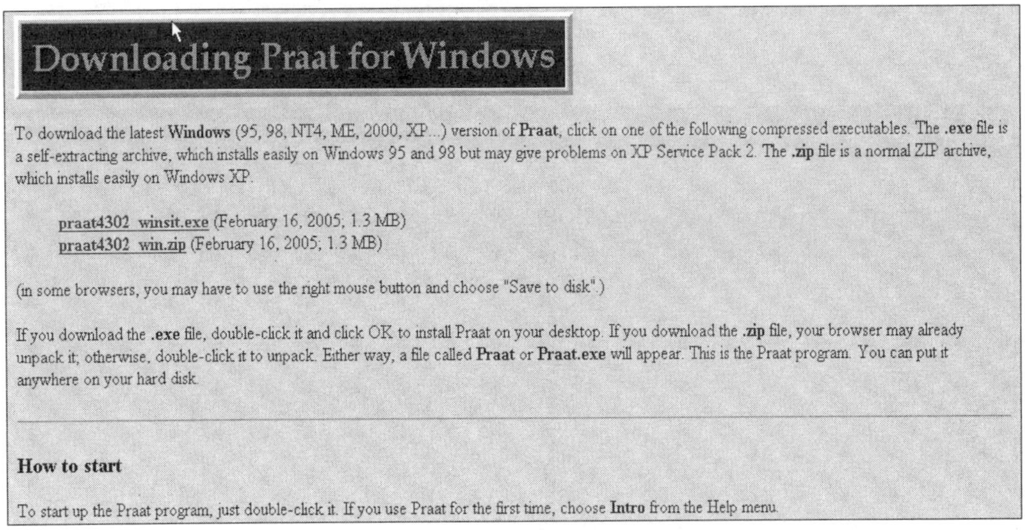

Downloading Praat for Windows

To download the latest **Windows** (95, 98, NT4, ME, 2000, XP...) version of **Praat**, click on one of the following compressed executables. The **.exe** file is a self-extracting archive, which installs easily on Windows 95 and 98 but may give problems on XP Service Pack 2. The **.zip** file is a normal ZIP archive, which installs easily on Windows XP.

praat4302_winsit.exe (February 16, 2005; 1.3 MB)
praat4302_win.zip (February 16, 2005; 1.3 MB)

(in some browsers, you may have to use the right mouse button and choose "Save to disk".)

If you download the **.exe** file, double-click it and click OK to install Praat on your desktop. If you download the **.zip** file, your browser may already unpack it; otherwise, double-click it to unpack. Either way, a file called **Praat** or **Praat.exe** will appear. This is the Praat program. You can put it anywhere on your hard disk.

How to start

To start up the Praat program, just double-click it. If you use Praat for the first time, choose **Intro** from the Help menu.

그림 2 | 윈도우 OS를 위한 프라트 다운로드 페이지

이 화면의 윗부분에 있는 실행파일 praat4440_winsit.exe를 한 번 클릭하면 다운로드가 시작된다. 이후의 과정은 다른 프로그램의 다운로드 과정과 같으므로 자세한 설명은 생략한다.[3)]

프라트를 다운로드하면 바탕화면에 바로 접근할 수 있는 로고가 생긴다. 그렇지 않다면 '시작〉〉프로그램'으로 가서 'Praat'를 찾아서 실행한다.

그림 3 | 필자의 바탕화면에 생성된 프라트 로고

3) 자세한 다운로드 방법은 윈도우 시스템 설명서 참조.

다음은 프라트를 실행하면 보이는 시작화면이다.

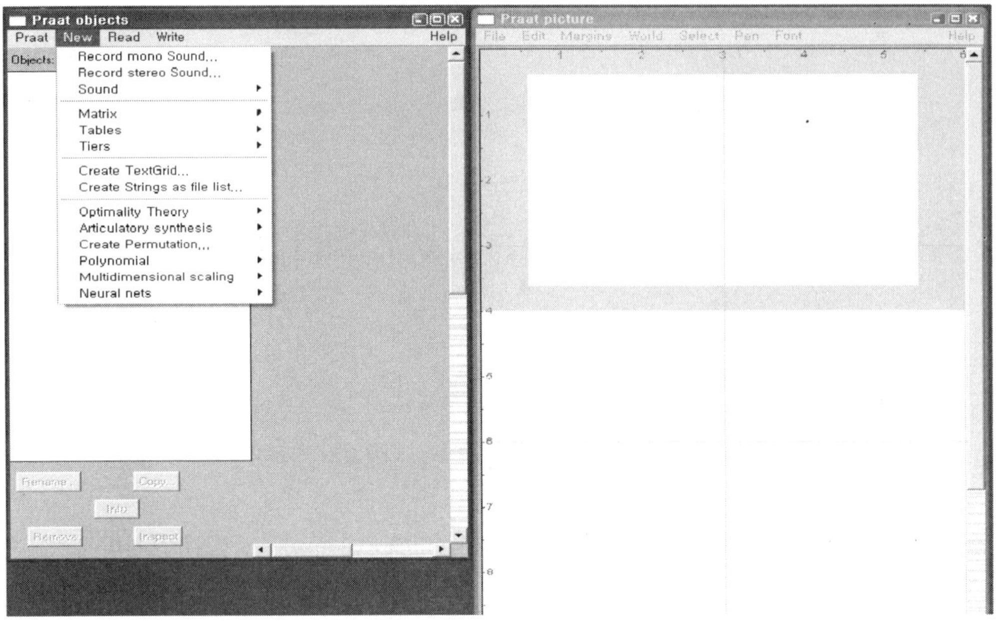

그림 4 | 프라트 시작화면. 새롭게 음성을 녹음하려면 객체창 메뉴 중 'New'를 누른다.

프라트는 시작할 때마다 이처럼 객체창(object window)과 그림창(picture window), 두 개의 창이 뜨는데 이 중 왼편의 객체창은 소리의 녹음, 파일 불러오기 등 대부분의 음성 분석 활동이 이루어지는 곳이다. 반면에 오른편의 그림창은 객체창에서 이루어진 음성분석을 그림으로 만들어서 흔글이나 마이크로소프트 워드와 같은 문서작성 프로그램으로 불러올 때 사용한다.

소리 녹음하기

그러면 프라트 프로그램을 이용하여 간단한 데이터를 녹음하고 분석해 보자. 우선 객체창의 메뉴에서 'New'를 클릭하여 'Record mono sound'를 택하면 아래와 같은 녹음기 창이 뜬다. 물론 'Record stereo sound'를 사용해도 되지만 특별히 스테레오 녹음을 해야 하는 경우가 아니면 음성분석 결과에는 'mono'와 'stereo' 간에 차이가 없으므로 'mono'로 녹음하도록 한다.

여기서 표본 빈도(Sampling frequency)는 원래 음으로부터 얼마나 자주 표본을 추출할

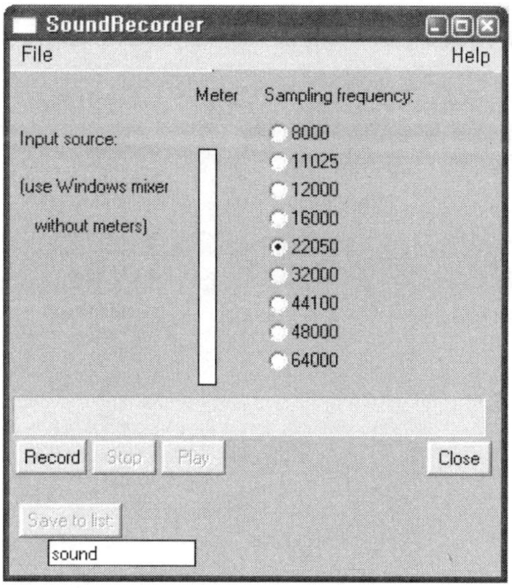

그림 5 | 프라트 녹음기 창

것인가를 나타내 주는 척도이다. 디폴트인 22000Hz(Herz)이면 충분하지만 만약 CD에서 나오는 것처럼 좀 더 높은 수준의 음질을 원한다면 44000Hz가 좋을 수 있다. 그러나 표본 빈도가 높아질수록 파일의 용량이 커지고 분석이 느려진다는 점을 염두에 두어야 한다. 'stereo' 대신 'mono' 녹음을 택한 것도 같은 이유에서이다.

녹음은 아래에 있는 'Record' 단추를 누르면 바로 시작할 수 있다. 다만 제대로 하기 위해서는 컴퓨터에 녹음용 마이크가 설치되어 있어야 하고 이 마이크를 사용할 수 있도록 설정되어 있어야 한다. 이를 확인해 보려면 '시작' 단추를 눌러 '제어판〉〉하드웨어 및 소리〉〉오디오 장치관리〉〉녹음〉〉microphone(속성)〉〉장치사용: 이 장치사용(사용가능)'을 선택한다. 녹음은 잡음이 섞이지 않도록 한다. 잡음이 없는 조용한 환경에서 고감도 마이크를 쓰면 좋다. 보통 컴퓨터용으로 나온 마이크의 경우 피치가 100Hz 이하의 소리는 녹음이 안 될 수 있으므로 가지고 있는 마이크를 확인해 볼 필요가 있다.[4)]

그러면 녹음기 창에서 'Record'를 클릭한 후 영어 단어 'record'[rɪkɔ́rd]를 녹음해 보자. 마이크에 대고 'record'를 발음하면 녹음기 창의 미터가 올라간다. 녹음이 되고 있다는 증거이다. 녹음 후에는 'Play' 버튼을 눌러 자신이 녹음한 것을 들어볼 수 있다. 만약 녹음이 잘못되었다면 'Record'와 'Play' 누르기를 반복하면서 만족할 만한 결과가 나올 때까

4) 소리의 높이, 즉 피치(pitch)는 다음 장에서 자세히 설명하도록 한다.

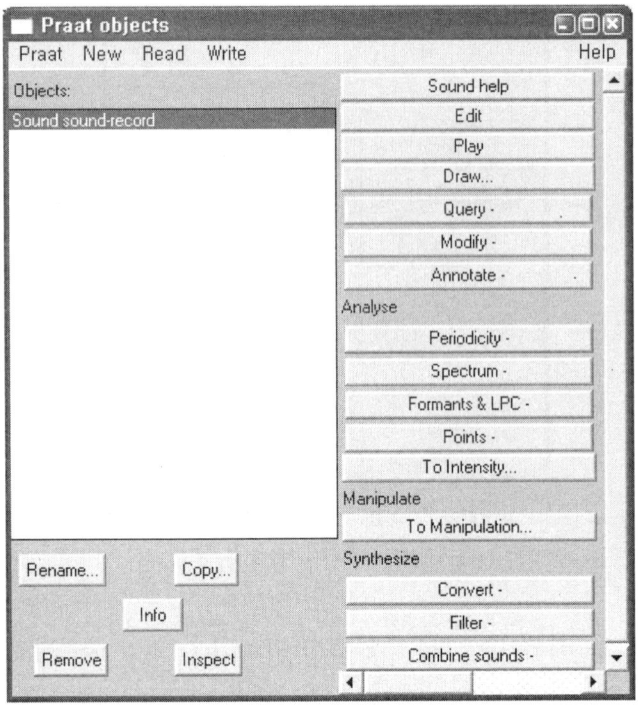

그림 6 | 객체창에 올려진 음성파일 'sound-record'

지 계속한다. 녹음이 만족스럽게 되었으면 'Save to list' 바로 밑에 있는 칸에 'sound'라고 되어 있는 부분 다음에 커서를 놓고 '-record'라고 입력한 다음, 위에 있는 'Save to list' 버튼을 누르도록 한다. 이렇게 하면 그림 6처럼 프라트 객체창에 'sound-record'라는 음성파일이 뜨면서 동시에 오른편에 있는 메뉴들이 굵은 글씨로 나타나게 된다. 이는 지금 막 녹음한 소리파일 'sound-record'를 이 메뉴들을 이용하여 분석할 수 있음을 의미한다. 여기에서도 'Play' 버튼을 누르면 자신이 녹음한 소리를 들어 볼 수 있다. 위의 단계를 반복하면서 녹음을 계속하면 여러 개의 음성파일을 객체창에 동시에 띄워 놓을 수가 있다. 이 중 자기가 원하는 파일을 클릭하여 파란색으로 선택되도록 한 다음 우측의 여러 메뉴들을 사용하여 분석하면 된다.

인터넷상에서 음성파일 불러오기

이 책에서는 자신이 직접 녹음한 영어 발음을 분석하기보다는 인터넷상에 올라 있는 원어민의 발음을 프라트로 불러와서 분석하는 경우가 더 많다. 그중 우리가 가장 자주 사용할 사이트는 원어민 발음을 제공하는 인터넷 영어사전들과 Ladefoged 교수의 음성학 사이트에 들어있는 IPA Chart이다.

www.m-w.com: 웹스터 온라인 영영사전 사이트다. 미국 대학생이 주로 사용하는 〈Merriam-Webster's Collegiate Dictionary〉를 발음파일과 함께 담고 있어서 미국영어발음을 알아보는 데 매우 유용하다.

www.naver.com: 잘 알려진 포털사이트인 네이버에 들어있는 영어사전이다. 영한사전과 영영사전이 들어있는데 전자는 미국 영어발음을 제공하고 후자는 영국 영어발음을 제공하므로 두 영어 간의 발음의 차이를 비교할 때 매우 유용하다. 다만 제공하는 발음기호와 실제 발음 간에 미묘한 차이가 있을 수 있으므로 유의해야 함.

phonetics.ucla.edu: 고 Ladefoged 교수의 음성학 페이지이다. UCLA에서 가르치면서 구성한 음성학 페이지에는 IPA Chart의 발음을 비롯하여 음성학 수업에 필요한 많은 자료가 들어있다.

이 외에도 인터넷상에서 원하는 영어발음을 제공하는 음성파일이 있으면 프라트에서 불러와 분석하면 된다.

소리파일로 저장하기

온라인 사전에 들어 있는 발음을 컴퓨터에 소리파일로 저장하는 법은 간단할 수도 있지만 보통의 경우 바로 파일을 불러올 수 없는 경우가 더 많다. 예를 들면 위의 웹스터 사전이나 네이버 사전의 경우 바로 파일을 불러올 수 없고 컴퓨터 내에 있는 스테레오믹스 기능을 사용해야 한다. 이는 IPA Chart의 소리파일도 마찬가지다. 온라인상에서 발음이 들어 있는 소리파일을 받는 기본 방법을 먼저 소개하고 웹스터 사전이나 네이버 사전, 그리고 IPA Chart에서 어떻게 해야 하는지 자세히 알아보기로 하자.

온라인 영어사전에서 발음이 들어 있는 소리파일은 주로 확성기를 표시하는 로고에 들어있는 경우가 많다. 만약 원하는 단어의 소리파일을 프라트로 직접 불러들일 수 있다면 간단히 발음분석을 할 수 있을 것이다. 이런 경우라면 아래 그림처럼 소리파일이 들어있는 확성기 표시에 커서를 두고서 마우스 오른쪽 버튼을 누르면 그림 7과 같은 메뉴가 나타난다. 이때 '다른 이름으로 대상저장'을 택하면 저장할 장소를 묻는 화면이 뜨는데 이는 한글이나 기타의 워드프로그램에서 파일을 저장할 때와 같다. 이렇게 저장된 파일은 프라트 객체창의 위 메뉴 중 'Read〉〉Read from file'를 사용하여 불러들일 수 있다. 이

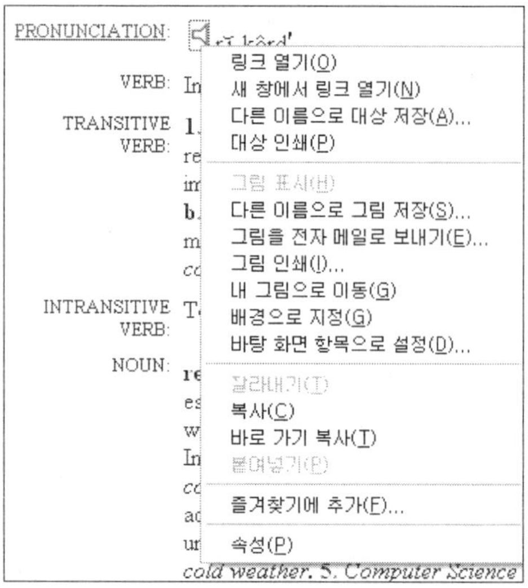

그림 7 | 소리파일이 들어 있는 곳에 마우스를 대고 오른쪽 단추를 누른 후의 그림

렇게 불러들인 파일은 녹음기로 녹음한 파일처럼 프라트 객체창에 하나의 객체 리스트로 오르게 되므로 객체창의 우측에 있는 여러 메뉴를 이용하여 분석해 낼 수 있다.

그러나 소리파일을 바로 다운받을 수 없는 때가 있다. 웹스터 인터넷사전(www.m-w.com)이나 naver.com 사전의 발음듣기를 누르면 그냥 발음만 나올 뿐 소리파일을 직접 프라트로 불러올 수 없다. 이 문제를 해결할 수 있는 한 가지 방법은 프라트의 객체창에서 'new〉〉record mono sound'를 클릭하여 녹음할 준비를 하고 사전에 가서 듣고자 하는 단어의 발음이 나오게 하여 녹음하는 것이다. 그러나 이를 수행하기 위해서는 먼저 컴퓨터의 '시작〉〉제어판〉〉하드웨어 및 소리〉〉소리-오디오 장치관리'로 들어가서 '녹음〉〉속성〉〉'에서 '스테레오믹스'를 활성화하여야 한다. 앞에서 목소리를 녹음하기 위하여 비슷한 경로를 거쳐서 마이크를 선택하였으나 naver.com에서 발음을 직접 불러들이기 위해서는 '믹스' 기능이 필요하므로 '스테레오믹스'를 선택한 것이다.

이렇게 '믹스' 기능을 이용하여 녹음할 준비가 일단 끝나면 그림 8처럼 프라트의 'Sound Recorder'와 naver.com의 영영사전에서 필요한 단어의 발음듣기를 할 수 있는 페이지를 같이 연 다음 프라트 프로그램의 'record'를 시작하자마자 바로 네이버 사전의 발음듣기를 누르면 목소리를 녹음할 때처럼 녹음되는 소리의 높이막대가 움직이는 것을 볼 수 있다. 발음듣기가 끝나면 곧 녹음을 마치고 다른 소리파일처럼 프라트 객체창에 띄워 분석하면 되는 것이다.

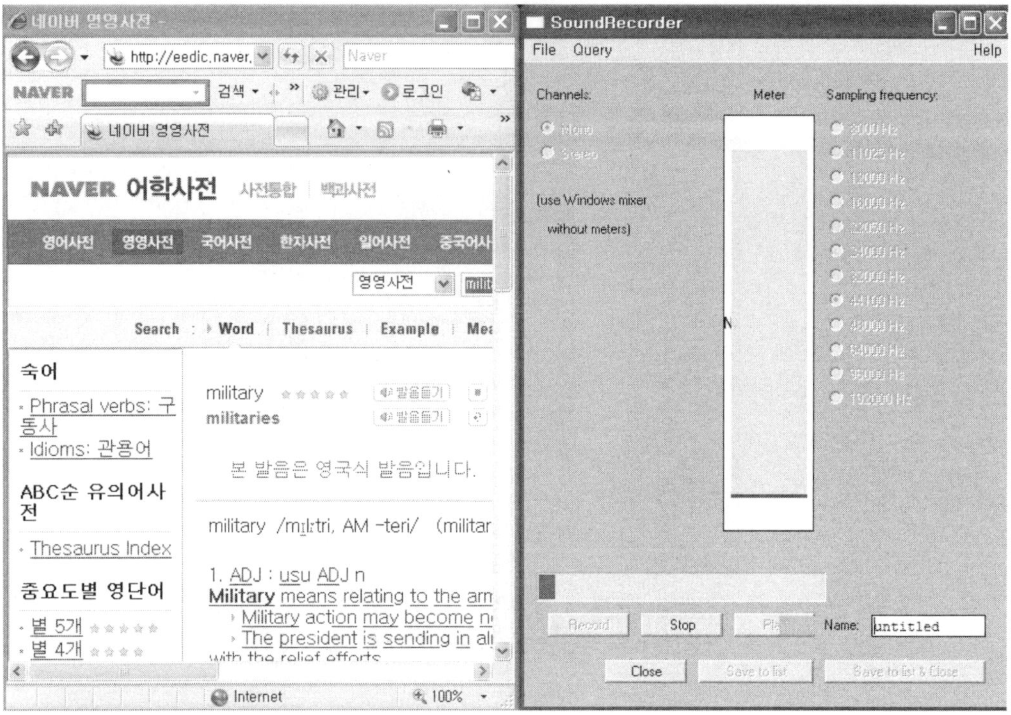

그림 8 | 프라트에서 naver.com 영영사전의 발음 녹음하기: 발음듣기를 누른 후 바로 녹음을 시작한다.

IPA Chart도 같은 방법으로 녹음해서 소리파일을 생성해야 한다. Ladefoged 교수의 음성학 홈페이지의 IPA Chart 중 자음부분의 음성학 부호의 왼쪽에 커서를 놓고 마우스를 클릭하면 음절의 머리에서 그 자음과 모음 /a/가 함께 나오고 부호의 오른쪽에 커서를 놓고 클릭하면 모음과 모음 사이에서 같은 자음의 발음이 구현된다는 점은 이미 1장 끝에서 설명한 바 있다. 이를 프라트에서 분석할 수 있는 파일로 만들기 위해서는 네이버 사전에서 발음파일을 만들어서 불러오듯이 스테레오믹스를 설정해 놓고 프라트의 'Sound Recorder'기능을 이용하여 녹음한 후 불러들여야 한다. IPA Chart와 Ladefoged 교수의 음성학 페이지의 원어민 발음들은 본 교재에서 자주 사용하게 될 것이므로 이번 기회에 그 사용방법을 잘 익혀두도록 하자.

녹음하였거나 불러들인 파일 분석하기

이렇게 녹음하였거나 인터넷상에 떠 있는 음성파일을 프라트로 불러들여 객체창의 리스트에 오르면 비로소 우측에 있는 여러 메뉴를 이용하여 음성분석을 할 수 있게 된다.

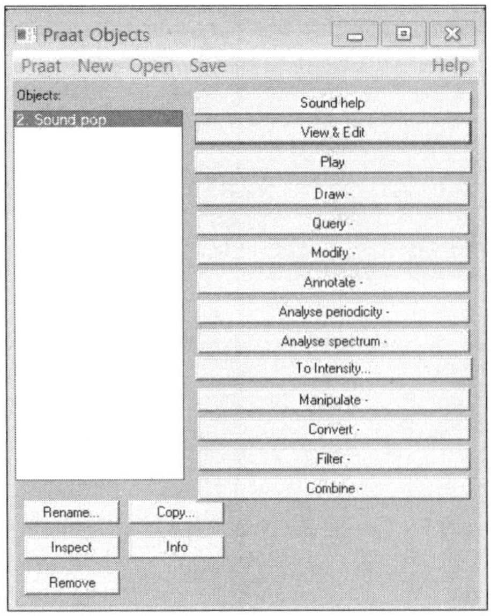

그림 9 | 인터넷 사전에서 불러온 'pop'의 소리파일 분석하기. 파란선으로 택한 다음 'View & Edit'을 누른다.

이때 이 책에서 가장 많이 사용하는 메뉴는 'Edit & View'이다. 그러면 웹스터 인터넷 사전에서 영어단어 'pop'을 다운받은 소리파일을 분석해 보기로 하자.

위의 그림 9와 같은 화면에서 'View & Edit'을 누르면 아래의 그림 10과 같은 분석창이 뜨게 된다. 이 창에서 윗부분은 소리파형(waveform)을 나타내고 아랫부분은 스펙트로그램(spectrogram)을 보여 준다. 소리파형은 'pop'의 발음을 파장에너지로 보여주는 것이고 스펙트로그램은 같은 발음을 하모닉스(harmonics)라 불리는 배음까지 포함하여 더 자세히 보여주는 것이라 할 수 있다. 이 분석창의 위에 있는 메뉴들 중 'Spectrum'은 스펙트로그램을, 'Pitch'는 음의 높낮이를, 'Intensity'는 음의 강약을, 'Formant'는 모음과 같은 주기파음의 형성음을, 그리고 'Pulse'는 성대의 맥동을 분석하는 데 쓰이는 메뉴들이다. 이 메뉴들에 들어 있는 하위메뉴들은 음성학 강의가 진행되면서 필요할 때마다 자세히 설명하도록 한다. 아래 그림 10의 하반부 창에서 처음에 올라갔다가 내려오는 얇은 곡선이 보이는데 이는 'Intensity'를 나타내는 곡선이다. 다시 말하면 음의 강세가 처음에는 점점 세게 나오다가 끝부분에서 약해진 것을 표시한 것이다. 그 밑에 있는 좀 더 굵은 선은 'Pitch'를 나타낸다. 그림에서 볼 수 있듯이 중간에 선이 잠깐 끊겼다가 계속되지만 음의 높이가 점차적으로 완만히 내려감을 알 수 있다. 이 창에서도 객체창에서처럼 소리를

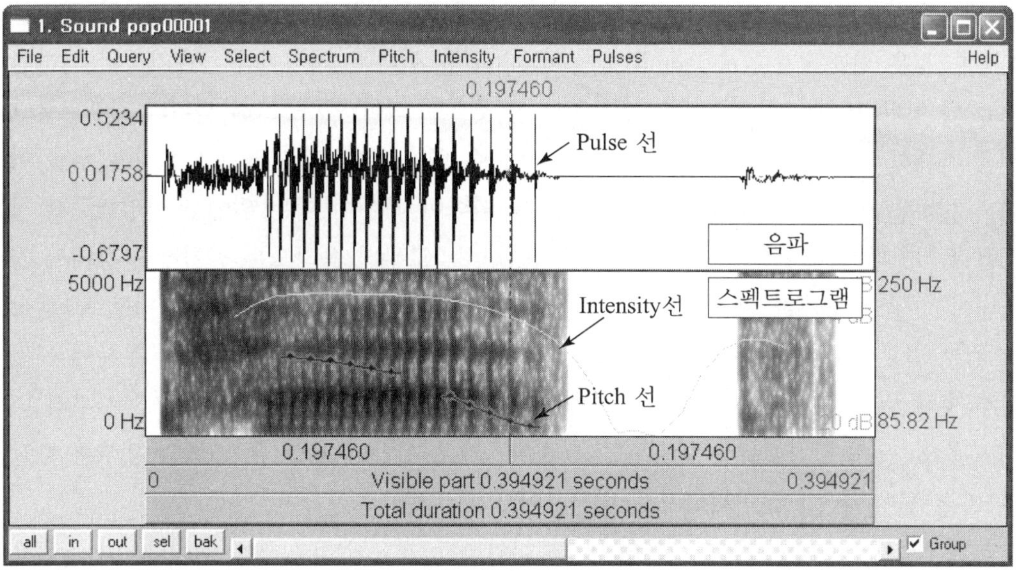

그림 10 | 'View & Edit' 단추를 누른 후 나타난 'pop'의 분석창

들을 수 있는데 스펙트로그램 아래에 있는 세 개의 막대 칸들이 그 용도로 쓰인다. 첫 번째 칸은 둘로 나뉘어 있는데 커서를 옮기면서 클릭하면 칸의 넓이가 변하는 것을 알 수 있다. 이렇게 커서를 움직이면서 처음부터 첫 번째 칸이 끝나는 곳까지 어떤 음을 나타내고 있는지를 확인해 볼 수 있다. 두 번째 칸을 누르면 첫 번째 칸이 끝나는 지점부터의 음을 들려준다. 이렇게 칸 나누기와 듣기를 반복하면서 어느 부분이 어떤 음을 보여주는지를 확인해 볼 수 있다. 두 번째의 긴 막대칸을 누르면 현재의 창이 보여주는 부분만을 들을 수 있는 반면에 세 번째의 창을 누르면 현재의 창에는 보이지 않는 부분까지 모두 들을 수 있다. 마지막으로 왼쪽 코너에 있는 네 개의 단추는 분석창을 카메라의 줌렌즈처럼 펼쳤다 접었다 할 때 사용한다. 먼저 커서를 원하는 지점에 대고 끌어서 화면의 일부분을 선택한 다음 'select'를 의미하는 **'sel'**버튼을 누르면 이 부분이 전체화면으로 나타나게 된다. 이 화면에서 어느 부분을 더 자세히 보고 싶다면 지금까지의 과정을 계속 반복하면 된다. 이렇게 늘어난 화면을 원래 상태로 되돌리고 싶다면 **'out'**('zoom out'을 의미함)을, 더 자세히 보고 싶다면 **'in'**('zoom in'을 의미함), 그리고 한 번에 전체화면으로 되돌리고 싶을 때는 **'all'**을 누르면 된다.

그러면 지금까지 배운 짧은 음성학에 관한 지식으로 위 그림에 반영된 음파와 스펙트로그램을 분석해 보기로 하자. 우선 먼저 염두에 둘 것은 'pop'은 영어 단어일 뿐이므로 그 발음은 철자와는 다른 /pɑp/이라는 점이다. 여기서 발음을 기술할 때 사선의 괄호를 사용한 것은 음소적기술(phonemic transcription)을 했다는 의미이다. 이 기술에 의하면 'pop'의 어두 자음과 어말 자음이 둘 다 /p/인 것으로 되어 있다. 그러나 위의 스펙트로그램을 자세히 보면 이 두 /p/가 같지 않음을 알 수 있다. 이를 확인하기 위해서는 우선 어디까지가 /p/이고 어느 부분이 모음 /ɑ/인지를 알아야 하는데 이는 위에서 설명했듯이 커서를 옮겨가면서 나누어 보면 된다. 일단 /p/는 허파로부터 올라오는 공기가 구강에서 양 입술이 맞닿으면서 완전히 차단되었다가 터지면서 나는 '순간음'이므로 스펙트로그램상에 칼로 자른 것처럼 보이는 선이 나타난다. 위의 스펙트로그램에서 첫 시작 부분에 이런 칼로 자른 수직선이 나타나므로 그 전까지는 공기의 흐름이 차단되었다가 거기서부터 터지면서 /p/ 음이 시작했음을 알 수 있다. 마찬가지로 어말의 /p/도 위 그림의 뒷부분에 칼로 자른 선이 두 개가 나타나므로 순간음이다.

그런데 가장 궁금한 점은 어두의 /p/가 어디까지 계속되느냐 하는 점이다. 이 질문은 곧 /p/ 뒤에 오는 /ɑ/ 모음이 어디서부터 시작하는가와 연관되어 있다. 왜냐하면 커서를 옮겨가면서 들어보면 확인할 수 있지만 어두의 /p/가 칼로 자른 듯이 시작하자마자 바로 끝난 것이 아니라 일정기간 '소음'이 계속되다가 모음 /ɑ/가 시작하기 때문이다. 이는 어말의 /p/가 모음 /ɑ/가 끝나자마자 바로 시작하고 양 입술이 맞닿아 있어서 공기의 파장이 전혀 없는 묵음 기간을 거쳐 칼로 자른 수직선에서 그대로 끝나는 것과 대조된다. 즉 우리가 일상적으로 알고 있는 것과는 달리 'pop'의 /p/ 발음은 어두의 것과 어말의 것이 완전히 같지 않다.

그렇다면 이 두 /p/ 음 간의 '음성적' 차이는 무엇인가? 다음 장에서 더 자세히 배우게 될 것이므로 결론부터 얘기하자면 'pop'의 음소적 발음은 /pɑp/이지만 스펙트로그램에 나타나는 실제 발음, 즉 음성적 발음은 [pʰap˺]이어서 같은 음소 /p/일지라도 첫 번째와 두 번째의 /p/가 스펙트로그램상에 달리 나타나는 것이다. 아래 그림은 이를 잘 보여준다.

첫 번째 /p/의 특징은 칼로 자른 수직선이 끝나면서 바로 모음이 시작하는 것이 아니고 기음(氣音; aspiration)이라고 불리는 잠깐 동안의 소음이 있는 점이다. 이 부분이 모음이 아니고 기음이라는 증거는 여러 가지 방법으로 확인할 수 있다. 첫째, 손바닥을 입 앞에 펼치고서 'pop'을 발음해 보면 첫 번째 /p/의 경우 양입술이 붙었다 떨어지면서 모음 /a/가 시작하기 전에 허파로부터 올라오는 공기를 느낄 수 있을 만큼 센 반면에 두 번째 /p/는 그렇지 않다. 둘째, 음성분석 창에서 소음의 부분을 직접 들어보면 쉽게 확인할 수 있다. 셋째, 이 기음 부분에는 뒤에 오는 모음과는 달리 피치를 나타내는 선(장마전선)이 없

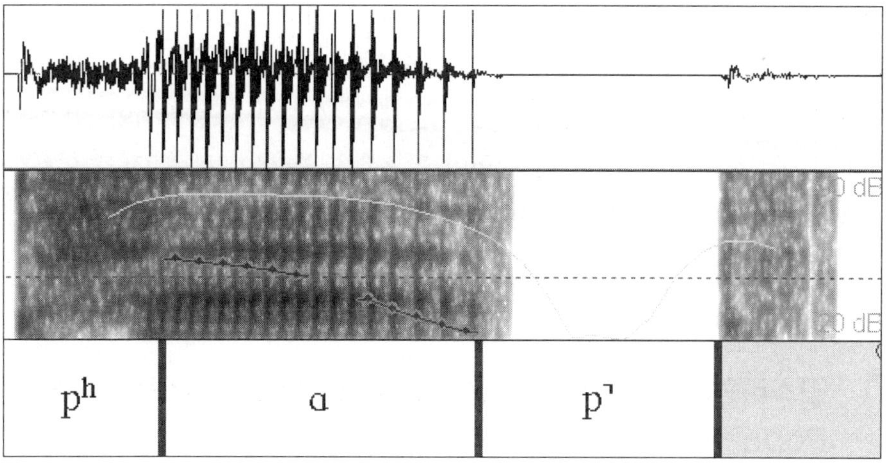

그림 11 | 'pop'의 음성분석: 첫 번째 /p/와 두 번째 /p/가 음성적으로 다름이 잘 나타난다.

다. 물론 모음 /ɑ/의 기간 중에도 이 선이 잠깐 끊기기는 하나 이는 이 모음의 발음 중 화자가 잠시 무성의 /ɑ/를 발음했기 때문이다. 모음의 부분은 음파창에서 성대의 맥동을 나타내는 수직의 'Pulse 선'으로도 확인된다. 성대가 한 번 열렸다 닫히면서 이 선이 나타나는데 소음의 경우나 순간음인 /p/의 경우에는 모두 이 선이 나타나지 않은 반면에 모음의 부분에서만 나타난다. 다만 피치 선이 /ɑ/의 중간에서 끊겼다는 것은 성대의 개폐는 지속되었지만 끊긴 부분에서 떨림은 일어나지 않았다는 뜻이 된다.

반면에 두 번째 /p/는 첫 번째 /p/와는 달리 칼로 자른 수직선이 끝난 뒷부분을 실제로 들어보면 기음이라 불릴 만한 소음이 없다. 물론 소음처럼 보이는 부분이 스펙트로그램상에 나타나기는 하지만 위 창의 음파를 비교해 보면 기음 부분과는 비교할 수 없을 정도로 미약하다. 그 이유는 영어 단어 'pop'을 직접 발음해 보면 알 수 있듯이 첫 번째 /p/는 허파로부터 올라오는 공기가 일단 차단되었다가 터지면서 조음이 되고 두 번째 /p/는 모음 /ɑ/의 조음이 끝난 후 양입술이 맞닿았다가 제대로 터지지 않고 그대로 끝나기 때문이다. 이를 음성학 용어로는 '파열(破裂; plosion)'이 없다고 해서 '불파(不破; unreleased)' 혹은 '미파(未破)'라고 부른다. 즉 음소적으로는 같은 /p/이지만 음성적으로 보면 첫 번째는 기음화(aspirated)된 [pʰ]인 반면에 두 번째는 불파(unreleased)된 [p˺]인 것이다. 이 불파가 일어난 다음에 입술이 떨어지면서 미약한 공기의 흐름이 있어서 스펙트로그램상에 소음처럼 검게 나타난 것이다.

이상으로 우리는 음성학 공부에 필요한 프라트 사용법의 가장 기초적인 내용에 대하여 알아보았다. 프라트는 위에서도 언급한대로 전문가용이면서 초보자가 사용하기에도 편리한 음성분석 프로그램이다. 용량이 작은 데다 인터넷에서 무료로 내려받을 수 있어서 최신의 컴퓨터가 아니더라도 프로그램을 사용하는 데 큰 불편이 없는 장점이 있다. 이런 이유에서 이 책에서는 영어발음에 대한 실험이 필요할 때마다 이 프로그램을 이용하여 분석, 제시하고, 독자가 직접 실험에 참여할 수 있도록 유도하고자 한다.

2.1 말소리의 종류: 악음, 소음, 순간음(Tones, Noises and Popping Sounds)

앞 장에서 우리는 허파에서 나오는 공기가 조음기관을 울려서 말소리가 만들어진다고 배웠다. 그러나 이는 사실 정확한 설명이 아니다. 왜냐하면 모든 말소리가 다 이처럼 관이 울려서 나는 것은 아니기 때문이다. 음의 종류들 중 울려서 나는 소리는 /a, e, i, o, u/와 같은 모음, 구강 내에서 혀와 입천장이 맞붙지 않고 인접하여 나는 /l, r, w, y/와 같은 근접음(approximant), 그리고 비강이 울려서 나는 /m, n, ng[ŋ]/과 같은 비강음(nasal)뿐이다. 이런 울림소리들의 가장 큰 특징은 높낮이를 조절할 수 있다는 점이다. 즉 이 소리들은 노래할 때처럼 높이를 조절할 수 있는 음들인 것이다. 그래서 이 들을 악음(樂音)이라고 부른다. 영어로는 'tone'이라고 부르는데 결국 어떤 소리에 'tone'이 있다는 것은 음조(音調)가 있다는 뜻으로 음악에서처럼 높낮이를 조절할 수 있다는 의미이다.

반면에 /s, f/와 같은 마찰음은 소리가 울려서 나지 않고 마찰에 의하여 나는 소리이다. 이것들만으로는 노래할 때처럼 소리의 높낮이를 조절할 수가 없다. 그래서 이러한 소리들을 소음(騷音), 영어로는 'noise'라고 부른다.5) 마지막으로 /p, t, k/와 같은 폐쇄음은 위의 악음이나 소음들과는 또 다른 방법으로 만들어진다. 이 음들은 악음처럼 소리가 울려서 나지도 않고 소음처럼 좁은 공간에서 마찰이 일어나면서 나지도 않는다. 대신 허파로부터 올라오던 공기가 구강의 어느 부위에서 일단 멈추었다가 일순간에 터지면서 난다. 즉 순간음(瞬間音), 영어로는 'popping sound'인 것이다.6)

이처럼 세 가지의 방법으로 말소리가 만들어진다는 점을 주지하는 것은 앞으로 배울

5) 여기서 말하는 소음(noise)은 우리가 보통 시끄러운 소리를 가리킬 때 쓰는 용어와는 그 의미가 다르다.
6) 여기 사용한 우리말 용어들은 신지영(2000)을 따른 것이다.

여러 가지의 조음현상을 이해하는 데 매우 중요하다. 11장에서 자세히 설명하겠지만 이 음들을 컴퓨터에서 음향분석해보면 스펙트로그램상에 각각 다른 특징을 보인다. 악음은 성대가 떨리면서 주기적(periodic)인 음을 만들어 내고 이 음원이 조음기관을 거치면서 공명(resonance)이 일어나 특정한 주파수대를 증폭시켜서 스펙트로그램상에 포만트(formant)라 불리는 검은 띠가 나타난다. 반면에 비주기적(aperidic)인 소음은 스펙트로그램상에 이러한 포만트가 형성되지 않고 특정주파수 대에 음향에너지가 밀집되어 검게 나타나기만 한다. 한편 순간음은 공기의 흐름이 짧은 순간이지만 멈추게 되므로 스펙트로그램상에 칼로 자른 듯한 선이 나타난다. 아래 그림은 이 세 음을 모두 포함하고 있는 영어 단어 'spa'의 발음을 '프라트(Praat)'로 분석한 것이다.

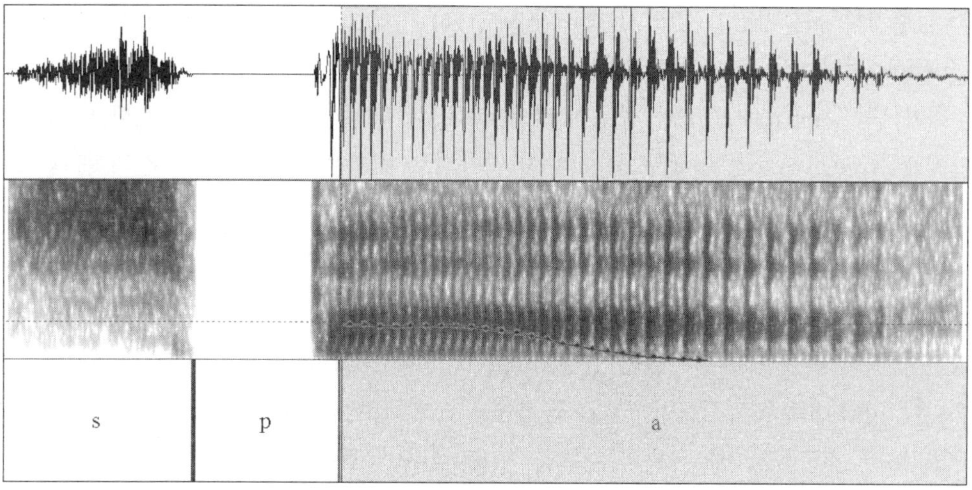

그림 12 | 음성분석기로 분석한 /spɑ/의 음파와 스펙트로그램. 소음인 /s/, 순간음인 /p/, 그리고 악음인 /ɑ/가 스펙트로그램상에서 어떻게 달리 나타나는지를 잘 보여준다.

이러한 설명이 지금 이해하기 어렵다고 해서 걱정할 필요는 없다. 중요한 것은 언어에 쓰이는 모든 음이 같은 방식으로 만들어지지 않는다는 점이고 이러한 이유로 말소리가 악음, 소음, 순간음 세 가지로 분류된다는 점이다.

2.2 열림도(Aperture)에 의한 음의 분류

말소리를 분류하는 또 다른 척도로 열림도(aperture)가 있다. 전 장에서 자음과 모음은 허파로부터의 공기흐름이 발성기관 내에서 장애를 받느냐 받지 않느냐의 차이라고 했는데 이는 곧 열림도의 차이로 나타난다. 장애를 받지 않는 모음은 장애를 받는 자음보다 열림도가 당연히 크다. 같은 자음이라 할지라도 얼마나 장애를 받느냐에 따라 열림도에서 차이가 난다. 허파로부터 나오는 공기가 구강을 통과할 때 조음자가 서로 맞닿아서 일정한 부위에서 완전히 멈추었다가 터지면서 소리가 나는 /p, t, k, b, d, g/와 같은 구강폐쇄음(plosive)은 조음자(articulator) 간의 거리가 극히 좁혀져서 허파로부터 나오는 공기가 완전히 멈추기보다는 마찰을 일으켜 소리가 나는 /s, z, f, v, Θ, ð/와 같은 마찰음(fricative; cf. friction)보다 열림도가 낮을 수밖에 없다. 한편 구강은 차단되지만 비강이 열려서 울림소리가 되는 /m, n, ng(ŋ)/과 같은 비강음(nasal)은 당연히 구강과 비강이 다 막혀 있는 구강폐쇄음(plosive)보다 열림도가 크다. 마찬가지로 비강은 막혀 있고 구강의 좁게 열린 공간에서 소리를 내는 마찰음은 구강은 막혔으나 비강은 충분히 열려 있는 비강음보다 열림도가 작다.

그런가 하면 조음자 간에 협착(stricture)이 일어나 장애를 받기는 하나, 그 간격이 모음보다는 좁지만 마찰음보다는 넓은 근접음(approximant; cf. approximation '근접가')은 폐쇄음이나 마찰음보다 열림도가 크다. 근접음은 또한 비강음보다 열림도가 크다. 다음 표는 열림도와 지금까지 배운 음의 분류를 비교 정리한 것이다.

표 1 | 열림도에 따른 음의 분류

<table>
<tr><th>열림도</th><th>명칭</th><th>예</th><th>악음/소음/순간음</th><th>모음/자음</th><th>입소리/콧소리</th></tr>
<tr><td>5</td><td>모음</td><td>a, e, i, o, u</td><td rowspan="3">악음</td><td>모음</td><td rowspan="2">입소리</td></tr>
<tr><td>4</td><td>근접음</td><td>r, l, w, y(j)</td><td rowspan="4">자음</td></tr>
<tr><td>3</td><td>비강음</td><td>m, n, ng(ŋ)</td><td>콧소리</td></tr>
<tr><td>2</td><td>마찰음</td><td>f, v, s, z, Θ, ð 등</td><td>소음</td><td rowspan="2">입소리</td></tr>
<tr><td>1</td><td>폐쇄음</td><td>p, b, t, d, k, g 등</td><td>순간음</td></tr>
</table>

실습

위의 도표에서 보면 모음의 열림도가 가장 큰 것을 알 수 있다. 그러면 열림도가 가장 큰 모음은 어느 것인가? 힌트: 병원에서 의사가 입안을 들여다보기 위해서 내라는 소리가 무엇인가 생각해보자.

열림도는 특히 4장에서 배울 모음의 분류와 7장에서 배울 소리의 공명성을 측정하는 데 중요한 역할을 한다. 모음은 전통적으로 혀의 높이(tongue height)를 기준으로 고모음(high vowel), 중모음(mid vowel), 저모음(low vowel)으로 나누지만 혀의 높이 대신 구강의 열림도를 사용하여 개모음(open vowel), 반개모음(half-open vowel), 반폐모음(half-close vowel), 폐모음(close vowel) 등으로 나누기도 한다. 이때 열림도는 혀의 높이와는 별개의 개념이지만 그 결과는 서로 일치한다. 즉 혀가 높은 위치에 올수록 열림도는 작아지고 높이가 낮아질수록 열림도가 커진다. 한편 다음에 배울 성절성자음(syllabic consonant)이나 음절나누기 원칙에서 사용되는 공명성척도(sonority scale) 등도 결국은 말소리의 열림도와 밀접히 연관되어 있다.

실습

1. www.naver.com의 영어사전에서 'military'의 미국식과 영국식 발음을 찾아서 프라트로 불러들여 분석해 보라. 미국식 발음과 영국식 발음 간의 가장 큰 차이는 무엇인가? 강세(주강세와 부강세가 있을 수 있다)와 관련된 차이는 어떤 것인가?

   이 단어의 영국식 발음과 미국식 발음을 발음기호로 적어보면 각각 [mílıtèri]와 [mílıt(ə)ri]이다. 즉 미국영어에는 첫음절에 주강세가 오고 셋째 음절에 부강세가 오는 반면에 영국영어에서는 첫음절에만 주강세가 오고 부강세는 없다. 셋째 음절의 발음의 차이는 이러한 부강세 유무의 차이 때문에 일어난다. 즉 미국영어에서는 셋째 음절이 부강세를 받기 때문에 축약(reduction)이 일어나지 않는 반면에 영국영어에서는 같은 음절에 부강세가 없으므로 영어의 대표적인 약모음인 'schwa' [ə]로 약화되거나 아예 탈락하는 것이다. 이런 점을 염두에 두고 두 발음을 프라트로 불러들여서 음성분석을 해보자. 특히 강세는 'Intensity'와 관계가 있으므로 이 선이 어떻게 나타나는지 살펴볼 필요가 있다. 또한 7장에서 배우게 되겠지만 강세를 받은 음절은 강하게 발음될 뿐 아니라 그 피치도 함께 올라가므로 객체창에서 'Pitch' 메뉴를 선택하여 그 선(장마전선처럼 생긴 파란선임)이 어떻게 나타나는지를 확인해 보는 것도 필요하다.

2. 같은 사전에서 'water'를 찾아서 미국식과 영국식 발음을 프라트로 분석해 보라. 두 발음 사이의 가장 큰 차이는 무엇인가?

'water'의 미국식과 영국식 발음의 차이를 우리말로 표현하자면 '워러'와 '워터'이다. 나중에 더 자세히 배우게 되겠지만 미국식에서는 가운데의 /t/ 발음이 [r]에 가깝게 나는 반면에 영국식에서는 원래음인 [t]에 가깝게 난다. 그런데 이 두 발음 간의 음성학적 차이를 들라고 하면 두 가지가 있다. 첫째, 미국식 /t/는 유성음인 반면에 영국식 /t/는 무성음이다. 둘째, 미국식 /t/는 소위 '단타음(tap)'이라고 불리는 음으로서 자음의 기간이 매우 짧은(보통 25~35 밀리세컨드이다) 반면에 영국식은 그렇지 않다. 이 차이는 프라트로 음성분석을 하면 곧 나타난다. 스펙트로그램상에서 무성과 유성을 확인하는 가장 쉬운 방법은 피치 선을 확인하는 것이다. 이는 소리의 높낮이가 성대가 떨려야만 있을 수 있기 때문이다. 피치 선을 보기 위해서는 프라트에서 음성분석을 하고 난 후에 위의 메뉴에서 'Pitch'로 들어가 피치 선이 나타나도록 활성화시키면 된다. 미국식에서는 /t/ 앞과 뒤에 있는 모음은 물론 중간의 자음이 유성음으로 나므로 장마전선처럼 생긴 피치 선이 끊어지지 않고 계속되나 영국식에서는 모음에만 이 선이 나타나고 중간의 /t/부분에서는 무성음이므로 나타나지 않게 된다. 미국식과 영국식 발음의 두 번째 특징 또한 스펙트로그램상에서 쉽게 확인할 수 있다. 미국식에서는 중간의 단타음에 해당하는 부분을 선택하여 자음의 지속시간을 재보면 영국식에서보다 훨씬 짧게 조음되었음을 확인할 수 있다. 이에 대한 자세한 그림은 3장의 자음의 분류 중 3.3 조음방법에 의한 분류에서 8) 단타음 부분을 참조할 것.

인터넷상에서 발음공부에 필요한 정보를 효율적으로 검색하는 법

인터넷상에 떠 있는 많은 자료를 이용하는 데는 편리한 점도 많지만 종종 불편한 점도 있다. 특히 교재에서 방문해 보라고 한 사이트의 url 주소를 입력하였는데도 원하는 창이 뜨지 않는 경우에 그렇다. 예를 들면 London 대학의 음성학 학습사이트에 접속하여 유성/무성에 대한 연습문제 'voicing basics'를 풀어보라고 했다고 하자. 원래 사이트의 주소는

www.phon.ucl.ac.uk/cgi-bin/wtutor?tutorial=siphtra/vb1.htm

로서 길기도 하거니와 원하는 창이 뜨지 않거나 열 수 없다는 메시지가 뜰 수도 있다. 이럴 땐 어떻게 하면 좋을까? 두 가지 방법이 있다. 위의 주소가 뜨지 않는다면 그냥 런던 대학교 음성학과(www.phon.ucl.ac.uk)로 들어가서 그 페이지에 있는 검색창에서 Interactive Web Tutorial이나 voicing basics를 쳐 넣어보면 원하는 페이지를 열어볼 수 있게 된다. 좀

더 간단한 방법은 그냥 구글 검색창에 'voicing basics'라고만 치면 웹문서에 원하는 페이지가 뜨게 된다.

인터넷상에서 제공된 정보의 문제점은 같은 정보가 항상 같은 주소에 남아 있지 않는다는 점이다. 이 교재에서 많이 사용하게 될 UCLA의 음성학 사이트(www.phonetics.ucla.edu)의 경우도 그렇다. 이 책을 쓰고 있는 지금 이 사이트에 접속해보면 첫 페이지는 정상적으로 뜨나 거기서 'ipa chart'를 찾기 위하여 'A Course in Phonetics 5th Ed.'를 더블클릭해 보면 www.ladefogeds.com이라는 상업페이지로 연결된다. 이런 문제에 봉착하면 어떻게 하면 좋을까? 이 경우도 위의 경우처럼 구글 홈페이지로 가서 'ucla ipa'같은 키워드의 조합을 검색해 보면 아래와 같은 창이 뜨게 된다. 이 주소는 바로 우리가 찾던 UCLA의 음성학 사이트에 들어있는 'ipa chart'인 것이다. 앞으로 소개될 모든 인터넷 사이트의 정보검색에서 비슷한 문제가 발생할 경우 이처럼 다양하고 '창의적'인 발상을 통해서 문제를 해결할 수 있기를 바란다.

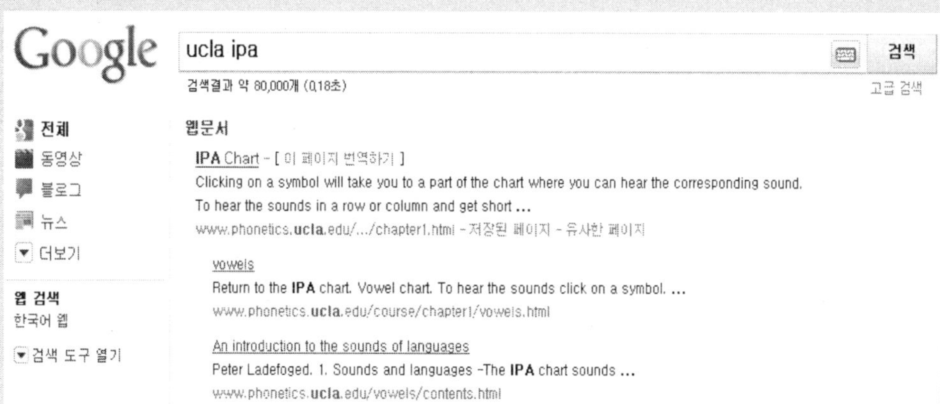

그림 13 | 구글 검색창에서 IPA Chart 검색하기

3

유·무성, 조음점에 의한 자음 분류

음성학의 세 분야, 즉 조음음성학, 음향음성학, 청각음성학 중 가장 먼저 발달한 분야가 조음음성학이다. 이는 음향이나 청각에 비해서 조음이 그만큼 관찰하기가 용이하기 때문이다. 음의 분류도 조음음성학에서부터 시작하였다. 3~5장에서는 전통적인 방법에 의한 자음과 모음의 분류를 영어를 중심으로 알아보고 이를 프라트 프로그램과 인터넷상의 자료를 이용하여 실습하도록 한다.

음성학자들은 자음을 분류하는 데 다음의 세 가지 범주를 사용한다.

1) 유·무성(voicing)
2) 조음점(place or point of articulation)
3) 조음방법(manner of articulation)

이 분류법은 아래의 IPA의 자음 Chart에도 그대로 적용된다. 이 차트의 첫 행은 조음점을, 첫 열은 조음방법을 나타낸다. 같은 칸에 있는 음들은 조음점과 조음방법이 같다. 다만 한 칸 안에서 부호가 왼쪽에 있으면 무성이고 오른쪽에 있으면 유성이다. 하나의 부호만 있을지라도 칸 내에서의 유·무성 위치는 지켜진다. 예를 들면 'glottal plosive' /ʔ/의 경우 무성음이므로 왼쪽에 있고 'alveolar nasal' /n/의 경우 유성음이므로 오른쪽에 있다. 검게 칠한 칸들은 이 표의 밑에 설명돼 있듯이 조음기관의 구조상 발음이 불가능한 경우

CONSONANTS(PULMONIC)

	Bilabial	Labio dental	Dental	Alveolar	Postalveolar	Retroflex	Palatal	Velar	Uvular	Pharyegral	Glottal
Plosive	p b			t d		ʈ ɖ	c ɟ	k g	q ɢ		ʔ
Nasal	m	ɱ		n			ɲ	ŋ	ɴ		
Trill	ʙ			r					ʀ		
Tap or Flap				ɾ		ɽ					
Fricative	ɸ β	f v	θ ð	s z	ʃ ʒ	ʂ ʐ	ç ʝ	x ɣ	χ ʁ	ħ ʕ	h ɦ
Lateral Fricative				ɬ ɮ							
Approximant		ʋ		ɹ				ɰ			
Lateral approximant				l		ɭ	ʎ	ʟ			

Where symbols appear in pairs, the one to the right represents a voiced consonant. Shaded areas denote articulations judged impossible.

그림 1 | IPA 자음 Chart

들이다. 본 교재에서는 영어 전공자에게 꼭 필요한 자음들 위주로 학습하기로 한다. 물론 외국어 학습에는 반드시 모국어의 간섭이 있게 마련이므로 국어의 자음도 함께 설명할 것이다. 이 장에서는 유·무성(3.1)과 조음점(3.2)을 다루고, 조음방법은 그 내용이 많으므로 4장에서 기술하기로 한다.

3.1 유·무성(Voicing)에 의한 분류

조음할 때 성대(聲帶; vocal cords or vocal folds)가 떨리면 유성음(有聲音; voiced sound)이고 떨리지 않으면 무성음(無聲音; voiceless sound)이다. 성문(聲門; glottis)에서 성대가 서로 근접해 있으면 허파에서 나오는 공기에 의해서 떨리게 된다. 이렇게 떨림(vibration)이 일어나면 유성음이다. 반면에 양 성대 사이가 충분히 벌어져 있으면 허파로부터 나오는 공기가 성문에 아무런 영향을 주지 않고 지나게 된다. 이렇게 해서 나는 소리는 모두 무성음이다.

어떤 음이 유성음인지 무성음인지를 손쉽게 알아보는 방법에는 두 가지가 있다. 첫째는 발음을 할 때 양 귀를 틀어막고 그 음이 울리는지를 들어보는 것이다. 이 방법은 위에서 언급한 대로 하나의 긴 관으로 되어 있는 성도(vocal tract)에 성대가 떨림으로 해서 공기 분자에 자극(excitation)을 주어 공명(resonance)이 일어나기 때문에 가능하다. 영어 문구 'a pill'과 'a bill'의 중간 자음인 /p/와 /b/를 이런 방법으로 시험해 보라. 무성음인 /p/를 발음할 때는 성문에서 떨림이 없어서 울림이 전혀 없는 반면 유성음인 /b/를 발음할 때는 성대의 떨림에 따른 울림이 있다.[1)]

또 다른 방법은 아래 그림처럼 손끝으로 성대의 떨림이 있는지를 직접 느껴보는 것이다. 성대는 우리의 목에 있는 후두(larynx) 안에 있으므로 후두 앞부분의 갑상연골(thyroid cartilage)에 V자 모양으로 패인 곳에 검지손가락(forefinger or index finger)의 끝을 놓고서 /p/와 /b/를 발음하면서 성대의 떨림 유·무를 알아보는 것이다. 무성음 /p/를 발음할 때는 전혀 느끼지 못한 떨림을 유성음 /b/를 발음할 때는 느낄 수 있다.

---

1) 다만 /b/를 발음할 때의 울림은 구강이 막혀 있는 공간에서 발생하므로 그리 크지 않다.

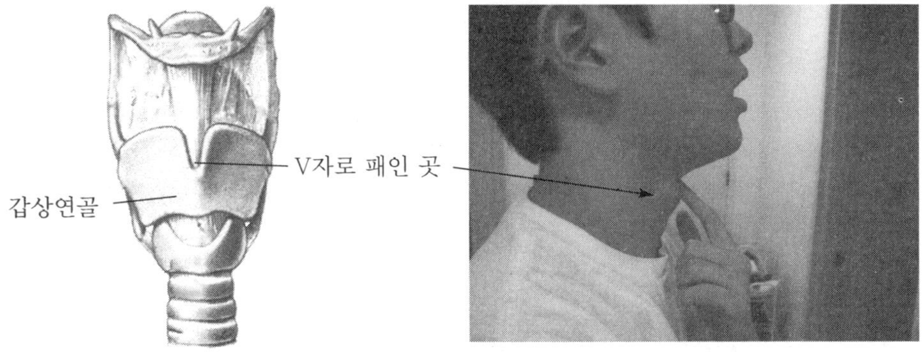

그림 2 | 전면에서 본 후두의 모습과 V자로 패인 곳 확인하기

위의 두 '원시적'인 방법 외에 좀 더 '세련된' 방법은 프라트 같은 음성분석 프로그램을 이용하는 것이다. 프라트에서 음의 유·무성을 확인하는 방법은 간단하다. 분석하고자 하는 음성파일을 다운로드하여 프라트로 불러들여서 분석하면 된다. /p/와 /b/의 유·무성 차이를 확인하려면 아래의 순서대로 Ladefoged의 IPA 창으로 가서 /apa/와 /aba/를 다운로드하여 프라트 프로그램으로 불러들여서 분석하면 된다.

1) Ladefoged의 IPA 창에서 맨 왼쪽 위에 나오는 bilabial plosive 중 /p/의 오른쪽에 커서를 대고 두 번 클릭하여 본다. /apa/가 재생된다.[2)]
2) 프라트를 열어서 Objects창의 New 아래에 있는 Record monosound를 클릭하면 SoundRecorder 창이 뜬다.
3) SoundRecorder 창의 왼쪽 하단에 있는 Record 버튼을 누른 후(누르자마자) 바로 IPA창에서 /apa/를 재생하면 녹음이 시작된다.[3)] Stop 버튼을 누르면 녹음이 멈춘다.
4) 녹음이 되었으면 Save to list 밑에 있는 빈칸에, 파일 이름을 적어 넣는다. 이미 sound라는 이름이 들어 있으므로 그 뒤에 '-apa'를 첨가하면 좋겠다.
5) Save to list 버튼을 누르면 녹음된 파일 sound-apa가 Objects 창에 뜨게 된다.
6) 1~5의 과정을 반복하여 /aba/를 녹음하면 sound-aba 역시 Objects 창에 뜨게 된다.
7) Objects 창에서 sound-apa 파일을 클릭하여 선택한 다음 우측에 있는 View&Edit 버튼을 누르면 아래와 같은 창이 뜬다.

---

2) Ladefoged IPA 창 주소: http://www.phonetics.ucla.edu/course/chapter1/chapter1.html
3) 2장에서 설명한대로 '스테레오 믹스'가 활성화되어 있어야 녹음이 가능함.

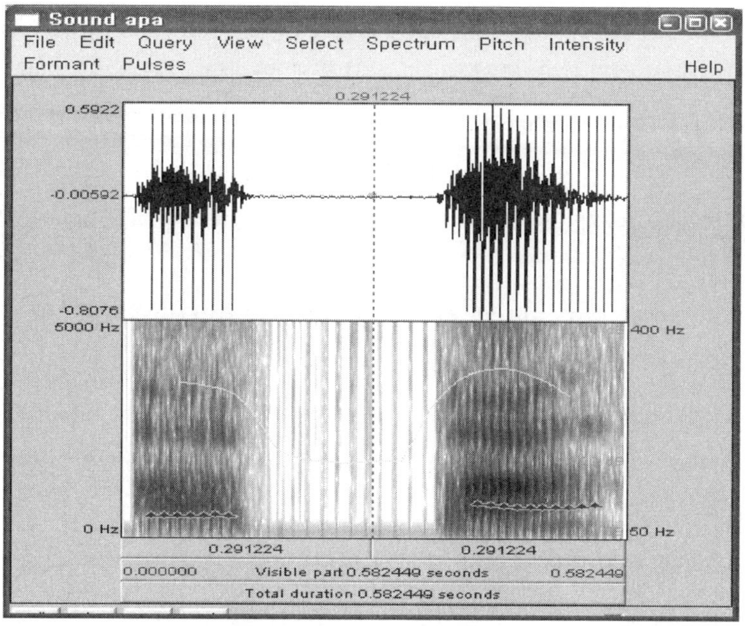

그림 3 | 'View&Edit' 버튼을 누른 후의 sound-apa의 모습

8) 같은 방법으로 sound-aba를 택한 후 View&Edit 버튼을 누르면 아래와 같은 창이 뜬다.

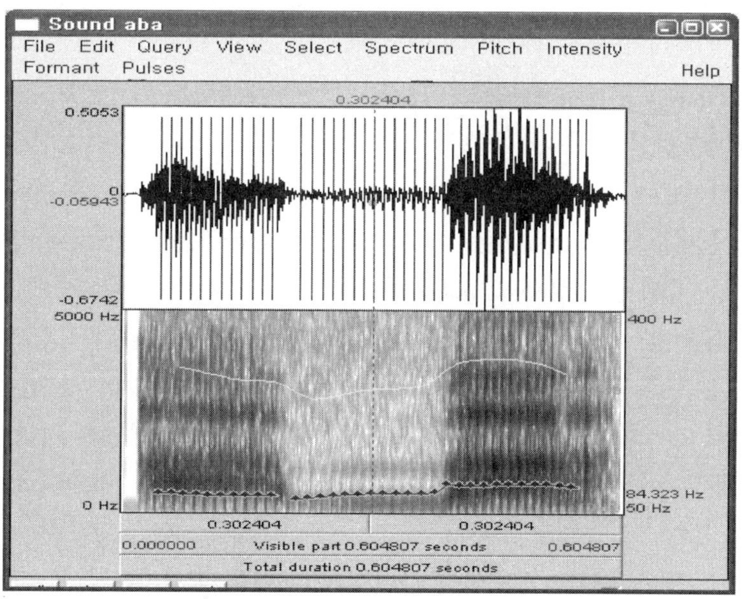

그림 4 | 'View&Edit' 버튼을 누른 후의 sound-aba의 모습

위 그림들에서 음파(waveform)가 있는 윗부분을 비교해 보면 /apa/의 경우는 성문의 맥동(pulse)을 나타내는 수직선이 무성음인 /p/ 부분에 와서는 끊겼다가 유성음인 모음 /a/에서 다시 시작한다. 반면에 /aba/의 경우는 파란 수직선이 거의 끊어지지 않고 규칙적으로 계속됨을 알 수 있다. 만약 View&Edit 버튼을 눌렀을 때 성문의 맥동여부를 보여주는 이 파란 수직선이 나타나지 않는다면 분석창의 Pulses를 클릭한 후 Show pulses를 택하면 나타난다.

성문의 맥동은 성대(vocal fold)가 한 번 열렸다가 닫히면서 생기는 것이므로 /apa/의 분석 창에서 파란 수직선이 자음 /p/ 부분에서 끊겼다는 것은 그 앞과 뒤의 모음은 유성음이었으나 중간의 자음 /p/가 무성임을 의미한다. 반면에 같은 선이 /aba/의 분석 창에서는 거의 지속적으로 나타나는 것은 앞뒤의 모음뿐 아니라 중간의 자음 /b/까지도 유성임을 잘 보여준다.

/p/와 /b/의 음파를 비교해도 분명한 차이가 나타난다. 무성음 /p/의 음파는 앞뒤 모음과는 달리 진폭이 전혀 없다. 반면에 유성음 /b/의 음파는 앞뒤 모음과 같은 정도는 아니지만 약간의 진동을 보여주고 있다. 허파로부터 올라오는 공기가 구강 내에서 완전히 차단되는 /p/와 /b/같은 '폐쇄음'은 구강이 열려있는 채로 조음되는 모음과는 달리 음파의 진동이 없다. 다만 /b/와 같은 유성폐쇄음의 경우 비록 닫힌 구강 내에서이지만 성대의 떨림으로 인해 약간의 공기진동이 있는데 이 성대 떨림의 유무가 위 그림에서 /p/와 /b/사이의 음파 진폭의 차이로 나타난 것이다.

그럼 이제 위 두 그림에서 스펙트로그램을 보여주는 아랫부분을 비교하여 보자. 이미 전 장에서 언급했듯이 굵은 톱니선은 음의 피치를 나타내고 가는 실선은 음의 강세(intensity)를 나타낸다. 이 선들에 커서를 대보면 'pitch'는 높낮이를 나타내는 단위인 헤르츠(Herz)로 보여주고 'intensity'는 소리의 크기를 나타내는 단위인 데시벨(decibel)로 보여준다. 이 중 피치 선은 상부의 'pulse'선처럼 유성인 경우에만 나타난다. 위의 그림에서 /aba/는 일정한 높이에서 시작한 피치선이 유성자음 /b/ 부분에 와서 밑으로 떨어졌다가 뒤에 오는 모음에 와서 다시 처음의 높이로 회복된다. 반면에 /apa/는 같은 선이 무성자음 /p/ 부분에 와서는 전혀 나타나지 않고 있다. 만약 이 선이 화면에 전혀 나타나지 않는다면 위의 성문의 맥동 선처럼 분석 창의 'Pitch'를 클릭한 후 'Show pitch'를 선택하면 나타난다.

피치, 즉 음의 높이는 다른 요인이 같다면 성대가 많이 떨릴수록 높게 나타난다. 보통 여자나 어린이의 소리가 성인 남자들의 소리보다 높게 나는 이유는 여자나 어린이는 성인 남자보다 성대가 짧고 얇아서 같은 세기의 공기의 흐름에서 더 많이 떨리기 때문이다. 기타의 줄이 굵으면 낮고 '굵은' 소리가 나는 반면에 얇으면 높고 '얇은' 소리가 나는 이치와 같다. 위의 그림에서 무성 /p/는 성대의 떨림이 없으므로 당연히 음의 높이를 나타내는 피치 선이 없다. 반면에 성대의 떨림이 모음 /a/보다 상대적으로 미약한 유성의 /b/는 낮은 음이 나므로 피치 선이 낮지만 나타난 점은 이 음이 유성음임을 확실히 보여준다.

프라트와 같은 음성분석 프로그램은 이처럼 음의 유·무성 여부를 객관적으로 확인해 주는 장점이 있다. 지금까지 배운 바로는 프라트에서 유·무성 여부는 음파(waveform)의 창에서 수직으로 나타나는 'Pulse 선'과 스펙트로그램 창에서 굵은 톱니선으로 나타나는 'Pitch 선' 두 가지로 확인할 수 있다. 전자는 성문이 열렸다 닫히는 것을 의미하고 후자는 성대가 떨렸음을 의미하므로 둘 다 유성음이 있는 경우에만 나타난다. 이 두 선이 나타나는 부분이 서로 일치하는 이유는 바로 이 때문이다.

실습

1. IPA 창에서 아래의 음들을 녹음하여 프라트로 불러들인 후 분석하여 유무성 여부를 확인해 보자.

   가. /p, b, t, d, k, g, ʔ/

   나. /f, v, s, z, θ , ð, X, ɣ/

   다. /m, n, ŋ, l, r, ɾ, y, w/

   유성음: ______________________________

   무성음: ______________________________

2. 인터넷에서 아래 사이트들에 들어가서 유성/무성에 대한 자료를 확인하여 보자.

   가. 성대의 떨림을 관찰한다. 먼저 구글 검색창에 'animation of vocal folds'를 검색한 후 다음 사이트를 들어가 보면 성대의 떨림을 느린 그림으로 관찰할 수 있다.

   http://www.linguistics.ucla.edu/faciliti/demos/vocalfolds/vocalfolds.htm

   이 사이트 외에도 YouTube 등에서 성대의 떨림에 대한 설명을 찾아본다.

   나. 런던 대학교 음성학 사이트인 www.phon.ucl.ac.uk/에서 Interactive Web Tutorial

〉〉voicing basics를 찾아서 후두의 해부된 모습을 보고 유성/무성에 대한 tutorial을 따라 해 본다.

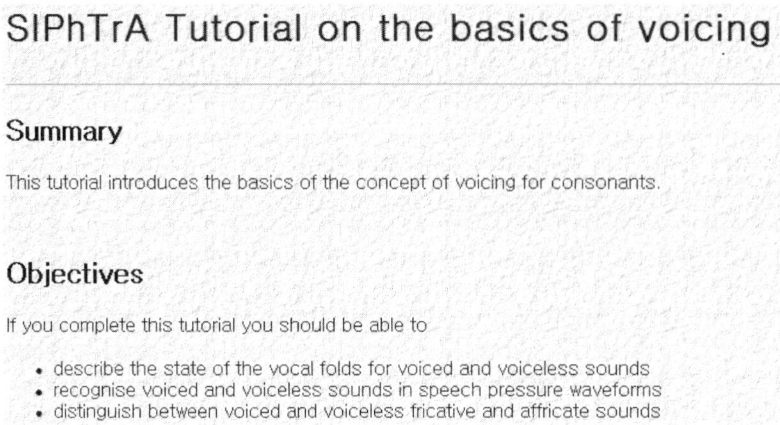
SIPhTrA Tutorial on the basics of voicing

Summary

This tutorial introduces the basics of the concept of voicing for consonants.

Objectives

If you complete this tutorial you should be able to

- describe the state of the vocal folds for voiced and voiceless sounds
- recognise voiced and voiceless sounds in speech pressure waveforms
- distinguish between voiced and voiceless fricative and affricate sounds

그림 5 | 런던 대학교 음성학과 Web Tutorial 중 voicing basics 페이지

다. Ladefoged의 음성학 사이트 www.phonetics.ucla.edu/index.html(*Course in Phonetics*의 *chapter 3 performance exercise*)에 가서 유성음/무성음[ssszzzssszzz]를 들어 보고 이를 프라트로 불러들여 분석해본다. 아래와 같이 피치 선이 유성음의 발음에서만 나타나는지 확인할 것.

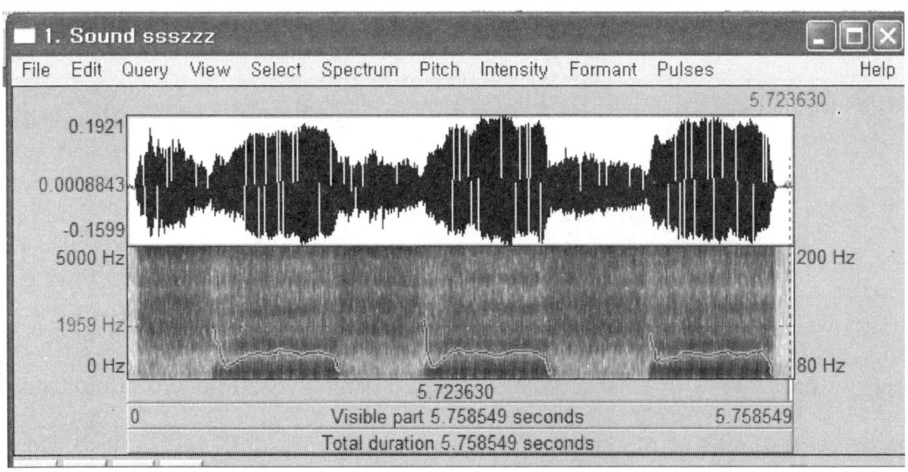

그림 6 | [ssszzzssszzzssszzz]프라트에서 분석하기. 유성음[z]만 피치 선을 보여준다.

3.2 조음점(Place of Articulation)에 의한 분류

자음의 조음은 일반적으로 조음자(articulator) 간의 접촉이나 근접에 의하여 이루어진다. 조음자는 혀와 같이 능동적 역할을 하는 것과 입천장의 여러 부분처럼 수동적 역할을 하는 것으로 나뉘는데 조음점은 보통 이러한 능동적 조음자(active articulator)와 수동적 조음자(passive articulator) 간에 **협착(constriction)**이 일어나는 곳을 지칭한다. 조음점은 IPA의 자음 차트에서 입천장을 따라서 횡렬의 행으로 표시된다. 그러면 IPA에서 정의한 조음점들을 맨 앞에 나오는 입술 부위부터 차례로 알아보도록 하자.

1) 양순음(Bilabial)

양 입술이 맞닿거나 근접해서 나는 소리이다. 아랫입술은 능동적 조음자의 역할을, 윗입술은 수동적 조음자의 역할을 한다. 영어의 /p, b, m, w/, 국어의 /ㅂ, ㅃ, ㅍ, ㅁ/이 양순음이다. 'pay, bay, may'의 첫 자음 /p, b, m/은 모두 양순음이다. 'way'의 /w/도 양순음이지만 이 음은 협착이 입천장의 뒷부분인 연구개(velum)와 혀의 뒷부분(dorsum) 간에 일어난다. 이때문에 IPA 차트에서는 일반 자음의 분류에는 포함시키지 않고 그 밑에 나오는 'OTHER SYMBOLS'에 'voiced labial-velar approximant'라고 기술하고 있다(1.7의 IPA 차트 참고). /p, b, m/은 모두 허파에서 나오는 공기가 양 입술이 맞닿은 곳에서 멈추면서 나는 양순폐쇄음(bilabial plosive)인 반면에 /w/는 양 입술이 근접해서 나는 양순근접음(bilabial approximant)이다.

또 다른 양순음으로 영어에는 없으나 꼭 알아두어야 할 것으로 /ɸ, β/가 있다. 이 음들은 허파로부터 나오는 공기의 흐름이 양 입술에서 완전히 차단되지 않고 좁은 공간을 밀고 지나면서 마찰을 일으켜 소리를 내는 양순마찰음(bilabial fricative)이다. 이 중 무성인 첫째 음(/ɸ/)은 일본어에 있다. 우리말 한자어 부패(腐敗)의 일본어 발음은 [ɸɯhaɪ]이다 (/ɯ/는 우리말 /으/와 비슷한 일본어 모음이다). 이 소리를 나타내는 부호 'ɸ'는 희랍어 알파벳의 21번째 문자인 'phi[faɪ]'를 사용한 것이다. 반면에 희랍어의 두 번째 문자인 'beta'를 빌려서 나타내는 유성음 /β/는 우리말에도 있었던 음이다. 소위 중세국어의 순경음 /ㅸ/이 이에 해당한다. 예: 중세국어 고ᄫᆞ[koβʌ], 현대국어 고와[kowa].

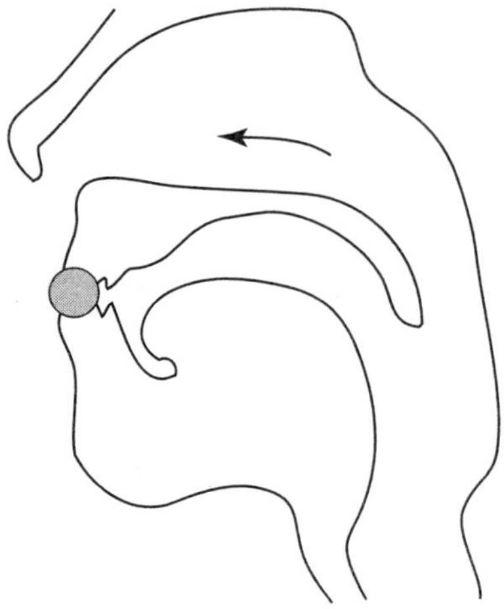

그림 7 | 양순음 /m/의 조음: 비강이 열려 있다.

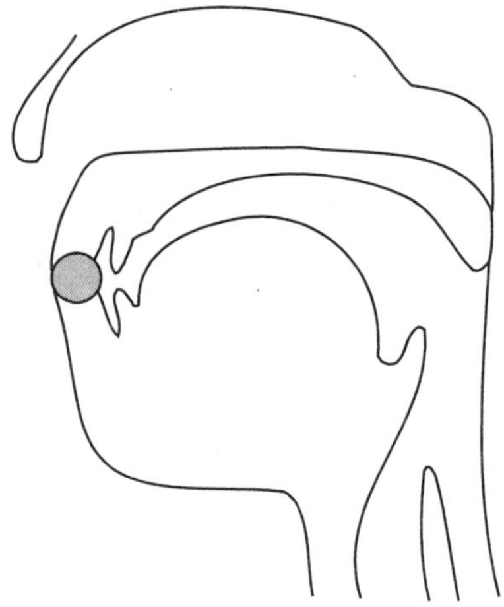

그림 8 | 양순음 /p, b/의 조음: 비강이 닫혀 있다.

2) 순치음(Labio-dental; Denti-labial)

영어의 /f, v/처럼 아랫입술과 윗니가 맞닿거나 근접해서 나는 소리이다. 우리말에는 이 순치음이 없다. 그래서 영어 발음이 서투른 사람들은 이 음들을 각각 우리말의 양순음인 /ㅍ/과 /ㅂ/으로 대치한다. 예: fix[픽스], victory[빅토리]. 참고로 우리말 /ㅍ/의 발음은 /p^h/이므로 순치음이 아니라 양순음에 기음(aspiration) /h/가 2차 조음(secondary articulation)으로 합쳐진 것이다. 반면에 어두에서 /ㅂ/의 우리말 발음은 [p]이다.

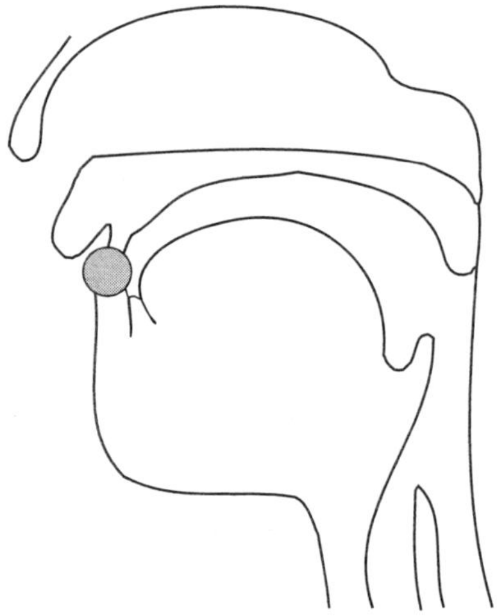

그림 9 | 순치음 /f, v/의 조음

3) 치음 혹은 치아음(Dental)

혀끝이 윗니의 뒷부분에 맞닿거나 근접해서 나는 소리. 영어의 /Θ, ð/. 명사 'ba<u>th</u>'나 동사 'ba<u>th</u>e'와 같은 예에서 볼 수 있듯이 유성과 무성 모두 같은 철자 'th'를 사용한다. 미국영어에서는 혀끝을 윗니와 아랫니 사이로 내밀면서 조음하는 경우가 많다. 이렇게 나는 소리는 **간치음(間齒音; interdental)**이라 부른다. 반면에 영국영어에서는 같은 소리가 주로 치음으로 난다. 이러한 치아마찰음(dental fricative)을 가지고 있지 않는 한국어나 불어 화자들은 /Θ, ð/를 /s, z/와 같은 비슷한 마찰음이나 /t, d/와 같은 폐쇄음으로 대치한다.

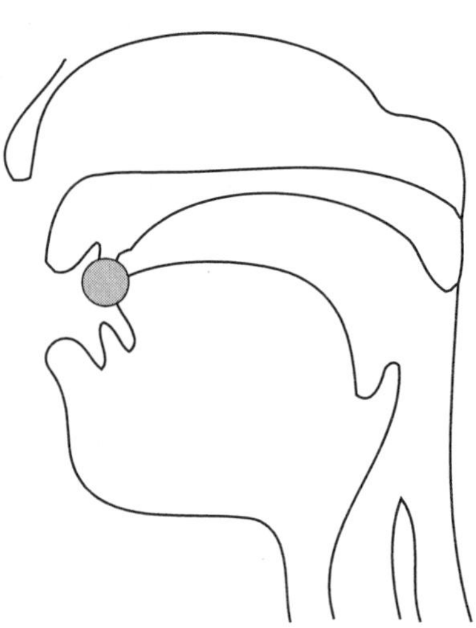

그림 10 | 치음 /Θ, ð/의 조음

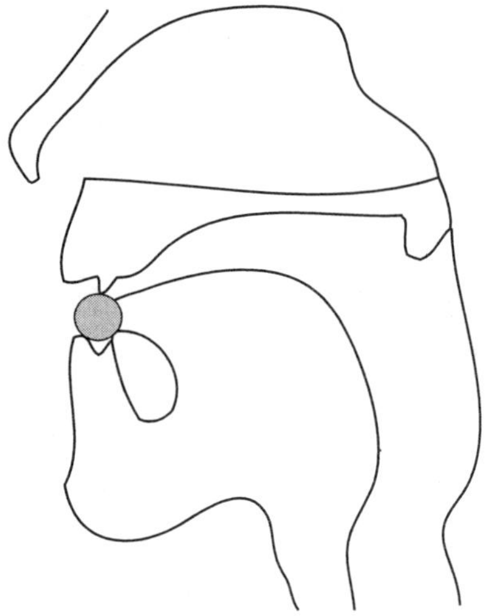

그림 11 | 간치음 /Θ, ð/의 조음

4) 치경음 혹은 치조음(Alveolar)

혀끝(tongue tip) 혹은 혓날(tongue blade)과 치경(齒莖; alveolar ridge)이 만나서 나는 소리. 치경은 윗니의 뿌리 뒤에 능선처럼 튀어나온 부분을 가리킨다. 영어의 /t, d, s, z, n, l/. 조음에 참여하는 혀의 부위가 혀끝(tongue tip; apex)이면 설첨치경음(apico-alveolar), 혓날(tongue blade; lamina)이면 설단치경음(lamino-alveolar)으로 부른다. 우리말의 /ㄷ, ㄸ, ㅌ, ㄴ, ㅅ, ㅆ/은 치경음이라기보다는 치음에 가깝다.

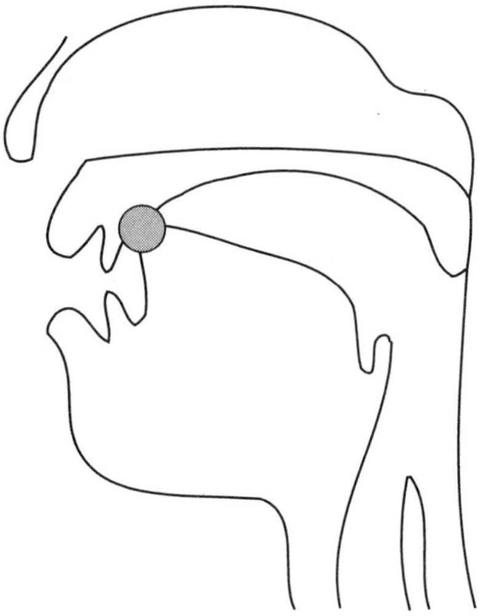

그림 12 | 치경음 /t, d/의 조음

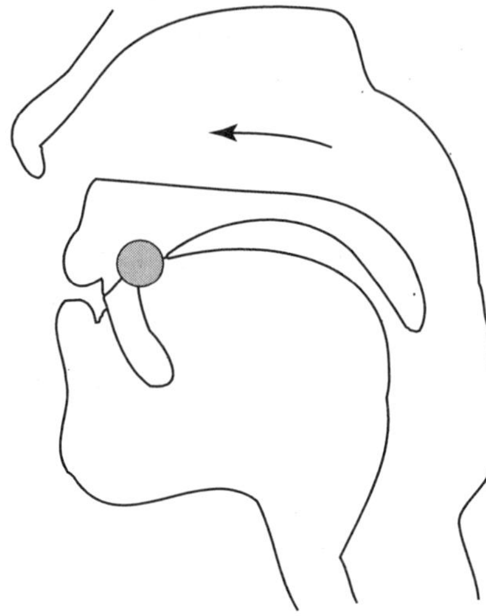

그림 13 | 치경음 /n/의 조음

치경음과 치음의 차이는?

치경음은 혀끝이나 혓날이 치경에 닿아 나는 소리이고 치음은 혀끝이 윗니에 닿거나 근접해서 나는 소리이다. 영어의 /t/는 치경음인 반면 우리말의 /ㄷ/이나 /ㅌ/, 불어의 /t/는 치음이다.

예: 영어 table: 혀끝이나 혓날이 치경에 닿는다.
국어 테이블, 불어 table: 혀끝이 윗니에 닿는다.

왜 우리말, 영어, 불어에서 테이블을 가리키는 단어가 모두 같을까?

언어가 가지는 특징 중의 하나는 문화적 접촉이 일어나게 되면 서로 영향을 주고받는다는 점이다. 그중 가장 두드러지는 분야가 어휘이다. 동양의 언어교류를 역사적으로 보면 우리말 일본어 베트남어 등이 중국어에서 많은 단어를 차용해 사용하면서 한자문화권을 형성하였다. 우리가 같은 한자어를 사용한다는 점은 이 나라들의 지명이름만 보아도 쉽게 알 수 있다. 중국의 수도를 중국 사람들은 '베이징', 우리는 '북경'으로 부르는데 한자로는 똑같이 '北京'이다. 즉 중국식(만다린) 발음인 '베이징'과 우리말 발음 '북경'이 같은 단어의 다른 발음인 셈이다. 어떻게 이런 일이 생긴 것일까? 우리의 한자 발음 '북경'은 주로 중국어로부터 많은 차용이 이루어진 당나라 때의 발음을 그대로 유지하고 있는 반면에 '베이징'은 이 단어의 현대중국어 발음인 셈이다. '동경(東京)'과 '도쿄', '월남(越南)'과 '베트남'도 각각 괄호 안의 같은 한자어가 한국, 일본, 베트남으로 차용되면서 발음이 변형된 경우들이다.

영어의 'table'도 사실은 원래 영어에 있었던 단어가 아니고 불어에서 차용한 단어이다. 영어의 역사에서 보면 1066년에 프랑스 북부 노르망디 지역의 왕조가 영국을 침범하여 근 200년을 지배하게 되는 '노르망디 정복(Norman Conquest)'이 일어났다. 이때 많은 불어 단어가 영어로 들어오게 되었는데 'table'도 이때 들어온 것들 중의 하나이다. 인터넷 영어 어원사전인 'www.etymonline.com'의 정보에 의하면 이 단어는 12세기부터 영어에서 사용되기 시작한 것으로 되어있다. 재미있는 것은 이렇게 불어로부터 차용된 'table'이 우리가 근대화 이후 영미문화와 접촉하면서 다시 우리말에 차용하여 쓰게 된 점이다. 주목할 점은 불어의 'table[tabl]'의 /t/는 원래 치음으로 시작하였으나 영어로 차용되어서는 영어 /t/의 조음점인 치조음으로 난 것이 다시 우리말에 와서는 우리말 /ㅌ/의 조음점인 치음으로 나게 되었다는 점이다. 마찬가지로 불어의 'table'의 /t/는 기음(aspiration)이 아닌 무기의(unaspirated) /t/음인데 반하여 영어의 'table[tʰeɪbl]은 기음으로 시작한다는 점인데 이를 차용한 우리말 '테이블' 역시 유기음(aspirated)인 /ㅌ/을 쓴 점이다. 이렇게 보면 문화 간의 접촉에 의하여 차용이 일어날 경우 처음에는 원음의 특징이 유지되지만 쓰이는 언어 환경에 적응하면서 변화가 일어나는 것을 알 수 있다.

5) 권설음(倦舌音 ; Retroflex)

혀끝을 경구개 쪽으로 말아 올리면서 내는 소리이다. 여기서 '권'은 한자의 말을 '倦'이다. 영어의 'retroflex'도 같은 어원적 의미를 가지고 있다. 'retro-' "backward" '-flex' "bent"(cf. flexible, reflex). 영어에서 권설음이라 칭할 수 있는 음은 '**권설근접음(voiced retroflex approximant)**'인 /r/이 있다. 영국영어보다 미국영어에서 자주 /r/이 권설음으로 난다. 아래 그림은 영어 /r/의 조음기관의 모습을 보여준다.

이 그림에서도 알 수 있듯이 혀가 뒤로 휘었지만 협착(stricture)은 치경에서 일어났다. 이런 이유로 '권설'을 조음점으로 볼 것인지 아니면 다음에 설명할 조음방법으로 볼 것인지에 대한 논란이 있었다. IPA에서는 조음점에 포함시켰다. IPA에서 권설근접음은 거꾸론 된 'r'에 혀가 휜 모양을 첨가한 /ɻ/을 사용한다. 영어의 경우 'r'이 항상 권설음으로 나지 않으므로 이 부호를 사용하지 않는다. 그런데 우리가 영어 'r'을 표시하는 부호로 사용하기로 한 /r/을 IPA Chart에서 찾아보면 'alveolar trill(경구개전동음)'을 나타내는 것으

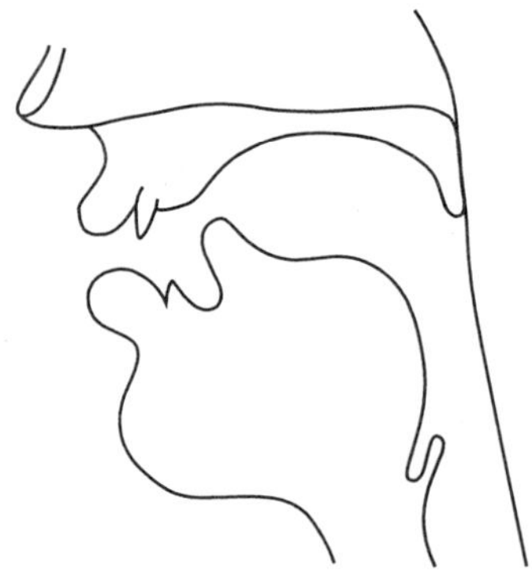

그림 14 | 영어 /r/의 조음 기관의 모양

로 되어있다. IPA에서는 떨림소리, 즉 전동음도 아니고 권설음도 아닌 **치경근접음(alveolar approximant)**을 나타내기 위해서는 거꾸로 된 /ɹ/을 사용한다. IPA에서 이렇게 정했음에도 불구하고 음성학자들은 편의상 영어 알파펫 'r'과 같은 부호인 /r/을 치경근접음을 표시하는 데 사용한다. 이 교재에서도 스페인어에서처럼 특별히 떨림소리 'r'과 구분하기 위한 경우가 아니면 이 원칙을 따르기로 한다. 다음은 'r'과 관련한 발음기호들을 정리한 것이다.

'r'을 나타내는 여러 가지 음성기호들:

/r/: IPA에서는 'alveolar trill'을 나타내나 일반적으로 'alveolar approximant'를 나타내는 데 사용한다.

/ɹ/: IPA에서는 'alveolar approximant'를 나타내나 특별히 'alveolar trill'과 구분할 필요가 없을 때는 사용하지 않는다.

/ɻ/: IPA에서 'retroflex approximant'를 나타낸다. 영어의 경우 'r'이 항상 권설음으로 나지 않으므로 사용하지 않고 있다.

실습

권설음은 중국어와 인도의 여러 언어들에서 많이 쓰인다. Ladefoged의 음성학 사이트에서 중국어(Standard Chinese)와 인도의 말라야람어(Malayalam) 등을 찾아서 여러 가지 권설음들을 들어보면서 그 특징을 알아보자. 이중 중국어의 다음과 같은 예들은 치음과 권설음의 대조를 잘 보여준다.

知	tʂʐ̩ ˥	'know'	資	tsz̩ ˥	'property'
吃	tʂʰʐ̩ ˥	'cat'	疵	tsʰz̩ ˥	'flaw'
師	ʂʐ̩ ˥	'teacher'	思	sz̩ ˥	'think'
日	ʐʐ̩ ˥˩	'sun, day'			

그림 15 | 중국어에서 권설음과 치음의 대조. 왼쪽이 권설음이고 오른쪽이 치음이다. 이 예들에 모음이 전혀 없는 것은 두 번째 자음인 유성의 마찰음 [ʐ]와 [z]가 모두 성절성자음(syllabic consonant) [ʐ̩]와 [z̩]로 나기 때문이다.

6) 치조구개음(齒槽口蓋音; Alveo-palatal; Palato-alveolar; Post-alveolar; Prepalatal)

혓날과 치경(치경은 치조라고도 불린다)의 뒷부분이 닿거나 근접해서 나는 소리. 영어의 /ʃ, ʒ, ʧ, ʤ/. 예: passion, vision, church, judge. 우리말의 /ㅈ, ㅊ/. 이 음들은 다양한 방법으로 표기된다. **/ʃ/ = / š /**, **/ʒ/ = / ž /**, **/ʧ/ = /tš/ = / č /**, **/ʤ/ = /dž/ = / ǰ /**. 이들 표기를 분석해보면 치조구개음 /ʃ/와 /ʒ/에는 치조음 /s/와 /z/를 포함하고 있다는 전제가 숨어있다. 그러면 나머지 요소인 부수기호 'ˇ'는 무엇을 가리키는 것일까? 그 답을 아래와 같은 영어의 예들에서 찾아보자.

[s]	[ʃ]
possess	possession
impress	impression
progress	progression
discuss	discussion

[z]	[ʒ]
supervise	supervision
televise	television
excise	excision
improvise	improvision
circumcise	circumcision

이 예들은 /s/나 /z/로 끝나는 단어에 접미사 -ion을 붙이면 그 발음이 /ʃ/나 /ʒ/로 변하는 것을 보여준다. 그런데 접미사 -ion은 앞 자음에 이처럼 변화를 주지 않을 때는 /jən/으로 발음된다.

opine	opinion [əpínjən]
commune	communion [kəmyúnjən]
company	companion [kəmpǽnjən]

이는 치조구개음 /ʃ/와 /ʒ/가 치조음 /s/와 /z/에다 구개음 /j/(혹은 /y/로도 씀)가 합성된 것임을 시사한다. 즉 /s/+/j/=/ʃ/, /z/+/j/=/ʒ/의 공식이 성립되는 것이다. / š /와 / ž /는 치조구개음의 이러한 특성을 강조한 표기라 할 수 있다.

/ʧ/와 /ʤ/도 같은 치조구개음에 속하나 /ʃ/와 /ʒ/에 또 하나의 요소, 즉 /t/와 /d/를 각각 포함하고 있다. 이러한 사실을 반영하고자 /ʧ/=/tš/와 /ʤ/=/dž/로 표기하기도 한다. 반면에 이 음들이 이러한 요소들을 가지고 있는 것은 사실이나 여전히 하나의 음이므로 하나의 문자로 표기하고자 할 때는 각각 / č /와 / ǰ /를 사용한다.

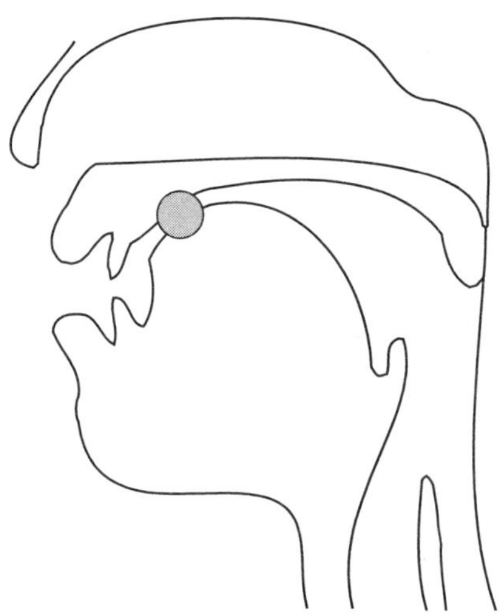

그림 16 | 치조구개음 /ʃ, ʒ/의 조음

치경음 /s/와 치조구개음 /ʃ/의 음향적 차이

/s/와 /ʃ/의 음향학적 차이는 스펙트로그램에 잘 나타난다. 이를 알아보기 위하여 www.m-w.com에서 동일인이 발음한 'super'와 'sugar'의 소리파일을 다운받아 프라트에서 분석해 보자.

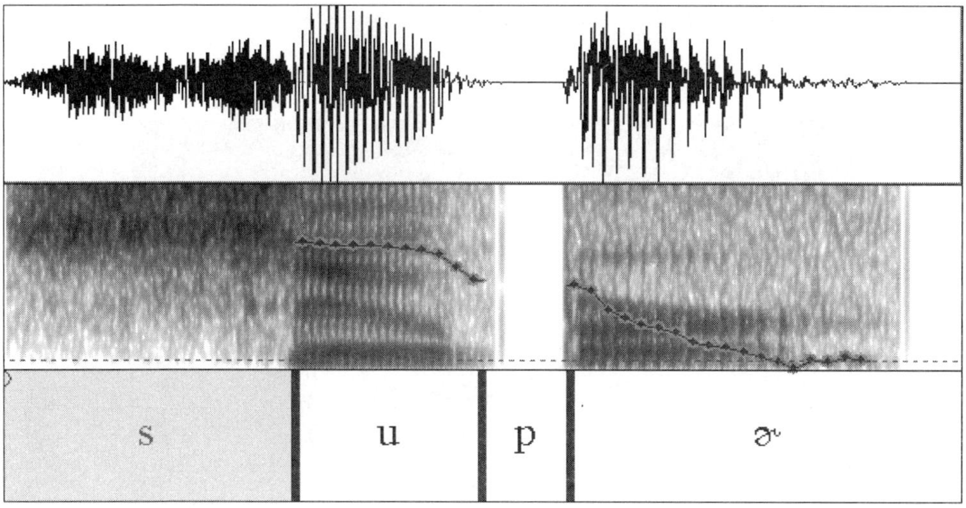

그림 17 | 'super'의 음파와 스펙트로그램: 음파와 스펙트로그램에 나타난 음향에너지가 'sugar'에 비해 약하다.

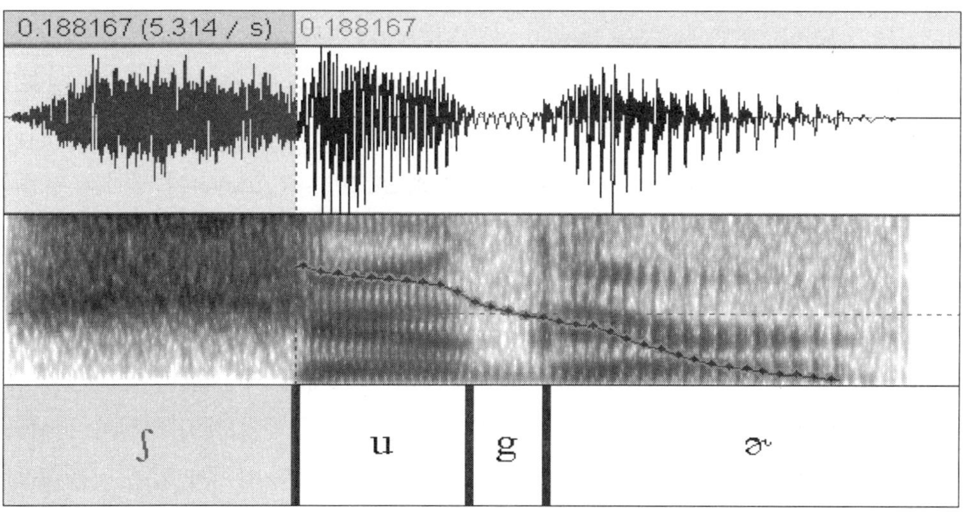

그림 18 | 'sugar'의 음파와 스펙트로그램: 음파와 스펙트로그램에 나타난 음향에너지가 'super'에 비해 강하다.

'super'와 'sugar'의 첫 자음은 음향에너지에서 현저한 차이가 난다. 위의 그림을 비교해 보면 음파(waveform)뿐 아니라 스펙트로그램에서도 'sugar'의 첫 자음인 /ʃ/가 'super'의 첫 자음인 /s/보다 더 강한 음향에너지를 보여 주고 있다. 둘 다 마찰음 이지만 /ʃ/가 음파의 진폭이 더 크게 나타났고 스펙트로그램에서는 검은색의 음향에너지가 더 넓은 영역에서 나타났다. 위 그림에서 스펙트로그램부분만 잘라서 비교한 아래 그림이 이를 잘 보여준다.

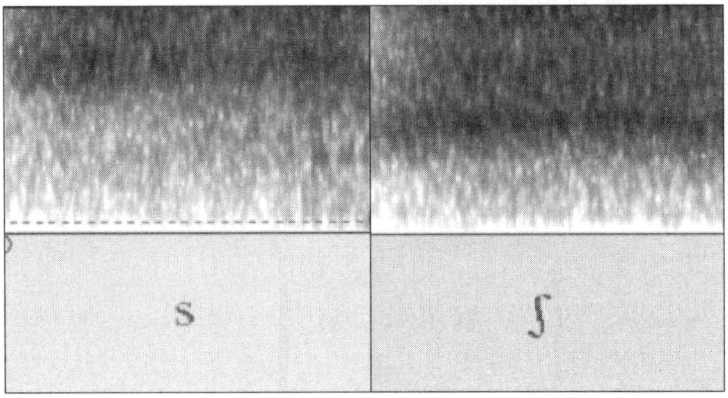

그림 19 | /s/와 /ʃ/의 스펙트로그램 비교: /ʃ/의 경우 검은 부분이 더 낮은 주파수대까지 내려와 있다.

그렇다면 이러한 음향에너지의 차이는 왜 나타나는 것일까? 비록 이 음들은 소음(noise)이어서 조음기관이 울려서 나는 소리는 아니지만 두 음의 음향적 차이는 결국 구강 내의 조음점과 특히 혀의 모양의 차이에 의한 것이다. 아래 그림을 비교해 보자. [ʃ]를 발음할 때는 [s]를 발음할 때와는 달리 혀의 윗면에 조그만 홈(groove)이 생기는 것을 알 수 있다. 미세하지만 이러한 차이가 [ʃ]의 경우 더 넓은 주파수 영역에서 음향에너지가 일어나는 결과를 가져온다.

우리말 화자들이 영어의 'super'를 '슈퍼'라고 발음하는 것은 잘못된 것이다. 이는 /s/를 /ʃ/로 발음하는 것과 같다. 이를 고치려면 화자로 하여금 'super'와 'sugar'를 발음하게 하여 발음을 들어 본 후 m-w.com에서 다운받은 원어민의 발음과 함께 프라트로 분석하여 보여준다. 특히 원어민이 발음한 두 단어가 스펙트로그램상에서 차이가 있는 것을 지적하고 음향에너지가 /s/음처럼 나올 때까지 따라서 반복 연습하게 한다.

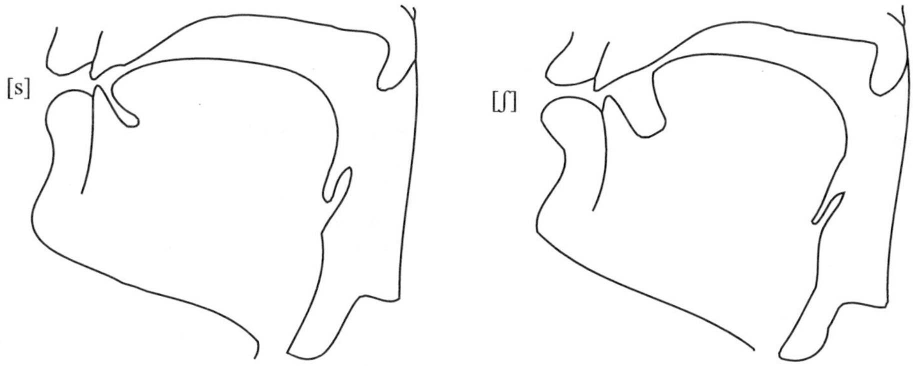

그림 20 | 치조음 [s]와 치조구개음 [ʃ]의 조음위치 비교(Cf. Johnson 2003, p.127)

7) (경)구개음(Palatal)

혀의 앞부분과 경구개가 닿거나 근접해서 나는 소리이다. 영어의 /y/=/j/. 예: yes, yet 등. 영어에서는 치조구개음(alveopalatal)과 (경)구개음(palatal)을 조음점으로 구분하나 국어에서는 이 둘을 구분하지 않는 것이 보통이다. 그래서 국어의 치조구개음 /ㅈ, ㅊ/을 그냥 구개음이라 부르기도 한다. 마찬가지로 '해돋이' → /해도지/, '같이' → /가치/처럼 치음 /ㄷ/이나 /ㅌ/이 /i/나 /y/=/j/ 앞에서 각각 /ㅈ/이나 /ㅊ/으로 변하는 현상을 구개음화(palatalization)라 부른다. 영어에서 치조음 /t/, /d/가 구개음 /y/와 만나 치조구개음 /tʃ/, /dʒ/로 변하는 현상도 구개음화라 부른다(아래 표 1 참조).

영어에는 없으나 꼭 알아두어야 할 구개음으로 /ɲ/와 /ʎ/가 있다. 위의 /ʃ/와 /ʒ/가 각각 /s/와 /z/에 /j/가 첨가된 음이라면 이들도 각각 치조음 /n/과 /l/에 구개음 /j/가 첨가된 것이라 볼 수 있다. 즉 /n/+/y/=/ɲ/, /l/+/y/=/ʎ/의 공식이 성립된다고 볼 수 있다. 이 음들은 주로 로망스(Romance)계 언어들, 즉 불어, 스페인어, 이탈리아어, 포르투칼어 등에 많이 나타난다(아래 표 2 참조).

표 1 |

예	구개음화 규칙
Won't you... [woʊntʃu]	t+y → tʃ
Would you... [wʊdʒu]	d+y → dʒ
Did you eat yet? [dɪdʒə 'itʃɛt]	d+y → dʒ, t+y → tʃ

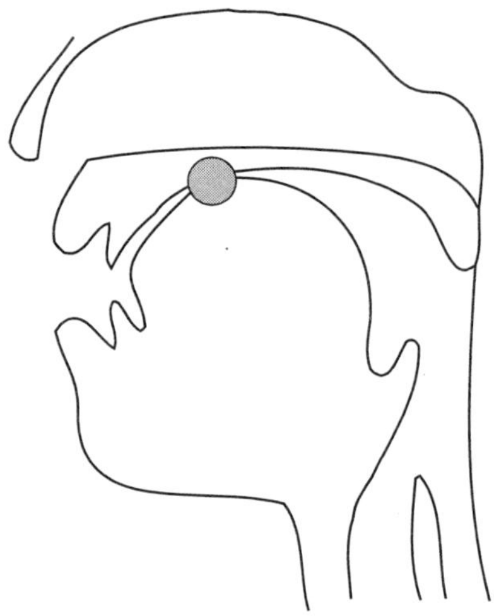

그림 21 | 구개음 /j/의 조음

표 2 |

언어	예	발음	구개음 철자
불어	champagne	[ʃãpaɲ]	gn
스페인어	señor	[seɲor]	ñ
이태리어	lasagne	[lasaɲ]	gn
포르투칼어	senhor	[seɲor]	nh
불어	papillon	[papiʎõ]	ll
스페인어	tortilla	[tortiʎa]	ll
이태리어	famiglia	[famíʎʎa]	gl
포르투칼어	coelho	[kueʎu]	lh

영어에서 샴페인의 발음은 [ʃæmpéɪn]으로 철자 발음을 따른 것이다. 스페인어와 포르투칼어에서 '세뇨르'는 -씨를 가리키는 명사. 영어의 'senior'와 같은 어원이다. '라샤냐'는 치즈, 토마토 소스, 국수, 저민 고기 따위로 만든 이탈리아 국수요리이다. '빠삐용'은 나비(butterfly)를 의미하는 불어 단어로 더스틴 호프만과 스티브맥퀸이 주연하는 영화의 제목으로도 쓰였다. '또르띠야'는 원래 스페인어에서는 '오믈렛'을 의미했는데 미국에서는 멕시코 음식 타코(taco) 등을 쌀 때 쓰는 빵을 가리킨다. 옥수수와 밀가루 반죽을 펴서 굽는다. famiglia [famíʎʎa]는 'family'를 의미하는 이태리어 단어. 'ceolho'는 소설 '연금술사'로 유명한 브라질의 작가 이름으로서 포르투칼어로 '토끼'를 의미한다.

미국 남서부 지역은 멕시코 영토이었던 관계로 스페인어 지명이 특히 많다. 그중 캘리포니아 샌디에이고 근교에 있는 소도시 La Jolla의 철자 ⟨j⟩는 스페인어에서 [h]로 발음되고(예: Jose '호세') ⟨ll⟩은 위의 또띠야(tortilla)에서처럼 [ʎ]로 발음되니까 [la hoʎa]가 맞는 발음이다. 다만 영어에는 'palatal lateral'이 없으므로 그와 가까운 'palatal approximant'로 대치시켜 [la hɔyə]로 발음한다. [la ʤolla]로 발음하지 않도록 주의해야 한다.

위 로망스어 단어들의 발음은 인터넷 사전 www.reverso.net에서 들어볼 수 있다. 미국 사람들이 'La Jolla'를 어떻게 발음하는지 들어보려면 YouTube에서 'pronunciation of La Jolla'를 찾아보자.

8) 연구개음(Velar)

혀의 뒷부분과 연구개가 맞닿거나 근접해서 나는 소리. 영어의 /k, g, ŋ/. 예: sack, peg, sink, sing. 우리말의 /ㄱ, ㄲ, ㅋ, ㅇ/. 영어와 우리말의 연구개음은 모두 조음자가 서로 맞닿으면서 허파로부터의 공기가 차단돼서 나는 폐쇄음들이다. 다만 /ŋ/과 /ㅇ/의 경우, 닫힌 구강에서 공기의 흐름이 차단되지만 비강은 여전히 열려 있어 지나는 공기가 울리면서 소리를 낸다.

이 밖에 꼭 알아 두어야 할 연구개음으로는 /x/와 /ɣ/가 있다. 전자는 무성의 연구개 마찰음(voiceless velar fricative)으로 게르만계(Germanic), 즉 독일계 언어에 많이 나타난다. 예: Ba<u>ch</u> "독일의 고전음악 작곡가". 독일어에서 철자 ⟨ch⟩는 이 연구개음 외에 무성

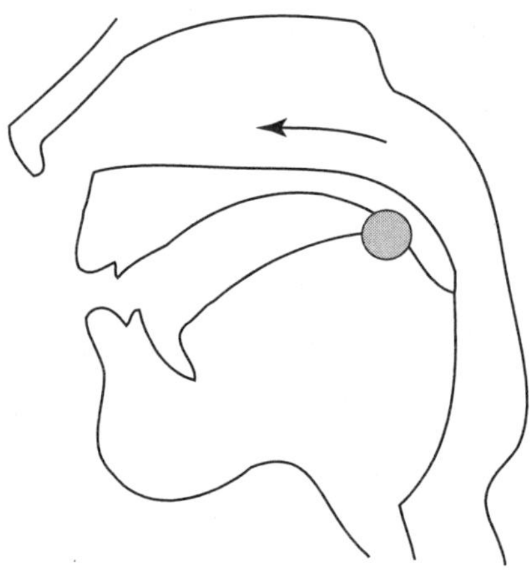

그림 22 | 연구개음 /ŋ/의 조음: 비강이 열려 있다.

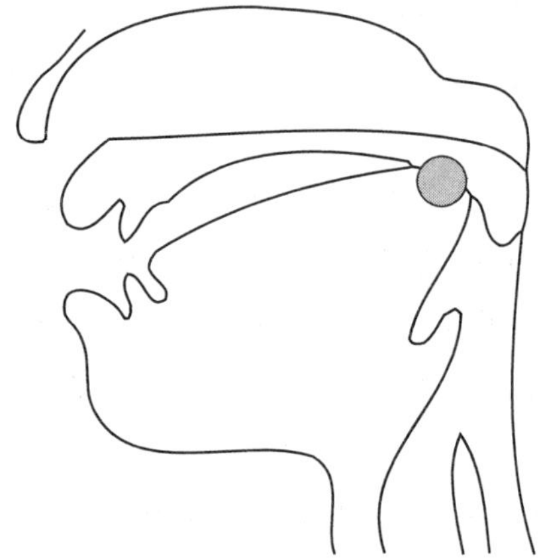

그림 23 | 연구개음 /k, g/의 조음: 비강이 닫혀 있다.

경구개 마찰음(voiceless palatal fricative) /ç/로도 난다. 예: Ich “I”. /ç/는 조음점이 연구개보다는 조금 앞선 부위, 즉 경구개에 혀가 근접해서 나는 소리다. 독일어에서 왜 철자 〈ch〉가 두 가지의 발음으로 나는지에 대해서는 7장 음소(phoneme)와 이음소(allophone) 참조.

/x/가 무성음인데 반해 /ɣ/는 같은 조음점에서 나는 유성음이다. /ɣ/는 현대영어에는 없지만 고대영어에 있었다. 예: OE lagu /laɣu/ “law”. 이 음은 /k/나 /g/가 모음과 모음 사이에서 변형되면서 나타나는 경우가 많다. 예를 들면 라틴어에서 친구를 의미하는 단어는 amicus /amikus/ ‘a male friend’인데 스페인어에서는 amigo /amiɣo/로 변했다. 스페인어 철자는 일반적으로 고대 스페인어의 발음을 반영하므로 모음 사이에서 /k/ → /g/ → /ɣ/의 변화가 일어났음을 알 수 있다. 이는 양순음이 같은 환경에서 /p/ → /b/ → /β/로 변하는 것과 궤를 같이 한다. 예: 곱다 /kop-ta/ 중세국어 고ᄫᆞ[koβʌ](현대국어 고와[kowa]).

9) 구개수음(口蓋垂; Uvular)

혀의 뒷부분이 보통 목젖이라고 알려진 구개수에 맞닿거나 근접해서 나는 소리. 영어와 국어에는 없고 잘 알려진 예로 불어의 ‘r’ 발음이 있다. 불어에서 철자 〈r〉은 주로 유성구개수마찰음(voiced uvular fricative) /ʁ/이나 무성구개수마찰음(voiceless uvular fricative) /χ/로 난다.

표 3 | 불어에서 유성과 무성으로 나는 구개수마찰음의 예

/ʁ/	rouge [ʁuʒ] ‘red’	bureau [byʁo] ‘office’	rose [ʁoz] ‘rose’
/χ/	centre [sɑ̃tχ] ‘center’	quatre [katχ] ‘four’	lettre [lɛtχ] ‘letter’

예를 들면 영어의 ‘rose’에 해당하는 불어단어와 그 발음은 rose /ʁoz/이다. 즉 ‘r’이 유성구개수마찰음(voiced uvular fricative)으로 난다. 반면에 영어의 ‘letter’에 해당하는 불어 단어의 발음은 lettre /letχ/이다. 이때 ‘r’은 무성구개수마찰음(voiceless uvular fricative)이다. 그러면 왜 같은 구개수 마찰음인 불어의 ‘r’음이 어떨 때는 유성으로 나고 어떨 때는 무성으로 나는 걸까? 그 답은 이 구개수음의 앞에 오는 자음의 유·무성 여부와 관련이 있다. 불어의 ‘r’음은 보통 유성구개수마찰음으로 나지만 lettre /letχ/처럼 앞의 자음이 무성음이면 그 영향으로 뒤의 자음도 역시 무성의 구개수음으로 나는 것이다. 이처럼 발음은 주위의 음들의 영향을 많이 받는다. 원래 유성음인 /r/의 발음이 앞에 오는

무성음의 영향으로 무성으로 변한 현상은 9장에서 배울 음운규칙에 의하면 유·무성동화 (voicing assimilation) 현상이다. 같은 '무성음화'현상은 영어의 /r/ 발음에서도 발견된다. 아래의 예들을 살펴보자.

표 4 | 영어에서 /r/의 무성음화

/r/	bring[brɪŋ]	dry[draɪ]	grey[greɪ]
/r̥/	pry[pr̥aɪ]	try[tr̥aɪ]	cry[kr̥aɪ]

무성음으로 시작하는 둘째 줄의 단어들에서는 유성음으로 시작하는 첫째 행의 단어들과는 달리 /r/이 부분적으로 무성음으로 난다. 유성음이 무성음화가 일어났을 때 쓰는 IPA 첨가부호는 [̥]이다.

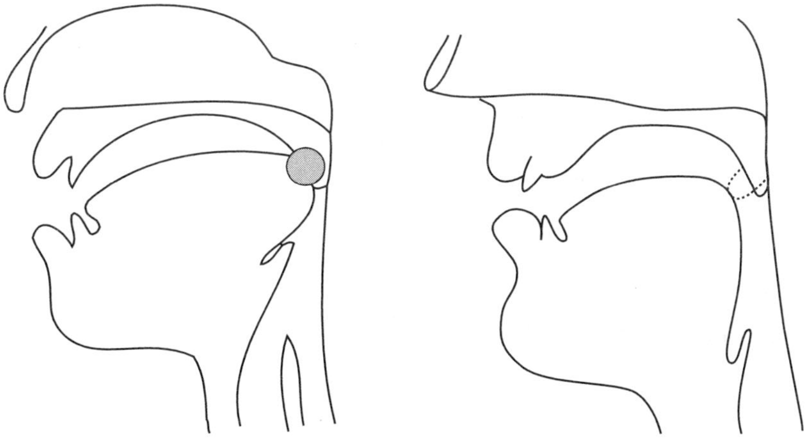

그림 24 | 구개수음의 조음위치(좌)와 구개수 떨림소리의 조음(우)

실습

1. Ladefoged의 음성학 사이트에서 Index of Sounds〉〉Rhotics〉〉Uvular Rhotics in French로 들어가서 아래 세 단어들의 발음을 들어본 후 'rose'와 'letter'의 발음을 다운받아 프라트로 불러들여서 'r'의 발음이 유·무성에서 차이가 나는지 확인해 보자.[4)]

---

4) [R̥]은 무성음화된 구개수전동음으로 무성구개수마찰음 [χ] 대신 자주 일어나는 소리이다. 떨림소리인 전동음에 대한 자세한 설명은 4장 '조음방법에 따른 자음의 분류' 참조.

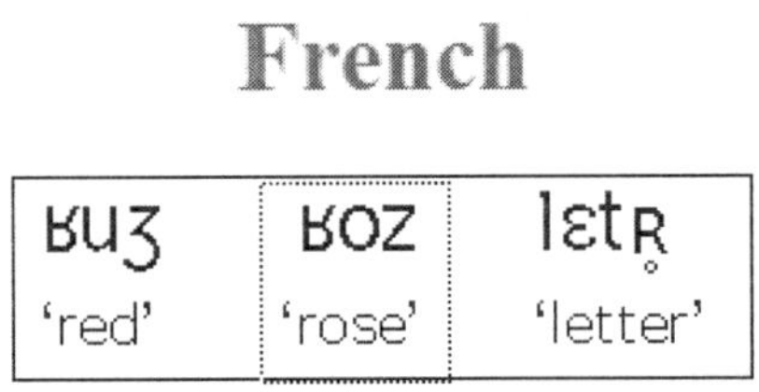

그림 25 | Ladefoged 음성학 사이트에서 불어의 'r'의 발음 들어보고 다운받기

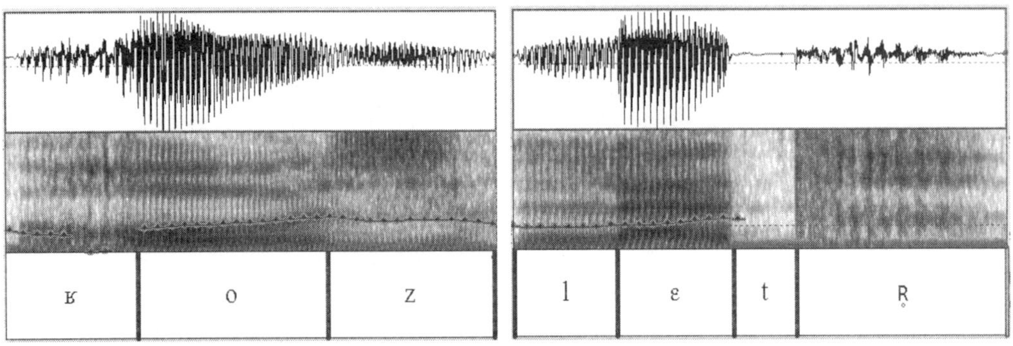

그림 26 | 불어 'rose'와 'lettre'에서 'uvular /r/' 발음의 유무성 확인: 전자의 경우 유성의 선이 약간 끊기긴 하였으나 유성으로 발음된 반면에 후자의 경우는 앞에 오는 무성폐쇄음 /t/의 영향으로 무성으로 발음된 것이 확인된다.

10) 인두음(Pharyngeal)

설근(tongue root)과 인두의 뒷벽이 근접하여 나는 소리. 이 조음점에서는 주로 마찰음(fricative)이 난다. 아랍어, 히브리어 등 셈계언어(Semitic languages)에서 많이 일어난다. /ħ/ = 무성인두마찰음(voiceless pharyngeal fricative), /ʕ/ = 유성인두마찰음(voiced pharyngeal fricative). 영어와 우리말에는 없다.

11) 성문음(Glottal)

영어에 성문폐쇄음**(glottal stop)**이 있다. 양 성대가 밀착되어 허파로부터의 공기가 완전히 차단되면 성대 밑의 공기 압력(subglottal air pressure)이 계속 증가하다가 어느 순간에 더 이상 지탱하지 못하고 터지면서 나는 소리이다. 기호는 **/ʔ/**. 조음점만 다를 뿐 /p, t, k/ 등 다른 폐쇄음들과 조음과정이 동일하다. 다만 구강 내에서 공기가 차단되는 구강폐쇄음의 경우 성문에서 공기흐름의 차단이 일어나지 않으므로 성대가 독립적으로 떨릴

수 있으나 성문폐쇄음은 성문 자체에서 공기의 차단이 일어나므로 동시에 성대를 떨게 할 수가 없다. 이러한 이유로 무성폐쇄음 /p, t, k/에 상응하는 유성폐쇄음 /b, d, g/는 있으나 무성성문폐쇄음(voiceless glottal stop) /ʔ/에 상응하는 유성성문폐쇄음(voiced glottal stop)은 조음이 불가능하다. IPA Chart에서 성문폐쇄음을 나타내는 칸에 유성폐쇄음을 가리키는 공간이 까맣게 칠해져 있는 이유이다.

영어에서 성문폐쇄음은 주로 /t/의 변형으로 일어나므로 음소는 아니지만 발음을 익히는 데 매우 중요한 음이다. 아래의 예들에서 철자 't'나 'tt'가 왼쪽의 경우 치경폐쇄음(alveolar stop)으로 나지만 오른쪽의 경우는 (주로 미국영어에서) 성문폐쇄음 [ʔ]이나 성문화된 치경폐쇄음 [tˀ]로 난다.

치경폐쇄음	성문폐쇄음
fat[fæt̚]	fatten[fæʔn̩]
flat[flæt̚]	flatten[flæʔn̩]

이는 mountain, Latin, kitten, button, fountain 등에서도 마찬가지이다. 성문화가 되었다 함은 1차 조음(primary articulation)인 치경폐쇄음에 부차적으로, 즉 2차 조음(secondary articulation)으로서 성문화(glottalization)가 일어났다는 의미이다. 성문화에 관한 좀 더 자세한 설명은 제7장 음소와 이음소 참조.

성문 폐쇄음은 위의 예들에서 볼 수 있듯이 /t/가 성절성 'n'([n̩]) 앞에 올 때 난다. **성절성자음(syllabic consonant)**은 한 음절 내에서 핵의 역할을 하는 모음이 탈락하면서 음절핵의 역할을 대신하는 자음을 지칭한다. 주로 위의 비강음 /n/처럼 모음과 가까운 자음들이 이 역할을 한다. 예를 들면 'sentence'와 같은 단어의 발음은 보통 [sɛ́ntəns]이지만 빠른 스피치에서는 성문음화가 일어나 [sɛ́nʔn̩s]로 난다. 이는 둘째 음절 /təns/에서 강세를 받지 않는 'schwa'가 탈락하면서 핵이 없게 되자 이 역할을 뒤에 오는 비강음 /n/이 대신 맡게 되면서 /t/가 /n/ 앞에서 성문폐쇄음 [ʔ]로 나게 된 것이다. 'certainly'의 경우도 마찬가지로 [sə́rtənli]와 [sə́rʔn̩li]로 난다. 성절성자음에 대해서는 7장 '음소와 이음소' 참조.

또 다른 성문음으로는 마찰음인 /h, ɦ/를 들 수 있다. 이 음들이 조음되기 위해서는 양 성대 사이가 적당히 근접해 있어서 마찰이 일어날 수 있어야 한다. 성문폐쇄음과는 달리 이 경우 성문이 완전히 폐쇄된 상태가 아니기 때문에 유성음도 가능하다. 영어 단어 'behind'에서 모음과 모음 사이의 'h'가 유성의 성문마찰음(glottal fricative) [ɦ]로 난다.

실습

YouTube에서 다음 성문폐쇄음의 발음에 관한 강의를 듣고서 아래의 물음에 답해보자(구글에서 'glottal stop'을 검색하여 동영상 강의로 이동함).

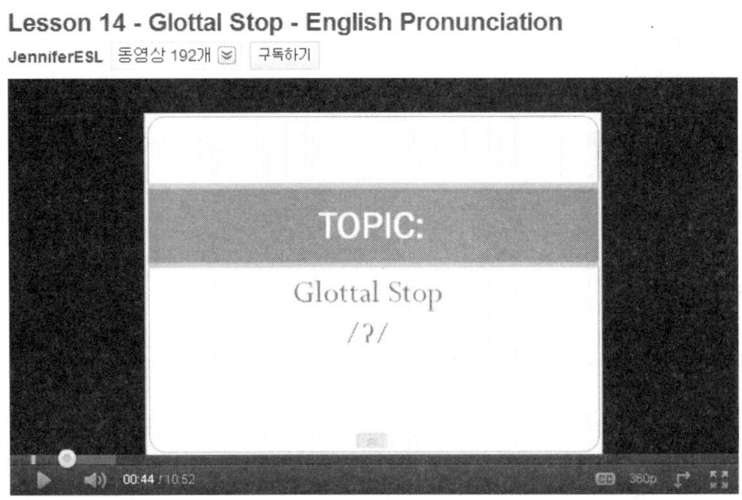

그림 27 | YouTube에서 성문폐쇄음 강의 듣기

위의 강의에서 강사가 다음의 문장들에 나타나는 't'발음을 어떤 음으로 정의하고 있는지 밝히고 이를 다시 전문적인 음성학용어로는 무엇이라고 부르는 것이 적절한지 적어보라.

in the lecture	phonetic symbols (t^h, t˺, ʔ, ɾ)
strong 'true' 't' (예: Tom)	____________
weak 'true' 't' (예: good night)	____________
't' cut off in the throat. (예: button)	____________
flap 't' (예: Betty)	____________

강의를 들으면서 다음 문장들에서 어떤 't'가 발음되는지 알아보자.

1. What can Tom do?.
2. Betty needs a little help today.
2. Patrick can't remember his doctor's name.
3. Tim and Kurt need to stop fighting over toys.
4. Are you certain you want one?
5. Stop it.
6. Jennifer will saw on a button.
7. She needs to be certain the tread is long enough.
8. Jennifer thinks it's important to sort through these clothes.
9. A hat and mittens (hat-n-mittens) for her daughter.
10. The curtains are closed.
11. Jennifer opened her curtains and straightened her shirt.

지금까지의 조음점에 대한 설명을 그림으로 요약하면 다음과 같다.

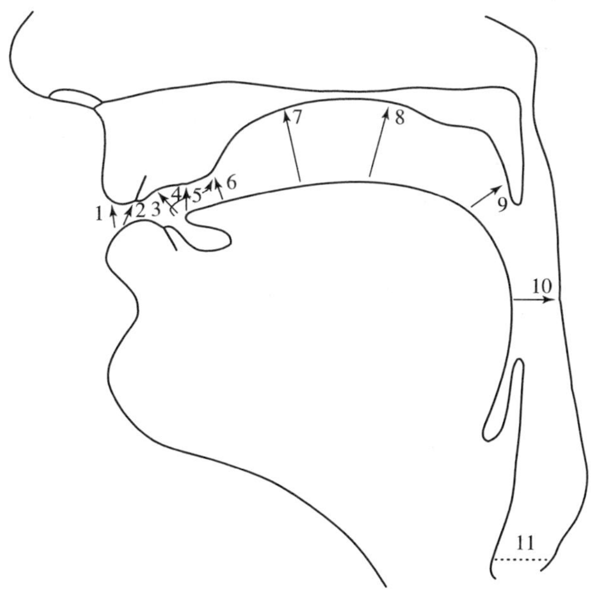

그림 28 | 조음점: 1. bilabial 2. labiodental 3. dental 4. alveolar 5. retroflex 6. alveopalatal 7. palatal 8. velar 9. uvular 10. pharyngeal 11. glottal

‘yes’나 ‘no’와 관련한 여러 가지 표현방법: *uh-huh, uh-uh, uh-oh.*

영어에서 ‘긍정’과 ‘부정’을 나타내는 감탄사 중에는 유독 /ʔ/이나 /h/와 같은 성문음(glottal sound)을 사용하는 경우가 많다. 다음의 예들을 생각해 보자.

1) uh-huh ‘응, 오냐’처럼 만족을 나타내는 소리
2) uh-uh ‘아니’를 의미하는 부정을 나타내는 소리
3) uh-oh ‘어머, 이런, 저런, 아니’처럼 놀라움, 의심, 반성 따위를 나타내는 소리

이 감탄사들을 m-w.com과 같은 인터넷 사전에서 찾아보면 아래와 같이 발음됨을 알 수 있다.

1) uh-huh [(ʔ)ʌhʌ́]
2) uh-uh [(ʔ)ʌ́ʔʌ]
3) uh-oh [(ʔ)ʌ́ʔoʊ̯]

어떤 경우는 1)과 2)가 아래에서처럼 모음이 비음화되어 나기도 한다.

1) [(ʔ)ʌ̃hʌ̃] (yes)
2) [(ʔ)ʌ̃ʔʌ̃] (no)ʌ̃

실제로 m-w.com에서 이 두 감탄사들을 찾아서 발음기호를 보면 모음들이 ‘ə^{n}’과 같이 적혀 있는데 이는 모음의 비음화(nasalization)를 표기한 것이다. 이러한 비음화는 ‘놀라움’을 표시하는 3)의 경우는 일어나지 않는다. 그런가 하면 입안에 음식물 등을 담고 있어서 입을 다물고 말하면 양 입술이 닫히게 되므로 모음은 없어지고 대신 성절성자음(syllabic consonant) [m̩]이 그 역할을 대신하기도 한다.

1) [(ʔ)m̩hḿ̩] (yes)
2) [(ʔ)ḿ̩ʔm̩] (no)

실습

위의 긍정과 부정에 관한 영어 감탄사들을 m-w.com과 naver.com 사전에서 소리를 들어보고 성문폐쇄음([ʔ])과 성문마찰음([h])이 실제로 일어나는지 확인해 보자.

4

조음방법에 따른 자음의 분류

조음 방법은 IPA 차트의 자음 분류표에서 왼쪽 세로에 나오는 범주들이다. 이 중 영어와 우리말의 자음 분류에 필요한 것들 위주로 알아보기로 한다.

4.1 조음방법(Manner of Articulation)에 따른 분류

4.1.1 폐쇄음/파열음(Stop/Plosive)

폐쇄음(stop) 혹은 파열음(plosive)은 조음자가 서로 맞닿아 있어서 허파로부터 나오는 공기가 완전히 차단되었다 터지면서 나는 소리이다. 잠깐이지만 공기 흐름이 완전히 차단되므로 폐쇄음(stop)이라 부른다. 한편 이렇게 폐쇄된 공기가 허파로부터 올라오는 공기의 힘을 이기지 못하고 순간적으로 터지게 되므로 파열음(plosive)[1]이라 부르기도 한다. IPA는 'plosive'만을 사용하나 본 교재에서는 두 용어를 함께 사용하기로 한다.

폐쇄음은 구강(oral cavity)에서 공기의 흐름이 차단될 때 연구개(velum)의 움직임에 따라 **비강폐쇄음(nasal stop)**과 **구강폐쇄음(oral stop)**으로 나뉜다. 연구개가 내려와 있으면 허파로부터 올라오는 공기가 구강(oral cavity)에서 완전히 차단되더라도 비강(nasal cavity)은 열려 있게 되어 이곳으로 공기가 흘러나오면서 울리게 되는데 이렇게 조음되는 음이 비강폐쇄음이다. 반면에 연구개가 올라가 있으면 비강으로의 통로는 닫히게 되고 허파로부터 나오는 공기가 구강에서 차단되었다 터지게 되는데 이렇게 나는 소리가 구강폐쇄음이다. 이렇게 보면 폐쇄음은 구강폐쇄음과 비강폐쇄음으로 나눌 수 있지만 파열음(plosive)이라고 부를 수 있는 음은 구강폐쇄음뿐이다. 왜냐하면 비강이 열려 있으면 구강에서 갇힌 공기가 터지지 않고 열린 비강으로 빠져나가기 때문이다. 즉 구강파열음(oral plosive)은 있지만 비강파열음(nasal plosive)은 없다는 뜻이다. IPA에서는 이러한 이유로 'plosive'는 구강폐쇄음만 가리키고 '비강폐쇄음'은 'nasal'이라는 범주를 따로 두어 지칭한다.

영어의 /m, n, ŋ/은 비강폐쇄음이고 /p, b, t, d, k, g/은 구강폐쇄음이다. 공기의 흐름이 구강에서 멈춘다는 점에서 위의 음들은 모두 'stop'이라고 부를 수 있으나 보통 'nasal stop'은 'stop'을 생략하고 'nasal'이라 부르고 'oral stop'은 'oral'을 생략하여 'stop'이라

---

1) cf. explode '폭발하다', explosion '폭발', explosive '폭발적인, 폭발물'

표 1 | 구강폐쇄음과 비강폐쇄음

	bilabial		alveolar		velar		glottal	
(oral) stop	p	b	t	d	k	g	ʔ	
nasal (stop)		m		n		ŋ		

부른다. 한편 'stop' 대신에 'occlusive'라는 용어를 쓰기도 하는데 이때는 'oral stop'과 'nasal stop'을 함께 지칭한다.[2] 이는 구강 내에서 파열(plosion)은 'oral stop'에서만 일어나지만 폐쇄(closing)는 'oral stop'과 'nasal stop'에서 모두 일어나기 때문이다.

성문폐쇄음(glottal stop) /ʔ/의 경우 성문에서 공기의 차단이 일어나므로 엄밀히 따지자면 구강폐쇄음, 즉 'oral stop'이라고 볼 수 없으나 그냥 'stop'이라고 하면 다른 폐쇄음과 함께 포함된다. 성문폐쇄음의 조음은 발음기관의 구조상 'glottal nasal stop'은 불가능하다. 마찬가지로 유성성문폐쇄음(voiced glottal stop) 또한 불가능하다. 이러한 이유로 IPA Chart에는 이 부분들이 모두 까맣게 칠해져 있다(표 1 참조).

비강폐쇄음과 구강폐쇄음의 차이는 프라트로도 확인된다. 아래는 IPA Chart에서 /ada/와 /ana/를 프라트로 불러들여 분석한 그림이다.

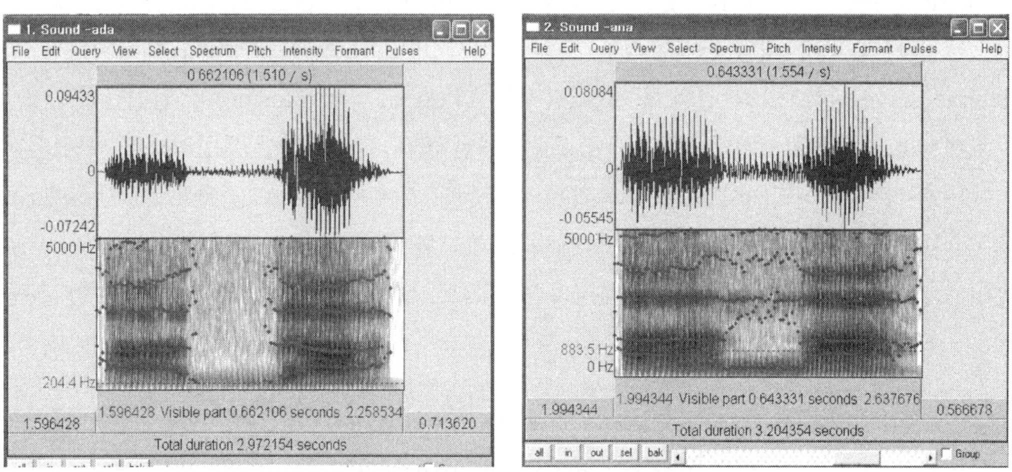

그림 1 | sound /ada/와 /ana/: 모음에서 시작한 포만트 선들이 구강폐쇄음 /d/에서는 나타나지 않는 반면에 비강폐쇄음 /n/에서는 나타난다.

2) 영단어 'occlusive'의 어간 '-clus-'가 exclusive-exclusion 'closing out', inclusive-inclusion 'closing in', preclusive-preclusion 'closing beforehand', conclusive-conclusion 'closing together' 등에서 'close', 즉 '폐쇄'를 의미하는 점에 주목하자.

먼저 위 칸의 음파를 보면 왼쪽 /ada/의 /d/ 부분에서는 구강과 비강이 모두 차단되어 진폭이 거의 없는 반면에 오른쪽 /ana/의 /n/ 부분의 경우 비록 구강은 차단되었으나 비강이 열려 있으므로 울림이 일어나면서 상당한 진폭을 보였다. 더 큰 차이는 아래 칸의 스펙트로그램에서 나타난다. 두 그림 모두 구강에서 공기흐름이 차단되면서 칼로 자른 듯한 부위가 나타나지만 구강은 닫혔으나 비강이 열려 있는 /n/보다 비강과 구강 모두 차단된 /d/의 경우가 더 두드러지게 나타난다. 더 확실한 차이는 화면상에 4개의 선으로 나타나는 포만트의 유무이다. 포만트(formant)는 성대의 떨림으로 시작한 음원이 성도에서 공명을 일으키면서 생긴다. 구강과 비강 모두 닫혀 있는 /d/의 경우는 이 선이 나타나지 않지만 구강은 닫혔으나 비강이 열려 있어서 울림이 있는 /n/의 경우는 미약하게나마 나타난다. 모음은 비강은 닫혀 있으나 구강에서 울림이 강하게 일어나므로 포만트 선들이 더 확실히 나타난다. 포만트에 대한 자세한 설명은 11장 참조.

폐쇄음의 삼 단계

폐쇄음은 아래 그림에서처럼 세 단계의 조음과정을 거친다. 첫 번째인 폐쇄시작단계(closing stage)에서는 허파로부터 나오는 공기가 차단되기 시작한다. 두 번째인 폐쇄기간(hold stage)에는 조음자끼리 맞닿아 있어서 구강이 차단된 상태이므로 허파에서부터 올라오는 공기가 구강 내의 공기압력을 계속 증가시킨다. 세 번째는 폐쇄가 해지되는 단계(release stage)이다. 막혀 있던 공기가 갑자기 터지므로 파열(plosion)이 일어난다.

스펙트로그램상에는 위의 삼 단계 중 두 번째인 폐쇄기간이 가장 특징적으로 나타난다. 이때는 구강이 폐쇄되면서 모든 조음기관의 활동이 멈추게 되므로 스펙트로그램상에 공백이 나타나고 음파에도 진폭이 없거나 아주 미약하게 나타난다. 다만 /b, d, g/와 같은 유성폐쇄음의 경우 성대의 떨림은 폐쇄의 기간에도 계속될 수 있으므로 미약하나마 진폭

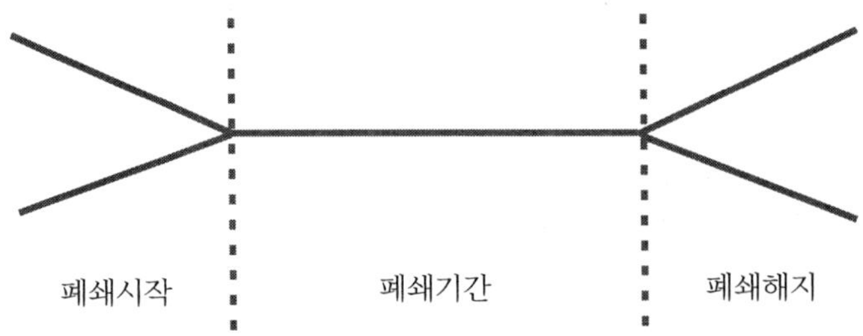

그림 2 | 폐쇄음의 삼 단계

이 있다. 폐쇄음의 경우 파열이 순간적으로 일어나므로 폐쇄시작 기간보다는 폐쇄해지 기간이 짧다. 폐쇄음이 '순간음'으로 분류되는 이유이다. 다음은 IPA 차트에서 [aʔa]를 프라트로 불러들여서 분석한 것이다. 왼쪽은 음 전체를 보여주고 오른쪽은 이 중 모음 부분은 제외하고 폐쇄음 부분을 위의 삼 단계로 나누었다.

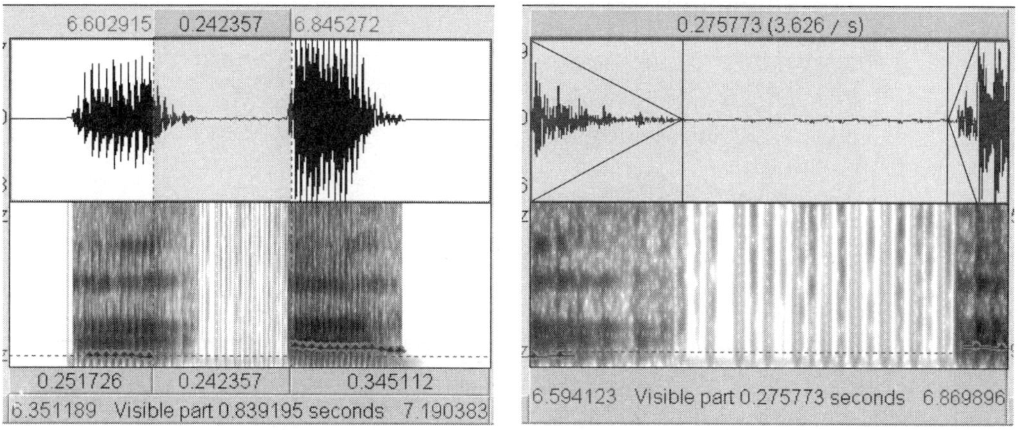

그림 3 | 성문폐쇄음(선택된 부분)과 이를 폐쇄음의 삼 단계로 분석한 그림(굵은 선). 폐쇄시작보다 폐쇄해지 기간이 매우 짧다.

유기음(Aspirated), 무기음(Unaspirated), 무파음(Unreleased)

그러나 같은 폐쇄음이라도 환경에 따라 위의 삼 단계가 달리 나타날 수 있다. 그 예로 영어의 무성폐쇄음 /p, t, k/의 경우를 보자.

aspirated	unaspirated	unreleased
[pʰ]: peak	[p]: speak	[p˺]: stop, apt
[tʰ]: take	[t]: stake	[t˺]: that
[kʰ]: cool	[k]: school	[k˺]: stock, act

유기음(有氣音; Aspirated Stop)

유기음은 폐쇄음이 조음될 때 폐쇄해지가 일어나면 성문에서 난기류(turbulence)가 형성되면서 나는 소리이다. 이렇게 조음된 폐쇄음에는 기식**(aspiration)**이 있다 하여 유기음(有氣音; aspirated consonant)이라 부른다. 프라트로 분석해 보면 아래 그림의 /p/처럼 폐쇄해지 후 모음이 시작하기 전에 잠시 동안 무성의 소음, 즉 기식이 나타난다. 영어에서는 주로 어두에서 /p, t, k/와 같은 무성폐쇄음이 기식화(aspirated)한다.[3)]

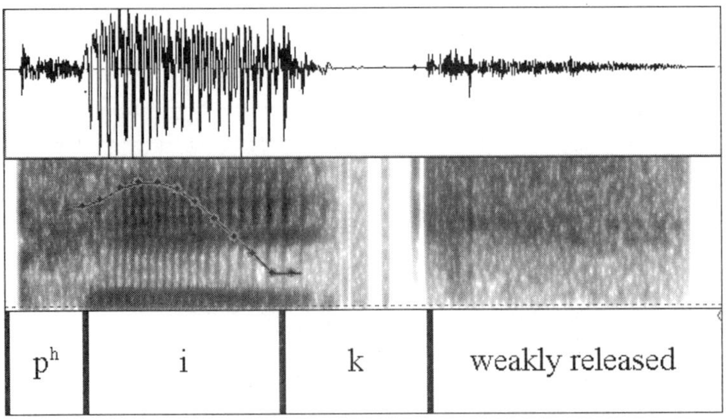

그림 4 | 'peak'의 분석창: /p/의 기식화(aspiration)가 일어났다.

무기음(無氣音; Unaspirated Stop)

유기음과는 달리 폐쇄음의 조음에서 기식(aspiration)이 일어나지 않는다. 아래 그림에서 /p/의 발음을 보면 폐쇄해지가 되자마자 바로 모음이 시작되었다. 즉 유기음 [pʰ]와는 달리 폐쇄해지가 된 후 무성의 기식기간이 없다. 영어에서 무기음은 무성폐쇄음 /p, t, k/가 /s/ 뒤에 올 때 가장 확실히 나타난다. 그러나 무기음이라고 하여 전혀 기식이 없는 것은 아니다. 언어에 따라, 혹은 화자에 따라 무기음도 약간의 기식기간이 있을 수 있다. 예를 들면 아래 그림 6 'stop'의 분석 창에서 /t/는 /s/뒤에 왔으므로 무기음임에도 불구하고 약간의 기식기간이 있다. 이는 위에 분석한 'speak'의 /p/ 발음이 기식기간을 전혀 보여주지 않는 것과 대조된다. 이러한 차이가 있음에도 불구하고 음성학자들은 기식기간이 30~40millisecond가 되지 않으면 모두 무기음으로 기술한다.

3) 기식이 일어나는 환경에 대한 더 자세한 설명은 7장 음절 참조.

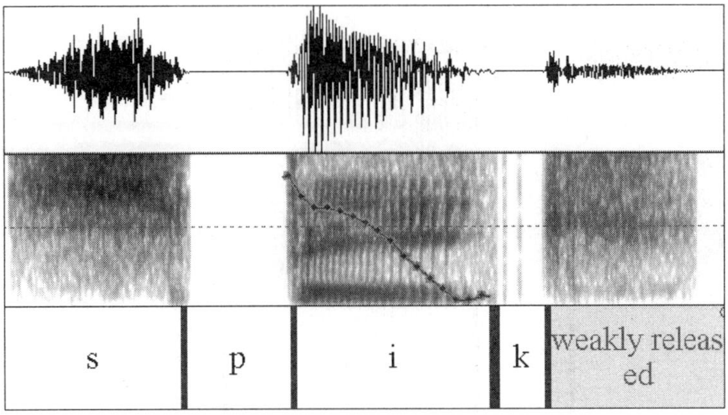

그림 5 | 'speak'의 분석창: 'p'가 무기음(unaspirated)으로 났다.

무파음(無破音; Unreleased Stop)

폐쇄음은 구강에서 막혔던 공기가 터지므로 폐쇄해지 후 파열(plosion)이 일어나는 것이 일반적이다. 무파음은 어떠한 이유로든 이 파열이 제대로 일어나지 않는 경우이다. 주로 /p, t, k, b, d, g/와 같은 유·무성 폐쇄음이 어말이나 다른 자음 앞에서 일어날 때 무파음으로 난다. 아래 그림에서 'stop'의 /p/가 어말에서 폐쇄해지가 되면서 파열이 일어나지 않았다. 이런 무파음은 부수기호(diacritic) [˺]를 사용하여 표기한다. 다만 '무파'라고 하여 입을 다문 채로 끝날 수는 없으므로 약간의 공기가 나올 수밖에 없다. 이 때문에 아래의 스펙트로그램에서 무기음 [p˺] 뒤에 소음처럼 보이는 부분이 약하게 나타난다. 스펙트로그램에서는 검게 나타나지만 위 칸의 음파를 보면 공기의 흐름이 매우 미약한데 이는 어말에서 /p/가 무파음으로 났기 때문이다. 어떤 경우에는 위 그림 4와 5의 마지막 자음 /k/의 발음에서처럼 같은 어말 환경임에도 불구하고 폐쇄기간이 지난 후 상당 기간 강한 음파가 관찰되기도 한다. 이는 폐쇄해지 후 공기의 배출 양에서 약간의 차이를 보이기 때문이다. 특히 사전에 수록하기 위하여 화자가 또박또박 발음하는 경우 어말이라 할지라도 폐쇄해지 때 약간의 공기방출(weak release)이 있을 수 있다. 이러한 이유로 위의 그림 4, 5에서 어말의 /k/를 무파음 [k˺]로 표기하지 않았으나 일반적으로 이런 경우도 무파음으로 기술한다.

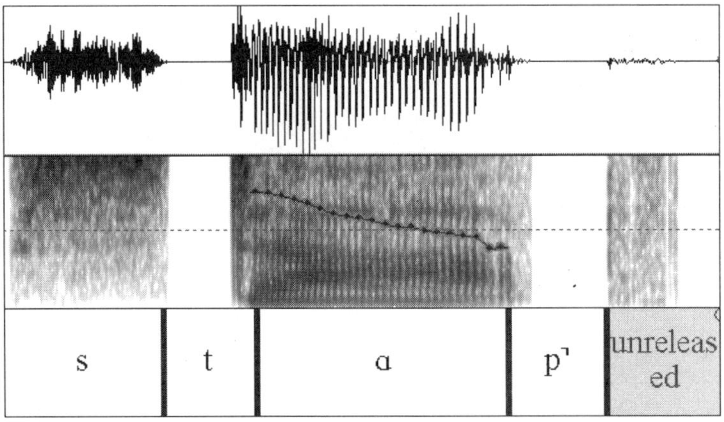

그림 6 | 'stop'의 분석창: 'p'가 무파음(unreleased)으로 났다.

4.1.2 마찰음(Fricative)

조음자 간의 근접으로 허파로부터 나오는 공기가 부분적으로 장애를 받아 마찰을 일으키면서 나는 소리이다. IPA Chart에서 보면 마찰음만 유독 모든 조음점에서 남을 알 수 있다. 그만큼 세계 언어에서 많은 종류의 마찰음이 쓰이고 있기 때문이다. 영어의 마찰음으로는 /f, v/(labio-dental), /Θ, ð/((inter)dental), /s, z/(alveolar), /ʃ, ʒ/(palatoalveolar), /h, ɦ/(glottal) 등이 있다. 이밖에 이미 언급한 일본어의 /ɸ/(voiceless bilabial), 중세국어의 순경음 'ㅸ'에 해당하는 /ß/(voiced bilabial), 독일어의 /X/(voiceless velar), 고대영어의 /ɣ/(voiced velar), 불어의 /ʁ, χ/(uvular)도 마찰음이다. 이를 조음점에 따라 정리해 보면 표 2와 같다.

현대국어에 마찰음은 /ㅅ, ㅆ, ㅎ/이 있다. 예: 살[sal], 쌀[s'al], 하-[ha]. 이 중 /ㅅ/과 /ㅆ/은 조음점이 'dental'이고 /ㅎ/은 'glottal'이다. 다만 /ㅅ/과 /ㅆ/은 모음 /이(i)/나 활음 /j/ 앞에서는 'alveopalatal'로 난다. 예: 시[ʃi], 씨[ʃ'i].

표 2 | 조음점별로 정리한 마찰음과 그 예

조음점	부호	예
bilabial	ɸ	Jap. ɸɯhaɹ '부패'
	β	MK 고ᄫ [koβʌ]'고와'
labio-dental	f	fie,
	v	vie
(inter)dental	θ	bath,
	ð	bathe
alveolar	s	see
	z	zee
palato-alveolar	ʃ	fission
	ʒ	vision
velar	X	Ger. Bach
	ɣ	OE lagu
uvular	χ	Fr. lettre
	ʁ	Fr. rose
glottal	h	hind
	ɦ	behind

파찰음(破擦音; Affricate)

폐쇄음(stop)으로 시작해서 마찰음(fricative)으로 끝나는 음이다.[4] 영어에는 /tʃ, dʒ/가 있다. 예: church, judge. 파찰음은 이처럼 두 요소가 한음을 이루는 것이 특징이다. 하나의 음임을 강조하기 위하여 / č , ǰ /로 표기하기도 한다. 영어 외에 일어나는 파찰음으로는 독일어와 같은 게르만계 언어들에서 많이 일어나는 /ts/, /pf/ 등이 있다. 예: Zahn[tsan]"tooth", Pfeffer[pfeppər] "pepper" 등.[5] 이 예들에서 볼 수 있듯이 파찰음은 폐쇄음의 변형인 경우가 많다.

일본어에도 무성 파찰음 /ts/와 /tʃ/가 일어나는데 그 환경은 모음 /i, ɯ/ 앞에서이다. 일본어에 있는 다섯 개 모음 /a, e, i, o, ɯ/ 중 /t/는 /a, e, o/ 앞에서 일어나고 /ts/는 /ɯ/

4) 파찰음을 가리키는 영어 단어 'affricate'에는 'fricative'의 어간인 'fric'이 들어있음에 주목하자. cf. fricative, friction.

5) 독일계 성에도 많이 나타난다. Zimmermann, (Michelle) Pfeiffer 등. cf. Zimmermann "carpenter ('timber-man')"

앞에서, /tʃ/는 /i/ 앞에서만 일어난다. 예: tatami '다다미', temp'ura '일본식 튀김', Tokyo '東京', hibachi[hibatʃi] '일본식 화로', tsunami '해일'. 이러한 사실은 일본어의 [ts]와 [tʃ]가 /t/에서 변형되어 나온 것임을 강력히 시사한다.

우리말 '해돋이 [hɛdodʒi]'에 일어나는 구개음화 현상도 마찬가지이다. 국어에서 /ㅈ/은 어두에서는 [tʃ]로, 모음과 모음 사이에서는 [dʒ]로 난다. 반면에 우리말의 /ㄷ/은 보통 어두에서는 [t], 유성음과 유성음 사이에서는 [d]이니까 /ㄷ/이 모음 /이/ 앞에서 [dʒ]로 나는 구개음화 현상도 폐쇄음이 파찰음으로 변한 경우이다. 국어에서 파찰음은 /ㅈ, ㅉ, ㅊ/ 셋 뿐이다.

표 3 | 조음점별로 정리한 파찰음과 그 예

조음점	부호	예
labio-dental	pf	Ger. Pfeffer 'pepper'
alveolar	ts	Ger. Zahn 'tooth', Jap. tsunami
alveo-palatal	tʃ	Eng. church, nature Jap. hibachi
	dʒ	Eng. judge

실습

1. Wikipedia(en.wikipedia.org/wiki/Michelle_Pfeiffer)에서 *Scarface*, *Batman Returns*와 같은 영화에 출연한 미국의 영화배우 'Michelle Pfeiffer'에 관한 기사를 찾아 읽어보고 그녀의 부모가 독일계인지를 확인해보자.

그림 7 | Wictionary에서 Pfeiffer가 독일계 성임을 확인해 보자

2. 치조구개음 /č, ǰ/가 두 개의 음, 즉 /ʧ, ʤ/로 되어 있음을 다음의 실험을 통하여 확인해 보자.

   1) 국립국어원 홈페이지(www.korean.go.kr/08_new/index.jsp)에서 우리말 '아차[ačʰa]'의 소리파일을 다운받아서 저장한다. 굳이 국립국어원의 소리파일을 이용하는 이유는 잡음이 없기 때문이다. 스스로 녹음하여 소리파일을 만들어 사용해도 무방하다.
   2) 프라트에서 이 음을 불러들인 다음 뒤에서부터 들어본다. 뒤에서부터 들어보는 방법은 다운받은 파일을 프라트 객체창으로 불러들인 다음 객체창 메뉴 modify로 들어가 reverse를 택하면 된다.

설명: /č/음이 /t/와 /ʃ/음으로 이루어져 있다면 2)의 단계에서 뒤에서부터 들어보면 아래 그림에서 볼 수 있듯이 /aʰʃta/로 들려야 할 것이다.

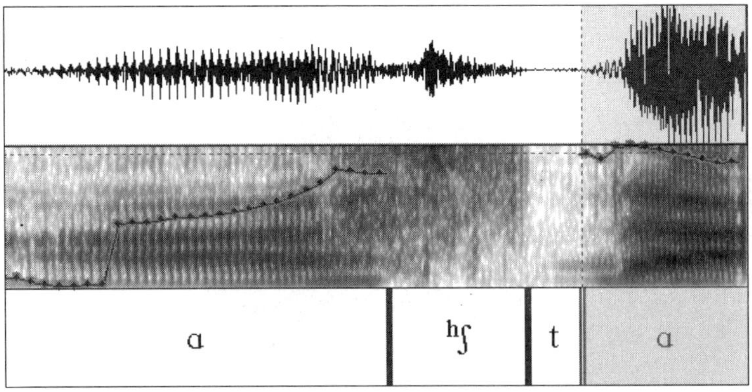

그림 8 | 치조구개음 /č/가 두 개의 음, 즉 /tʃ/로 되어 있음을 확인하기

치찰음(Sibilants)

마찰음 중 /s/처럼 이를 꽉 다문 상태에서 혀가 그 끝에 근접해서 마찰을 일으켜 '쉬'에 가까운 소리가 나는 것들이 있는데 이들을 모아서 **치찰음(sibilant)**이라 부른다. 영어의 /s, z, ʃ, ʒ, (tʃ, dʒ)/. 치찰음은 /s/와 가까운 음들을 그룹으로 부르는 명칭이다. 영어의 자음 중 /s/에 가장 가까운 음은 /s/일 것이고 그 다음은 이 음의 유성파트너인 /z/일 것이다. /s/가 /j/와 축약(contraction)이 이루어지면 /ʃ/가 됨은 위에서 이미 언급하였으므로 /ʃ/와 그 유성파트너 /ʒ/ 또한 /s/와 가까운 음이다. 마지막으로 /tʃ/와 /dʒ/는 /s/와 가까운 /ʃ/와 /ʒ/를 각각 포함하고 있으므로 치찰음에 속한다. 독일어와 일본어에 일어나는 파찰음 /ts/도 치찰음에 속한다. 예: Ger. Zahn, Jap. tsunami.

그러면 왜 마찰음, 파찰음 등의 용어가 있음에도 불구하고 음성학자들이 치찰음이라는 개념을 만들었을까? 다음의 복수형어미가 어떻게 발음되는지를 보면서 생각해 보자.

표 4 | 복수형어미의 발음과 그 예

그룹	복수형어미의 발음	예
A	[s]	caps, cats, backs, cuffs, booths
B	[z]	cabs, cads, bags, knives, lathes, rums, bees, boughs, boys, gals, cars, rungs
C	[əz]	buses, bushes, buzzes, rouges, churches, judges

지금까지 배운 음성학 지식을 바탕으로 각 그룹이 가지는 공통점을 분석해 보면 다음과 같다.

가. 그룹 A에 있는 단어들은 복수형어미 앞의 자음이 /p, t, k, f, θ/ 중의 하나로 모두 무성음이다.

나. 그룹 B에 있는 단어들은 복수형어미 앞의 자음이 /b, d, g, v, ð, m, n, ŋ, l, r, w, y/로 모두 유성음이다.

다. 그룹 C에 있는 단어들은 복수형어미 앞의 자음이 /s, z, ʃ, ʒ, tʃ, dʒ/로 모두 치찰음이다.

위의 관찰을 토대로 영어의 복수형을 만드는 규칙을 구두로 진술해 보면 아래와 같다.

> 영어에서 복수형접미사는 단수어간이 무성음으로 끝나면 [s]로 발음되고 유성음으로 끝나면 [z]로 발음된다. 다만 어간이 **치찰음**으로 끝나면 유·무성에 관계없이 [əz]로 발음된다.

같은 규칙을 영어로 표현해 보자.

> In English the plural morpheme is pronounced as [s] if the stem ends in a voiceless consonant but it is pronounced as [z] if the stem ends in a voiced consonant, except when the stem ends in a **sibilant**, in which case it is pronounced as [əz].

영어의 복수형어미가 어떻게 발음되는지를 간단히 표현하기 위해서는 유성과 무성의 개념 외에 치찰음(sibilant)의 개념이 꼭 필요하다. 왜냐하면 복수형어미는 어간의 끝 자음이 마찰음도 파찰음도 아닌 치찰음일 경우에만 [əz]로 발음되기 때문이다.

4.1.3 비강음(Nasal)

영어에 비강음은 /m, n, ŋ/으로 양순(bilabial), 치경(alveolar), 연구개(velar)에서만 일어난다. 이 중 연구개비강음(velar nasal) /ŋ/은 음절말에만 있고 음절의 머리에는 일어나지 않는다.[6] 예: man /mæn/, name /neɪm/, sing /sɪŋ/. 이 외에 알아두어야 할 비강음으로 순치비강음(labio-dental nasal) /ɱ/과 구개비강음(palatal nasal) /ɲ/가 있다. 전자는 영어에서 양순비강음 /m/이나 치경비강음 /n/이 /f, v/ 같은 순치음 앞에 올 때 일어난다. 예: e<u>m</u>phasis [ɛ́ɱfəsɪs], circu<u>m</u>vent[sərkəɱvɛnt] '교묘히 회피하다(go around)', i<u>n</u>flammable [iɱflǽməbl] '가연성(可燃性)의(very flammable)'. 이는 앞에 오는 양순(bilabial) 혹은 치경

6) 음절의 머리는 어두도 포함한다. 음절의 구조는 7장 참조.

(alveolar) 비강음이 뒤에 오는 순치음의 조음점(place of articulation)에 동화(assimilation)되기 때문이다.

/ɲ/는 영어에는 없고 주로 불어, 스페인어, 이탈리아어와 같은 로망스계 언어들(Romance languages)에서 많이 나타난다. 예: Fr. Champagne[ʃãpáɲ] '프랑스 북동부의 샴페인이 처음 만들어진 지역', Sp. señor[seɲor] '스페인어의 '-씨'를 의미하는 명사', It. lasagne '토마토, 치즈, 저민 고기소스를 섞어 만든 이태리 국수요리'. 다음은 이들 비강음을 조음점별로 정리한 것이다.

표 5 | 조음점별로 본 비강음

	bilabial	labio-dental	alveolar	palatal	velar
nasal	m	ɱ	n	ɲ	ŋ

4.1.4 근접음(Approximant)

조음자가 서로 근접해서 나는 소리이나 조음자 간의 간격이 마찰음처럼 좁지 않아 허파로부터 나오는 공기가 장애를 받아 마찰을 일으키지는 않는다. 영어의 /w, y, r, l/. 근접음 중 /l/은 허파로부터의 공기흐름이 입천장의 치경부분에서 차단되지만 측면은 열려 있어서 이곳을 통해서 빠져나간다. 그래서 /l/을 설측음(lateral sound) 혹은 설측근접음(lateral approximant)이라고 부른다. /l/을 제외한 다른 근접음들은 모두 공기가 설측이 아닌 중앙으로 나오므로 중앙근접음(central approximant)이라고 불러야 하나 보통 중앙을 생략하고 근접음이라 부른다. 반면 /l/의 경우는 다른 근접음과 구분하기 위해서 근접음을 생략하고 보통 설측음(lateral sound)으로 부른다. 폐쇄음에서 'oral stop'은 그냥 'stop'으로 'nasal stop'은 'nasal'로 부르는 것과 같은 식이다. 영어에는 없지만 꼭 알아두어야 할 설측음으로는 로망스계 언어에 일어나는 구개설측음 /ʎ/이 있다. 예: It. la famiglia[famíʎʎa] 'the family'.

표 6 | 조음점별로 본 근접음

	bilabial	alveolar	palatal	velar
(central) approximant	(w)	r	y	w
lateral (approximant)		l	ʎ	

위의 분류에서 /w/는 조음점으로 양순(bilabial)과 연구개(velar) 둘 다 포함한다. /w/의 조음 시, 양 입술은 모음 /u/를 발음할 때처럼 서로 모이고 혀의 뒷부분은 연구개 쪽으로 근접하기 때문이다.

치경근접음(alveolar approximant) /r/의 경우 IPA에는 그 모양이 거꾸로 된 /ɹ/로 정해져 있으나 많은 사람들이 편의상 영어 알파벳을 그대로 쓰고 있다. /r/은 IPA에서는 떨림소리 즉 전동음(trill)의 'r'을 표기하는 데 쓰이나, 대부분의 영어 방언에서 'r'이 떨림소리로 나지 않으므로 이를 치경근접음을 나타내는 데 쓴다. 이처럼 음성학 부호는 IPA를 표준 부호로 사용하면서도 언어에 따라서 혹은 쓰는 사람의 편의상 조금씩 변경하여 사용하는 경우가 많다. 그러므로 발음부호를 접하게 되면 맨 먼저 부호에 대한 설명을 참조하는 것이 중요하다. 우리나라 중고생들이 많이 사용하는 콘사이스 영한사전들의 경우 여기서 배우는 IPA와는 사뭇 다른 부호를 쓰는 경우가 많은데 정확한 발음을 알기 위해서는 사전의 맨 앞부분에 나오는 발음에 대한 key word를 참조하는 것이 필요하다. 떨림소리에 대해서는 아래 설명을 참조.

미국영어에서 /r/이 자주 권설음(retroflex)으로 남은 이미 언급하였다. 이 /r/과 관련하여 자주 듣는 질문 중의 하나가 조음점이 'alveolar'인지 아니면 'retroflex'인지 이다. 이에 대한 간단한 답은 없다. 왜냐하면 'retroflex'는 정해진 조음점을 가리키는 용어이기보다 혀가 휜다는 점에서 '조음 방법'을 지칭한다고 볼 수 있기 때문이다. 또한 아래의 설명에서도 알 수 있듯이 미국영어에서 /r/은 권설음이 아닌 다른 방법으로도 조음되기 때문이다.

> "There are two quite different ways of producing the American /r/. In the method most often described in ESL/EFL pronunciation texts, the tongue tip curls back into the mouth behind the alveolar ridge and the lips are slightly rounded. This is the so-called *retroflex /r/*... In the other method of producing /r/, the lips are more rounded, the tongue tip remains low in the mouth, and the body of the tongue bunches up in the alveolar or alveopalatal area... Interestingly the auditory results of either manner are similar."(Celce-Murcia et al. 1996: 46; 강조된 부분은 원본임)

그러므로 구태여 /r/을 음성학 용어로 정의하자면 'voiced alveolar/retroflex approximant' 정도가 좋을 듯하다.

미국영어에서 두 종류의 /r/은 각각 'rolled/retroflex'와 'bunched/molar'와 같은 용어로

구분한다. 다음은 이 두 /r/의 조음 시, 구강 내 혀의 모양을 보여주는 그림이다(Cf. Zhou et al. 2008, p4467).

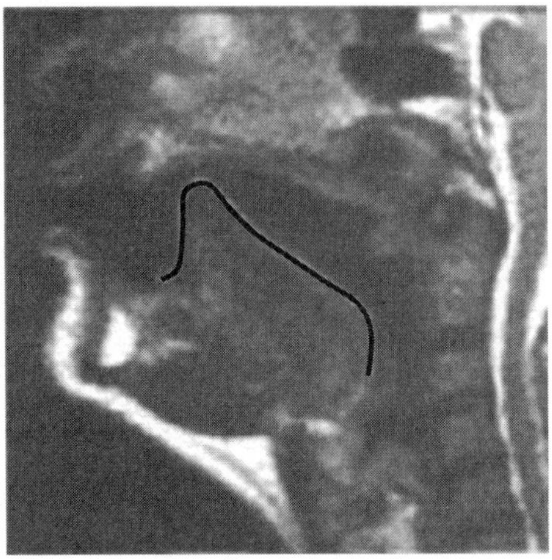

그림 9 | 미국영어 'rolled /r/'의 혀의 위치

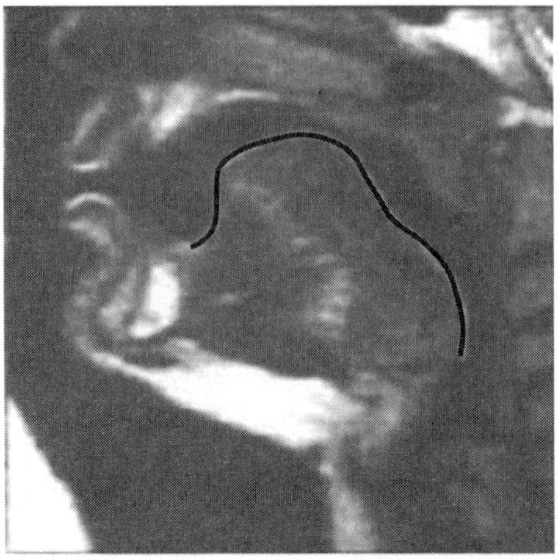

그림 10 | 미국영어 'bunched /r/'의 혀의 위치

실습

구글에서 'Pronunciation of American English /r/'을 검색한 후 다음의 YouTube 비디오를 들으면서 미국영어 /r/ 발음을 연습해 보자.

검색할 YouTube 사이트:
http://www.youtube.com/watch?v=B2Y_huMVd-A
http://www.youtube.com/watch?v=6t9ChkFmRro

4.1.5 단타음/탄설음/설탄음(Tap or Flap)

단타음(單打音), 탄설음(彈舌音), 혹은 설탄음(舌彈音) 등 다양한 이름으로 불리는 이 음과 다음에 설명할 전동음(trill)은 모두 혀끝이 입천장에 닿아 나는 소리들이다. 단타음은 혀끝이 입천장을 가볍게 한 번 두드리고 지나가면서 소리가 난다는 의미이고 설탄음 혹은 탄설음은 혀가 활처럼 휘었다 일어나면서 입천장에 닿아 나는 소리라는 뜻이다. 전자는 영어용어 'tap'의 번역에 가깝고 후자는 'flap'에 가깝다. 이 소리와 다음에 설명할 전동음(trill)과의 차이는 둘 다 혀끝이 입천장에 닿으나 단타음이 입천장을 한 번 가볍게 두드린다면, 전동음은 여러 번 닿아 떨리면서 소리를 낸다는 점이다. 전동음은 영어에 없다. 단타음은 중·고등학교에서 자세히 가르치지 않지만 북미영어(North American English)에 자주 일어나므로 꼭 알아 두어야 한다.

우리가 보통 /t/로 알고 있는 자음이 북미영어에서는 치경단타음(alveolar tap/flap) [ɾ]로 난다. 예:

letter, catty, water, data, city, putting, dirty, started, Betty

반면에 같은 /t/이지만 영국의 표준영어인 RP(Received Pronunciation)에서는 단순한 [t]로 난다. 그런데 우리 학생들이 주로 사용하는 콘사이스 영한사전들의 경우 이 음을 모두 [t]로 표기하고 있고 학교에서 가르치는 교과서에도 이 음에 대한 특별한 설명이 없는 것이 보통이다. 그저 'water'의 경우 중간 자음이 'r'에 가까운 음으로 난다고 알고 있는 정도이다. 중·고등학교 과정에서 좀 더 체계적인 설명과 함께 연습이 필요한 음이다.

차경단타음 [ɾ]은 유성음이란 점에서 /d/와 매우 유사하지만 프라트로 확인해보면 혀가 치경과 접촉하는 시간이 /d/보다 훨씬 짧다. 아래 그림은 IPA Chart에서 /d/와 /ɾ/의 조음시간을 모음과 모음 사이에서 측정한 것이다. 우측 /ɾ/의 조음기간이 좌측 /d/보다 짧음을 쉽게 확인할 수 있다.

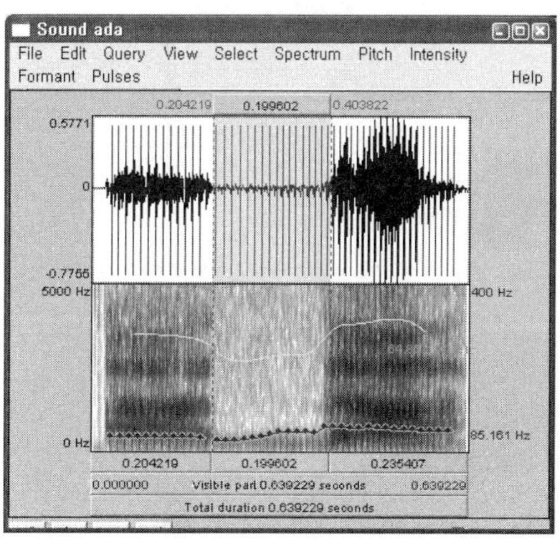

그림 11 | Sound /ada/에서 측정한 [d]의 조음시간

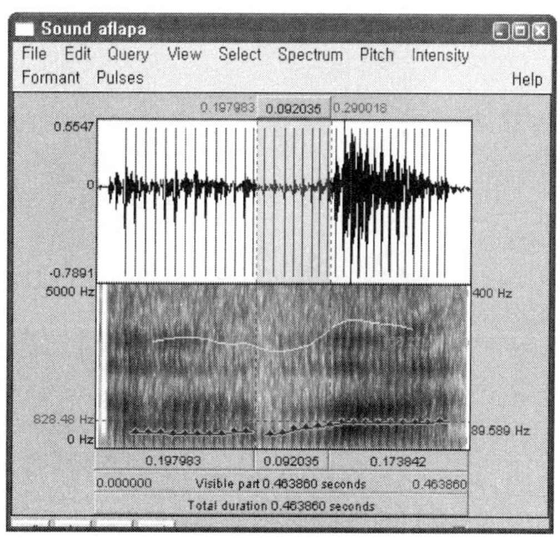

그림 12 | Sound /aɾa/에서 측정한 [ɾ]의 조음시간

아래 그림은 미국식 발음이 들어있는 m-w.com 사전에 있는 'water'의 발음을 프라트로 분석한 것이다. 중간에 점선으로 나타난 부분이 단타음 부분이다. 굳이 시간을 계산하지 않더라도 매우 짧게 나는 것을 쉽게 확인할 수 있다.

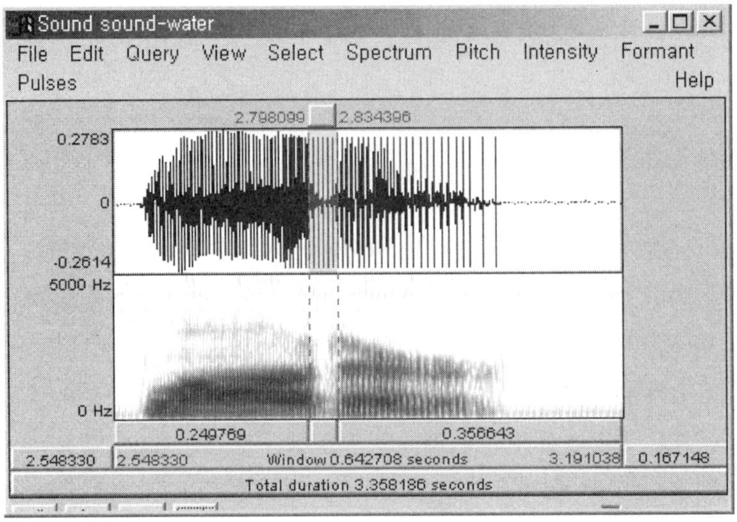

그림 13 | Sound water에서 측정한 [ɾ]의 조음시간

반면에 naver.com사전에 들어있는 영국식 'water'의 발음 중 치경폐쇄음 /t/는 미국식의

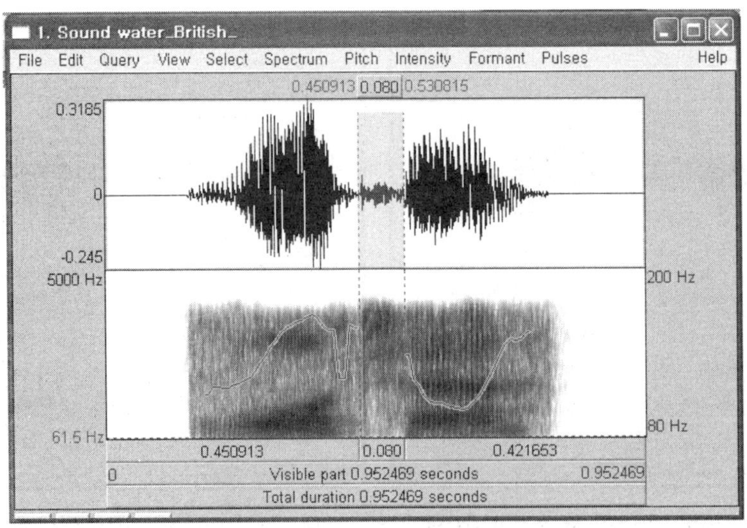

그림 14 | Sound water의 영국식 발음 분석

단타음 [ɾ]보다 길게 남을 알 수 있다. 물론 이러한 비교는 여러 사람을 대상으로 수집한 데이터를 정상화(normalization)시킨 것이 아니고 단 두 사람의 발음을 비교한 것이므로 과학적 결론이라고 볼 수 없음을 염두에 둘 일이다.

/d/의 경우도 단타음으로 나는 경우가 많다. 아래 단어들의 /d/ 발음은 북미영어에서 모두 단타음으로 난다.

ladder, caddy, pudding, budding, bladder 등

4.1.6 전동음(Trill)

전동음은 단타음과는 달리 혀끝이 입천장에 여러 번 닿아 떨리면서 나는 소리이다. 스페인어에서는 단타음과 전동음이 대조를 이룬다. 즉 이 두 음의 차이가 의미의 차이를 만들어 낸다는 뜻이다. 스페인어에서 전동음은 단타음과 구분하기 위해 r을 겹쳐서 표기한다.

perro "dog": 중간자음 'r'이 떨림소리로 난다. 즉 IPA /r/

pero "but": 중간자음 'r'이 단타음으로 난다. 즉 IPA /ɾ/

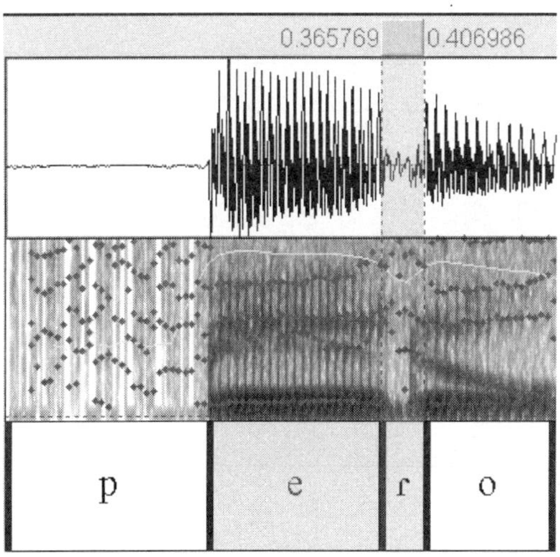

그림 15 | 단타음 [ɾ]으로 난 'pero'의 'r'

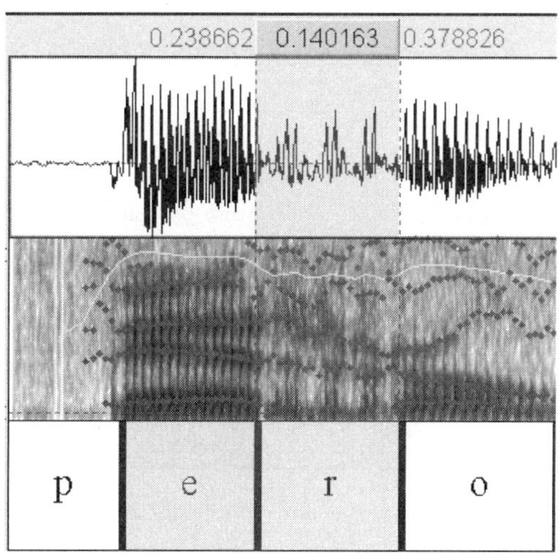

그림 16 | 전동음으로 난 'perro'의 'r': 단타음 때보다 지속기간이 길다.

그림 15, 16은 이 두 스페인어 단어의 음성파일을 'Yahoo!® Education' 페이지(education.yahoo.com)의 'Reference〉〉Spanish Dictionary'에서 다운받은 후 프라트로 분석한 것이다. 자세히 보면 오른쪽의 전동음으로 난 'r'이 왼쪽의 단타음으로 난 'r'보다 지속기간이 훨씬 긴 것을 알 수 있다. 이는 마치 단타음이 여러 개 모여서 전동음을 이루는 것처럼 보인다. 실제로 'perro'의 전동음 부분을 자세히 보면 혀끝이 입천장에 닿았다가 떨어지면서 구강을 통과하는 공기의 양이 많아질 때마다 음파의 진폭은 커지고 스펙트로그램의 음향에너지는 강해지는 것을 볼 수 있다. (이런 현상이 세 번 있었다.) 스페인어에서 단타음은 하나의 'r'(cf. Sp. pero 'but')을 쓰고 전동음은 두개의 'r'(cf. Sp. perro 'dog')을 쓰는 것은 두 음 간의 이러한 차이를 철자에 반영한 것이다.

장애음(Obstruents)과 공명음(Sonorants)

폐쇄음(stop), 마찰음(fricative), 파찰음(affricate)처럼 허파로부터 시작한 공기의 흐름이 장애를 받아서 나는 음들을 **장애음(obstruent)**이라 부른다. 장애음은 다음에 소개할 공명음(sonorant)과 구분되는 개념으로서 비울림소리(non-resonant sounds)를 가리킨다. 이러한 이유로 비음(nasal)은 폐쇄음, 즉 'nasal stop'임에도 불구하고 울림소리(비강이 울리니까)이므로 장애음에 속하지 않는다.

영어의 경우 형용사에 붙어서 동사를 만드는 접미사 -en이 어간이 /d, t, p, k, g, tʃ, ʃ/와 같은 장애음으로 끝나는 1음절 단어에만 붙는 것으로 알려져 있다.

형용사	동사	형용사	동사
hard	harden	dark	darken
dead	deaden	quick	quicken
bold	(em)bolden	slack	slacken
soft	soften	big	biggen
Christ	christen	large	largen 'enlarge'
short	shorten	rich	richen 'enrich'
sharp	sharpen	fresh	freshen
awake	awaken	harsh	harshen
black	blacken		

자음의 분류 중 장애음(obstruent)과 대치되는 개념으로 **공명음(sonorant)**이 있다. 공명음은 이미 첫 장에서 언급한 대로 허파로부터 시작한 공기흐름에 성대(vocal folds)가 떨리면서 성문(glottis) 위의 발음기관이 울려서 나는 소리를 가리킨다. 공명음에는 울림이 강한 모음뿐 아니라 폐쇄음, 마찰음, 파찰음과 같은 장애음을 제외한 모든 자음이 포함된다. 특히 폐쇄음 중 /p, t, k, b, d, g/와 같은 구강폐쇄음(oral stops)은 장애음이지만 /m, n, ŋ/과 같은 비강폐쇄음(nasals stop)은 공명음이다. 이는 비록 구강에서는 공기흐름이 차단되지만 비강은 열려 있어서 울리기 때문이다. 이 밖에도 다음에 설명할 /w, y, r, l/과 같은 근접음들이 공명음이다.

그렇다면 공명음과 장애음은 음향에서 어떻게 구분될까? 공명음은 모음처럼 공명(resonance)이 일어나서 나는 소리이므로 프라트로 분석해보면 스펙트로그램상에 장애음과 다르게 나타난다. 아래 그림은 IPA Chart에서 /ada/와 /ara/를 프라트로 불러들여 비교 분석한 것이다. 유성치조폐쇄음(voiced alveolar stop) /d/를 포함하고 있는 /ada/의 경우(왼쪽 그림) 모음에서 나타난 포만트 선이 자음 /d/ 부분에서는 나타나지 않았다. 반면에 유성치조근접음(voiced alveolar approximant) /r/(IPA /ɹ/)을 포함하고 있는 /ara/의 경우(오른쪽 그림) 모음에서 나타난 포만트가 조금 변형이 되었으나 계속 나타나고 있다.

제11장 음향음성학에서 좀 더 자세히 설명할 포만트는 공명음에만 나타나는 바 성문이 떨리면서 시작한 음원이 성도를 지나면서 특정 주파수대에서 증폭되어 형성되므로 비공

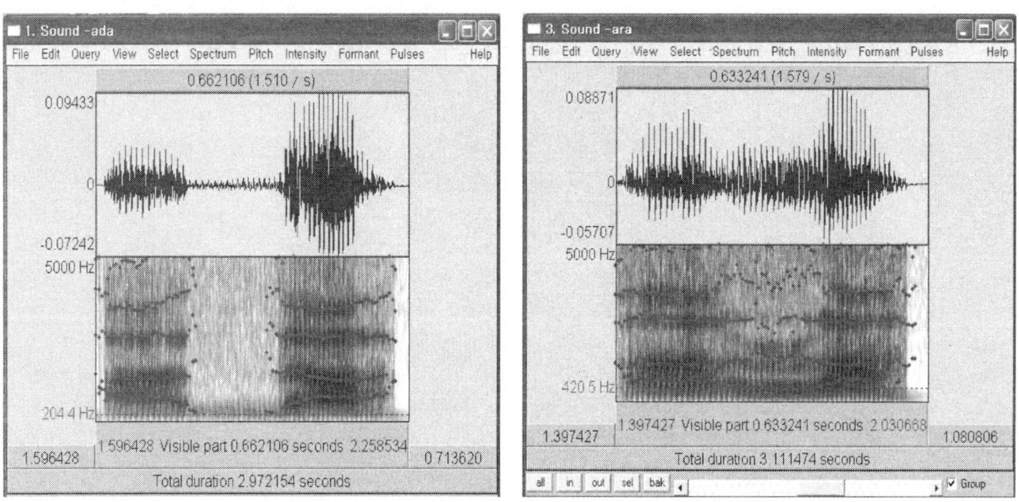

그림 17 | sound /ada/와 /ara/: 자음 부분에서 /d/는 포만트가 나타나지 않는 반면에 /r/에서는 나타났다.

명음인 폐쇄음 /d/에서는 나타나지 않는 반면에 공명음인 모음이나 /r/에서는 나타난다. 이 포만트는 낮은 주파수부터 시작하여 1포만트, 2포만트 등으로 이름을 붙여주는데, 주파수대가 높아질수록 그 진폭이 약해져 희미하게 나타난다. 보통 제4포만트까지 나타난다. 만약 이 포만트 선이 보이지 않는다면 분석창 상단의 메뉴 'formant'에서 'show formant'를 활성화하면 나타난다.

아래 그림은 같은 방법으로 분석한 /ana/와 /ala/의 분석창이다. /ara/와 마찬가지로 포만트 선이 자음 부분에서도 나타나고 있다.

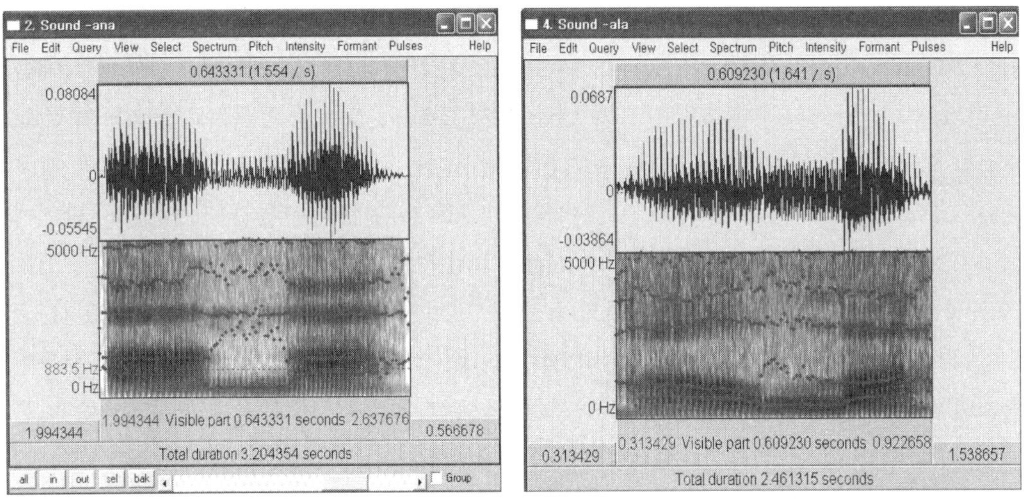

그림 18 | sound /ana/와 /ala/: 모음에서 시작한 포만트 선이 미약하지만 공명음 /n/과 /l/에서 지속되었다.

설탄음 /ɾ/와 전동음 /r/도 공명음이므로 정도의 차이는 있지만 포만트 선이 모두 나타났다.

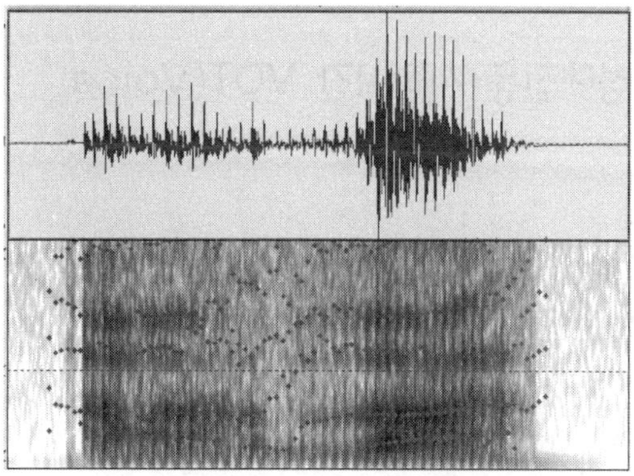

그림 19 | sound /ara/: 포만트 선이 아주 미약하지만 지속되었다.

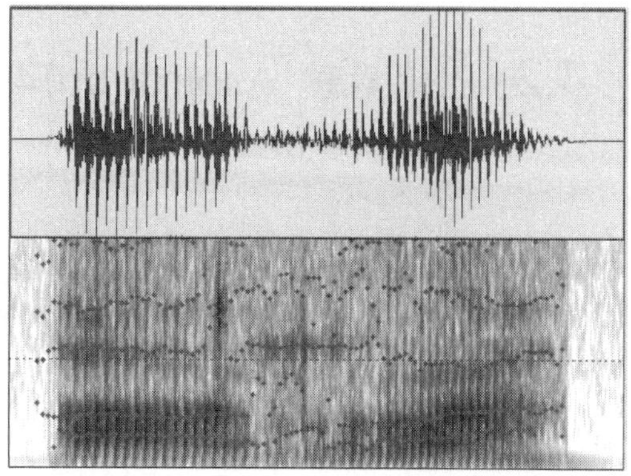

그림 20 | sound /ara/: 전동음인 관계로 포만트 선이 여전히 미약하다.

다음은 지금까지 배운 자음들을 유·무성, 조음점, 조음방법에 따라 분류한 것이다.

표 7 | 자음의 조음점, 조음방법에 의한 분류

	bilabial	labio-dental	dental	alveolar	palato-alveolar	palatal	velar	glottal
stop (plosive)	p b			t d			k g	ʔ
nasal	m			n			ŋ	
fricative	ɸ β	f v	θ ð	s z	ʃ ʒ	(y)		
affricate	pf			ts dz	tʃ dʒ			
flap(tap)				(ɾ)				
trill				(r)				
approximant	(w)			ɹ		y	w	
lateral				l				

4.2 기식(氣息: Aspiration)과 성대진동 시작시간 VOT(Voice Onset Time)

영어를 외국어로 배운 사람이라면 누구나 철자 〈p〉의 발음이 우리말의 'ㅂ'과 다른 경우가 많다는 것을 느꼈을 것이다. 영어의 /p/는 어두에서 우리말의 /ㅍ/처럼 들리게 되는데 이러한 이유로 영어에서 〈p〉로 시작하는 단어를 우리말에서 〈ㅍ〉으로 표기하는 경우가 많다. 예: park '파크', pagoda '파고다'. 반대로 우리말에서 〈ㅂ〉으로 시작하는 지명을 로마자화(Romanization)할 때 〈p〉로 표기하면 외국인들이 〈ㅍ〉처럼 발음하여 문제가 생기기도 한다. 이러한 이유로 '푸산'으로 읽히기 쉬운 'Pusan' 대신 'Busan'으로 표기하도록 로마자화 규칙을 개정하기도 하였다.

이러한 문제의 발단은 영어의 /p/가 우리말의 /ㅂ/의 발음과 일치하지 않는 데 있다. 같은 폐쇄음이지만 영어의 /p/는 어두의 위치에서 우리말의 /ㅂ/과 달리 허파로부터 올라오는 공기흐름이 차단되었다가 개방된 다음에 바로 모음이 시작하는 것이 아니다. 폐쇄해지가 일어난 후 후두에서 일정기간 동안 난기류(air turbulence)가 일어나 성문마찰음 /h/와 비슷한 소음이 나는데 이를 음성학 용어로는 기식(氣息:aspiration)이라 부르고 이렇게 발음된 자음을 기식음 또는 유기음**(aspirated stop)**이라고 부른다. 반면에 같은 어두의 위치일지라도 /s/ 다음에 오는 /p/는 기식이 없는 무기음**(unaspirated stop)**으로 난다. 이러한 차이는 아래의 예에서 볼 수 있듯이 영어의 무성폐쇄음 /p, t, k/에서 모두 관찰된다.

aspirated stop: $[p^h, t^h, k^h]$	unaspirated stop: [p, t, k]
pa	spa
peak	speak
take	steak
tool	stool
cool	school
cold	scold

유기음과 무기음을 쉽게 확인하려면 이 단어들을 발음할 때 입 앞 10cm 정도의 거리에 손바닥을 펼치고 발음해 보라. 왼쪽의 경우 /p, t, k/가 발음될 때 폐쇄기간이 끝나면서

한 줌의 숨이 손바닥에 와 닿는 반면에 오른 쪽의 경우 이러한 기식이 일어나지 않는다. 촛불이나 바람에 잘 날릴 수 있는 얇은 종이를 앞에 놓고 불어보아도 결과는 같다. 그 이유는 같은 어두의 위치라도 /s/ 다음에 오는 폐쇄음은 폐쇄해지 시 난기류가 거의 형성되지 않기 때문이다. IPA에서 유기음은 기존의 폐쇄음에 /h/를 올려붙여서 [pʰ, tʰ, kʰ] 등으로 표기한다. 무기음은 특별한 기호를 쓰지 않고 [p, t, k]로 표기한다.

기식음 [ʰ]의 유무는 기계적으로도 확인할 수 있다. 그림 21은 m-w.com사전에서 'pa' (papa 'father'의 줄임말)와 'spa'의 소리파일을 다운받아서 프라트로 분석한 것이다.

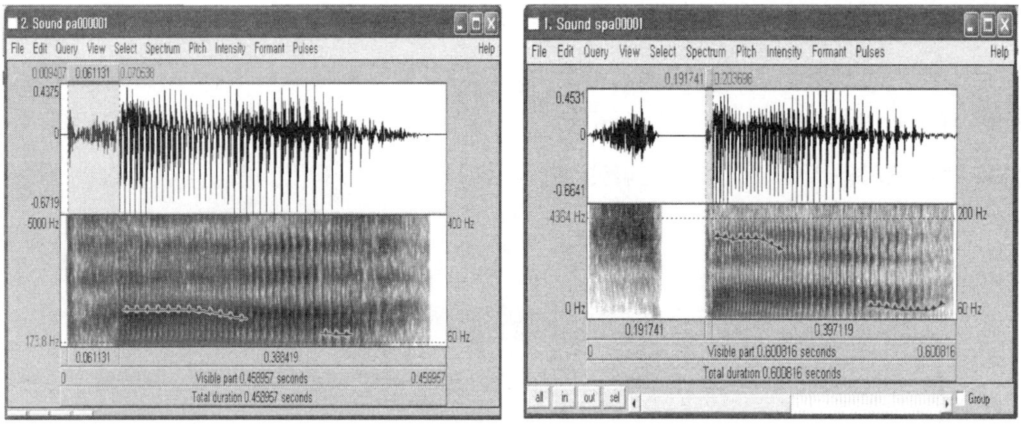

그림 21 | 'pɑ'와 'spɑ'의 분석창: 왼쪽의 'pɑ'의 경우와 달리 오른쪽의 'spɑ'에는 기식이 거의 일어나지 않았다.

그림 21에서 선택된 부분이 폐쇄가 해지되는 때부터 모음이 시작되기 전까지를 보여주는 기식의 기간이다. 모음의 시작은 이미 언급한 대로 성대의 떨림을 나타내는 피치 선과 일치한다. 왼쪽의 경우 무성폐쇄음 [p]가 끝났음에도 불구하고 바로 유성의 모음이 시작하지 않고 상당기간의 소음처럼 보이는 무성의 기간이 지속하고 있는데 이 부분이 기식기간(duration of aspiration)이다. 그런데 자세히 보면 소음인데도 불구하고 모음에나 나타나는 포만트처럼 보이는 검은 띠가 나타났는데 이는 무성인 기식의 부분에서 이미 모음의 조음이 시작되었음을 의미한다. 기식이 일어날 때마다 항상 나타나는 것은 아니지만 이러한 띠가 있음은 /p/가 유기음(aspirated consonant)으로 발음되었음을 시사한다. 이는 기식(aspiration)이 주위에 있는 유성음을 무성음화하는 역할을 하기 때문에 일어나는 현상이다. 다시 말하면 조음기관은 [p]의 폐쇄해지가 일어나자마자 이미 뒤에 오는 모음 [ɑ]의 위치를 취하고 있으나 영어에서 일어나는 어두에서의 기식음화로 인해서 모음의 시작

부분이 무성음화한 것이다.

위의 유기음 $[p^h]$의 발음과 오른쪽 그림에 나타난 'spa'에서 무기음 [p]의 발음은 완전히 다르다. 이 그림에서 맨 앞에 넓은 영역에 걸쳐서 검게 나타난 부분이 마찰음 /s/의 부분이고 그 다음에 칼로 자른 것처럼 하얗게 나타난 부분이 폐쇄기간이다. 그런데 왼쪽의 경우와는 달리 /p/의 폐쇄기간이 끝나자마자 아주 짧은 무성의 소음기간만 나오고 바로 모음이 시작된다. 즉 /s/ 뒤에서 /p/가 무기음(unaspirated consonant)으로 발음된 것이다.

성대진동 시작시간 VOT(Voice Onset Time)

성대진동 시작시간 즉 VOT(Voice Onset Time)란 위의 경우처럼 폐쇄음의 폐쇄기간이 해지된 때부터 모음의 발성(phonation)을 위해 성대가 진동하기까지의 시간을 가리킨다. 그림 21에서 /pa/의 경우 VOT가 0.061131초, 즉 61.131ms.이다. 반면에 같은 그림의 오른쪽 /spa/에서는 VOT가 아래 늘려서 본 그림 22에서 알 수 있듯이 이보다 훨씬 짧은 18.72ms.이다.

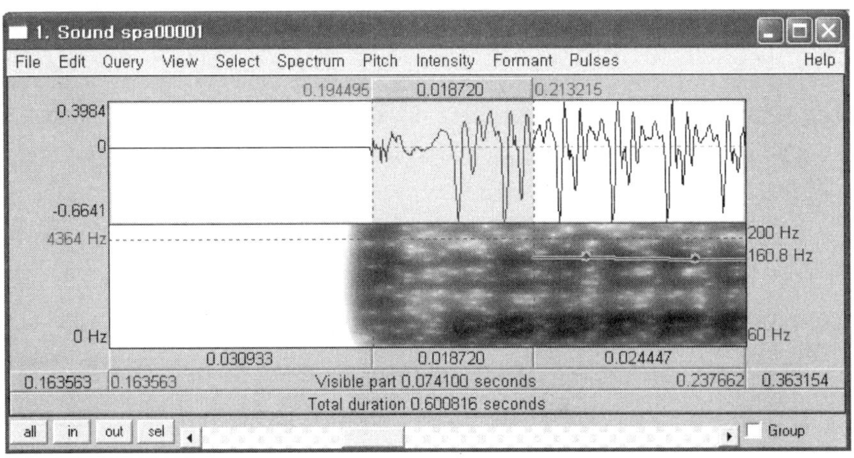

그림 22 | 'spɑ'의 분석창 중 일부를 'sel' 버튼을 사용하여 늘려서 본 그림. 선택된 부분이 VOT이다.

VOT는 가식(aspiration)의 정도와 밀접한 관계가 있다. 기식성이 강할수록 VOT 기간은 더 길다. 기식성이 클수록 폐쇄음의 폐쇄기간 동안 성대의 띠의 간격이 커서 폐쇄해지부터 모음을 발음하기 위해 성대가 떨리기까지 시간이 더 걸리기 때문이다.

우리말의 성대진동 시작시간

다음 그림들은 우리말 '불, 풀, 뿔'의 발음을 각각 Ladefoged의 홈페이지(http://www.phonetics.ucla.edu/appendix/languages/korean/korean.html)에서 프라트로 다운받아서 분석한 것이다.

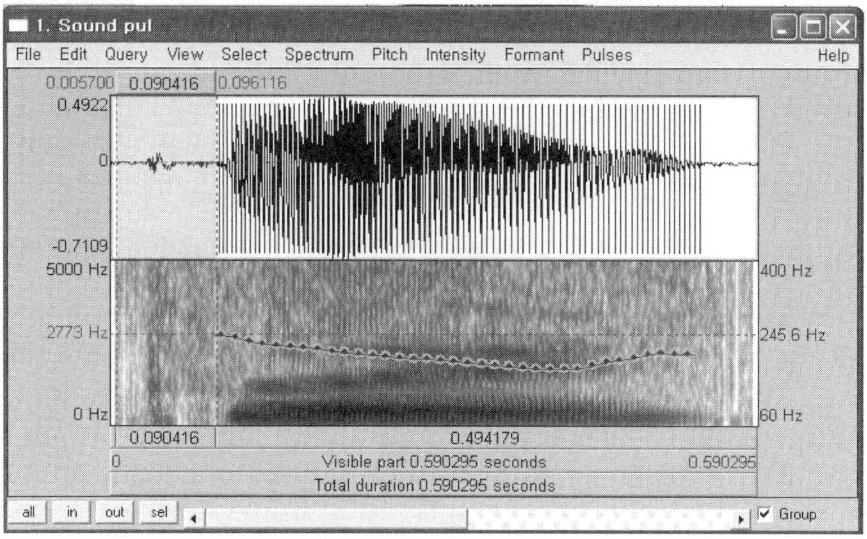

그림 23 | '불'의 분석창. 기식의 기간이 90.416ms.임을 알 수 있다.

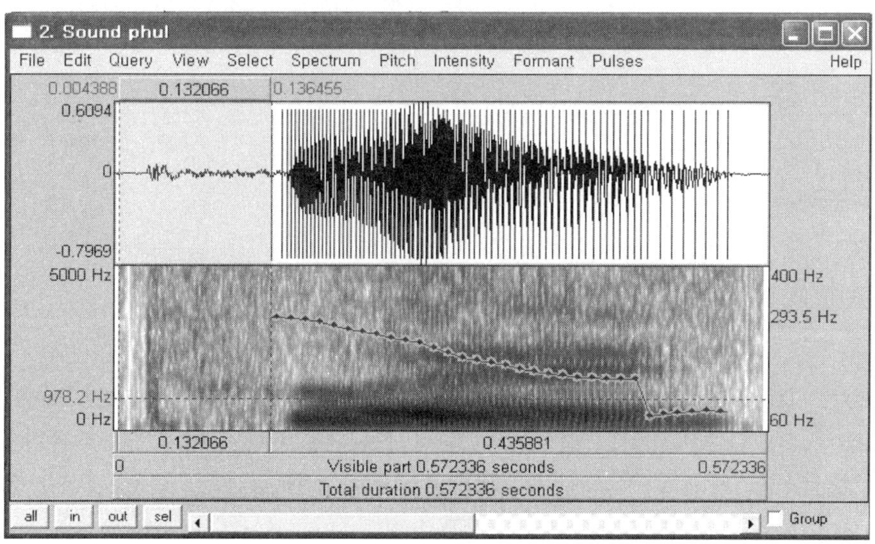

그림 24 | '풀'의 분석창. 기식의 기간이 132.066ms.임을 알 수 있다.

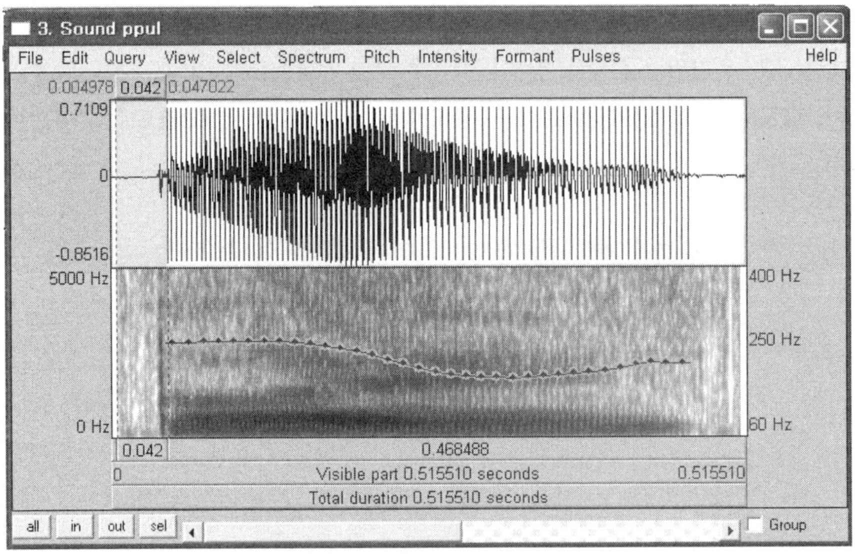

그림 25 | '뿔'의 분석창. 기식의 기간이 대략 42.0ms.로 상대적으로 '불'이나 '풀'에 비해 매우 짧음을 알 수 있다. (실제로는 이 그림을 펼치면 40.623ms.로 나옴)

위의 분석에서 볼 수 있듯이 우리말의 세 양순폐쇄음들 중 VOT가 가장 긴 음은 소위 '기음(氣音; aspirated consonant)' 계열인 /ㅍ/이고 그 다음이 '평음(平音; plain consonant)'계열인 /ㅂ/이며 '경음(硬音; tense consonant)' 계열인 /ㅃ/의 VOT가 가장 짧다. 이를 다른 조음점의 폐쇄음들까지 확장하여 기술해 보면 다음과 같다.

<u>우리말 폐쇄음의 기음화 정도 순위</u>

	기음 〉〉	평음 〉〉	경음
양순음	/ㅍ/	/ㅂ/	/ㅃ/
치음	/ㅌ/	/ㄷ/	/ㄸ/
연구개음	/ㅋ/	/ㄱ/	/ㄲ/

폐쇄음의 기음화 정도를 비교해 보면 국어에서 영어의 무기음(unaspirated sound)에 가장 가까운 음은 경음이다. 이는 경음이 다른 폐쇄음들에 비해 상대적으로 기음화의 기간이 짧기 때문이다. 그러므로 'peak'의 /p/ 발음과 'speak'에서의 /p/ 발음이 서로 같지 않다는 점을 쉽게 가르치기 위하여 전자는 우리말의 [ㅍ]에 가깝고 후자는 우리말의 [ㅃ]에 가깝다고 가르치는 데는 일리가 있다. 다만 이렇게 가르칠 경우 우리말과 영어의 발음을

동일시할 수 있는 위험이 따르기는 하지만. 마찬가지로 'peak' 같은 영어단어를 우리말로 표기할 때 '피크'와 같이 쓰는 이유는 영어는 /p/가 어두에서 유기음으로 발음되므로 가장 가까운 우리말 표기가 같은 조음점의 유기음을 나타내는 'ㅍ'이기 때문이다.

실습

1. 기음화가 기음, 평음, 경음의 순으로 일어남을 확인하기 위하여 아래 세 단어의 소리 파일을 국립국어원 홈페이지(http://www.korean.go.kr/ 09_new/index.jsp)에서 다운받아서 프라트로 분석하여 보자.

   달 탈 딸

우리말과 영어 자음의 비교

국어와 영어의 자음체계는 폐쇄음에서 가장 큰 차이를 보인다. 영어의 폐쇄음 /p, t, k, b, d, g/는 세 조음점(bilabial, alveolar, velar)에 유성과 무성의 대조를 보이는 반면에 국어의 경우 아래 표에서 볼 수 있듯이 네 조음점(bilabial, dental, palatal, velar)에 기음화의 정도에 따라 유·무성에 관계없이 평음(lax: /ㅂ, ㄷ, ㅈ, ㄱ/), 경음(tense: /ㅃ, ㄸ, ㅉ, ㄲ/), 기음(aspirated: /ㅍ, ㅌ, ㅊ, ㅋ/)의 세 가지로 나뉜다. 또 다른 점은 영어에는 근접음 /l/과 /r/이 의미의 차이를 가져오는 대조를 이루고 있으나 (예: right vs. light) 국어에서는 하나의 독립된 음 /ㄹ/이 있을 뿐이다. 이에 대하여는 6장 '음소와 이음소'에서 좀 더 자세히 설명하기로 한다.

표 8 | 국어 자음의 조음점/조음방법에 의한 분류

	bilabial	labio-dental	dental	alveolar	alveo-palatal	velar	glottal
stop/affricate (plain)	p(ㅂ)		t(ㄷ)		c(ㅈ)	k(ㄱ)	
stop/affricate (tense)	p'(ㅃ)		t'(ㄸ)		c'(ㅉ)	k'(ㄲ)	
stop/affricate (aspirated)	ph(ㅍ)		th(ㅌ)		ch(ㅊ)	kh(ㅋ)	
nasal	m(ㅁ)		n(ㄴ)			ŋ(ㅇ)	
fricative			s(ㅅ)				h(ㅎ)
fricative (tense)			s'(ㅆ)				
flap(tap)							
trill							
approximant							
lateral			l(ㄹ)				

5

영어 말소리의 분류: 모음

"야, 말이야 바른대로 말이지, 요새야말로 느이 오래비가 공산당질 바로 하는 것 아니냐? 한 달 내내 뼛골 빠지게 뇌동해서 처자식 밥 안 굶기면 그게 공산당이지 더 어떻게 공산당 질을 잘 하나 잘 하길." 그럴 때 엄마는 나한테 말하는 게 아니라 오빠의 전향을 지켜보고 있는 어떤 음산한 시선을 향해 변명을 하고 있는 게 아닌가 싶게 열성스럽고도 조금은 비굴하게 굴었다. 엄마가 노동을 **뇌동**, 노동자를 **뇌동자**라고 부를 때의 발음은 특이했다. 엄마는 흠잡을 나위없이 고운 표준말을 쓰는 분이었는데도 오빠가 좌익운동을 하고 부터 그 발음만은 귀에 거슬리게 했으니까, 그건 말투라기보다는 의도적인 거였다. 그래서 남로당을 말할 때도 꼭 **뇌동당**이라고 '뇌'소리에다 듣기 싫게 오금을 박았다.

-박완서, 《그 많던 싱아는 누가 다 먹었을까》

웅진 닷컴 1992, p.217(강조체는 첨부됨)

"Your brother is acting like a real Commie now, isn't he? What could be more Red than 'wokking' like a dog, day in, day out, to keep your family from starving?"

Her tone was enthusiastic, obsequious even, as though she were excusing him not to me, but to some evil eye that had witnessed Brother's desertion. Her deliberate mispronunciation of "working" as "**wokking**" was strange. She spoke impeccable standard Korean, but the way that word grated suggested that she did it intentionally. When she referred to the South Korean Worker's Party, she always gave it an ugly ring, stressing "**Wokkers**."

-Park, Wan-Suh. *Who Ate Up All the Shinga?*

Trans. by Yu Young-Nan and Stephen J. Epstein.

New York: Columbia Univ. Press. 2009, p.199(emphasis added).

모음은 자음과 달리 분류에 사용할 만한 뚜렷한 조음점을 찾기가 어렵기 때문에 자음의 조음점을 모음의 분류에 그대로 적용시킬 수는 없다. 지금은 전설모음이라 부르는 /i, e/를 조음 시 구강 내에서 혀의 앞부분이 경구개 쪽에 근접한다 하여 한때 'palatal vowel'이라 부르고 후설모음 /u, o/ 등은 혀의 뒷부분이 인두 쪽으로 근접한다 하여 'pharyngal vowel'로 부르기도 하였으나 통용되고 있지 않다. 마찬가지로 모든 모음은 허파로부터 올라오는 공기가 전혀 저항을 받지 않으므로 자음의 분류에서 마찰음이나 폐쇄음을 구분하듯이 조음방법에 의한 분류를 할 수 없다. 이러한 어려움을 극복하기 위하여 음성학자들이 찾아낸 기준은 모음을 발음할 때 구강 내에서 혓몸의 가장 높은 점(highest point of the tongue)이 구개(palate)의 어느 부분과 가장 가까이 있는가이었다. 이 기준점을 근거로 구강 내의 공간을 수평 방향으로는 전설(front), 중설(central), 후설(back)로 나누어 마치 자음의 조음점과 같은 범주를 만들고 수직 방향으로는 기준점의 높이에 따라 고모음(high), 중모음(mid), 저모음(low)으로 구분하였다. 여기에 조음 시 입술의 모양(posture of the lips)을 고려하여 원순(rounded)과 평순(unrounded or spread)을 구분하였다. 이렇게 하여 자음의 분류에서처럼 3개의 범주가 만들어질 수 있었다.

1) 전설/중설/후설(front/central/back)
2) 고모음/중모음/저모음(high/mid/low)
3) 원순/평순(round/spread)

그러면 이러한 모음의 분류는 왜 필요한 것일까? 이를 알아보기 위해 먼저 우리말의 모음을 분류해보고 이를 토대로 소위 움라우트(umlaut)라고 불리는 음운현상이 우리말에서 어떻게 적용되는지를 생각해 보자. 국어에 몇 개의 모음이 있는가는 학자들에 따라 조금씩 다를 수 있다. 가장 논란거리가 되는 것이 /위/와 /외/를 단순 모음에 포함시킬 것인

표 1 | 우리말 모음의 분류

place / lips / tongue	front(전설)		back(후설)	
	unrounded (평순)	rounded (원순)	unrounded (평순)	rounded (원순)
high(고)	i(이)	y(위)	ɯ(으)	u(우)
mid(중)	e(에)	ø(외)	ə(어)	o(오)
low(저)	æ(애)		ɑ(아)	

지 아닌지이다. 이 책에서는 이들을 모두 단순모음에 포함시켜 총 10개의 모음이 있는 것으로 보고 분류하였다.

움라우트는 후설모음이 다음 음절에 오는 전설모음 /이/의 영향을 받아 전설모음화(vowel fronting)하는 현상을 가리킨다. 우리말에서 대표적인 경우가 다음과 예들이다.

다듬이 〉[다딤이] (/으/ 〉/이/)
고기 〉[괴기] (/오/ 〉/외/)
어미 〉[에미] (/어/ 〉/에/)
죽인다 〉[쥑인다] (/우/ 〉/위/)
지팡이 〉[지팽이] (/아/ 〉/애/)

이 변화들을 위에 있는 모음의 분류표에서 찾아보면 앞에 오는 음절의 후설모음 /ɯ(으), o(오), ə(어), u(우) a(아)/가 뒤에 오는 전설고모음(high front vowel) /i/(이)의 영향으로 모음의 높이와 원순성은 그대로 유지하면서 전설 쪽으로 이동하였음을 알 수 있다.

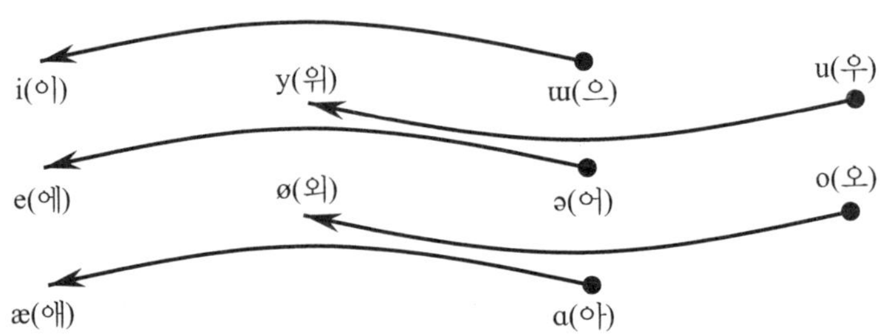

그림 1 | 국어의 움라우트 현상: 후설모음이 높이와 원순성은 그대로 유지하면서 전설로 이동하였다.

이처럼 정교한 분석이 가능한 이유는 국어의 모음을 표 1처럼 세 가지의 조음음성학 범주에 따라 분석하였기 때문이다. 움라우트는 여러 언어에 일어나는 보편적 규칙(universal rule)이다. 우리말의 경우 방언에서만 발견되나 독일어나 영어의 발달사에서 중요한 역할을 한 음운현상이었다. 그뿐만 아니라 박완서의 자전적 소설《그 많던 싱아는 누가 다 먹었을까》에서 인용한 위의 문구에도 잘 나타나 있듯이 특수한 언어효과를 위해 전용(exaptation)되기도 한다.[1] 언어에서 이러한 음운현상을 찾고 그 규칙성을 이해하기 위해

1) 이러한 화용론적 효과를 위한 전용은 움라우트 규칙의 조건이 맞지 않는데도 일어나는 것이 보통이다. 예를 들면 위의 인용문에서 '노동'이 '뇌동'으로, '노동자'가 '뇌동자'로 발음된 것은 뒤에 /이/모음이 없는데

서는 모음의 분류에 대한 이해가 선행되어야 한다.

5.1 기본 모음(Cardinal Vowels)

위와 같은 세 가지 범주를 사용하더라도 지금처럼 컴퓨터와 멀티미디어 기술이 발달하지 않았던 옛날에는 어떤 언어에서 일어나는 모음을 정확히 기술하기란 쉬운 일이 아니었다. 예를 들면 영어의 'beat'에서 일어나는 모음 /i/를 기술한다고 가정하자. 위의 분류대로라면 이 모음은 'high front unrounded'이다. 그러나 이러한 기술만 가지고는 이 모음이 다른 언어, 예를 들면 국어에서 일어나는 비슷한 /i(이)/ 모음과 어떻게 차이가 나는지 알 수 없다. 왜냐하면 우리말의 /이/ 또한 'high front unrounded'로 분류되기 때문이다. 물론 영어와 우리말의 모음을 번갈아 들어보면서 영어의 /i/ 모음이 국어의 /이/보다 약간 더 위에서 난다든가 약간 앞에서 난다고 기술할 수 있지만 우리말의 /이/가 어디쯤에서 나는지 객관적으로 기술할 수 없는 상황에서 이런 기술은 무의미한 것이다.

이 문제를 해결하기 위해 20세기 초에 영국의 음성학자 Daniel Jones는 세계 언어에서 일어나는 모든 모음을 기술하는 데 표준이 되는 기본 모음(Cardinal Vowels)을 제안하였다. 그는 기본 모음을 아래와 같은 방법으로 정의하였다.

1) 우선 기본 모음 /i/의 위치를 정하기 위해 여느 /i/를 발음할 때처럼 입술을 평순(unrounded)으로 한 다음 구강 내에서의 혀의 위치를 최대한 앞으로(전설 방향으로) 그리고 최대한 높게(고모음 방향으로) 끌어 올려서 조음하였다. Jones가 이렇게 정한 기본 모음 /i/는 세계 언어에서 일어나는 어느 /i/모음보다 가장 변방(marginal position)에 위치하고 있음을 의미한다. 만약 어떤 이유에서라도 이 위치에서 혀를 약간 앞으로 밀거나 위로 높이게 되면 더 이상 모음이 아닌 경구개 마찰음(palatal fricative) /j/로 나게 된다.
2) 이번에는 기본 모음 /ɑ/의 위치를 정하기 위해 기본 모음 /i/를 조음할 때와는 반대로 혀의 위치를 최대한 뒤로(후설 방향으로) 그리고 최대한 낮게(저모음 방향으로) 조음하였다. 이때 입술의 모양은 여느 /ɑ/처럼 원순도 평순도 아닌 중립으로 하였다. 이 기본 모음 /ɑ/는 기본 모음 /i/와 마찬가지로 세계 언어에서 일어나는 어느 /ɑ/보다도 가장 변방에서 난다. 이 위치에서 혀를 뒤로 더 당기거나 낮추면 더 이상 모음이 아닌 유성인두

도 일어났다. 이에 대한 자세한 설명은 최전승(2004) 〈국어 움라우트 현상의 유추적 확대화 화용론〉 참조.

마찰음(voiced pharyngeal fricative) /ʕ/가 되기 때문이다.

3) 마지막으로 Jones는 이렇게 정한 변방의 극한 모음 사이의 거리를 청각적으로 등거리(auditorily equidistant)가 되도록 계산하여 기본 모음 1에서 5까지를 정한 다음 후설모음 5로부터 다시 청각적 등거리를 계산하여 전설모음 1에서 3에 상응하는 원순 후설모음 6, 7, 8을 정하였다.

이렇게 해서 탄생한 것이 1차 기본 모음 8개이다.

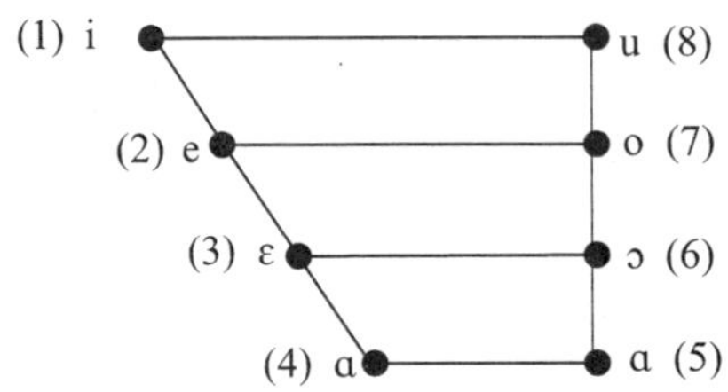

그림 2 | 1차 기본 모음

Jones의 기본 모음은 다음과 같은 특징을 가지고 있다.

1) 8개의 기본 모음 중 1번 /i/와 5번 /ɑ/만 구강 내의 혀의 위치를 기준으로 정하였고 나머지는 이 두 모음을 기준으로 각 모음 간의 청각적 거리(auditory distance)를 계산하여 정하였다. 즉 8개의 1차 기본 모음 중 2개는 조음음성학적으로(articulatorily), 나머지 6개는 청음음성학적으로(auditorily) 정했다.
2) 모든 기본 모음은 모음으로서 조음이 가능한 영역의 가장 변방에 위치해 있다. 이 영역을 벗어나면 더 이상 모음이 아닌 마찰음과 같은 자음이 조음된다.
3) 기본 모음은 말 그대로 모든 언어의 모음을 기술하는 데 사용하기 위한 표준모음(reference vowel)일 뿐 실제 언어에 일어나는 모음은 아니다. 다만 기본 모음과 아주 비슷한 모음을 가진 언어가 있을 수는 있다. 예를 들면 기본 모음 1～3 /i, e, ɛ/는 불어의 *si* [si] 'if', *ces* [se] 'these' and *sait* [sɛ] '3 sg. know'의 모음과 거의 일치한다. 단순모음(monophthong)이라도 이중모음(diphthong) 성향이 강한 영어의 모음에는 불어에서처럼 기본 모음에 아주 가까운 것은 없다.
4) 총 8개의 1차 기본 모음 중 1에서 5까지는 평순(unrounded)인 반면에 6에서 8까지는 원순(rounded)모음이다. 이는 세계 여러 언어에서 전설모음은 평순모음이 후설모음은 원순모음이 일반적인 것을 반영한 것이다. 다만 5번의 경우 후설모음인데도 평순인 /ɑ/

가 더 일반적이므로 이를 1차 모음에 포함시켰다.

5) 위의 1차 모음에 포함되지 않은 것들은 2차와 3차 모음에 포함시켰다(아래 그림 3 참조). 2차 전설모음은 평순인 1차 모음에 상응하는 원순모음을 정하고 후설모음의 경우 원순모음인 6부터 8까지는 그에 상응하는 평순모음을, 평순모음인 5의 경우 그에 상응하는 원순모음을 정하였다. 3차 모음은 중설모음으로 구성되어 있다.

IPA에서는 아래 그림 4에서 볼 수 있듯이 Jones의 1～3차 기본 모음에 영어의 /æ/나 /ɪ, ʊ/처럼 여러 언어에서 흔히 쓰이는 모음들의 위치까지를 포함시킨 확장된 차트를 사용하고 있다. 다만 혀의 높이를 정의하면서 지금까지 사용한 'high/low' 대신에 혀에서 입천장까지의 사이가 얼마나 열려있는지를 의미하는 'close/open'을 좀 더 세분화한 분류('close/close-mid/open-mid/open')를 사용하였다.

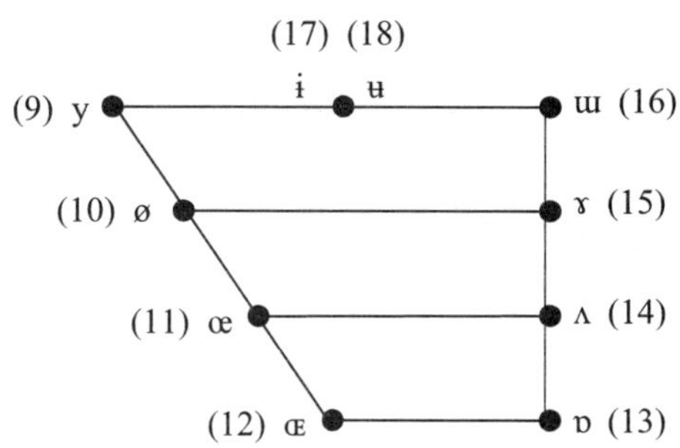

그림 3 | 2차와 3차 기본 모음

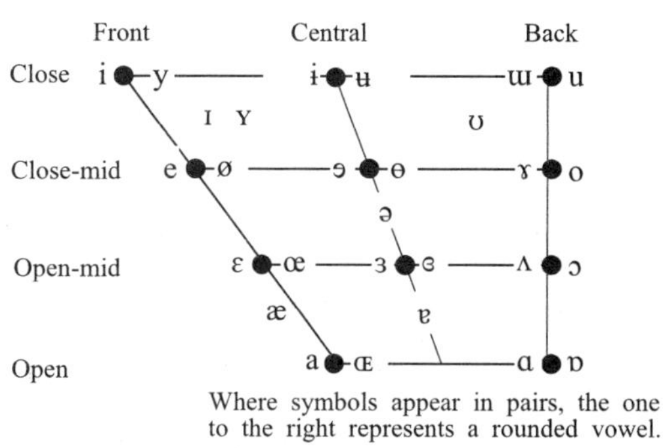

그림 4 | IPA 차트에서의 모음사각도

그러나 위와 같이 정형화된 모음 사각도(vowel quadrilateral)는 다음과 같은 점에서 처음 Jones가 정한 기본 모음의 기준에서 벗어나 있다. 첫째, Jones는 1에서 5까지 사이의 모음들을 청각적 등거리를 고려해서 위치를 정했다고 했으나 실제로 등거리에 있는 것은 1에서 4까지만이고 기본 모음 4와 5의 거리는 1과 4에 속한 모음들 사이의 거리보다 더 떨어져 있다. 이는 청각적으로 느끼는 4와 5 사이의 거리가 1~4 사이에 있는 모음들 간의 것보다 실제로 더 멀기 때문이다. 둘째, 모음 사각도가 보통 위의 그림에서 볼 수 있듯이 완전한 직사각형이 아니고 왼쪽 변이 사선으로 내려오는데 여기에는 두 가지 이유가 있다. 1) 전설모음의 경우 후설모음과는 달리 고모음에서 저모음으로 내려오면서 혀의 가장 높은 점이 점점 뒤로 이동하는 것을 반영하기 위한 것이다. 2) 전설이 후설보다 모음 간의 청각적 거리가 좀 더 멀게 느껴지지 때문이다(Ladefoged 1993, p.221). 이러한 차이점은 모음 사각도에서 직각을 이루는 변들의 비율이 2:3:4임에서도 잘 나타난다.

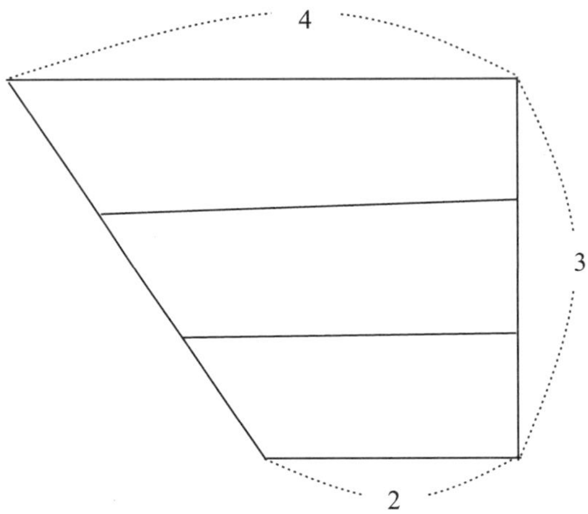

그림 5 | 모음 사각도 직각변의 2:3:4 비율

20세기 초에 Jones가 처음 제안한 모델에서 시작한 기본모음이 이처럼 도형화된 모습을 갖추게 되기까지에는 음성학자들의 많은 고민과 성찰이 있었다. 사실 Jones의 원래 의도는 변방 모음들 간의 거리를 청각뿐 아니라 조음상으로도 등거리가 되도록 하는 것이었다. 즉 모음 간의 거리가 귀로 들어서뿐 아니라 혀의 위치에 있어서도 같은 간격이라는 것이다. 하지만 음성학자들은 곧 이 두 등거리 조건을 함께 만족시킬 수 없음을 알게 되었다. 왜냐하면 X-Ray사진을 토대로 혀의 가장 높은 점을 표시한 아래 두 그림에서 볼 수 있듯이 Jones의 기본 모음과 혀의 실제 위치가 일치하지 않기 때문이다.

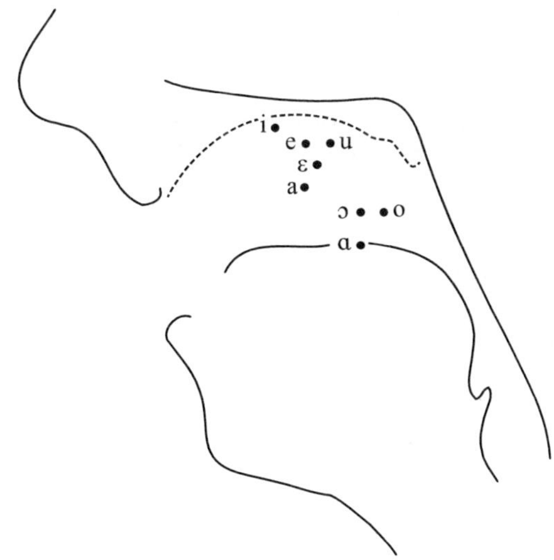

그림 6 | X-ray 사진으로 찍어본 구강 내 기본모음의 실제 혀의 위치: 기본모음도의 분류와 일치하지 않는다(Cf. Jones S. 1929; Ladefoged 1993, p.222에서 재인용).

이러한 문제가 있음에도 불구하고 음성학자들은 오랫동안 모음 사각도에서 모음의 위치가 구강 내에서의 혀의 위치에 상응하는 것으로 기술해 왔다. 모음의 분류에서 전형적으로 사용되어 온 'high/mid/low'와 'front/central/back'과 같은 용어들만 봐도 이를 알 수 있다. 그러나 위의 그림에서 똑같이 고모음(high vowel)으로 분류된 /i/와 /u/의 실제 혀의 높이를 비교해 보면 전설모음인 /i/가 후설모음인 /u/보다도 높게 조음됨을 알 수 있다. 그러므로 혀의 높이를 기준으로 한 모음의 분류는 실제 혀의 높이와는 일치하지 않는다. 그럼에도 불구하고 전통적인 분류용어인 'high/mid/low'가 현재까지도 그대로 사용하고 있는 것은 크게 두 가지 이유 때문이다. 첫째는 'high/mid/low'와 같이 혀의 높이를 기준으로 한 분류가 비록 조음음성학적으로는 의미가 없지만 국어 움라우트와 같은 음운 현상의 분석에는 의미가 있기 때문이다. 문제는 일반적으로 조음음성학에 근거한 음의 분류가 각 언어에서 음의 체계와 그에 따른 음변화 현상을 분석하는 데 그대로 사용된다는 점이다. 국어에서도 비록 혀의 높이를 기준으로 보면 고모음/중모음/저모음과 같은 분류가 정확한 것은 아니나 움라우트에서 후설모음이 전설모음 /이/의 영향으로 전설 쪽으로 움직일 때 '고모음'은 '고모음'으로, '중모음'은 '중모음'으로, 그리고 '저모음'은 '저모음'으로 이동하는 것만 보아도 이러한 분류가 가지는 의미를 알 수 있다.

두 번째 이유는 'high/mid/low'와 같은 분류가 비록 조음음성학적으로는 문제가 있으나 청각적으로 의미가 있으므로 전통적인 용어를 그대로 사용한 것이다. 이미 언급한 대로 Jones는 기본 모음을 정하면서 조음적 등거리와 청각적 등거리를 함께 고려하였으나 X-ray 사진으로 검사한 결과 조음적 등거리(articulatory equi-distance)는 실제 혀의 높이와 맞지 않았다. 한편 Jones의 청각적 등거리(auditory equi-distance)와 관련하여 음성학자들이 많은 의문을 표시하였다. 왜냐하면 당시만 해도 음의 청각적 거리를 물리적으로 입증하기가 힘들었기 때문이다. 그런데 최근에 와서 이 청각적 거리를 기준으로 한 Jones의 모음 사각도에 의한 분류가 음향음성학적으로(acoustically) 의미가 있음이 밝혀졌다. 이를 설명하기 위해서는 모음의 스펙트로그램에 나타나는 포만트에 대한 자세한 설명이 선행되어야 하므로 이에 대한 논의는 제11장 음향음성학으로 미룬다. 다만 이점은 분명히 밝혀두자. 결국 Jones가 기본 모음을 정하면서 기준으로 한 것은 실제 혀의 높이가 아니라 본인이 들어서 인지한 혀의 높이라는 점이다. 다시 말하면 Jones는 혀의 위치로 정한 1)번과 5)번 모음을 제외하고는 본인의 직관(intuition)에 의지하여 모음 간 등거리를 매겨서 기본 모음을 정한 것이다. 과학에서 이러한 직관적 판단은 어려운 문제를 해결하기 위한 이론을 확립하는 데 의외로 중요한 역할을 한다. 물론 후일 실험이나 관찰을 통하여 객관적 데이터가 뒷받침 될 때에 그 중요성이 빛나게 되지만. Jones의 기본 모음도 마찬가지 경우이다. 발표 후 혀의 높이에 의한 분류가 물리적 데이터, 즉 실제 혀의 높이와 정확히 일치하지 않은 점이 논란이 되었지만 조음상의 거리보다는 청각적 등거리라는 또 다른 기준이 음향음성학적으로 의미가 있음이 밝혀지면서 그 이론적 근거가 더욱 공고해진 것이다.

실습

1. Google 검색창에 'Cardinal vowels with Daniel Jones'를 쳐서 아래의 YouTube 동영상을 찾아서 기본 모음의 발음을 익히자.

그림 7 | You Tube에서 Daniel Jones선생님과 함께 'Cardinal Vowel' 읽히기

2. Ladefoged의 음성학 사이트에 들어가서 Jones와 Ladefoged가 녹음한 기본 모음을 들어보고 서로 차이가 있는지 확인해 보라.

5.2 미국영어 모음의 분류(Classification of American English Vowels)

미국영어에 모음이 모두 몇 개가 있는 것일까? 이에 대한 답은 국어의 경우처럼 학자들에 따라 약간씩 다를 수 있다. 가장 논란이 된 것은 'bait'이나 'boat'의 모음을 /e/와 /o/와 같은 단순모음(monophthong)으로 볼 것인지 아니면 /eɪ̯/와 /oʊ̯/처럼 이중모음(diphthong)으로 볼 것인지이다. 이러한 문제가 생기는 이유는 이들이 이중모음으로 보기에는 모음의 이중성(diphthongal quality)이 미약한 반면에 그렇다고 순수한 단순모음으로 보기도 어렵기 때문이다. 이 같은 문제는 이들 두 모음뿐 아니라 영어에서 /i/나 /u/와 같은 대부분의 'tense vowel'에서 나타난다. 그래서 어느 학자는 '영어에는 진정한 의미의 단순모음이 없다'고까지 단언하기도 한다. 본 교재에서는 'bait'와 'boat'의 모음은 이중모음에 포함하고 그 외의 단순모음들은 표 2와 같이 분류하기로 한다.

표 2 | 미국영어 단순모음의 분류: 이중모음으로 본 'bait'와 'boat'의 모음은 표에 포함시키지 않았다.

place / lips / tongue	front	central	back	
	unrounded	unrounded	unrounded	rounded
high	i (heed)			u (who'd)
mid high	ɪ (hid)			ʊ (hood)
mid		ə (sofa)		
mid low	ɛ (head)			ɔ (hawed)
low	æ (had)		ɑ (father)	ɒ (hod)[2]

우리가 미국영어라고 단순하게 얘기했으나 사실 미국영어에는 여러 방언이 있고 각각의 방언은 독립된 모음체계를 가질 수 있음을 염두에 두자. 위 표는 이러한 차이점을 무시하고 소위 'General American'으로 불리는 표준어의 모음을 분류한 것이다. 다만 후설저모음(low back vowels) 중 원순모음인 /ɒ/의 경우 미국의 New England 지역과 영국영어에서 두드러지게 사용되므로 포함시켰다.

5.2.1 긴장모음과 이완모음(Tense vs. Lax Vowels)

모음을 분류하는 또 하나의 방법 중에는 혀의 긴장도를 고려한 분류가 있다. 그러나 긴장모음**(tense vowels)**과 이완모음**(lax vowels)**의 음성학적 차이가 단지 혀 근육의 긴장도(muscular tension)에만 있는 것은 아니다. 다만 전통적으로 이 방법을 이용하여 분류하여 왔고 영어와 여러 언어에서 음운론적으로 이 두 그룹의 모음들이 서로 달리 행동하므로 편리함을 이유로 계속 사용되고 있을 뿐이다.

그러면 어떤 모음들이 긴장모음이고 어떤 것들이 이완모음일까? 이에 대한 답은 언어마다 조금씩 다를 수 있다. 왜 이처럼 분명치 못한 답이 나올 수밖에 없는가를 설명하기 위해 모음을 1차 모음(primary vowels) /i, e, u, o, a/와 이들의 변형인 2차 모음(secondary vowels) /ɪ, ɛ, ʊ, ɔ, æ/, 그리고 이 모음들의 축소(reduction)인 3차 모음(tertiary vowel) /ə/로 나누어 보자. 이 모음들 중 1차 모음은 긴장모음에 2차와 3차 모음은 이완모음에 속한다.

2) 영국영어와 미국영어의 일부방언에서만 원순으로 발음되고 미국영어에서는 주로 hod[hɑd]로 발음된다.

표 3 | 긴장모음과 이완모음: 일반적 분류

tense vs. lax / vowel class	tense (긴장모음)	lax(이완모음)
1차 모음(primary vowels)	i, e, u, o, a	
2차 모음(secondary vowels)		ɪ, ɛ, ʊ, ɔ, æ
3차 모음(tertiary vowels)		ə

이러한 분류는 매우 정연한 것이긴 하나 영어와 같은 언어에 직접 적용시킬 수는 없다. 첫 번째 문제는 이미 언급한 대로 미국영어에는 /e, o/와 같은 1차 단순중모음(monophthongal mid vowel)은 없고 'bait, boat'와 같은 단어에 일어나는 것은 /eɪ, oʊ/와 같은 이중모음성 중모음(diphthongal mid vowel)이라는 점이다. 이 문제는 물론 이들 이중모음성 중모음이 1차 모음 /e/와 같이 긴장모음에 속한다고 보면 간단히 해결된다.

좀 더 까다로운 문제는 2차모음인 후설중모음 /ɔ/이다. 이 모음은 그 전설파트너인 /ɛ/와 같이 이완모음에 포함하는 것이 보통이나 이렇게 할 때 영어에서는 두 가지 문제가 발생한다. 첫째는 미국영어에서 /ɔ/는 방언에 따라 /ɑ/와 합병(merger)이 일어난다는 점이다. 다시 말하면 원래는 /ɔ/로 나는 'bought'나 'taught'의 모음이 뉴잉글랜드 동부(Eastern New England), 서부 펜실베니아(West Pennsylvania)와 미국의 서부(American West) 지역에서 'father'의 첫음절 모음과 같은 [ɑ]로 발음되는 것이다. 즉 다른 지역에서는 /ɔ/와 /ɑ/, 두 개의 모음으로 구분되어 최소대립쌍(minimal pair)를 이루는 다음과 같은 예들이 이 지역에서는 두 모음간의 구분이 없어지고 모두 /ɑ/로 발음되는 **모음합병(vowel merger)**이 일어나 동음이의어(homonym)가 된다.

표 4 | 모음합병의 예

Vowel Merger	General American	Eastern New England, West Pennsylvania & American West
between /ɑ/ and /ɔ/	tot[tɑt], taught[tɔt]	tot[tɑt], taught[tɑt]
	cot[kɑt], caught[kɔt]	cot[kɑt], caught[kɑt]
	Don[dɑn], dawn[dɔn]	Don[dɑn], dawn[dɑn]

두 번째 문제는 모음의 분포와 관련된 아래 표에서 볼 수 있듯이 미국영어의 단음절어(monosyllabic word)에서 긴장모음은 뒤에 자음이 오지 않아도 영어 단어가 되지만 이완모음은 뒤에 자음이 없으면 단어가 될 수 없다는 점이다.

표 5 | 영어 단음절어 형성을 기준으로 본 긴장모음과 이완모음: 문제가 되는 모음 /ɔ/는 포함되지 않았다.

모음의 종류	예	설명
긴장모음: /i, e(eɪ), u, o(oʊ), a/	bee, bay, too, tow, spa	단음절어에서 뒤에 자음이 오지 않아도 단어가 된다.
이완모음: /ɪ, ɛ, ʊ, ə, æ/	*/bɪ/, */bɛ/, */bʊ/, */bə/, */bæ/	뒤에 자음이 오지 않는 단음절어는 영어에 없다.
	bit [bɪt], bet [bɛt], book [bʊk], but [bət], bat [bæt]	대신 뒤에 자음이 받쳐주면 단어를 이룬다.

이 예들을 자세히 살펴보면 긴장모음으로 분류된 것들은 모두 1차 모음인 반면에 이완모음들은 2차와 3차 모음에 속하는 것들이다. 그런데 위의 표에서 빠진 것이 바로 모음 /ɔ/이다. 이 모음은 2차 모음임에도 불구하고 마치 1차 모음처럼 뒤에 자음이 오지 않아도 단음절어가 될 수 있을 뿐 아니라 이미 언급했듯이 미국의 많은 지역에서 1차 모음인 /ɑ/와 합병이 일어나고 있다.

2차 모음 /ɔ/(∼/ɑ/): law[lɔ](∼[lɑ]), saw[sɔ](∼[sɑ])

이런 점에서 보면 이 모음은 2차 모음에서 1차 모음의 계열에 합류하고 있는 중이라고 볼 수 있다. 그래서 영어에서는 /ɔ/를 1차 모음과 함께 긴장모음에 포함시킨다. 다음은 이 점을 고려하여 영어의 긴장모음과 이완모음을 정리한 것이다.

긴장모음: i, e(eɪ), u, o(oʊ), ɔ(∼ɑ), ɑ
이완모음: ɪ, ɛ, ʊ, æ, ə

실습

언어방언지도를 보여주는 펜실베니아 대학(Univ. of Pennsylvania)의 아래 웹사이트 첫 페이지에서 미국영어 어느 지역에서 /ɔ/와 /ɑ/의 합병이 일어나는지 확인해보자. 맨 밑에 있는 Maps으로 들어가 Map 1: The merger of /o/ and /oh/: invariant responses in production and perception을 클릭할 것.

그림 8 | "www.ling.upenn.edu/phono_atlas/home.html'에서 모음합병 방언지도 찾아보기: 아래에 있는 [Maps]클릭.

긴장모음과 이완모음의 음성적 차이

긴장모음과 이완모음을 혀의 긴장도의 차이로만 구분하려고 하면 많은 어려움이 있음은 이미 언급하였다. 그렇다고 이 두 종류의 모음 간에 이미 알려진 모음의 세 분류 범주 외에 다른 차이를 찾기도 어렵다. 한때 'Igbo'나 'Akan'과 같은 서아프리카어에서 두 모음 간의 차이가 설근의 전후 이동(advanced vs. retracted tongue root)과 관계있는 것으로 추정하여 'tense'와 'lax' 대신에 'advanced tongue root'와 'retracted tongue root'를 사용하기도 하였다. 그러나 영어나 독일어와 같은 게르만계 언어에서 X-ray 사진으로 고모음(high vowels)의 설근 이동을 확인한 결과 후설은 긴장모음 /u/가 이완모음 /ʊ/보다 설근이 앞에 가 있으나 전설에서는 오히려 이완모음 /ɪ/가 긴장모음 /i/보다 더 앞에 가 있어서 설근의 전후 위치를 기준으로 분류할 수 없음이 밝혀졌다(Cf. Ladefoged 1993, p.226; Ladefoged & Maddieson 1996, p.304).

그러면 이처럼 음성학적 근거가 불충분한 긴장모음과 이완모음의 분류는 어떻게 받아들여야 할까? 이렇게 생각하면 좋을 것 같다. 영어 단음절어에서 긴장모음과 이완모음의 분포가 음절의 구조와 밀접히 연결되어 있다는 점에서 긴장모음과 이완모음을 구분할 필요는 분명히 있다. 왜냐하면 이 구분이 있어서 영어 모음의 분포에 대한 정연한 **음소배열(phonotactics)** 분석이 가능하기 때문이다. 다만 이 분류를 뒷받침하는 조음적 근거를 정확히 밝히는 일은 장차 음성학자들의 연구과제로 남는다. 흥미 있는 점은 혀의 긴장과 이완이라는 조음상의 정의는 불가능하지만 영어의 긴장모음과 이완모음 사이에는 다음의 표에 요약되어 있듯이 모음의 길이와 질에 있어서 뚜렷한 음성적 차이가 존재한다는 것이다.

표 6 | 긴장모음과 이완모음의 음성적 차이

	tense vowel	lax vowel
vowel length	long	short
vowel height	high	low

이 차이는 'high vowel' 계열에 속하는 /i, u/와 /ɪ, ʊ/에서 가장 뚜렷이 나타난다. 다음은 www.m-w.com에서 'seat'와 'sit'의 모국어 화자 발음을 프라트로 불러들여와 모음 지속 기간을 비교한 것이다.

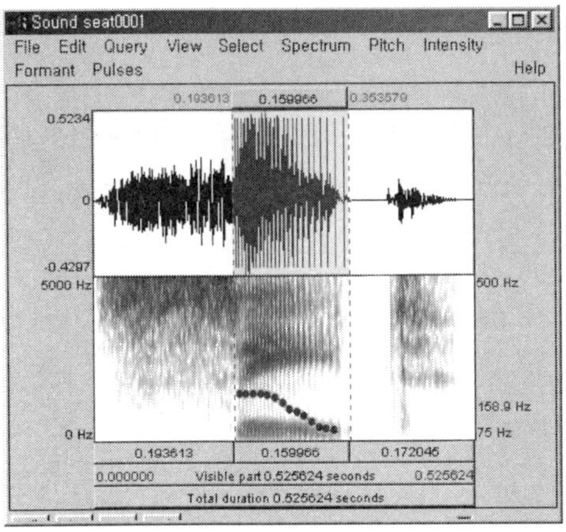

그림 9 | Sound seat의 모음길이 측정

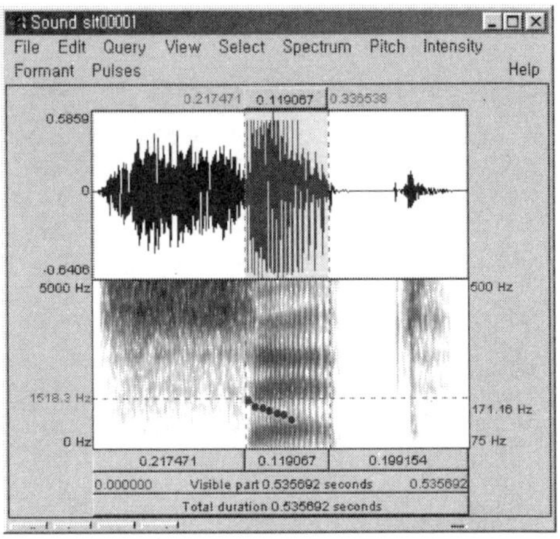

그림 10 | Sound sit의 모음길이 측정

왼쪽의 'seat'의 긴장모음 /i/의 길이가 오른쪽 이완모음 'sit'의 /ɪ/보다 긴 것이 확인된다. 반면에 국어에는 같은 계열의 모음이 'tense'와 'lax'로 구분되지 않고 하나의 모음인 /이/와 /우/를 가지고 있다. 우리말 화자들이 영어에서 다음과 같은 단어의 모음을 구분해 내기가 쉽지 않은 이유이다.

tense	lax
eel	ill
beat	bit
bead	bid
keen	kin
peel	pill
pull	pool
wooed	wood, would(cf. should, could)
Luke	look(cf. book, took, cook)

한 음성학자의 조사에 의하면 우리나라에서 영어를 공부하는 학생들의 80%가 이 모음들을 제대로 발음하지 못하고 있는 것으로 나타났다. 우리 학생들의 발음은 'tense'처럼 길지도 않고 'lax'처럼 짧지도 않는 우리말의 /이/나 /우/ 모음에 가까운 발음을 하여 위의 최소대립쌍들을 마치 모음합병(vowel merger)이 일어난 것처럼 발음하는 경우가 많다. 이렇게 잘못 발음하면 의미의 혼란을 가져오므로 영어를 가르치고자 하는 예비교사들만이라도 영어의 'tense-lax' 모음을 제대로 구분하여 발음할 수 있어야 한다.

5.2.2 단순모음과 이중모음(Monophthongs and Diphthongs)

이중모음은 하나의 모음으로만 이루어진 단순모음(monophthong)과 달리 두 개의 서로 다른 모음이 모여서 한 모음의 역할을 한다. 영어로는 이를 'diphthong'이라 부른다.[3] 영어의 이중모음의 숫자는 학자마다 조금씩 다를 수 있으나 보통 다음의 5개를 든다.

eɪ̯	as in bait
oʊ̯	as in boat
aɪ̯	as in bite
aʊ̯	as in bout
ɔɪ̯	as in void

3) Cf. mono-'one', di- 'two' *phthong* 'sound'

숫자가 달라질 수 있는 이유는 이미 언급한 대로 /eɪ/와 /oʊ/의 경우 학자에 따라 bait /bet/, boat /bot/처럼 단순모음으로 기술하는 경우도 있기 때문이다. 그렇게 할 경우 영어의 이중모음은 /aɪ, aʊ, ɔɪ/ 셋뿐이다. 반면에 어떤 학자는 긴장모음인 /i/와 /u/도 순수한 단순모음이 아니고 이중모음의 성격을 가진다 하여 beat /biɪt/ boot /buʊt/처럼 기술하기도 하는데 이렇게 되면 영어 이중모음의 숫자는 총 7개까지 늘어난다.

흥미로운 점은 이중모음의 숫자를 7개까지 늘려서 추정하는 경우 영어의 긴장모음 /i(iɪ), e(eɪ), u(uʊ), o(oʊ), ɔ, ɑ/ 중 처음 4개는 모두 이중모음에 속한다는 것이다. 긴장모음의 특징이 모음의 길이가 이완모음보다 더 긴 것을 감안한다면 두 개의 모음이 모여서 하나의 모음의 역할을 하는 이중모음이 긴장모음인 것은 쉽게 이해할 수 있다. 그러므로 위에 언급한 이중모음들 중 단순긴장모음(tense monophthong)으로 볼 수 없는 /aɪ, aʊ, ɔɪ/도 모두 긴장모음에 속한다. 이는 이 모음들이 다른 단순긴장모음들처럼 영어단음절어에서 뒤에 자음이 오지 않고서도 영어단어가 될 수 있는 것으로도 확인된다. 예: bye /baɪ/, now /naʊ/, boy /bɔɪ/.

이중모음화와 단순모음화(Diphthongization and Monophthongization)

위의 자음과 모음의 예들에서 우리는 음과 음이 서로 융합(coalescence)하여 하나의 음을 이룰 수 있음을 알 수 있는데 이러한 현상은 여러 언어에서 관찰된다. 예를 들면 보통 두 개의 모음 사이에 융합이 일어나면 일차적으로 위의 예들처럼 이중모음이 되지만 이러한 융합이 한 단계 더 발전하면 아래의 경우처럼 두 모음과는 전혀 다른 제3의 모음이 나타날 수 있다.

a + i (→aɪ) → e or ɛ
a + u (→aʊ) → o or ɔ

이런 경우 이중모음이 아닌 단순모음이 되었으므로 **단순모음화(monophthongization)**라고 부른다. 영어의 'clause'나 'pause'와 같은 단어에서 철자 ⟨au⟩가 /ɔ/로 발음되는 것도 이 현상과 관련이 있다. 이 단어들의 미국영어 발음은 [klɑz]와 [pɑz]인데 이때 모음 [ɑ]는 /ɔ/가 강세를 받았을 때 자주 나타나는 음이다. 예: contract[kántrækt], pause[páz].

위의 경우와는 반대로 아래의 예들은 단순모음이 **이중모음화(diphthongization)**한 것들이다.

é → i̯e (cf. Riviera cf. It. riviera ‘river’; Sp. fiesta ‘festival’)

ó → u̯o (cf. It. duomo ‘dome’)

이중모음화는 라틴어로부터 파생된 언어들인 불어, 스페인어, 이탈리아어와 같은 로망스계 언어들(Romance languages)에서 특히 많이 일어난다. 예를 들면 축제를 의미하는 영어단어 ‘festival’은 라틴어에서 차용한 것인데 (festive, fest 등도 모두 같은 어원에서 나왔다) 스페인어의 ‘fiesta’는 같은 라틴어 어간 ‘fest’의 /e/가 [i̯e]로 이중모음화한 것이다. 마찬가지로 이태리의 도시 광장에 꼭 있는 돔형 지붕을 가진 성당을 ‘duomo’라고 부르는데 이는 물론 ‘dome’에 나타나는 /o/가 [u̯o]로 이중모음화한 것이다.

5.2.3 발음의 기술: 간략표기와 정밀표기(Broad vs. Narrow Transcription)

발음의 기술에는 간략표기**(broad transcription)**와 정밀표기**(narrow transcription)** 두 종류가 있다. 보통은 꼭 필요한 정보만 기술하므로 간략표기를 사용하고 자세한 음성 정보를 기술할 필요가 있을 때만 정밀표기를 사용한다. 이 두 표기 간의 차이를 영어무성폐쇄음 /p, t, k/를 예로 알아보자. 영어에서 철자 〈p, t, k〉는 모국어 화자들까지도 모두 무성폐쇄음 /p, t, k/로 발음되는 것으로 알고 있으나 실제 발음은 이미 위에서 언급했듯이 환경에 따라 조금씩 다르다. 어두(word initial position)에서는 유기음**(aspirated sound)**으로, 같은 어두일지라도 /s/ 다음에서는 무기음**(unaspirated sound)**으로, 어말(word final position)이나 다른 폐쇄음 앞에서는 파열(plosion)이 없는 무파음**(unexploded or unreleased sound)**으로 나는 것이다(부수기호 [˺]는 무파음을 나타낸다).

영어 무성폐쇄음 /p, t, k/의 상세 발음

aspirated	unaspirated	unreleased	
peak[pʰik]	speak[spik]	nap[næp˺],	apt[æp˺t]
top[tʰɑp]	stop[stɑp]	mat[mæt˺]	
cool[kʰul]	school[skul]	knack[næk˺],	act[æk˺t]

이런 경우 ‘peak, speak, nap’의 ‘p’ 발음을 기술한다고 하자. 모국어 화자들이 이 세 단어의 ‘p’ 발음이 같은 것으로 인식하므로 ‘p’의 환경의 차이에 따라 달라지는 발음의

차이는 생략하고 모두 같은 /p/로 기술할 수 있다. 이것이 간략표기이다. 이때는 일반적으로 기울어진 괄호를 사용한다. 예: /pik/, /spik/, /næp/.

반면에, 이 세 'p'의 발음이 음성학적으로 각각 다른 특징을 가지고 있으므로 어떤 이유에서든 이러한 특징을 기술할 필요가 있을 때는 상세표기를 사용한다. 이때는 간략표기와 구분하기 위하여 꺾쇠괄호를 사용한다. 예: peak [pʰi̩k˺], speak [spik˺], nap[næp˺]. 이 두 기술 간의 차이는 다음 장에서 배울 **음소(phoneme)**와 **이음소(allophone)**의 설명에서도 중요한 역할을 한다. 결국 모국어 화자가 인식하고 있는 것은 음소인 반면에 실제 발음은 이음소에 속하므로 음소 표기는 간략표기인 기울어진 괄호를 사용하고 이음소 표기는 상세표기인 꺾쇠괄호를 사용하여 기술한다.

자세한 기술을 요구하는 상세표기의 경우에는 간략표기와는 달리 아래와 같이 많은 종류의 부수기호(diacritic symbols)를 사용한다. 여기 소개한 이외의 기호들은 IPA차트의 'diacritics'부분을 참조하기 바람.

1) [̪]: 치경음 /t, n/ 등이 치음 /Θ, ð/ 앞에서 치음으로 나는데 이 치음화(dentalization)를 나타내는 기호이다. 예: tenth [tɛn̪Θ]; eighth [eɪt̪Θ].
2) [˜]: 구강모음이 비음 /m, n, ŋ/ 앞에서 비강모음으로 나는데 이 비음화(nasalization)를 표기할 때 쓴다. 예: beam [bĩm]; bank [bæ̃ŋk].
3) [̥]: 공명음 /m, n, ŋ, l, r/이 무성 폐쇄음 뒤에서 무성음화 되는데 이 무성음화(devoicing)를 나타내는 기호이다. 예: play [pl̥eɪ]; pray [pr̥eɪ]. 이 무성음화는 부분적이긴 하지만 'slow, snow'처럼 마찰음 /s/ 뒤에서도 일어난다. 예: slow [sl̥oʊ]; snow [sn̥oʊ].

5.2.4 영어 모음의 기술(Transcription of English Vowels)

학자에 따라 발음기호를 다르게 사용할 수 있음은 영어 자음의 기술에서 이미 언급하였다. 그나마 영어 자음은 'ʧ= ts̆, ʤ=dž, ʃ= š, ʒ= ž, j=y'와 'r'의 기술 같은 몇 가지를 제외하고는 대부분 같은 부호를 사용하고 있어서 혼돈이 적으나 모음은 음성학자들마다 사용하는 부호가 현저히 달라 발음기호로 영어 단어의 정확한 발음을 추정하는 것이 매우 어려울 수 있다. 아래의 예들을 비교해 보자.

표 7 | 모음 발음기호 체계의 비교

Key words \ Authors	Ladefoged (1993) 본교재	Kenyon & Knott (1953)	Prater & Robinett (1985)	Gimson/Jones (1977)	Wells (1990)	Webster's (1961)
beat	i	iy	iy	i:	i:	ē
bit	ɪ	ɪ	ɪ	i	ɪ	i
bait	eɪ	e	ey	ei	eɪ	ā
bet	ɛ	ɛ	ɛ	e	e	e
bat	æ	æ	æ	æ	æ	a
father	ɑ	ɑ	a	ɑ	ɑ:	ä
bother	ɒ	ɑ	a	ɔ	ɒ	ä
bought	ɔ	ɔ	ɔ	ɔ:	ɒ: ɔ:	ȯ
boat	oʊ	o	ow	ou	oʊ əʊ	ō
put	ʊ	ʊ	ᴜ	u	ʊ	u̇
boot	u	u	uw	u:	u:	ü
butt	ʌ	ʌ	ə	ʌ	ʌ	ə
bird	ɝ	ɝ	ər	ɝ: ɜ:	ɝ: ɜ:	ər
bite	aɪ	aɪ	ay	ai	aɪ	ī
bout	aʊ	aʊ	aw	au	aʊ	a u̇
boy	ɔɪ	ɔɪ	ɔy	ɔi	ɔɪ	ȯi

영어의 'beat'와 'bit'의 모음을 예로 보면 Ladefoged(1993)에서는 단순히 /i/와 /ɪ/를, Gimson/Jones(1977)는 /i:/와 /i/를, Wells(1990)는 /i:/와 /ɪ/를, 그리고 Kenyon & Knott (1953)과 Prator & Robinett(1985)에서는 /iy/와 /ɪ/를 사용하고 있다. 그러면 왜 음성학자들은 사용자에게 많은 혼란을 야기할 것이 분명한데도 이처럼 다양한 표기를 사용하는 것일까? 이는 발음기호를 사용하는 목적과 기술하고자 하는 모음의 질에 대한 학자들의 견해에 차이가 있어서이다. 이미 언급한 대로 같은 고모음 계열이지만 긴장모음을 가지고 있는 'beat'와 이완모음을 가지고 있는 'bit'는 모음의 길이뿐 아니라 그 높이에 있어서도 차이가 난다. 다시 말하면 두 모음 간에는 양적(quantitative) 및 질적(qualitative) 차이가 함께 존재하는 것이다. Ladefoged(1993)의 표기 /i/와 /ɪ/가 이 중 양보다는 질의 차이를 강조하여 길이의 차이는 표기에 넣지 않고 질이 다름을 서로 다른 기호를 써서 표시한 것이라면 Gimson/Jones(1977)의 /i:/와 /i/는 반대로 질보다는 양의 차이를 강조하여 두 모

음 간의 차이를 장모음과 단모음의 차이로만 구분하였다. 반면에 나머지 학자들은 모두 두 모음 간에는 양적 및 질적 차이가 있다는 견해이나 Kenyon & Knott(1953)과 Prator & Robinett(1985)은 특별히 /i/의 이중모음성을 강조하여 /iy/로 표기한 반면에 Wells (1990)는 이를 단순 장모음으로 보아 /i:/로 표기하였다.

한편 Webster's(1961)도 두 모음 간에 양과 질의 차이를 강조하여 서로 다른 부호와 길이의 차이를 표시해 주고 있으나 긴장모음 /i/를 /ē/로 표기한 점이 특이하다. 이는 영어 철자에 근거한 표기법이다. 영어에서 긴장모음 /i/는 역사적으로 장모음의 /ē/가 상승(raise)한 것인데 고대영어의 장모음 /ē/는 현대영어 철자에서 겹쳐진 'e'로 나타난다. 예를 들면 'geese'나 'feet' 등에서 철자 ee는 고대영어의 장모음 /ē/를 나타내지만 현대영어에서는 각각 /gis/와 /fit/로 발음된다. 이러한 이유로 현대영어의 긴장모음 /i/의 발음기호를 장모음의 /e/, 즉 /ē/로 표기한 것이다.

표기법이 주로 어디에서 쓰이는가도 발음기호 체제를 비교할 때 염두에 둬야 할 점이다. 예를 들면 Kenyon & Knott(1953)과 Prator & Robinett(1985)는 주로 미국영어의 기술을 위해 만들어진 것으로 Celce-Murcia et al.(1996)과 같은 미국영어 발음교수법 교재에서 주로 사용된다. 반면에 Gimson/Jones(1977)과 Wells(1990)은 영국학자들로 영국영어의 기술에서 많이 쓰인다. 한편 Ladefoged(1993)의 경우 원래 영국출신이면서도 미국에서 주로 연구하고 가르쳤으며 IPA체계를 바탕으로 한 발음기호를 썼다. 흥미로운 점은 우리 학생들이 많이 사용하는 소위 콘사이스판 영한사전의 발음기호를 살펴보면 Gimson/Jones(1977)과 매우 유사함을 알 수 있는데 이는 지금과는 달리 우리나라에 처음 영어가 들어왔을 때는 미국영어보다는 영국영어 위주로 학습이 이루어졌기 때문이다. 그래서 당시에 처음 쓰던 영국식 발음기호가 아직도 그대로 쓰이고 있는 셈이다.

이상에서 우리는 사전에 나오는 발음기호만 보고서 영어 모음의 발음을 추정해 내는 일이 얼마나 어렵고 위험한 일인가를 알게 되었다. 요즘은 그나마 전자사전이나 컴퓨터사전 등 멀티미디어 기능을 가진 사전들이 많아서 원어민의 발음을 직접 들어 볼 수 있으므로 발음기호와 상관없이 정확한 발음을 듣고서 따라 연습할 수 있지만 이러한 문명적 혜택이 없던 시절에 영어 발음을 알기 위해서는 사전에 나오는 발음기호에 의지할 수밖에 없었다. 이때 정확한 발음을 알아내기 위해 가정 먼저 해야 할 일은 사전에서 사용하는 발음기호의 정확한 음가를 알아내는 일이다. 이에 대한 정보는 보통 사전의 맨 앞부분에 있는 'key word'에 설명되어 있다. 다시 말하면 그 사전에서 사용하고자 하는 발음기호의 음가를 그 언어를 배운 사람이면 누구나 쉽게 알 수 있는 단어들로 이루어진 **보기말**

(key word)인 셈이다. 이 보기말을 이용하여 그 사전에서 사용되는 모음의 발음부호를 익힌 다음에 알고자 하는 단어의 발음기호를 해독해야 하는 것이다. 스마트폰의 등장으로 이러한 과정이 필요 없게 되었지만 멀티미디어 사전이 항상 곁에 있는 것이 아니고 영어 외의 다른 언어들은 아직도 인터넷에서 제공하는 멀티미디어 사전이 많지 않으므로 알아 두면 유용한 방법이다. 사실 영어를 전공하는 학생들이 음성학을 필수과목으로 배우는 이유도 이처럼 다양한 발음기호체제를 접했을 때 원하는 발음을 찾아내는 응용력을 키울 수 있도록 하기 위함이다.

5.3 개별 영어 모음의 학습

모음을 익히는 가장 좋은 방법은 혼동하기 쉬운 모음들끼리 그 차이를 최소대립어(Minimal pairs) 위주로 연습하는 것이다.

5.3.1 전설모음(Front Vowels) /i, ɪ, eɪ, ɛ, æ/

영어 전설모음 중 우리말 화자들이 가장 어려워하는 것이 고모음 /i/와 /ɪ/의 구분이다. 이미 언급한 대로 전자는 긴장모음으로 이완모음인 후자보다도 좀 더 위에서 나고 변방에서 난다. 길이에 있어서도 전자가 후자보다도 길다. 그런데 우리말 화자들은 'beat'와 'bit'과 같은 최소대립어를 발음할 때 둘 다 우리말의 /이/에 가까운 모음으로 대치시킨다.

우리말 화자들에게 영어의 'bet'과 'bat'에 일어나는 모음을 구분해 내기도 만만치 않다. 가장 큰 이유는 우리말에서 /에/와 /애/의 구분이 사라지고 있는 점이다. 이러한 모음의 합병(vowel merger)은 특히 남쪽지방의 방언에서 많이 일어난다. 예: 전라도 방언에서 '게'와 '개'의 발음상 구분이 없어짐. 영어의 경우 /ɛ/와 /æ/의 가장 큰 차이는 후자가 더 아래에서 나므로 입이 더 많이 벌어지는 것이다. 다음은 미국영어에서 전설모음으로 나는 예들이다.

/i/: bee, tea, field, machine, he, receive, amoeba, people, Caesar, key.

/ɪ/: sit, wing, private, bargain, women, guilt, busy.

/eɪ/: gate, stain, say, chaotic, gauge, obey, veil, great.

/ɛ/: red, bread, marry, Mary, any, Thames, friend, heifer, aesthetics, leopard, said, says.

/æ/: man, aunt, laugh, plaid.

5.3.2 중설모음(Central Vowels) /ə, ʌ, ɚ, ɝ, ɜ/

중설모음은 여러 가지 부호를 쓰고 있으나 사실은 모두 한 계열의 모음이다. 소위 애매모음(schwa)이라고 불리는 /ə/가 그 대표적인 예이다. 이 모음은 영어에서 주로 강세를 받지 않는 음절에서 일어난다. 예: sófa. 그런데 이와 비슷한 모음이 단음절어에서 일어나는 경우가 있다. 예: but. 영어의 모든 단어는 원칙적으로 하나의 강세를 받는 음절이 있으므로 단음절어인 'but'의 모음은 애매모음이 강세를 받는 것으로 이해할 수 있다. 이 모음이 바로 /ʌ/이다. 다시 말하면 /ə́/ =/ʌ/인 셈이다. 학자에 따라서는 이처럼 애매모음이 강세를 받았을 때는 강세를 받지 않는 /ə/보다 혀의 위치가 약간 아래이면서 후설모음 쪽으로 이동하여 나는 것으로 기술하기도 한다. 반면에 /ɚ/는 강세를 받지 않는 애매모음과 그 뒤에 오는 /r/이 하나의 모음으로 합쳐진 것이다. 예: center /séntɚ/～/séntər/. 다시 말하면 /ɚ/=/ə̊r/의 공식이 성립한다(여기서 'schwa' 위의 [˚]는 강세가 없음을 나타내는 부수기호(diacritic)임). 반대로 애매모음이 강세를 받으면서 뒤의 /r/과 하나의 모음으로 합쳐지면 /ɝ/가 된다. 예: bird /bə́rd/～/bɝd/. 즉 /ə́r/=/ʌr/=/ɝ/와 같은 공식이 성립한다. /r/이 이처럼 앞에 오는 애매모음과 잘 합쳐지는 이유는 그만큼 다른 자음들에 비해서 모음에 가깝기 때문이다. 심지어 어떤 학자들의 경우 영어의 /r/을 아예 모음에 포함시키기도 한다.

그렇지만 모든 /r/이 앞의 모음과 합쳐지는 것은 아니다. 중요한 것은 모음 뒤에 오는 /r/이 앞의 모음과 같은 음절에 속하느냐이다. 'bird'는 물론 한 음절어이므로 /r/이 앞의 모음과 같은 음절에 속한다. 이때 중설모음이 강세를 받았으므로 /ə́r/=/ʌr/=/ɝ/인 셈이다. 반면에 'courage'같은 경우 /r/과 앞의 모음이 각각 다른 음절에 속한다. 이때 /r/ 앞에 오는 중설모음은 강세를 받았으므로 /ə́r/=/ʌr/이지만 문제는 모음 뒤에 오는 /r/이 다음 음절에 속한다는 점이다. 이럴 때 /r/ 앞의 중설모음의 부호로 /ɜ/를 쓴다. 즉 /r/ 앞에서 강세를 받는 모음의 질이 특이하므로 이를 [ɜ́]를 써서 courage [kɜ́rədʒ]와 같이 기술하는 것이다. 이렇게 보면 /ɜr/=/ɝ/의 공식이 성립한다. 다만 이 공식은 /r/과 앞에 있는 모음이 같은 음절에 속할 경우만 성립한다. 다음은 지금까지의 기준에 의하여 기술한 여러 가지 중설모음의 예들이다.

bús[bʌs]: 중설모음이 강세를 받았으나 뒤에 /r/이 오지 않음.
sófa[sofə]: 중설모음이 강세를 받지 않음. 뒤에 /r/이 오지 않음.
bírd[bɝd]: 중설모음이 강세를 받으면서 뒤에 오는 /r/이 같은 음절에 있음.
fáther[fɑ,ðɚ]: 중설모음이 강세를 받지 않으면서 뒤에 온 /r/과 같은 음절에 일어남.
cóurage[kɜ,rədʒ]: 중설모음이 강세를 받지만 뒤에 온 /r/이 다른 음절에 있음.
paráde[pə,reɹd]: 중설모음이 강세를 받지 않고 뒤에 온 /r/이 다른 음절에 있음.

5.3.3 후설모음(Back Vowels) /u, ʊ, oʊ̯, ɔ, ɑ, ɒ/

전설모음 /i, ɪ/와 마찬가지로 후설모음 /u/와 /ʊ/도 우리말 화자들이 구분하기 어려운 발음이다. 전자는 긴장모음이고 후자는 이완모음이므로 두 모음 간에는 길이와 높이에서 분명한 차이가 있지만 우리말 화자들은 'pool'과 'pull'과 같은 최소대립어를 모두 우리말 /우/에 가까운 모음으로 대치시키는 경우가 많다.

반면에 /ɔ/와 /ɑ/는 우리말의 /오/와 /아/에 해당한다고 치면 서로 혼동할 이유가 없다. 다만 미국영어에서 지역에 따라 모음합병(vowel merger)이 일어나는 점은 염두에 두자. 더군다나 모음 /ɑ/는 New England 지역의 방언에서 영국영어처럼 원순모음 /ɒ/로 난다. 아래 세 단어의 첫음절 모음을 비교하면서 그 차이를 익혀보자.

	bought	father	bother
미국영어(표준)	/ɔ/	/ɑ/	/ɑ/
New England	/ɔ/	/ɑ/	/ɒ/
기타(모음합병)	/ɑ/	/ɑ/	/ɑ/

/ɔ/와 /ɑ/의 모음합병은 그러나 같은 음절 내에서 모음 뒤에 /r/이 오는 경우에는 적용되지 않는다. 즉 'born'과 'barn'은 일반적으로 모음합병이 일어나는 지역에서도 각각 [bɔrn]과 [bɑrn]으로 발음되어 구분된다.

실습

다음은 5개의 모음 /i, e, u, o, a/의 구강 내의 혀의 모습을 찍은 x-ray 사진을 그린 것이다. 사진과 모음을 선으로 연결시켜보고 혀의 가장 높은 점이 전통적인 모음의 분류와 일치하지 않음을 확인해 보자.

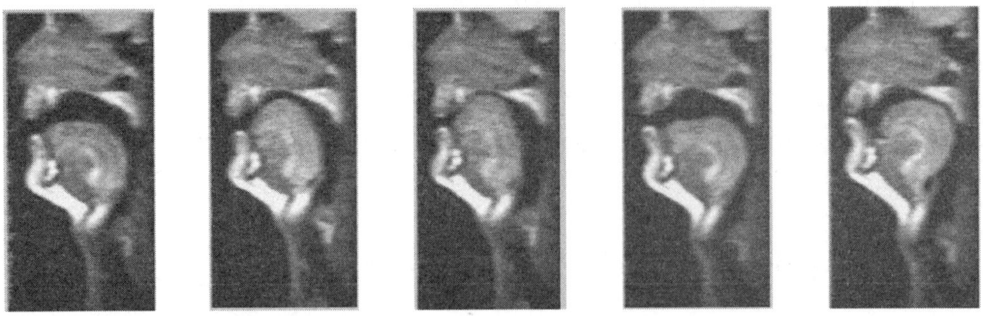

i　　　e　　　u　　　o　　　a

힌트: www.phon.ox.ac.uk/jcoleman/tongue.mov을 방문하여 X-Ray 동영상을 직접 보면서 문제를 풀어 보자.

6

미국영어와 영국영어의 발음상의 차이

미국영어는 잘 알려진 대로 영국에서 건너온 청교도들로부터 시작되었다고 할 수 있다. 이런 면에서 미국영어의 발음은 그 당시, 즉 17세기의 영국영어의 발음을 그대로 유지하고 있는 면이 있다. 반면에 영국영어는 현대로 넘어오면서 발음의 변화가 일어나 미국영어와 차이가 나게 된 것이다. 미국영어가 옛 영국영어의 발음을 반영하는 보수적인 면이 있는가 하면 새로운 이민자들이 들어와 정착하면서 여러 가지 새로운 변화를 겪으면서 많은 혁신이 이루어졌다. 이러한 변화는 특히 어휘에서 두드러지게 나타난다. 반면에 보수적일 것이라고 생각하기 쉬운 영국영어는 오히려 발음의 발전단계에서 보면 미국영어보다 더 진보적인 면을 가진다. 이 장에서는 한 언어라 할 수 있는 이 두 언어 간의 차이를 발음을 중심으로 살펴보기로 한다.

6.1 모음의 발음

우리는 이미 모음의 분류를 다루면서 미국영어와 영국영어의 모음체계의 차이에 대하여 언급한 바 있다. 아래 도표를 보면서 좀 더 자세히 살펴보자.

	b_d	IPA		b_d	IPA
1	bead	iː	9	bode	oʊ
2	bid	ɪ	10	booed	uː
3	bayed	eɪ	11	bud	ʌ
4	bed	ɛ	12	bird	ɝː
5	bad	æ	13	bide	aɪ
6	bod(y)	ɑː	14	bowed	aʊ
7	bawd	ɔː	15	Boyd	ɔɪ
8	budd(hist)	ʊ			

	b_d	IPA		b_d	IPA
1	bead	iː	11	booed	uː
2	bid	ɪ	12	bud	ʌ
3	bayed	eɪ	13	bird	ɜː
4	bed	ɛ	14	bide	aɪ
5	bad	æ	15	bowed	aʊ
6	bard	ɑː	16	Boyd	ɔɪ
7	bod(y)	ɒ	17	beer	ɪə
8	bawd	ɔː	18	bare	ɛə
9	budd(hist)	ʊ	19	byre	aə
10	bode	əʊ	20	boor	ʊə

그림 1 | 미국영어 모음과 영국영어 모음의 비교.
이 모음들은 http://hctv.humnet.ucla.edu/departments/linguistics/VowelsandConsonants/vowels/chapter3/에서 들어 볼 수 있다.

그림 1의 발음기호들은 앞 장에서 소개한 모음 기호의 다양한 표기를 상기하면서 이해하도록 하자. 우선 좌측의 미국영어에서 bead와 bid의 차이를 질(quality)의 차이로만 보지 않고 양(quantity), 즉 길이의 차이도 강조하여 전자는 [biːd], 후자는 [bɪd]로 표기하였다. 이는 booed[buːd]와 buddist[bʊdɪst]의 경우도 마찬가지. 또한 같은 장모음 표기를 body [bɑːdɪ], bawd[bɔːd], bird[bɝːd]에서도 사용하고 있다. 즉 이완모음(lax vowel)인 /ɪ, ɛ, æ, ʊ, ʌ/를 제외한 모든 긴장모음(tense vowel)을 장모음으로 표기하고 있는 것이다. bird [bɝːd]의 모음은 강세를 받은 schwa (즉 /ə́/=/ʌ/)가 뒤에 오는 /r/과 합쳐지면서 하나의 '이중모음'을 이룬 격이므로 /aɪ, aʊ, ɔɪ/ 등의 이중모음과 함께 긴장모음에 넣어 길게 표기하였다.

우측의 영국영어 모음은 미국영어의 기술에 다음과 같은 영국영어의 특징을 고려하여 비교하자. 첫째, bard[bɑːd]의 경우 미국영어에서처럼 긴장모음을 길게 표기한 것은 같지만 이는 영국영어에서 일어나는 음절 말 /r/의 탈락으로 인하여 앞의 모음이 길게 나는 현상이 반영된 것이다. 미국영어의 발음은 물론 [bɑrd]이다. 이는 'bird'의 경우도 마찬가지. 미국영어 발음은 [bɝːd]이지만 영국영어에서는 [bɜːd]이다. 둘째, 'body'의 경우 미국영어에서는 [bɑːdɪ]로 나지만 영국영어에서는 /ɑ/가 이 경우 이완모음인 원순의 /ɒ/로 나므로 짧게 난다: [bɒdɪ]. 셋째, 'bode'의 발음에서 알 수 있듯이 미국영어의 이중모음 /oʊ/가 영국영어에서는 /əʊ/로 난다. 넷째, 영국영어에서는 위에 언급한 음절 말 /r/의 탈락으로 인하여 두 번째 요소가 schwa로 끝나는 중향이중모음(centering diphthong)이 많아져서 전체적으로 이중모음의 수가 9개로 늘어났다. 예를 들면 'beer, bare, byre, boor'는 미국영어에서 [bir], [bɛr], [baɪr], [bur]로 발음되지만 영국영어에서는 음절 말의 /r/탈락으로 인하여 [bɪə], [bɛə], [baə], [bʊə]에서처럼 모두 중향이중모음으로 난다.

Broad vs. Flat 'a'

위와 같은 체계적인 차이 외에 미국영어와 영국영어 간의 가장 큰 차이는 'fast, path, grass, dance, can't, half' 등과 같은 단어들에 나타나는 'a'의 발음이다. 이 단어들의 모음은 미국영어에서는 [æ]로, 영국영어에서는 [ɑ]로 난다. 이러한 발음의 차이를 구분하기 위하여 미국식 모음을 'flat a', 영국식 모음을 'broad a'라고 부른다. 역사적으로 보면 영국영어에서도 원래는 'flat a'로 나던 것이 18세기 말 남부 영국에서 'broad a'로 나기 시작하여 표준영어인 RP(Received Pronunciation) 발음으로 정착되었다. 영국영어에서 'broad a'는 주로 'raft, staff, laugh, pass, mast, clasp'처럼 뒤에 /f/나 /s/가 오거나 'aunt, chance, plant, branch'와 같이 뒤에 /n/ 다음에 자음이 오는 150개 정도의 단어에서 일어난다. 하지만 드물게 'bath, path, rather, example, sample'처럼 다른 환경에서 'broad a'로 나는 경우도 있다. 그러나 위와 같은 환경이라 할지라도 'ant, mantle, gas, mass, passage' 등과 같은 다수의 단어는 영국영어에서도 미국영어에서와 같이 'flat a', 즉 /æ/로 발음된다.

/e/와 /o/의 이중모음화(Diphthongization of /e/ and /o/)

미국영어에서 'bait'나 'boat'의 모음이 이중모음의 성격을 지닌다는 점은 이미 언급하였다. 이 모음들을 어떤 학자는 단순모음([bet]와 [bot])으로, 어떤 학자는 이중모음([beɪ̯t]와 [boʊ̯t])으로 기술하는 이유이다. 반면에 영국영어에서 이 모음들은 언제나 이중모음으로 난다. 즉 항상 [beɪ̯t]와 [bəʊ̯t]인 것이다. 이 때문에 미국영어에서 이중모음은 그 수가 학자에 따라 3~5개가 되지만 영국영어에서는 위에서 언급한 /r/의 탈락으로 인하여 발생하는 중향이중모음까지 합하면 모두 9개로 늘어난다. 다음은 미국영어와 영국영어에서 이중모음으로 날 수 있는 예들을 모아서 그 발음을 비교한 것이다.

표 1 | 미국영어와 영국영어에서 이중모음으로 날 수 있는 단어들의 발음 비교

단어	미국영어	영국영어
bayed	beɪ̯d~bed	beɪ̯d
bode	boʊ̯d~bod	bəʊ̯d
bide	baɪ̯d	baɪ̯d
bowed	baʊ̯d	baʊ̯d
Boyd	bɔɪ̯d	bɔɪ̯d
beer	bir	bɪə̯
bare	bɛr	bɛə̯
byre	baɪ̯r	baə̯
boor	bur	bʊə̯
총 이중모음 갯수	3~5	9

실습

표 1의 단어들을 naver.com 사전에서 찾아 미국영어와 영국영어 간의 발음의 차이를 확인해 보자.

Mary, merry, marry의 발음

이 세 단어는 영국영어에서 각각 [mɛə̯ri], [mɛri], [mæri]로 구분된다. 반면에 미국영어에서는 Mary와 merry는 주로 [mɛri]로, marry[mæri]로 나지만 사람과 지역에 따라서는 세 모음이 중화**(neutralization)**되어 모두 [mɛri]로 발음되기도 한다.

'Tomato'의 두 발음

'tomato'는 [təméɪ̯toʊ̯]와 [təmátəʊ̯] 두 가지로 난다. 전자는 미국영어에서, 후자는 영국영어에서 주로 쓰인다. 후자가 미국영어에서 일어날 때는 영국식 이중모음 /əʊ̯/가 전자에서처럼 /oʊ̯/로 난다. 이 외에도 같은 단어에서 미국영어와 영국영어가 서로 다른 발음을 가지는 경우는 많다. 특히 'agile, fertile, fragile, futile, missile, sterile, virile'과 같이 접미사 '-ile'을 가진 단어들에서 영국영어에서는 주로 [ɑɪ̯l]로 나는 반면에 미국영어에서는 [ɪl]~[l̩]로 난다.

표 2 | 미국영어와 영국영어에서 모음의 발음이 두드러지게 차이 나는 단어들

단어	미국영어	영국영어
tomato	təméɪ̯toʊ ~ təmátoʊ	təmátəʊ
agile	ǽdʒɪl ~ ǽdʒl̩	ǽdʒaɪ̯l
ate	eɪ̯t	ɛt
been	bɪn	bin
evolution	ὲvəlúʃən	ìvəlúʃən
lieutenant	luténənt	lɛfténənt
leisure	líʒɚ	lέʒə
nephew	nέfyu	nέvyu
squirrel	skwə́rəl	skwírəl
zenith	zínɪΘ	zέnɪΘ

실습

Mary, merry, marry와 표 2의 단어들을 naver.com 사전에서 찾아 미국영어와 영국영어 간의 발음 차이를 확인해 보자.

6.2 자음의 발음

6.2.1 모음 뒤 /r/의 발음(Rhotic vs. Non-rhotic Accents)

음절 끝의 /r/은 미국영어에서는 발음이 되지만 영국영어에서는 탈락한다. 예: park 미국식 [park]; 영국식 [pa:k]. 다음은 /r/ 탈락과 관련하여 미국영어와 영국영어 발음을 비교한 것이다.

표 3 | 미국영어와 영국영어에서 음절 말 /r/의 발음 유무

단어	미국영어	영국영어
park	[pɑrk]	[pɑ:k]
beer	[bir]	[biə]
moor	[mur]	[mʊə]
fare	[fɛr]	[fɛə]
fire	[faɪr]	[faɪə]
bird	[bɝd]	[bɜ:d]
center	[sɛntɚ]	[sɛntə]

이처럼 모음 뒤에서 /r/이 발음되면 'Rhotic accent', 발음되지 않으면 (/r/이 없으므로) 'Non-rhotic accent'라 부른다. 'Rho'는 그리스어(Greek)에서 철자 ⟨r⟩의 이름이다.

미국영어에서도 영국영어와 비슷한 성향을 보이는 Boston을 중심으로 한 New England 지역에서는 영국영어에서와 같이 모음 뒤에서 /r/이 탈락한다. 예: Park your car at Harvard Yard [pá:k yuə ká: ət há:vɑ:d yá:d]. 또한 미국의 남부지역에서는 /r/이 모음과 모음 사이에서 탈락하기도 한다. 예: very [vei] Carolina [kæɔlaɪnə]. 아래 그림은 미국 주요도시에 사는 백인들의 발음에서 /r/이 자주 탈락하는 지역을 보여준다.

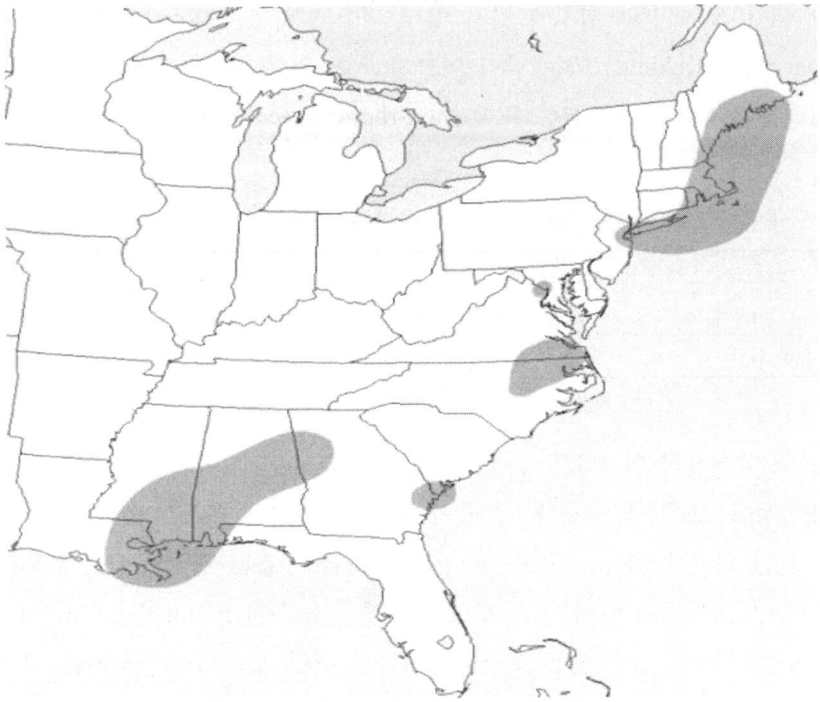

그림 2 | Non-rhotic area in United States.
(http://en.wikipedia.org/wiki/Rhotic_and_non-rhotic_accents)

Linking and Intrusive 'r'

위의 /r/ 탈락과 관련하여 흥미로운 현상이 'Linking r'과 'Intrusive r'이다. 'Linking r'은 'non-rhotic accent'에서 어말에서 탈락한 /r/이 뒤에 모음으로 시작하는 단어가 오면 되살아나는 현상을 가리킨다.

Linking r: non-rhotic accent에서 모음으로 시작하는 단어 앞에서 일어난다.

단어 말	자음으로 시작하는 단어 앞	모음으로 시작하는 단어 앞
far [fɑ]	far better [fabɛtə]	far away [farəweɹ]
better [bɛtə]	better than [bɛtəðən]	better off [bɛtərɔf]

즉, 단어(word)에서는 /r/이 어말에서 탈락하지만 구(phrase)에서는 어말이라 할지라도 뒤에 모음으로 시작하는 단어가 오면 연음(linking)이 일어나면서 재음절화**(resyllabification)**

가 일어나 더 이상 어말의 위치에 있지 않게 되어 탈락하지 않는 것이다.

'Intrusive r'은 'Linking r'과는 달리 어말에 /r/이 없는 단어가 뒤에 오는 모음 앞에서 /r/을 삽입하는 현상이다. 이 현상 또한 'non-rhotic accent'에서만 일어난다.

Intrusive r: non-rhotic accent에서 역시 모음으로 시작하는 단어 앞에서 일어난다.

/r/이 원래 없는 단어	자음으로 시작하는 단어 앞	모음으로 시작하는 단어 앞
idea [aɹdiə]	idea sounds [aɹdiə saʊndz]	idea is [aɹdiəriz]
law [lɔ]	law breaking [lɔ breɪkɪŋ]	law and order [lɔrənd ɔdə]

그러면 왜 이런 현상이 일어나는 것일까? 화자가 'Linking r'규칙을 재분석(reanalysis)한 결과일 개연성이 크다. 즉 'far'를 어말의 /r/을 탈락시켜 [fa]로 발음하는 'non-rhotic accent'를 가진 화자가 [farəweɹ]('far away')와 같은 발음을 접하면 [fa]와 [əweɹ] 사이, 즉 모음과 모음 사이에 /r/이 삽입된 것으로 생각한다. 그래서 'idea'나 'law'처럼 어말에 처음부터 /r/을 가지고 있지 않는 단어들에서까지 뒤에 모음으로 시작하는 단어가 오면 같은 규칙을 적용시켜 /r/을 삽입하게 된다. 물론 이는 규칙을 과도하게 적용시킨 경우이지만 언어에서는 이러한 **과도교정(hypercorrection)**도 많은 화자들이 사용하게 되면 표준어로 인정받게 되기도 한다. 'Intrusive r'도 지금은 영국영어에서 표준발음(RP)으로 인식되고 있다.

6.2.2 단타음화(Flapping)와 성문음화(Glottalization)

단타음화는 주로 미국영어에서만 나타나는 반면에 성문음화는 미국영어뿐 아니라 지역에 따라서는 영국영어에서도 나타난다. 특히 영국 런던의 노동자층의 방언인 Cockney에서 많이 나타난다. 예: bottle [bɒʔəl], butter [bʌʔɜ].

6.2.3 활음 /j/의 유무(Insertion of /j/)

/tj, stj, dj, sj, zj, nj, lj/처럼 /j/ 앞에 치경음(alveolar sound)이 오는 경우 /j/가 영국영어에서는 발음되나 미국영어에서는 뉴잉글랜드 지역을 제외하고는 일반적으로 발음되지 않는다.

	미국영어	영국영어
tune	[tun]	[tjun]
stew	[stu]	[stju]
dune	[dun]	[djun]
sue	[su]	[sju]
new	[nu]	[nju]
lewd	[lud]	[ljud]
assume	[əsum]	[əsjum]
resume	[rɪzum]	[rɪzjum]

실습

위의 단어들을 www.m-w.com과 www.naver.com의 사전에서 찾아서 그 발음을 들어보고 /j/가 전자의 미국영어에서는 발음되지 않으나 후자의 영국영어에서는 발음됨을 확인해 보라(www.naver.com의 경우는 영영사전에서 찾아야 영국영어 발음이 들어 있음).

6.3 강세상의 차이(Differences in Stress Position)

6.3.1 불어에서 차용된 단어들

미국영어에서 불어에서 차용된 단어는 강세가 불어의 원래 위치인 마지막 음절에서 나는 경우가 많다. 반면 영국영어에서는 이 단어들의 강세가 끝음절이 아닌 그 앞의 음절에서 나는 경우가 많다. 'garage'의 발음이 미국영어에서는 주로 [gərádʒ]인 반면에 영국영어에서는 [gǽrɪdʒ]인 점을 기억하자. 아래는 비슷한 예들을 모아 본 것이다.

	미국영어	영국영어
adult	ədʌ́lt	ǽdəlt
ballet	bæléɪ	bǽleɪ
baton	bətán	bǽtən

brochure	broʊʃúr	bróʊʃə
buffet	bəféɪ, bʊféɪ	bʊ́feɪ
café	kəféɪ, kæféɪ	kǽfeɪ
chalet	ʃæléɪ	ʃǽleɪ
chauffeur	ʃoʊfɝ́	ʃóʊfə
debut	deɪbjú	déɪbju
salon	səlán	sǽlən
nonchalant	nànʃəlánt	nɔ́nʃələnt
nondescript	nàndɪskrípt	nɔ́ndɪskrɪpt
valet	væléɪ	vǽlɪt

실습

1. 위 예들의 미국식 및 영국식 발음을 각각 m-w.com과 naver.com에서 찾아 들어보고 발음기호와 비교하면서 확인해 보자.

6.3.2 -ary, -ery, -ory, -bury, -berry, -mony로 끝나는 단어들

영어 단어들 중 -ary, -ery, -ory로 끝나는 것들은 영국영어에서는 강세를 받지 않아서 [əri]로 나지만 미국영어에서는 부강세를 받아 -ary와 -ery는 [ɛri]로, -ory는 [ɔri]로 발음된다. 강세를 받지 않을 때 나는 [əri]의 schwa는 탈락하기도 한다.

	미국영어	영국영어
military	mílɪtèri	mílɪt(ə)ri
monastery	mánəstèri	mɔ́nəst(ə)ri
territory	tɛ́rətɔ̀ri	tɛ́rət(ə)ri
secretary	sɛ́k(r)ətèri	sɛ́k(r)ət(ə)ri
dictionary	díkʃənèri	díkʃən(ə)ri
necessary	nɛ́səsèri	nɛ́səs(ə)ri
secondary	sɛ́kəndèri	sɛ́kənd(ə)ri
voluntary	váləntèri	vɔ́lənt(ə)ri

preparatory	prɪpɛ́rətɔ̀ri	prɪpɛ́rət(ə)ri
missionary	míʃənɛ̀ri	míʃən(ə)ri
library	láɪb(r)ɛ̀ri	láɪb(r)əri～láɪb(ə)ri
primary	práɪmɛ̀ri	práɪm(ə)ri
rosemary	róʊzmɛ̀ri	róʊzm(ə)ri

위의 예들 중 library, secretary 등은 /r/이 탈락할 수도 있는데 이는 뒤에 오는 또 다른 'r'과 이화작용(dissimilation)을 일으키기 때문이다. 자세한 설명은 10장 참조. -bury, -berry, -mony로 끝나는 단어들도 비슷한 차이를 드러낸다.

	미국영어	영국영어
Canterbury	kǽntəbɛ̀ri	kǽntəb(ə)ri
matremony	mǽtrəmóʊni	mǽtrəməni
ceremony	sɛ́rəmóʊni	sɛ́rəməni
strawberry	strɔ́bɛ̀ri	strɔ́b(ə)ri
raspberry	rǽzbɛ̀ri	rάzb(ə)ri

6.4 인토네이션의 차이(Differences in Intonation)

미국영어와 영국영어의 인토네이션의 차이는 아래의 예에서처럼 명령문/요구문이나 의문문에서 가장 두드러지게 나타난다. 이들 문장에서 영국식은 시작부분이 높았다가 떨어지는 반면에 미국식은 주로 끝부분이 올랐다가 떨어진다.

BE: Where are you going to be?

AE: Where are you going to be?

BE: Are you sure?

AE: Are you sure?

BE: Let me know where you're going to be.

AE: Let me know where you're going to be.

BE: Don't tell me that you're sure.

AE: Don't tell me that you're sure.

그림 3 | 미국영어와 영국영어의 인토네이션 차이의 예들
(Cf. Pyles and Algeo 1993, p. 225)

일반적으로 영국영어가 미국영어보다 좀 더 굴곡이 심하다.

7

음소(Phoneme)와 이음소(Allophones)

눈에 보이지 않는다고 해서, 손에 붙잡히지 않는다고 해서 없다고 할 수 있을까.
보이지 않는 것을 바탕으로 보이는 것이 있게 되고,
들리지 않는 것을 의지해서 들리는 것이 있게 된다.
법정 〈겨울 숲〉

지금까지 우리는 영어와 우리말에서 일어나는 여러 종류의 음들을 정확하고 효율적으로 기술하는 데 역점을 두었다. 그러나 이 음들이 한 언어에서 일어난다고 해서 모두 같은 역할을 하는 것은 아니다. 다음의 예를 가지고 생각해 보자.

1) aspirated stop(#____) | unaspirated stop(#s____)

aspirated stop(#____)	unaspirated stop(#s____)
pike [pʰaɪk]	spike [spaɪk]
take [tʰeɪk]	stake [steɪk]
cool [kʰul]	school [skul]

2)

voiceless unreleased(#____)	voiced unreleased(#____)
tap [tʰæp˺]	tab [tʰæb˺]
tat [tʰæt˺]	tad [tʰæd˺]
tack [tʰæk˺]	tag [tʰæg˺]

1)은 영어의 무성폐쇄음 /p, t, k/가 어두(#____)에서는 기식음(aspirated consonant)으로, /s/ 뒤에서(#s____)는 무기음(unaspirated consonant)으로 나는 것을 보여준다. 2)는 무성 및 유성폐쇄음이 어말(___#)에서 유·무성 여부는 그대로 유지하면서 무파음(unreleased stop)으로 나는 것을 보여준다. 1)은 기식성(aspiration)의 유무, 2)는 발성(voicing)의 유무를 기술한 것으로 둘 다 흔히 볼 수 있는 음성적 차이처럼 보이지만 영어 내에서 이들이 가지는 언어적 기능은 매우 다르다. 왜냐하면 1)의 기식성의 유무는 의미의 차이를 가져오지 않는 반면에 2)의 발성(voicing)의 차이는 의미의 차이를 가져오기 때문이다.

이를 좀 더 자세히 설명하자면 이렇다. 1)의 pike [pʰaɪk]에서 유기음을 무기음으로, 즉 [paɪk]로 발음한다고 가정해 보자. 이렇게 발음하더라도 '의미의 변화'가 생겨서 새로운 단어가 만들어지지 않는다. 이는 spike [spaɪk]의 경우도 마찬가지이다. 한국인들이 자주 그러하듯이 실수로 spike [spʰaɪk]로 발음했다고 치자. 이는 마치 초등학교 학생들이 가지고 다

니는 단어장에 이 단어의 발음이 '스파이크'라고 쓰는 것과 같은 한국식 '비표준 영어발음(non-standard English pronunciation)'이 되긴 하겠지만 새로운 단어가 되지는 않는다. 반면에 2)는 1)과는 매우 다르다. tap [tʰæp˺]의 어말에 있는 무성무파음을 발성(voicing)만 바꿔서 유성무파음으로, 즉 [tʰæb˺]으로 발음하면 새로운 단어 'tab [tʰæb˺]'이 되고 마는 것이다. 마찬가지로 tab [tʰæb˺]의 유성무파음을 발성만 바꿔서 무성무파음으로, 즉 [tʰæp˺]으로 발음하면 새로운 단어인 'tap [tʰæp˺]'이 된다. 즉 의미의 변화가 일어나는 것이다.

음의 차이로 인하여 의미상의 변화가 일어나느냐 안 일어나느냐는 매우 중요하다. 왜냐하면 결국 말소리는 언어를 통한 의사소통의 기본 매체이고 의사소통은 의미의 전달을 통해 이루어지기 때문이다. 그러므로 2)에서 'tap'과 'tab'의 어말 발음처럼 음이 변하면서 의미상의 차이를 가져오는 경우와 1)에서 'pike'와 'spike'의 무성폐쇄음 'p'의 발음처럼 똑같이 음이 변하면서도 의미상의 차이를 가져오지 못하는 경우를 구분할 필요가 있다. 전자와 후자 모두 음의 자질이 변했으나 전자에서는 [p]와 [b] 사이에 의미상의 차이를 가져오는 **대조(contrast)**가 일어난 반면에 후자에서는 [p]와 [pʰ] 사이에 의미상의 차이를 가져오지 않는 **자유변이(free variation)**가 일어났기 때문이다.

그러면 왜 똑같이 음이 변했음에도 불구하고 어떨 때는 의미의 변화가 일어나고 어떨 때는 일어나지 않는 것일까? 음성학자들은 그 이유를 변화한 음이 음소적 기능을 하는지 안 하는지와 관계가 있다고 본다. 여기서 **음소(音素; phoneme)**란 의미의 차이를 가져오는 말소리의 최소단위를 가리킨다. 다시 말해서 음이 변해서 의미의 변화를 가져오는 대조(contrast)가 일어나면 이 대조에 참여한 음들은 각자 별개의 음소를 이루는 반면에 이러한 대조가 일어나지 않고 비교되는 음들의 성격이 비슷하면서 **상보적 분포**(complementary distribution)에 있으면 하나의 음소에 속하는 **이음소(allophone)**이다. 이러한 개념들의 이해를 돕기 위해 '상보적 분포'와 '대조적 분포'에 대하여 알아보자.

7.1 상보적 분포와 대조적 분포(Complementary vs. Contrastive Distribution of Phones)

위의 1)과 2) 두 그룹 간의 가장 큰 차이는 기술한 음의 분포가 상보적인가 대조적인가이다. 두 음이 상보적 분포에 있으면 다음의 두 가지 조건을 충족시킨다.

상보적 분포(complementary distribution)

A와 B 두 음은 다음의 두 조건을 충족하는 경우에 상보적 분포에 있다.

1) A가 일어나는 환경에서 B가 일어나지 않는다.

2) B가 일어나는 환경에서 A가 일어나지 않는다.

1)에서 유기음(aspirated sound)과 무기음(unaspirated sound)이 일어나는 환경을 보면 전자는 어두(#___)에서 일어나는 반면에 후자는 같은 어두일지라도 ‘s’ 뒤에서 (#s___) 일어나고 있어서 두 음이 일어나는 환경이 서로 배타적(mutually exclusive)임을 알 수 있다. 즉 pike [p^{h}aɪ̯k]와 spike [spaɪ̯k]를 보면 유기음 [p^h]는 어두(#___)에서 일어나지만 /s/ 뒤(#s___)에서는 일어나지 않고 무기음 [p]는 /s/ 뒤(#s___)에서 일어나지만 어두(#___)에서는 일어나지 않으므로 [p^h]와 [p]는 상보적 분포에 있는 것이다.

이러한 상보적 분포에 대립하는 개념이 2)에 나타나는 **대조적 분포(contrastive distribution)**이다. 대조적 분포에 있으려면 상보적 분포 때와는 반대로 두 음이 같은 환경에서 일어날 뿐만 아니라 서로 의미상의 ‘대조’를 이루어야 한다. 즉 2)에서처럼 같은 환경에 있는 두 음이 교체되면서 의미가 변해야 하는 것이다. 2)의 tap [t^{h}æp˺]과 tab [t^{h}æb˺]의 경우 무성무파음 [p˺]가 일어나는 환경인 어말(__#)에서 유성무파음 [b˺]도 일어나므로 환경이 서로 상충한다. 그뿐만 아니라 같은 어말 환경에서 무성무파음 [p˺]를 유성무파음 [b˺]로 바꾸면 ‘tap’에서 ‘tab’으로 단어 자체가 달라지면서 의미가 변하므로 이 두 음은 대조적 분포에 있다.

그렇다면 이처럼 두 음이 상보적 분포나 대조적 분포에 있다는 것은 음소분석(phonemic analysis)에서 무엇을 의미하는 것일까? 가장 큰 의미는 두 음의 분포를 전자의 경우는 예측(predict)할 수 있으나 후자의 경우는 그렇지 못하다는 점이다. 이러한 이유로 상보적 분포에 있는 두 음은 원래 하나의 음이었을 가능성이 매우 높다. 왜냐하면 1)의 pike [p^{h}aɪ̯k]와 spike [spaɪ̯k]에서 [p^h]와 [p]가 원래 하나의 음, 즉 ‘음소(phoneme)’에서 나온 것이라고 가정해도 언제 이 ‘p’가 유기음인 [p^h]가 되고 언제 무기음인 [p]가 될지는 각 음이 일어나는 환경에 따라 스스로 정해질 것이기 때문이다. 반면에 2)의 tap [t^{h}æp˺]과 tab [t^{h}æb˺]에서처럼 두 음이 대조적 분포에 있어서 어말에서 대조(contrast)가 일어나면 이러한 예측이 불가능하다. 이들은 같은 환경에서 두 음이 대립하고 있으므로 **최소대립쌍(minimal pair)**이 되어 같은 양순폐쇄음 계열임에도 불구하고 언제 [p˺]가 일어나고 언제 [b˺]가 일어날지를 예측할 수 없다. 결국 이 두 음은 서로 다른 음소에 속하는 것이다.

7.2 음소의 조건(Conditions on Phoneme Membership)

어떤 두 음이 상보적 분포에 있다고 해서 무조건 같은 음소에 속하는 것은 아니다. 더불어 고려해야 할 점은 상보적 분포에 있는 두 음이 하나의 음소에 속할 만큼 서로 비슷한가 하는 점이다. 예를 들면 [ŋ]과 [h]의 관계를 생각해 보자. 영어에서 전자는 어두에 일어나지 않는 반면에 후자는 어말에서 일어나지 않는다. 영어사전 어디에도 [ŋ]을 나타내는 철자인 ⟨ng⟩으로 시작하는 단어는 없다. 'ngala', 'ngadju' 같은 고유명사가 몇 있으나 이들은 아프리카 반투(Bantu)족이나 보르네오의 원주민의 이름으로 진정한 의미의 영어 단어가 아니다. 반면에 영어에 철자 ⟨h⟩로 끝나는 단어는 많지만 실제로 [h]로 발음되는 것은 없다. 'high, sigh' 등에서는 묵음이고 'slash, church' 등에서는 앞에 오는 철자와 함께 전혀 다른 음을 나타낼 뿐이다. 이런 점에서 [ŋ]과 [h]는 상보적 분포에 있다고 볼 수 있다.

그러면 이 두 음이 상보적 분포에 있으므로 하나의 음소에 속하는 **이음소들(allophones)**인가? 문제는 이 두 음이 원래 하나의 음에서 나왔을 만큼 서로 비슷한가이다. 1)의 pike [pʰaɪk]와 spike [spaɪk]의 경우 [pʰ]와 [p]는 같은 양순폐쇄음 계열의 음으로 굳이 음성적 유사성(phonetic similarity)을 따지지 않고 '직관적'으로만 봐도 유사하다. 그러나 [ŋ]과 [h]를 전장에서 배운 음의 분류로 따져보자면 전자는 '유성연구개비강폐쇄음(voiced velar nasal)'인 반면에 후자는 '무성후두마찰음(voiceless glottal fricative)'으로 서로 공유하는 음성자질이 없다. 다시 말하면 [ŋ]과 [h]는 어떤 두 음이 같은 음소에 속하기 위해 꼭 충족시켜야 할 다음의 조건들 중에서 **음성적 유사성(phonetic similarity)**의 조건을 위반하고 있는 것이다. 반면에 2)의 tap [tʰæp˺]과 tab [tʰæb˺]의 경우 [p˺]와 [b˺]는 같은 '양순폐쇄음' 계열의 음으로서 유·무성 여부만 다르므로 2)의 음성학적 유사성 조건을 충족하였으나 일어나는 환경이 양음 모두 어말에서 일어나므로 1)의 **상보적 분포의 조건**을 어겨서 같은 음소에 속하지 않는 것이다.

> 음소의 조건
> 두 음은 다음의 조건을 충족할 때 같은 음소에 속한다.
> 1) 두 음이 상보적 분포에 있어야 한다.
> 2) 두 음이 같은 음소에 속할 만큼 음성학적으로 유사해야 한다.

이상의 음소의 조건을 토대로 위의 1)과 2)의 자료를 다시 살펴보기로 하자. 우선 눈에 띄는 것은 이들이 모두 영어의 '폐쇄음'을 기술한 것들이라는 점이다. 그렇다면 2)의 첫 번째 칼럼에 보이는 무성무파음(voiceless unreleased stop)들과 1)의 무성폐쇄음들과의 관계가 궁금해진다. 왜냐하면 이들이 모두 소위 'p' 계열의 음들로 음성학적 유사성을 가지고 있기 때문이다. 아래 3)의 예들을 보고 다시 확인해 보자. (세 번째 칼럼의 무성무파음은 자음 앞에서도 일어나므로 예를 추가로 제시하였다.)

3)	aspirated stop	unaspirated stop	voiceless unreleased
	(#____)	(#s____)	(____#, C)
	pike [pʰaɹk]	spike [spaɹk]	tap [tʰæp˺], apt [æp˺t]
	take [tʰeɹk]	stake [steɹk]	tat [tʰæt˺]
	cool [kʰul]	school [skul]	tack [tʰæk˺], act [æk˺t]

이렇게 놓고 보니 세 'p' 계열의 음들이 상보적 분포에 있음이 분명히 드러난다. 예를 들면 pike [pʰaɹk], spike [spaɹk], tap [tʰæp˺]의 'p'음들은 모두 양순무성폐쇄음 계열이면서 [pʰ]는 어두(#____)에서, [p]는 같은 어두이지만 /s/ 뒤에서(#s___), 그리고 무성무파음인 [p˺]는 어말과 자음 앞(____#, C)에서만 일어나 상보적 분포에 있으므로 아래 그림이 보여주듯이 하나의 음소 /p/에 속하는 것이다.

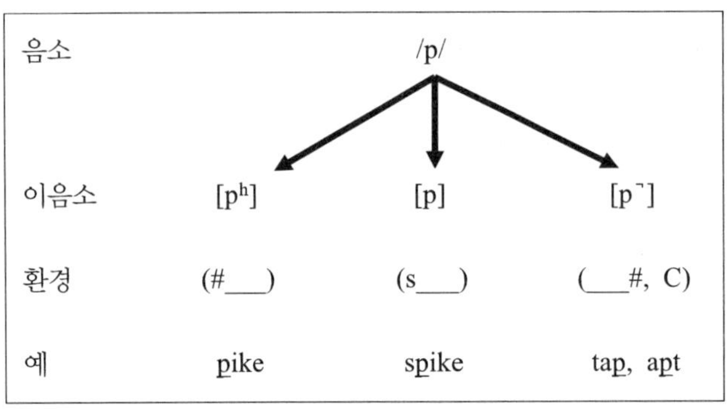

그림 1 | /p/ 음소와 이음소

마찬가지로 영어에서 음소 /b/는 어두에서는 부분적인 무성음화(partial devoicing)가 일어나고 어중에서 모음과 모음 사이에서는 유성폐쇄음으로, 어말에서는 위에서 언급하였듯이 유성무파음으로 발음되므로 다음과 같은 구조를 가진다.

이는 아래 예들에서 볼 수 있듯이 다른 유성폐쇄음들도 마찬가지이다.

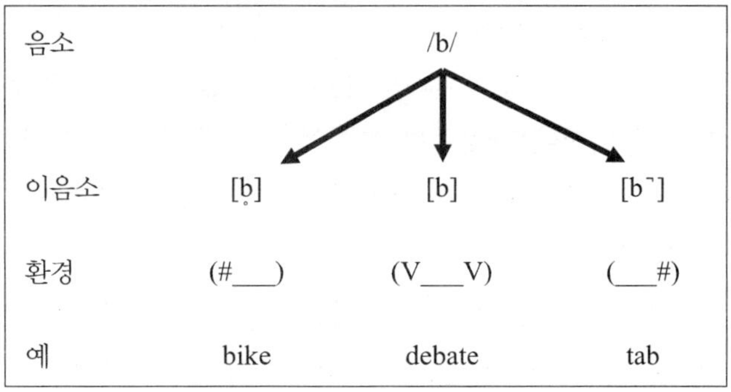

그림 2 | /b/ 음소와 이음소

devoiced stop(#___)	voiced stop(V___V)	unreleased stop(___#)
bike	debate	tab
dike	today	Dad
guy	ago	gag

7.3 음소의 추상성과 심리적 실재(Abstractness of Phoneme and its Psychological Reality)

그러면 음소는 실재하는 것인가? 이에 대한 답은 역설적이지만 긍정과 부정 모두이다. 문제는 어떤 음이 실재(實在), 즉 실제로 존재한다는 것이 무엇을 의미하느냐는 점이다. 만약 이 실재의 의미가 눈으로 보고 느끼거나 프라트 같은 음성분석프로그램으로 분석한 결과와 같은 구상적(具象的: concrete)인 것만을 가리킨다면 음소의 실재는 없다. 왜냐하면 앞절의 그림이 잘 보여주듯이 이러한 의미로 실재하는 것은 각자의 개별 환경에 실제로 나타나는 $[p^h]$, [p], [p̚]와 같은 이음소들 뿐이기 때문이다.

반면에 존재가 구상(具象: concrete)뿐 아니라 추상(抽象: abstract)의 체계에서도 가능하다고 믿는다면 음소의 존재에 대한 답은 긍정적이다. 음성적으로 유사하면서 구상적으로 존재하는 다양한 음들이 상보적 분포(complementary distribution)에 있음으로 해서 예측할 수 있는 음들을 분석해 보면 이들이 원래 하나의 음에서 나왔음을 직관적으로(intuitively) 느끼게 된다. 이럴 때 분석자의 고민은 구상의 체계에서는 비슷하긴 하지만 여전히 다른 여러 음, 즉 **이음소(allophone)**들을 어떻게 하면 하나의 음, 즉 **음소(phoneme)**로 묶어 줄 수 있을까 하는 것이다. 왜냐하면 분석자의 입장에서는 다양한 음들이 다르다는 점뿐 아니라 그러한 상이성에도 불구하고 이들이 모두 같은 음이라는 점 또한 '사실'이기 때문이다. 음소는 이렇듯 구상의 세계에 나타나는 다양한 이음들을 하나로 묶어주는 추상적(abstract) 개념인 것이다.

그러나 만약 추상적이라고 하여 실재하지 않는다고 생각한다면 이는 매우 편협한 사고방식이다. 현대 과학이론의 모태가 된 것은 오히려 추상도 구상과 마찬가지로 실재한다는 견해이다. 만약 이러한 철학적 사고가 없었다면 지금과 같은 이론과학(theoretical science)의 발달은 없었을 것이다. 언어학의 발달 또한 같다. 소위 촘스키 언어이론(Chomskyan linguistics)으로 불리는 변형생성문법(Transformational Generative Grammar)과 같은 현대 언어이론에서 다루는 대부분의 문제는 표면(surface)에 등장하는 다양한 언어자료들이 비록 서로 달라 보이지만 자료의 관련성(relatability)을 분석해보면 필연적으로 하나의 구(phrase), 문장(sentence), 형태(morpheme), 음소(phoneme)에서 나왔다는 가정에서 분석을 시작한다. 즉 구상의 체계에서는 서로 다르지만 연관되어 있는 형태들(diverse but related forms)이 어떻게 하나의 유일형(uniform)에서 나왔는가를 보여주고자 하는 것이다. 통사론에서 다루는 능동태(active form)와 수동태(passive form)의 문장들이나(예: John loves Mary; Mary is loved by John), 형태론에 나타나는 형태소(morpheme)와 이형태소(allomorphs)(예: *in-: in-accurate; il-legal; ir-regular 등), 그리고 위에서 본 음소(phoneme)와 이음소(allophones)(예: /p/: [pʰ]ike, s[p]ike, sto[p˺])들은 비록 그 분석 단위는 다르지만 모두 다양한 표면에 숨어있는 일관성(uniformity)을 주제로 다룬다. 현대 언어학에 등장한 개념인 기저의 표상(underlying representation)은 표면의 표상(surface representation)에 나타낼 수 없는 이러한 일관성을 표현하기 위해 만들어진 것이다. 이러한 의미에서 음소는 표면에 나타나는 여러 이음소들을 대표하는 기저표상인 것이다. 이 글의 머리에서 인용한 '보이지 않는 것을 바탕으로 해서 보이는 것이 있게' 된다는 법정 스님의 말씀은 이러한 음소와 이음소의 관계에서도 확인된다.

역사적으로 '음소의 실재'가 음성학자들 사이에서 여러 가지로 논란이 된 것은 사실이다. 이러한 논란 중에 등장한 주장이 '음소의 심리적 실재(psychological reality of phoneme)'이다. 즉 표면에는 다양한 이음소가 관찰되지만 모국어 화자의 심리에는 이들을 아우르는 음소만이 존재한다는 것이다. 우리는 전 장에서 자신이 발화한 것으로 생각한 모국어 화자의 발음과 실제 발음과는 차이가 있을 수 있음을 지적한 바 있다. 예를 들면 미국영어에서 'latter'나 'ladder'의 중간자음이 똑같이 설단음(tap or flap) /ɾ/로 발음됨에도 불구하고 모국어 화자들 대부분이 둘의 차이를 무성폐쇄음 /t/와 유성폐쇄음 /d/의 차이로 인식하고 있다는 점이다. 게다가 설단음 앞에 오는 모음의 지속기간을 측정해본 결과 일부 화자들에 있어서 'ladder'에서 'latter'보다 약간 더 긴 것으로 드러났다. 그렇다면 이들 화자들의 경우 실제 차이는 중간에 오는 폐쇄음의 유·무성 여부가 아니라 그 앞에 오는 모음의 길이인 것이다. 이처럼 음성적으로는 모음의 길이에서만 차이가 남에도 불구하고 화자들이 하나같이 유·무성 폐쇄음의 차이로 인식하고 있다는 것은 표면의 실제 발음과는 별도로 기저에 심리적으로 존재하는 화자의 발음 표상이 있음을 강력히 시사한다. 즉 'latter'와 'ladder'의 표면발음은 [læɾɚ]와 [læ·ɾɚ]로 첫 모음의 길이에서 차이가 나지만 화자의 심리를 대표하는 기저의 음소층위에서는 /lætər/와 /lædər/로 중간에 오는 폐쇄음의 유·무성 차이가 대조(contrast)를 이루는 **최소대립쌍(minimal pair)**인 것이다.

그러면 어떻게 하여 이 두 단어에서 /t/와 /d/ 두 음소 간의 유·무성 차이는 **중화(neutralization)**되고 그 앞에 오는 모음길이의 차이로 구현된 것일까? 이는 이미 위에서 언급한 대로 현대 언어학에서 다루는 전형적인 문제로 그 설명은 (적어도 변형생성문법에서는) 기저와 표면을 연결시키는 변형규칙(transformational rule)으로 설명하는 바, 위의 음성·음운론적 문제의 경우 '유성장애음 앞에서의 장모음화(vowel lengthening before voiced obstruents)'와 '단타음화(flapping)'와 같은 '음운규칙(phonological rule)'을 매개로 설명한다.

음소층위:	lætər	lædər	
	″	læ·dər	vowel lengthening: V → V· / ____$C_{[+voice]}$
	læɾər	læ·ɾər	flapping: t, d → ɾ / V́ __ V̊
음성층위:	læɾɚ	læ·ɾɚ	r-coloring: ər → ɚ

위의 설명을 풀어서 다시 하자면 이렇다. 화자의 심리를 대표하는 음소층위에서 'latter'와 'ladder'는 최소대립쌍이다. 이러한 이유로 화자들은 자신들의 실제 발음에서는 /t/와 /d/의 대조가 일어나지 않음에도 불구하고 두 단어 간의 차이가 중간에 오는 폐쇄음의 유·무

성 차이라고 인식한다. 그러나 기저의 이러한 음소적 대립은 유성장애음 앞에서 모음이 길어진다는 음성적 규칙을 유발하여 화자의 실제 발음에서 앞에 오는 모음의 지속기간에서 차이가 나게 한다. 한편 미국영어에서 '/t/나 /d/가 강세를 받는 모음과 그렇지 않는 모음 사이에서 단타음화(flapping)한다'는 규칙은 서로 대조를 이루었던 이 두 음소를 단타음 [ɾ]로 **중화(neutralization)**시켜 표면에서 더 이상 이 두 단어를 음소 /t/와 /d/의 차이로 구별할 수 없도록 만든다. 마지막으로 강세를 받지 않는 애매모음(schwa)은 뒤에 오는 /r/의 영향으로 /r/의 색채를 띈 하나의 모음 [ɚ]로 난다. 결국 '왜 화자의 심리에 존재하는 음소 /t/와 /d/의 대조는 사라지고 앞에 오는 모음의 차이로 나타났는가'에 대한 답은 두 가지 규칙으로 요약된다. 첫째, 유성장애음 앞에서 모음이 **장모음화**(vowel lengthening)했기 때문이다. 둘째, 음소 /t/와 /d/의 대조가 미국영어의 단타음화 규칙에 의하여 **중화**되었기 때문이다. 위의 추출과정(derivation)은 이러한 설명을 일목요연하게 보여준다.

7.4 우리말에서의 음소분석의 예

어떤 두 음이 같은 음소에 속하는지를 판단하는 일은 생각처럼 간단하지 않다. 가장 쉬운 방법은 두 음 간에 대조(contrast)가 일어나는가를 알아보는 것이다. 대조가 일어나면 두 음이 같은 환경에서 일어나면서 의미가 달라진다. 이 개념을 좀 더 잘 이해하기 위하여 우리말에서 [p]와 $[p^h]$음의 관계를 생각해 보자. 영어에서는 이 두 음이 한 음소 /p/에 속함을 이미 위에서 보았다. 그렇다면 국어의 경우는 어떠한가? 이를 알아보는 좋은 방법은 이 두 음이 국어에서 **최소대립쌍(mininal pair)**을 이루는지를 알아보는 것이다. 예를 들면 [pal]이라고 발음할 때와 $[p^hal]$이라고 발음할 때 의미가 서로 다른지를 알아보는 것이다.

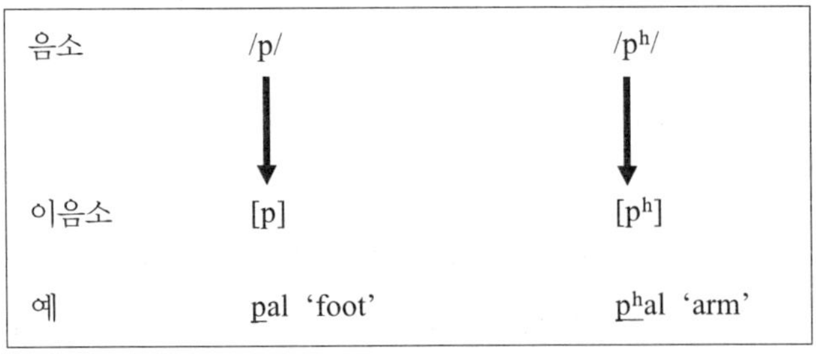

그림 3 | 우리말에서 [p]와 $[p^h]$의 관계

만약 서로 의미가 달라지면 **대조(contrast)**를 이루는 경우이고 의미가 달라지지 않으면 **자유변이(free variation)**의 관계에 있다. 전자의 경우는 두 음이 서로 다른 음소에 속하게 될 것이고 후자의 경우는 같은 음소에 속하게 된다. 우리말에서 [pal]은 '발(foot)'이고 [pʰal]은 '팔(arm)'로 의미가 달라지므로 [p]와 [pʰ]는 서로 대조를 이루어 각각 다른 음소 /p/와 /pʰ/(우리문자에서는 /ㅂ/과 /ㅍ/)에 속하는 것이다.

실습

아래 단어들을 실제로 발음해 보고 음소 /ㅂ/의 발음을 기술해 보자.

발, 가발, 신발, 족발

먼저 '발'의 발음을 국립국어연구원 홈페이지(www.korean.go.kr)에서 국어표준대사전으로 들어가 발음을 다운받아 프라트로 분석하여 무성폐쇄음임을 확인하자. 다음은 나머지 세 단어의 발음을 직접 녹음하여 프라트로 분석하여 보자. 특히 유·무성 여부, 기음화 여부 등 지금까지 배운 음성학 지식을 활용하여 어떤 이음으로 나는지 확인해 보자.

우리말 /ㅂ/의 이음들(Allophones of /p/ in Korean)

영어에서 음소 /p/가 몇 가지의 이음들(allophones)을 가지고 있듯이 우리말 /ㅂ/도 환경에 따라 달리 나는 이음들을 가지고 있다. 다음 예들을 보자.

표 1 | 우리말 /p/의 이음들

예	발음	환경
가발	[kaßal]	모음과 모음 사이(V___V)에서 [ß]로 난다.
신발	[ʃinbal]	/m, n, ŋ, l/뒤에서 [b]로 난다
잠바	[tʃamba]	
장발	[tʃaŋbal]	
갈비	[kalbi]	
족발	[tʃokp'al]	/k, t/ 뒤에서 경음(硬音: glottalized stop) [p']로 난다.
끝발	[k'ɯtp'al]	
입	[ip˺]	어말이나 자음 앞에서는 무파음(unreleased sound)으로 난다.
밥통	[pap˺thoŋ]	
발	[pal]	어두 등 기타 환경에서 [p]로 난다.

위의 'p'계열의 음들은 음소의 조건, 즉 1) 음성적 유사성(phonetic similarity)과 2) 상보적 분포(complementary distribution)를 둘 다 만족시키고 있으므로 하나의 음소 /p/(우리 문자로 표기하면 /ㅂ/)에 속하는 이음소들이다.

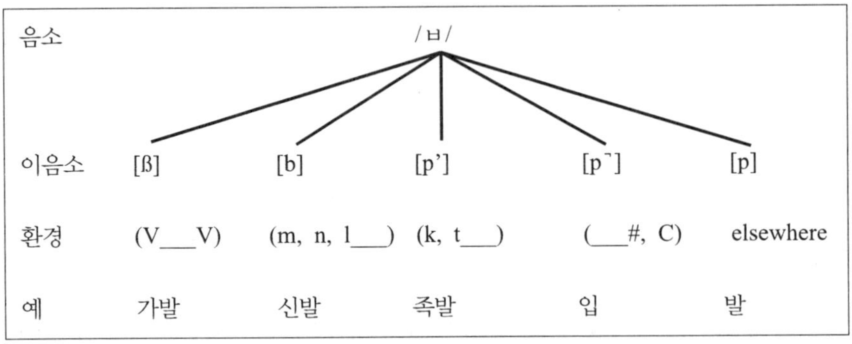

그림 4 | 우리말 음소 /p/와 이음소들

7.5 음소분석과정도(A Flowchart for Phonemic Analysis)

음소분석을 통하여 어떤 언어에 몇 개의 음소가 있는지를 찾아내는 일은 생각같이 쉽지 않다. 요즘은 이러한 분석을 많이 하는 편은 아니지만 20세기 초반만 해도 세계에는 그때까지 기록이 잘 안 된 여러 오지 언어들이 남아 있어서 구조주의 언어학자들이 이러한 언어들을 기술하기 위해 많은 노력을 기울였는데 이때에 아주 유용하게 사용한 방법이 **음소분석(phonemic analysis)**이었다. 예를 들면 여러분이 보르네오의 한 섬에 도착하여 그곳 원주민의 언어를 기술하고자 아래와 같은 음성 데이터를 수집하였다고 하자.

[pip] 'tree'	[kok] 'water'	[tat] 'stone'
[pibik] 'small tree'	[kogek] 'little water'	[tadæk] 'small rock'
[tʃip] 'horn'	[pok] 'canoe'	[kat] 'pig'
[kip] 'hut'	[tʃegip] 'woman'	[kot] 'man'

음소분석에서 가장 먼저 해야 할 일은 어떤 두 음 간에 대조가 일어나는 '최소대립쌍'을

찾는 것이다. 만약 그러한 최소대립쌍이 있다면 그 안에 대조를 이루는 두 음은 당연히 서로 다른 음소에 속한다. 위의 제한된 자료에서만 보자면 [pip]과 [kip]은 어두의 음만 빼고 그 외의 환경에 일어나는 모든 음이 같으므로 최소대립쌍이다. 그러므로 어두에서 대조(contrast)를 이룬 [p]와 [k]는 각자가 독립된 음소에 속한다. 즉 /p/와 /k/인 것이다. 이러한 결론은 [kok]과 [pok]과 같은 최소대립쌍에서도 확인된다.

/p/와 /k/가 서로 다른 음소임이 판명되고 나면 같은 무성폐쇄음 계열인 [t]의 경우가 궁금해진다. [kok]과 [kot]같은 최소대립쌍은 /k/와 /t/가 각각 독립된 음소임을 보여준다. 이렇게 보면 무성폐쇄음 /p, t, k/가 독립된 음소임이 확인된 셈이다. 마찬가지로 [kip], [pip], [tʃip]과 같은 예들에서 [tʃ]가 [k], [p]와 대조를 이루므로 [tʃ] 역시 독립된 음소라 볼 수 있겠다. 그러나 과연 그런가? 문제는 아래의 예에서 볼 수 있듯이 [tʃ]와 [t]가 상보적 분포를 이루고 있는 점이다.

표 2 | 상보적 분포에 있는 [t]와 [tʃ]

발음	의미	환경
[tʃip]	'horn'	전설모음 /i, e/ 앞에서 [tʃ]로 난다
[tʃegip]	'woman'	
[tat]	'stone'	기타환경(/a/ 앞, 어말)에서 [t]로 난다
[tadæk]	'small rock'	
[kot]	'man'	

[t]와 [tʃ]는 또한 같은 't'계열로 음성적으로 유사하여 같은 음소에 속하는 데 필요한 두 조건을 다 만족시킨다. 그러므로 이 두 음은 하나의 음소 /t/에 속하는 이음소들이다. 우리말의 '해돋이[해도지]'와 같은 예에서 /t/가 전설모음 앞에서 [tʃ]가 되는 구개음화 현상도 이러한 결론을 뒷받침한다.

무성폐쇄음의 분석이 이 정도로 끝났으면 유성폐쇄음의 경우를 주목해 보자. 이 음들은 [pibik] 'small tree', [kogek] 'little water', [tadæk] 'small rock' 등에서 볼 수 있듯이 모두 모음과 모음 사이에서만 나타나고 있다. 즉 이미 우리가 독립된 음소의 위치를 부여한 /p, t, k/와 상보적 분포에 있는 것이다. 이 음들은 서로 유·무성 여부만 차이가 나는 음성적으로 아주 가까운 음들이므로 이들 또한 같은 음소 /p, t, k/에 속한다.

지금까지의 분석을 음소와 음성 기술로 비교하면 아래와 같다. 이 경우 음소 기술은 개략적 기술(broad transcription)에, 음성 기술은 자세한 기술(narrow transcription)에 해당한다.

표 3 | 음소분석에 따른 음소 기술과 음성 기술

음소 기술	음성 기술	의미	음소 기술	음성 기술	의미
/pip/	[pip]	'tree'	/pok/	[pok]	'canoe'
/pipik/	[pibik]	'small tree'	/tekip/	[tʃegip]	'woman'
/tip/	[tʃip]	'horn'	/tat/	[tat]	'stone'
/kip/	[kip]	'hut'	/tatæk/	[tadæk]	'small rock'
/kok/	[kok]	'water'	/kat/	[kat]	'pig'
/kokek/	[kogek]	'little water'	/kot/	[kot]	'man'

만약 이 부족에게 효율적인 문자를 만들어 준다면(위의 데이터에 국한한다면) 자음의 경우 ⟨p⟩, ⟨t⟩, ⟨k⟩ (혹은 한글을 사용한다면 ⟨ㅂ⟩, ⟨ㄷ⟩, ⟨ㄱ⟩) 세 자만 만들어 주면 될 것이다. 모음은 자세한 분석은 하지 않았지만 ⟨i⟩, ⟨e⟩, ⟨o⟩, ⟨a⟩ ⟨æ⟩(한글로는 ⟨이⟩, ⟨에⟩, ⟨오⟩, ⟨아⟩ ⟨애⟩) 다섯 글자가 필요할 것임은 쉽게 파악할 수 있다. 얼마 전 화제가 된 인도네시아 찌아찌아족이 사용한다는 한글도 이러한 분석과정을 거쳐서 만들어졌다. 다음은 위 데이터의 분석으로 찾아낸 자음의 음소들과 그 이음소들을 모은 것이다.

표 4 | 원주민 언어분석에서 찾은 무성폐쇄음의 음소와 이음소

<table>
<tr><th>음소</th><th>이음소</th><th>환경</th></tr>
<tr><td rowspan="2">/p/</td><td>[b]</td><td>V__V</td></tr>
<tr><td>[p]</td><td>elsewhere</td></tr>
<tr><td rowspan="3">/t/</td><td>[d]</td><td>V__V</td></tr>
<tr><td>[tʃ]</td><td>___i, e (___ front vowels)</td></tr>
<tr><td>[t]</td><td>elsewhere</td></tr>
<tr><td rowspan="2">/k/</td><td>[g]</td><td>V___V</td></tr>
<tr><td>[k]</td><td>elsewhere</td></tr>
</table>

이러한 음소와 이음소 간에는 다음과 같은 이음소 규칙(allophonic rule)이 작용하고 있다.

1) 모음 간 유성음화(intervocalic voicing): p, t, k → b, d, g / V___V
2) 구개음화(palatalization): t → tʃ / ___ i, e

다음은 지금까지 설명한 음소분석 과정을 요약해 보여주는 그림이다(Cf. Yavaş(2011, p. 36, Fig. 2.1).

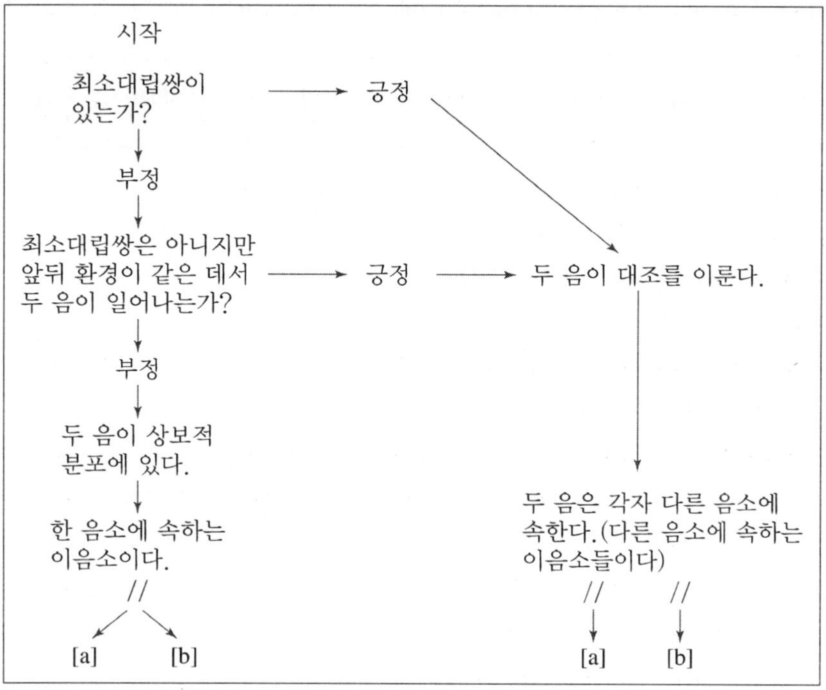

그림 5 | 음소분석 과정도

한글의 우수성에 대하여

우리는 한글의 우수성에 대하여 무수히 많이 들어 왔으나 대부분의 사람들은 정작 왜 한글이 그렇게 우수한 문자인지를 잘 이해하지 못하고 있는 것 같다. 아래의 두 글을 읽고서 한글이 어떤 문자인지, 그리고 왜 국어학자들이 한글의 우수성을 외치는 지 생각해보자.

1. [T]hough analysis of the syllable is a difficult thing to carry out, it is certainly not impossible. Most systems of writing invented by man have been syllabic systems, but not all. **The invention of a system of writing based on segments of the syllable has taken place once, but only once: it was the brilliant discovery of the Greeks, and it gave us alphabetic, as distinct from syllabic, writing. All contemporary systems of alphabetic writing (and there are many) are derived**

from the Greek system. For most languages an alphabetic system of writing is the most economical and practical system which can be devised, but the analysis on which it is based has proved too difficult for most peoples to reach independently. (Abecrombie 1967, Elements of General Phonetics, p.38; emphasis added)

2. The term sound writing is sometimes used in place of alphabetic writing, but it does not truly represent the principle involved in the use of alphabets. One-sound ↔ one-letter is inefficient and unintuitive, because we do not need to represent the [p^h] in pit and the [p] in spit by two different letters. It is confusing to represent nonphonemic differences in writing because the sounds are seldom perceptible to speakers. Except for the phonetic alphabets, whose function is to record the sounds of all languages for descriptive purposes, most, if not all, alphabets have been devised on the phonemic principle.

   In the twelfth century, an Icelandic scholar developed an orthography derived from the Latin alphabet for the writing of the Icelandic language of his day. ... The orthography he developed was clearly based on the phonemic principle. He used minimal pairs to show the distinctive contrasts. He did not suggest different symbols for voiced and unvoiced [Θ] and [ð], nor for [f] or [v], nor for velar [k] and palatal [č], because these pairs, according to him, represented allophones of the phonemes /Θ/, /f/, and /k/, respectively. He did not use these modern technical terms, but the letters of this alphabet represent the distinctive phonemes of Icelandic of that century.

   King Seijong of Korea (1397-1450) realized that the same principles held true for Korean when, with the assistance of scholars, he designed a phonemic alphabet. The King was an avid reader and realized that the over thirty thousand Chinese characters used to write Korean discouraged literacy. The fruit of the king's labor was the Korean alphabet called Hangul, which had seventeen consonants and eleven vowels.

   The Hangul alphabet was designed on the phonemic principle. Although Korean has the sounds [l] and [r], Seijong represented them by a single letter because they are allophonic variants of the same phoneme. (Fromkin et al. 2003, pp. 556-557.)

첫 번째 글은 인류 문자의 대부분이 음절문자(syllabic writing)이었으며 음절을 이루고 있는 분절음(segments), 즉 음소(phoneme)에 기초한 문자의 발명은 인류 역사상 단 한 번 밖에 없었는데 바로 고대 희랍인들에 의해 발명된 알파벳이 그렇다고 역설하면서 현존하는 모든 음소문자(phonemic writing)는 이 희랍문자로부터 나왔다고 말한다. 반면에 두 번째 글은 소리가 나는 대로 적는 음성문자(phonetic writing)는 화자들이 인지하지 못하는 음까지 포함하게 되어 혼란만 가져올 뿐이라고 역설하면서 아이슬란드의 학자가 라틴어 문자를 바탕으로 당시의 아이스란드어에 필요한 음소문자, 즉 알파벳을 12세기에 만들었다는 내용과 15세기에 세종대왕께서 집현전 학자들과 함께 한 음소에 한 문자를 사용하는 음소원칙(phonemic principle)으로 한글을 만들었다는 내용을 비교적 자세히 설명하고 있다.

위 두 글을 비교해 보면 몇 가지 재미있는 점이 발견된다. 첫 번째 글이 출판된 1967년만 해도 한글이 종전의 라틴문자와는 전혀 다른 새로운 음소문자임이 아직 잘 알려지지 않은 반면에 두 번째 글이 발표된 2003년에는 한글이 음소문자임을 잘 알고 있음을 알 수 있다. 그런데 두 번째 글에서 흥미로운 점은 한글의 발명은 라틴문자의 발명과는 전혀 무관하게 독자적으로 발명한 것임에도 불구하고 이를 라틴어 문자를 토대로 만든 아이스란드 문자의 발명과 비교하고 있다는 점이다. 이런 점에서 이 글 또한 한글 발명의 우수성을 충분히 인식하지 못하고 있다. 왜냐하면 아이스란드어 문자는 라틴문자에 기초한 것이고 첫 번째 글에서 언급하고 있듯이 라틴문자는 결국 희랍문자로부터 나왔으므로 한글과는 달리 Abercrombie교수가 주장한 '인류 역사상 단 한번 밖에 없었던' 사건이 아니기 때문이다. 결국 한글이 뛰어난 문자인 가장 큰 이유는 희랍문자의 유래와는 관계없이 독립적으로 음소문자를 만들었다는 데 있다.

7.6 영어의 이음소 규칙(Allophonic Rules in English)

7.6.1 단타음화(Flapping)

단타음 [ɾ]은 혀끝이 입천장을 지나면서 가볍게 한 번 두드려주고 지나가기 때문에 그 지속기간이 매우 짧음은 이미 위에서 언급하였다. 그러면 북미영어에서 단타음은 주로 어떤 환경에서 일어나는 것일까? 아래의 표를 참고하여 그 조건을 알아보도록 하자.

표 5 | 단타음화가 주로 일어나는 환경 찾기

음소	이음	예	환경
/t/	[ɾ]	latter, writer, seating, beating, citing, dating, water, city, data	V__V
	[t]	stop, stake, linguistic	어두, 어말, /s/ 다음 등 그 외의 환경
	[t^h]	table, take	
	[t˺]	seat, beat, cite, date	
/d/	[ɾ]	ladder, rider, seeding, beading	V__V
	[d˺]	seed, bead, ride, lad	어말 등 그 외의 환경
	[d]	dad, date	

이 표는 단타음화가 주로 모음과 모음 사이에서 일어남을 보여준다. 특히 'sea**t**'나 'sea**d**'에서처럼 일반적으로 단타음화가 일어나지 않는 위치에 있는 /t/와 /d/가 'sea**t**ing'과 'see**d**ing'에서처럼 접미사 '-ing'가 붙으면서 일어나는 것을 보면 모음 간 환경이 단타음화에 중요한 역할을 한다는 것을 알 수 있다.

그러면 모음과 모음 사이에 오기만 하면 무조건 단타음화가 일어나는 것일까? 아래의 예들을 살펴보기로 하자.

pho**t**ograph[fóʊ**ɾ**əgræ̀f]
pho**t**ography[fə**t^h**ágrəfɪ]
pho**t**ographic[fóʊ**ɾ**əgræ̀fɪk]

같은 어간을 공유하는 이 세 단어들은 모두 모음과 모음 사이에 /t/가 일어나는 예들이다. 그럼에도 불구하고 첫 번째와 세 번째 단어에서는 단타음 [ɾ]로 나지만 두 번째 단어에서는 /t/가 유기음(aspirate sound) [t^h]로 난다. 그 환경을 자세히 살펴보면 강세의 위치와 관계가 있음을 알 수 있다. 모음과 모음 사이에 있더라도 앞 모음에 강세가 오면 단타음으로 났지만 뒤 모음에 강세가 오면 유기음으로 났다. 이런 점은 표 5의 데이터에서 단타음화가 일어나는 예들이 모두 모음과 모음 사이에 있을 뿐 아니라 앞에 오는 모음에만 강세가 있는 점으로도 다시 확인된다. 예: látter, ríder, dáting 등. 이상의 관찰을 토대로 북미영어 단타음화 규칙을 다음과 같이 상정해 볼 수 있다.

북미영어의 단타음화 규칙(1st approximation):

/t/, /d/ → ɾ / V́ ___ V̆

강세가 단타음화에서 중요한 역할을 한다는 점은 다음과 같은 예에서도 확인된다. 왼쪽의 예들은 강세가 앞에 온 경우이고 오른쪽의 예들은 접미사가 붙으면서 강세가 뒤로 이동한 경우이다. 단타음화는 강세가 앞에 온 전자의 경우에서만 일어난다.

[ɾ]	[d/tʰ]
fórty	fortéen
átom	atómic
mátter	matérial
quótable	quotátion
áddict	addíction

공명음 /n, r, l/이 /t/ 앞에 오는 경우

그러나 위의 규칙은 /t/와 /d/가 모음과 모음 사이에 올 때만 적용되므로 다음과 같이 /t/ 앞에 공명 자음이 왔을 때 단타음화가 일어나는 예에는 적용시킬 수 없다.

표 6 | 공명음 /n, r, l/ 뒤에서 일어나는 단타음화

앞의 자음	예	단타음화
/n/	twe**nt**y, i**nt**eresting, e**nt**ertainment	북미영어 구어에서 의무적으로 일어난다.
/r/	sta**rt**ed, di**rt**y, ha**rd**en	
/l/	fau**lt**y, sa**lt**y, bou**ld**er, smou**ld**er	보통 일어나지 않거나 수의적으로 일어난다.

이 예들은 단타음화가 일어나는 환경이 여전히 모음과 모음 사이이지만 /t/와 /d/ 앞에 공명음이 개입할 수 있음을 보여준다. 이를 규칙에 반영하는 방법은 괄호 안에 자음 부호를 넣어 /t/와 /d/ 앞에 자음이 '선택적'으로 올 때도 단타음화가 일어날 수 있음을 인정하는 것이다. 그런데 문제는 괄호 안에 아무 자음이나 올 수 있는 것이 아니라는 점이다. 같은 위치에 공명음 대신에 비공명음이 오는 'a**ct**ing, ado**pt**ing, li**st**ing' 등에서는 단타음화가

일어나지 않기 때문이다. 그러므로 앞에 올 수 있는 자음(C)에 /l/, /r/, /n/과 같은 공명음이 올 때에만 단타음화가 일어난다는 제약을 추가할 필요가 있다.

북미영어의 단타음화 규칙(2nd approximation):

/t/, /d/ → ɾ / V́(C)___ V̆   where C = /l/, /r/ or /n/

그러면 왜 유독 공명자음이 앞에 올 때만 단타음화 규칙이 허용되는 것일까? 이에 대한 답을 찾기 위해서 우리는 단타음화 규칙의 성격과 공명음이 갖는 음성·음운적 특성을 고려해 볼 필요가 있다. 음성학적으로 볼 때 /t/와 /d/의 단타음화는 두 가지 특성을 가지고 있다. 첫째는 단타음 [ɾ] 자체가 유성음이므로 /t/와 같은 무성음인 경우 유성음에 둘러싸인 환경인 모음과 모음 사이에서 유성음화가 일어나야 한다는 점이고 둘째는 그 지속기간이 매우 짧다는 점이다. 모음 간 환경, 특히 앞에 강세가 오는 모음 간의 환경은 이 규칙의 적용조건에 가장 적절한 것일 가능성이 많다. 한편 /l/, /r/, /n/과 같은 공명음의 특징은 잘 알려진 바와 같이 앞에 오는 모음과 융합이 잘 일어난다는 점이다. 아래의 경우들을 생각해 보자.

1) /l/의 경우 milk[mɪɫk] 등과 같은 예에서 볼 수 있듯이 모음 뒤와 음절 말의 환경에 올 때 연구개음화(velarization)가 일어나는데 이는 /l/이 모음화(vocalization)하는 과정의 일부로 볼 수 있다. 예를 들면 축구선수 '호나우두'는 로마자로 'Ronaldo'인 데 주목하자. 포르투칼어에서 이 고유명사의 발음은 [honaṷdu]이다(자세한 설명은 아래 '축구선수 이름에 숨어있는 음운현상' 참조). 특이한 점은 /l/이 연구개음화와 같은 환경인 자음 앞에서 [u]로 모음화하였다는 점이다. 이는 연구개음화가 모음화의 한 과정임을 시사한다.
2) /r/의 경우도 bird[bɝd] 등에서 소위 'r-coloring' 혹은 'rhotacization'이 일어나는 바 이는 /r/과 그 앞에 오는 모음 간에 일종의 융합(coalescence)이 일어난 경우라고 볼 수 있다.
3) /n/의 경우도 마찬가지로 bean[bĩn]과 같은 예에서 'nasalization'이 일어나는 바 이 또한 앞에 오는 모음을 비음화시키면서 일어나는 융합의 과정으로 해석할 수 있다.

이렇게 공명음들이 모음과 융합하게 되면 자음으로서의 기능이 약화되어서 마치 /t/나 /d/가 모음과 모음 사이에 있는 것과 같은 효력을 발휘하여 단타음화를 유발시킨다.

축구선수 이름에 숨어있는 음운현상: 호날두와 호나우두

축구를 좋아하는 사람이라면 누구나 알고 있듯이 호날두는 포르투칼 출신으로 스페인의 프로축구리그인 La Liga에서 아르헨티나 출신의 메시선수와 쌍벽을 이루는 최고의 스트라이커이다. 반면에 호나우두는 브라질 상파울루의 빈민가 출신으로 한때 같은 스페인 리그에서 활약했으며 브라질 대표팀의 스트라이커로 활약하다 오래 전에 은퇴한 선수이다.

그런데 이렇듯 유명한 두 선수의 이름이 로마자로는 'Ronaldo'로 같지만 우리말 표기가 다른 데는 음운론적인 이유가 숨어있다. 두 선수 이름을 발음하는 데 차이가 나는 결정적 이유는 중간에 있는 철자 ⟨l⟩의 발음이 포르투칼어의 방언에 따라 다르기 때문이다. 즉 호날두가 쓰는 포르투칼어에서는 자음 앞의 ⟨l⟩이 그냥 [l]로 발음되는 반면에 호나우두가 쓰는 상파울루 포르투칼어에서는 같은 환경에서 ⟨l⟩이 모음화(vocalization)하여 [ʊ]로 발음된 것이다. 언어학에서는 이런 현상, 즉 한 언어가 방언에 따라 달리 나타나는 현상을 **방언분화**(dialectal variation)라 부른다. 두 축구선수의 이름을 우리말에서 달리 표기한 것은 본인들이 쓰는 방언의 발음, 즉 호날두의 경우 포르투칼 리스본 표준어의 발음을, 호나우두의 경우 브라질 상파울루의 발음을 따라서 표기했기 때문이다.

한편 'Ronado'의 발음에는 또 다른 포르투칼어 발음규칙 두 가지가 적용되고 있다. 포르투칼어를 잘 모르는 사람들이나 로마자 이름을 표기대로 발음하는 사람들은 두 선수의 로마자 이름을 보고서 철자대로 [rɔnaldɔ]라고 발음하기도 하는데 이러한 발음을 언어학에서는 **철자발음**(spelling pronunciation)이라 부른다 — 실제로 호날두가 한때 활약한 영국의 프리미어 리그를 중계하는 한 캐스터가 그렇게 부르는 것을 들은 적이 있다. 그런데 포르투칼어에서 어두에 오는 ⟨r⟩의 발음은 [h]이다. 뿐만 아니라 어말에 오는 ⟨o⟩의 포르투칼어 발음은 [u]이다. 예를 들면 '상파울루(Saõ Paulo)'의 로마자식 표기 ⟨o⟩는 [u]로 난다. 한글표기는 이렇게 모음상승(vowel raising; 중간높이의 'o'가 고모음 'u'로 상승했다는 의미)이 일어난 원어의 발음을 반영한 것이다. 2002년 한일 월드컵 당시 온 국민의 주목을 받은 포르투칼 팀의 미드필더 '피구'의 영문이름이 'Figo'인 것도 같은 모음 상승이 일어났기 때문이다.

위의 두 선수들처럼 잘 알려지지는 않았지만 브라질의 젊은 '호나우두'인 '호나우지뉴'도 있다. 이 선수의 영문 철자는 'Ronaldinho'이다. 여기서 우리는 먼저 위에서 언급한 세 가지의 음운규칙이 모두 적용되고 있는 데 주목하자. 즉 어두의 ⟨r⟩이 [h]로, 어말의 ⟨o⟩가 [u]로, 그리고 ⟨l⟩이 자음 앞에서 [ʊ]로 발음된 점이다. 이 선수의 원래 이름은 'Ronaldo de Assis Moreira'이다. 즉 '호나우두'가 원래 이름인 것인데 팬들이 선배 호나우두와 구별하기 위해서 작은 호나우두라는 의미의 'Ronaldinho'를 지어 준 것이다. 이 이름은 어간 'Ronaldo'와 애칭(terms of endearment)을 나타내는 접미사 -inho로 이루어져 있다. 사실 이 접미사는 철자가 좀 다르기는 하지만 영어에서도 쓰인다. 예: casino '원래 의미인 'a little house' (casa 'house' + ino)에서 변형됨'. 포르투칼어에서는 이 접미사의 ⟨n⟩이 스페인어에서와 같이 'palatal nasal'인 [ɲ]로 발음된다. 철자 ⟨nh⟩는 이 발음을 반영한 것이다. 마지막으로 Ronald의 끝자음 ⟨d⟩가 접미사 첫모음 ⟨i⟩ 앞에서 [ʤ]로 발음되는 것은(cf. Ronaldinho [honaɻʤinu]) 구개음화(palatalization) 현상으로 우리말에도 일어난다. 예: 해돋이 [해도지].

북미영어에서 단타음화 규칙의 확장(Extension of flapping in NAE)

그런데 위의 조건에 정확히 맞지 않아도 단타음화가 일어나는 경우가 몇 가지 있다. 그 중 먼저 다음의 예들을 생각해 보자.

activity, rationálity, cógnitive 등

이 예들이 중요한 이유는 /t/ 앞에 일어나는 모음이 강세를 받지 않았는데도 그 발음이 [ækt^hívəɾɪ], [ræʃənǽləɾɪ], [kágnəɾɪv]처럼 날 수 있어서 단타음화가 여전히 일어난다는 점이다. 물론 항상 단타음으로 나는 것은 아니니까(단타음으로 나지 않으면 무기음 [t]로 남) 꼭 우리가 정한 단타음화 규칙을 어겼다고 할 수도 없다. 그러니까 이 예들은 단타음화 규칙의 조건이 모음과 모음 사이일 때 첫 모음이 반드시 강세를 받아야 한다는 조건이 느슨해지면서 강세가 오지 않는 모음까지도 (수의적으로) 포함하게 되는 경우라고 할 수 있다. 즉 단타음화 규칙의 적용 범위가 북미영어에서 점진적으로 확장되고 있다는 증거이다. 이를 쉽게 기억할 수 있도록 도식화하면 아래와 같다.

/t/, /d/ → ɾ / V́ (C)___ V̊ where C = /l/, /r/ or /n/

↓

/t/, /d/ → ɾ / V (C)___ V̊ where C = /l/, /r/ or /n/

그림 6 | 북미영어에서 단타음화 규칙의 확장

성절성자음 앞에서의 단타음화(Flapping before a syllabic consonant)

어떤 음절에서 모음이 강세를 받지 않으면 약화되어 주로 'schwa'로 발음되거나 혹은 탈락할 수 있음은 위에서 언급하였다. 그런데 이렇게 약화된 모음이 갑자기 탈락하게 되면 음절 내에서 핵의 역할을 하던 모음이 없어지게 되므로 자음 중에서 모음과 가장 가까운 음이 핵의 역할을 대신하게 되는데 이를 **성절성자음(syllabic consonant)**이라고 부른다. 이렇게 하여 발생한 성절성자음을 가지고 있는 음절도 모음은 없지만 모음이 있을 때와 마찬가지로 강세가 없는 음절이므로 다른 조건이 다 충족되면 단타음화가 일어난다. 다만 특이한 점이라면 어떤 성절성자음이 오느냐에 따라서 그 적용여부가 달라진다는 것이다. 아래의 경우들을 살펴보기로 하자.

표 7 | 성절성자음 앞에서의 단타음화 규칙의 적용

환경	예	단타음화
/r̩/ 앞에서	butter [bʌɾr̩], latter[lǽɾr̩], sadder[sǽɾr̩]	항상 일어난다
/l̩/ 앞에서	little, settle, ladle	항상 일어난다
/m̩/ 앞에서	atom, Adam	항상 일어난다
/n̩/ 앞에서	button [bʌ́ʔn̩], wooden [wʊdn̩]	일어나지 않는다

모음과 가장 가까운 자음은 허파로부터 나오는 공기의 흐름이 장애를 덜 받는 /r, l, m, n/과 같은 공명자음이다. 성절성자음은 이 자음들 밑에 점을 찍어서 표시한다. 좀 더 자세한 내용은 8장 '음절과 초분절음'에서 설명하기로 한다.

구에서의 단타음화(Flapping in a phrase)

구에서의 단타음화도 다음과 같은 예들에서 볼 수 있듯이 예외적인 측면이 있다.

Put it on [pʊ́ɾɪɾán]
Head it in [hɛ́ɾɪɾín]

이 문장들에서 동사인 'put'과 'head', 부사인 'on'과 'in'은 모두 내용어(content word)로서 문장 내에서 강세를 받는다. 반면에 대명사 'it'은 기능어(function word)이므로 강세를 받지 않는다. 그런데도 불구하고 위의 발음 기술에서 볼 수 있듯이 /t/와 /d/가 강세의 유무와 관계없이 모음과 모음 사이에서 단타음으로 발음되고 있다. 위의 예들에서 각 문장에 일어나는 두 개의 단타음 중 첫 번째 것은 앞의 모음에 강세가 오고 뒤의 모음에는 강세가 오지 않았지만 두 번째 것은 앞의 모음에 강세가 오지 않고 뒤의 모음에 강세가 왔다. 그러므로 구(phrase) 혹은 문장(sentence) 내에서는 단타음화가 앞이나 뒤에 오는 모음의 강세와 관계없이 일어난다고 볼 수 있다. 이는 음운규칙이 단어 내에 적용될 때와 구 혹은 문장에 적용될 때 그 양상이 조금 다를 수 있다는 점에서 흥미롭다. 또한 앞에 오는 모음은 강세를 받고 뒤에 오는 모음을 강세를 받지 말아야 한다는 단어 내 단타음화 조건이 구에서는 강세유무와 관계없이 적용되는 방향으로 확장되었다는 점에서도 흥미롭다.

/t/, /d/ → ɾ / V́ (C)___ V̊ where C = /l/, /r/ or /n/

/t/, /d/ → ɾ / V (C)___ V where C = /l/, /r/ or /n/

그림 7 | 북미영어 구에서 일어난 단타음화 규칙의 확장

위 그림에서 앞에 /n, l, r/과 같은 공명음의 개입이 여전히 필요한 이유는 다음과 같은 예도 있기 때문이다.

(John) stárted it áll [stárɾɪɾɪɾɔ́l]

/n/ 뒤에서 /t/의 탈락(/t/–elision after /n/)

화자에 따라서는 'wínter, plánter'와 같은 단어에서 /t/의 발음이 단타음 [ɾ]로 나지 않고 아예 탈락하기도 한다. 이렇게 되면 이 단어들은 각각 'winner, planner'와 같은 단어들과 동음이의어(homonym)가 된다. 학자에 따라서는 이때 중간에 일어나는 자음을 비음화된 단타음(nasalized flap)인 [ɾ̃]로 기술하기도 한다. 아래 두 설명을 비교해 보자.

Another characteristic of American English in informal conversational speech is the creation of homophonous productions for pairs such as planner-planter [plænɚ], canner-canter [kænɚ], winner-winter [winɚ], tenor-tenter [tɛnɚ]. The loss of /t/ in the second member of these pairs is also seen in many other words, as in rental, dental, renter, dented, twenty, gigantic, Toronto. In all these examples we see that the /t/ that is lost is following a /n/. However, that such an environment is not a guarantee of this process is revealed by examples such as contain, interred, entwined, in which /t/ following an /n/ cannot be deleted. The difference between these words and the earlier ones is that /t/ is deleted only in an unstressed syllable. (Cf. Yavaş 2011, p. 61)

In the same environment-that is, before an unstressed syllable-the consonant sound /n/ and the consonant sequence /nt/ can both be realized as a nasalized flap. Thus for many NAE[North American English] speakers, word pairs like *winner/winter* and *banner/banter* may have virtually the same pronunciation, especially in casual speech. This NAE phenomenon is sometimes referred to as "disappearing *t*," and is particularly common when words with medial /nt/ occur in common phrases(*twen(t)y-one, win(t)er break, the en(t)ertainment business*) and in place names(*San(t)a Ana, Toron(t)o*). (cf. Celce-Murcia et al. 1996, p. 65)

7.6.2 기음화(Aspiration)

무성폐쇄음 /p, t, k/가 어두에 오는 경우에 기음화가 일어남은 이미 언급하였다.

peak[pʰik]　　take[tʰeɪk]　　cool[kʰul]

다만 같은 어두의 환경이라도 /s/ 다음에서는 무기음(unaspirated sound)으로 난다.

speak[spik]　　steak[steɪk]　　school[skul]

그런데 이 현상이 어두뿐 아니라 음절의 머리(syllable initial position)에서도 일어난다.

(음절 경계는 쉼표로 표시함)

repeat[rɪ,pʰit]　　intact[ɪn,tʰækt]　　occur[ɔ,kʰʌr]

물론 이 경우도 폐쇄음 앞에 /s/가 오면 무기음으로 난다.

expect[ɪk,spɛ́kt]
understand[ʌn,dər,stǽnd]
abscond [æb,skánd]

단어의 머리, 즉 어두도 음절의 머리이므로 영어에서 기음화의 첫 번째 조건은 음절의 머리이다.

기음화 규칙에서 또 염두에 두어야 할 것은 강세이다. 음절의 머리에 오더라도 그 음절이 강세를 받지 않으면 기음화가 일어나지 않기 때문이다. 다음의 예에서 음소 /t/의 발음은 이를 잘 보여준다.

pho**t**ograph[fóʊ̯,ɾə,græ̀f]
pho**t**ography[fə,**tʰ**á,grəfɪ]
pho**t**ographic[fòʊ̯,ɾə,grǽfɪk]

이 예들에서 한 음절을 이루는 'to' 부분의 /t/ 음소의 발음이 첫 번째와 세 번째 단어에서는 단타음 [ɾ]으로 나는 반면에 두 번째 단어에서는 유기음 [tʰ]로 나는 이유가 강세의 유무와 관련이 있다. 즉 위에서 언급한 단타음화의 조건대로 앞에 강세가 오고('phò**t**ográphic'에서 부강세도 강세로 본다) 음소 /t/가 속한 음절이 무강세이면 단타음화가 일어나는 반면에 기음화의 조건대로 /t/가 속한 음절이 강세를 받으면 유기음으로 나는 것이다. 즉 영어의 단타음화와 유기음화는 마치 동전의 양면처럼 /t/가 강세를 받은 음절에 오면 강한 발음인 유기음으로, 강세를 받지 않는 음절에 오면 약한 발음인 단타음으로 나는 것이다.

따라서 영어의 유기음화 규칙은 다음과 같이 정리해 볼 수 있겠다.

/t/ → [tʰ] /,___V́(단, /t/ 앞에 /s/가 올 수 없다)

7.6.3 성문폐쇄음화(/t/-Glottalization)

음소 /t/가 다음과 같은 예들에서 성문폐쇄음 [ʔ]으로 남은 이미 언급하였다.

mountain, fountain, Latin, button, cotton, kitten, certainly, sentence, etc.

이들의 공통점은 /t/가 성절성 비강자음 [n̩] 앞에 온다는 점이다. 이는 아래의 예에서 /t/가 같은 성절성 비강자음 [m̩] 앞에 올 때는 성문폐쇄음이 아니라 단타음으로 나는 경우와 대조된다.

bottom [bɑɾm̩], atom, etc.

이를 규칙으로 정리하면 다음과 같다.

북미영어에서의 성문폐쇄음화

/t/ → [ʔ] / ____n̩

이 규칙의 환경에서 주목할 점은 단타음화 규칙과는 달리 음절의 경계에 대한 언급이 없는 점이다. 이는 아래와 같은 예에서 볼 수 있듯이 음소 /t/가 꼭 성절성 비강자음 [n̩]과 같은 음절 내에 있지 않아도 되기 때문이다.

beatnik[1) [biʔ,nɪk], Sputnik, witness, fitness, etc.

이 예들은 오히려 음소 /t/가 두음(onset)의 위치가 아니라 음절의 말(coda)에 온 것임을 알 수 있는데 이런 경우에는 뒤에 꼭 /n/이 와야 한다는 제약은 없다. 아래의 예들은 뒤에 어느 자음이 와도 성문폐쇄음화가 일어날 수 있음을 보여준다.

---

1) 1950~60년대 기존 사회에 반하여 일어난 사회운동인 비트운동에 가담한 사람을 가리킨다. *beat-nik. '-nik'은 접미사로 사람을 가리킨다. neatnik '깔끔쟁이'

Ba**t**man[bæʔmæn], Hi**t**ler[hɪʔlɚ], A**t**lanta[æʔlæntə], He hi**t** me[hɪʔmi], ea**t** well[iʔwɛɫ], ho**t** water[hɑʔwɔɾɚ]

어말에서의 성문음화(Pre-glottalization in word final position)

성문음화가 잘 일어나는 또 다른 환경으로는 어말(word final position)을 들 수 있다. 이 경우 보통 완전한 성문음 [ʔ]으로 나기보다는 '전성문음화(pre-glottalization)'가 일어난다고 보는 것이 일반적이다. 이 현상은 어말의 /t/에만 국한되지 않고 /p/와 /k/도 포함하므로 무성폐쇄음 전체에 일어난다.

hi**t**[hɪˀt], pu**t**[pʊˀt], ta**p**[tæˀp], sa**ck**[sæˀk], etc...

7.6.4 불파음화(Unreleased Sound)

영어에서 무성폐쇄음이 자음 앞이나 어말에 올 때는 폐쇄음의 삼 단계 중 맨 마지막 단계인 '폐쇄해지(release)'가 보통 일어나지 않는다. 즉 '폐쇄시작 – 폐쇄기간 – 폐쇄해지'의 삼 단계 중 세 번째 단계가 일어나지 않는 것이다. 실제로 다음의 예들에서 /p, t, k/가 자음 앞이나 어말에서 어떻게 발음되는지 인터넷 사전에서 들어보면 알 수 있다.

sto**p**, stou**t**, sto**ck**, a**pt**, a**ct**, etc.

이러한 '미파' 혹은 '불파'의 폐쇄음이 일어나는 환경이 자음 앞이거나 어말이므로 아래와 같은 규칙으로 기술할 수 있다.

영어에서의 불파음화 규칙

p, t, k → [p̚, t̚, k̚] / ____{C, #}

여기서 환경 '___{C, #}'은 자음이나 단어의 경계 앞을 의미한다.

다음 그림은 지금까지 살펴본 음소 /t/의 이음소들을 정리한 것이다.

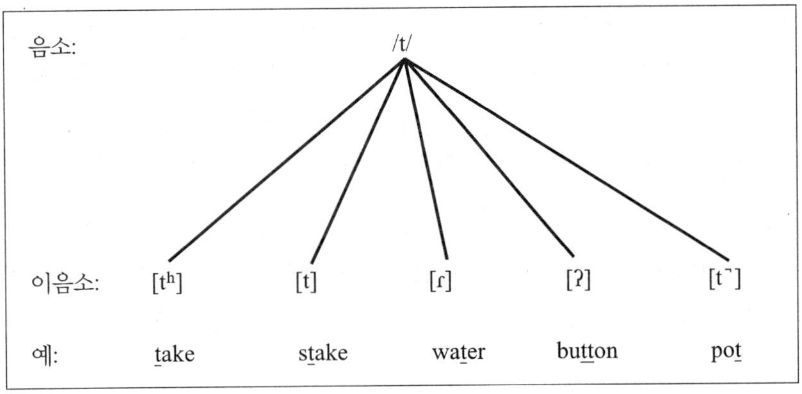

그림 8 | 영어 음소 /t/와 이음소들

실습

1. 'interesting'의 '흥미로운' 세 가지 발음을 찾아 들어보자.

영어 단어 'interesting'이 다음과 같이 세 가지로 발음될 수 있다.

a. interesting[íntərɛstɪŋ]

b. int'resting [íntrəstɪŋ]

c. innneresting [íɾ̃ərəstɪŋ]

첫 번째 발음은 사전식 발음으로서 구어(colloquialism)에 나타날 수 있는 schwa의 생략과 첫 번째 't'의 비음화된 단타음화(nasalized flap)가 일어나지 않은 경우이고 두 번째의 발음은 'apostrophe'로 표시되었듯이 강세를 받지 않은 두 번째 음절의 schwa가 중간모음 탈락(syncope)에 의하여 생략된 경우이다. 반면에 세 번째 경우는 schwa는 탈락하지 않았으나 첫 번째 't'의 비음화와 단타음화로 인하여 축약이 일어난 경우이다. 실제로 www.forvo.com에서 여러 사람들이 녹음해 놓은 발음을 프라트로 불러들여서 분석해보면 위의 세 가지 발음이 실제로 존재함을 확인할 수 있다.

2. 캐나다 토론토 사람들의 특별한 'Toronto' 발음을 들어보자.

캐나다의 동부에 있는 가장 큰 도시인 토론토에 사는 사람들은(즉 Torontonian들은) 그들이 사는 도시이름을 좀 특이하게 발음하는 것으로 알려져 있다. 원래 사전식 발음은 한컴사전을 찾아보면 Toronto[tərɑ́ntou / -rɔ́n]로 되어 있어서 둘째 음절의 'o'가 강세를 받아서 미국식 영어에서 [ɑ́]로 발음된다는 점 외에는 별로 주목할 만한 사항이 없는 것처럼 보이지만 토론토 출신과 (추정하건데) 일부 캐나다 사람들은 이 도시의 이름을 발음할 때 자주 첫음절의 모음인 schwa를 탈락시키고 세 번째 음절에서의 't'를 앞의 'alveolar nasal'과 합쳐서 비음화된 단타음(nasalized flap)으로 발음하는 것이다. 이를 확인하기 위해 여러 단어들의 발음들이 녹음되어 있는 www.forvo.com에서 다음 두 캐나다인의 발음을 들어보면 두 사람의 발음이 확연히 차이가 남을 알 수 있다.

그림 9 | www.forvo.com에서 'Toronto' 발음 들어보기

두 사람 모두 캐나다 사람이지만 첫 번째 사람의 발음은 **[trɑ́r̃ou]**에 가까운 반면에 두 번째 사람은 한컴사전에 명시된 북미식 표준발음인 **[tərɑ́ntou]**에 가깝게 들린다. 다음은 이 두 사람의 발음을 프라트로 불러들여서 분석해 본 것이다.

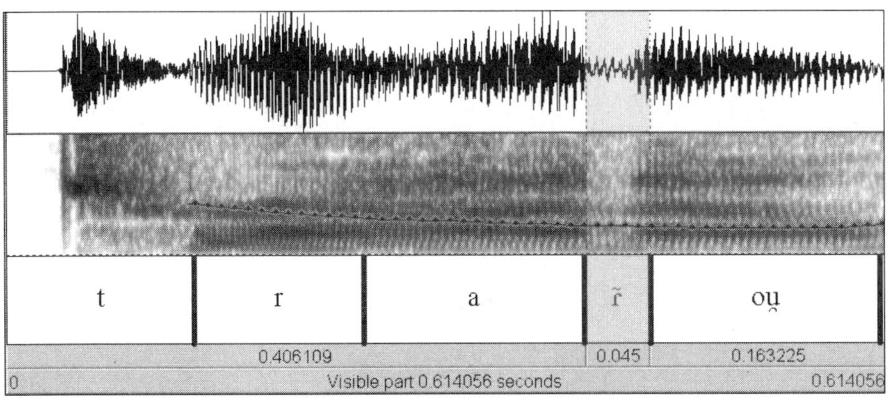

그림 10 | 't'에 비음화된 단타음화가 일어나고 첫음절의 schwa가 생략된 'Toronto'의 발음. 단타음인 관계로 지속기간이 상대적으로 짧고 유성음임을 알 수 있다.

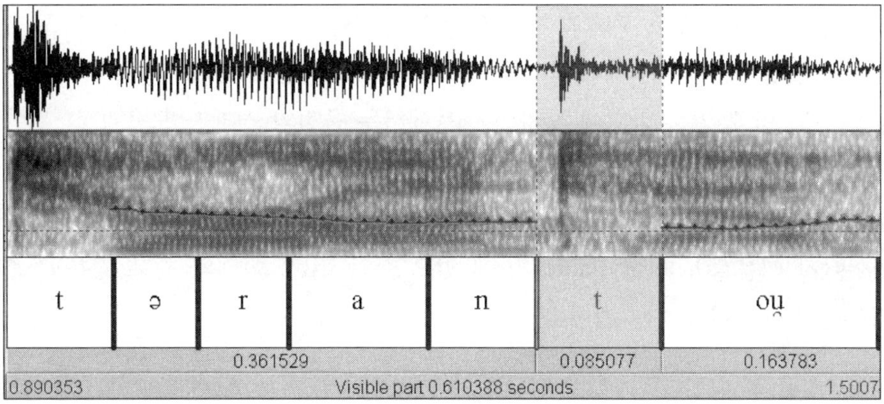

그림 11 | 첫음절의 schwa와 무성의 /t/가 그대로 남아 있는 'Toronto'발음. 무성음이므로 피치 선이 나타나지 않고 위의 단타음의 경우보다 지속기간이 길다.

7.6.5 모음의 비음화(Vowel Nasalization)

아래와 같은 영어 단어의 발음을 직접 해보거나 자세히 들어보면 비강자음 /n, m, ŋ/ 앞에 있는 모음도 비음으로 남을 알 수 있다.

bean[bĩn], Sam[sæ̃m], song[sɔ̃ŋ]

위의 단어 중 'bean'을 발음할 때의 경우를 예로 들자면 모음 [i]를 발음할 때 이미 비강(nasal cavity)이 열려 있음을 느낄 수 있다. 그 이유는 실제 발음이 비음화된 'i', 즉 [ĩ]이기 때문이다.

이러한 비음화는 모음 뒤에 비강자음이 뒤따라야 한다는 점에서 일종의 동화작용(assimilation)이다. 특히 뒤에 오는 비강자음이 앞에 오는 구강모음에 영향을 주어 비강모음으로 변화시켰으므로 역행동화(regressive assimilation)이다. 즉 비음동화(nasal assimilation)인 동시에 역행동화인 셈이다.

그렇다면 뒤에 비강자음이 오기만 하면 항상 앞에 오는 모음이 비음으로 나는 것인가? 다음의 예들을 보기로 하자.

bean[bĩn] vs. beanery[bi,nə,ri]

boom[bũm] vs. booming[bu,mɪŋ]

이 예들에서 전자의 경우는 비음화가 일어나는 반면에 후자의 경우는 일어나지 않는다. 그 이유는 무엇일까? 전자와 후자의 가장 큰 차이는 전자는 모음과 그 뒤에 오는 비강자음이 같은 음절 안에 있는 반면에 후자의 예들에서는 음절의 경계가 모음과 그 뒤에 오는 비강자음 사이에 오는 관계로 같은 음절 안에 있지 않는 점이다. 다시 말하면 영어에서 모음의 비음화가 일어나기 위해서는 그 모음과 뒤에 오는 비강자음이 동음절(tautosyllabic) 안에 있어야지 이음절(heterosyllabic) 안에 있으면 안 된다. 아래와 같은 경우도 조금 특이한 경우이긴 하지만 마찬가지이다.

sing[sĩŋ] vs. singer[sĩŋ,ər]

'singer'의 경우 어간 'sing'과 행위자를 의미하는 접미사 '-er' 사이에 형태소 경계(morpheme boundary)가 오는 데다 음소 /ŋ/이 음절의 머리(onset)에 올 수 없으므로 음절의 경계가 연구개 비음 /ŋ/의 뒤에 오게 된다. 이러한 이유로 'sing'의 경우와 마찬가지로 모음의 비음화가 일어난다.

이상을 종합하여 영어에서 관찰되는 모음의 비음화규칙을 형식화하면 다음과 같다.

영어 모음의 비음화(Vowel nasalization)

$V \rightarrow \tilde{V}$ / ___N,

7.6.6 밝은 'l'과 어두운 'l'(Clear vs. dark 'l'): 연구개음화(Velarization)

영어단어 'leaf'와 'feel'에서 'l' 발음을 비교해 보면 영어에 두 종류의 /l/이 있음을 알 수 있다. 같은 /l/이지만 소위 어두운(dark) 'l'을 가진 'feel'에서는 밝은(clear) 'l'을 가진 'leaf'보다 혀가 훨씬 뒤에 온다. 두 'l' 간의 이러한 차이는 간단한 실험을 통하여 쉽게 확인할 수 있다. 컴퓨터에 있는 녹음기를 이용하여 이 두 단어를 뒤에서부터 듣는 것이다. 다시 말해 이 두 단어를 발음기호로 적어보면 각각 leaf [lif]와 feel [fiɫ]이니까 'feel'의 발음을 뒤에서부터 시작하도록 한 다음 이를 'leaf'의 발음과 연결하여 들어보면 [ɫif]와 [lif]를 듣게 되므로 두 /l/ 간의 차이를 확실히 들을 수 있게 된다는 것이다. 마찬가지로 이번에는 leaf [lif]를 뒤에서부터 들려주면서 feel [fiɫ]과 함께 들어보면 [fil]과 [fiɫ]을 연속해서 듣게 되므로 그 차이를 분명히 인식할 수 있다. 아래 실습을 통하여 이를 확인해 보자.

실습

1) 인터넷 웹스터 사전에서 'feel'과 'leaf'의 원어민 발음을 소리파일로 자신의 컴퓨터에 저장한다.
2) 컴퓨터의 '시작' 버튼을 눌러서 '프로그램' → '보조프로그램' → '엔터테인먼트'로 가서 '녹음기'를 클릭한 다음 '파일' → '열기'에서 1)에서 저장한 파일을 불러온다.
3) 불러온 파일 중 'feel'의 파일을 녹음기 메뉴 중 '효과'를 열어서 '반대방향으로 재생'을 눌러 재생한다.
4) 재생된 음을 'leaf'의 원어민 발음과 비교한다.
5) 이번에는 'leaf'의 파일을 불러 위의 과정을 반복한다.

만약 가지고 있는 컴퓨터 녹음기에 '반대방향으로 재생'하는 기능이 없다면 프라트 안에 있는 같은 기능을 사용하면 된다.

1) 위 1)의 과정에서처럼 'feel'과 'leaf'의 원어민 발음을 자신의 컴퓨터에 저장한 다음 프라트로 불러들인다.
2) Object창 우측에 있는 메뉴 중에서 Modify로 가서 Reverse기능을 사용한다.

아래 그림은 밝은 /l/과 어두운 /l/의 조음 시 구강 내에서 혀의 위치가 어떻게 다른지를 보여준다. 그림에 잘 나타나듯이 밝은 'l'의 경우 혀는 중립위치에 있고 혀끝이 치경에 가 닿아 있다. 물론 영어의 /l/이 치경설측음(alveolar lateral)이므로 혀의 측면은 열려있어서 이곳으로 공기가 자유롭게 드나든다. 반면에 어두운 'l'의 경우 혀끝은 여전히 치조(alveolar ridge)에 가 닿아 있고 측면 또한 열려있으나 혀의 뒷부분(dorsum)이 연구개(velum)쪽으로 근접해 있다. 바로 이렇게 조음되는 'l'을 **연구개음화**(velarization)했다고 칭하고 밝은 'l'과 구분하기 위하여 [ɫ]로 적어주는 것이다. IPA에서는 이러한 연구개음화를 나타내는 부수기호(diacritic mark)로 유성연구개 마찰음 기호인 [ɣ]를 올려쓰기도 한다. 즉 dark [ɫ]=[$\text{l}^{\text{ɣ}}$]이다.

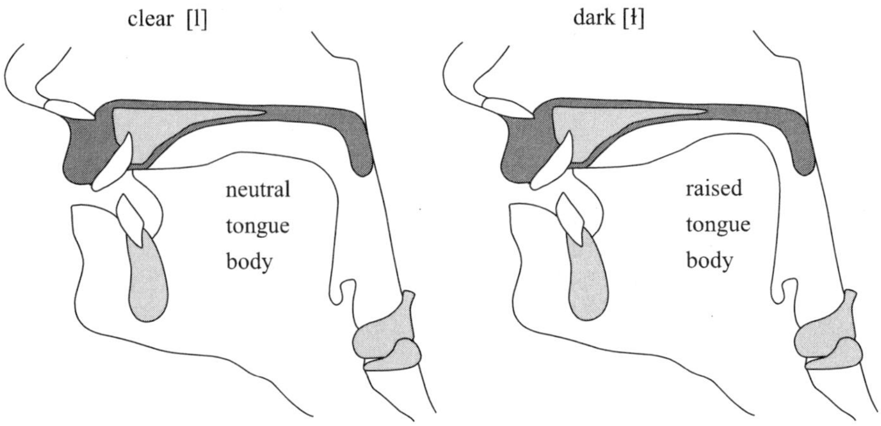

그림 12 | clear vs. dark 'l'

그러면 이처럼 음성적으로 서로 다른 두 'l'음은 서로 어떤 관계일까? 음소분석(phonemic analysis)을 통해 알아보자. 이 두 음은 같은 'l' 계열이므로 음성적으로 닮았다. 그러므로 같은 음소에 속하기 위한 조건 중의 하나인 음성적 유사성(phonetic similarity)을 만족시킨다. 다음은 이 두 음이 일어나는 환경이 상보적 분포(complementary distribution)에 있는가를 확인할 차례다. 표 8의 데이터를 보고서 직접 판단해 보자.

표 8 | 두 종류의 /l/ 발음에 관한 영어 데이터 분석

'l'의 발음	예	환경	재해석한 환경
clear 'l' = [l]	leaf, leave, let, late, lit, leer, leap, loop, limp, low	#____	,(C)____
	glance, black, blow, glad, fly, glow, gleam	#C___	
	lovely, silly, yellow, alloy, collar, pulley, foolish, teller	,____	
	complex, conclude, emblem	,C____	
dark 'l' = [ɫ]	feel, fill, fell, canal, doll, bull, pool, pale, pile, tile	____#	____(C),
	help, gulp, milk, bulb, salt, film, solve, elm, pulp	___C#	
	elbow, volcano, golden, almond, already, also	___,	

우리가 위에서 실험에 사용한 예인 'leaf'와 'feel'만 보면 얼핏 밝은 'l'은 어두에, 어두

운 'l'은 어말에 오는 것으로 단정하기 쉬우나 모든 음성현상이 그렇듯이 확실한 결론을 얻기 위해서는 좀 더 면밀한 조사가 필요하다. '**gl**ance, b**l**ack, b**l**ow' 등의 예는 어두라 할지라도 앞에 다른 자음이 올 수 있음을 보여주고 'mi**l**k, bu**l**b, sa**l**t' 등의 예는 어말이라 할지라도 뒤에 또 다른 자음이 올 수 있음을 보여준다. 게다가 'love**l**y[lʌv,li]'나 'e**l**bow[ɛɫ,boʊ]'는 밝은 'l'과 어두운 'l'의 발음은 단어의 머리나 끝이 아니라 음절 내에서 'l'이 어디에 오느냐가 더 중요함을 보여준다. 왜냐하면 'fee**l**'이나 '**l**eaf'에서 /l/의 환경을 각각 어말과 어두로 볼 수도 있지만 이들이 모두 단음절어(monosyllabic word)이므로 표 7의 맨 오른쪽 칸에서처럼 각각 음절의 머리와 끝에 포함시킬 수도 있기 때문이다. 즉 위의 예들에서 밝은 'l'은 다음 장에서 배울 음절 구조에서 공통적으로 두음(onset)의 위치에 있고 어두운 'l'은 말음(coda)의 위치에 있는 것이다. 이 두 환경이 서로 겹치지 않으므로 두 'l'음은 상보적 분포에 있다. 이렇게 보면 위의 두 'l'음은 하나의 음소에 속하기 위한 두 가지의 조건을 모두 만족시키므로 하나의 음소에 속하는 이음소(allophone)들이다. 이는 음소문자(phonemic alphabet)를 사용하는 영어에서 밝은 'l'과 어두운 'l'이 음성적으로 서로 다름에도 불구하고 하나의 문자 'l'로 표기하고 있는 점으로도 확인된다.

성절성 'l'(Syllabic 'l')

위의 밝은 'l'과 어두운 'l' 외에 영어에는 또 다른 'l' 발음이 있는데 바로 성절성 'l'(syllabic 'l')이다. 다음의 예들에서 /l/의 발음을 생각해보자.

> lit**tl**e, set**tl**e, cat**tl**e, chat**tel**, me**tal**, la**dl**e, sad**dl**e, mo**del**, i**dol**
> ma**pl**e, ap**pl**e, cha**pel**, ta**bl**e, no**bl**e, la**bel**
> buc**kl**e, cy**cl**e, lo**cal**, ea**gl**e, gig**gl**e, fru**gal**
> ra**cial**, spa**tial**
> tun**nel**, chan**nel**, colo**nel**, etha**nol**, natio**nal**,
> ca**mel**, tram**mel**, ani**mal**
> lau**rel**, squar**rel**

이 단어들은 모두 두 음절로 나는데 두 번째 음절의 발음에 모음이 없다. 예를 들면 'little'의 발음을 보자. 첫음절은 'li'까지고 나머지인 'ttle'이 두 번째 음절을 형성하는데 여기서 철자 'tt'는 물론 치조단타음 [ɾ]로 난다. 이 치조단타음 다음에 오는 소리는 모음은 없고 'l'만 있다(끝의 'e'는 묵음이다). 그런데 음절에는 필수적으로 음절의 핵(nucleus)이 있어야 하는데 보통 모음이 이 역할을 한다. 다만 'little'의 두 번째 음절에서처럼 모음이 없는 경우에는 모음과 가장 가까운 음이 그 역할을 대신한다. 즉 이가 없으면 잇몸이 이의 역할을 대신하는 것이다. 'little'의 두 번째 음절의 경우 다행히 /l/이 모음과 가까운 공명음(resonant)이므로 음절의 핵 역할을 하는데 이처럼 모음을 대신하여 음절의 핵 역할을 하는 자음을 가리켜 **성절성자음(syllabic consonant)**이라 부른다. 성절성자음은 부수기호 [̩]를 사용한다. 즉 'little'의 발음은 [lɪ,ɾl̩]인 것이다.

그러면 /l/의 성절성자음화는 어떤 경우에 일어나는 것일까? 첫째로 강세를 받지 않는 음절이어야 한다. 위의 예들에서 강세가 모두 첫 번째 음절에 오는 점에 주목하자. 이는 성절성자음화가 강세를 받지 않는 음절에서 축약모음(reduced vowel)이 된 'schwa' [ə]가 탈락하는 현상과 밀접한 관계에 있음을 시사한다. 즉 음절 내에서 핵의 역할을 하던 'schwa'가 탈락하자 같은 음절에서 모음과 가까운 공명자음인 /l/이 모음의 역할을 대신한 것이다. 이를 'racial'처럼 두 번째 음절에서 schwa [ə]가 자주 발음되는 예를 들어서 설명하자면 다음과 같다.

réɹ̥, ʃəl
réɹ̥, ʃl 무강세 [ə] 탈락(optional)
réɹ̥, ʃl̩ 성절성자음화(obligatory)

둘째로 중요한 점은 성절성자음 앞에 하나의 자음만 오는 경우는 어느 자음이 와도 상관이 없지만 둘 이상의 자음이 오는 경우에는 어떤 자음이 오느냐가 중요하다. 위의 예들을 다시 살펴보면 둘째 음절에 일어나는 성절성자음 앞에 모두 하나의 자음만을 가지고 있다. 그리고 이 자음들은 /t, d, p, b, k, g/와 같은 폐쇄음, /ʃ/와 같은 마찰음, /n, m/과 같은 비음, /r/과 같은 유음 등으로 어느 자음이 와도 무방하다(자음 중 빠진 것들은 필연적이기보다는 우연적일 개연성이 크다). 반면에 두 개 이상의 자음이 오는 다음과 같은 경우에는 얘기가 좀 다르다.

학자에 따라서는 이런 경우 모든 예에서 두 번째 음절에서 성절성 /l/이 일어나지 않고 pistol [pɪstəl]과 같이 발음되므로 오히려 schwa 삽입을 추정하기도 하나 이는 첫째 줄의 예들의 경우에 해당하고 둘째 줄의 예들은 주로 schwa는 없고 성절성 /l/로 발음된다. 즉 'pistol'과 같은 예들은 [pistəl]의 발음이 주를 이루고 [pistl̩]과 같이 줄어든 발음은 드문

표 9 | 앞에 자음이 둘 이상 오는 경우 'l'의 성절성 여부

단어	/l/의 발음
pistol, crystal, coastal, dactyl, cryptal, rascal, vespal	pistol [pɪstəl] 등 주로 schwa와 함께 발음된다
marble, bumble, candle, tingle, circle, angle, burgle cordial, colonel	marble [marbl̩] 등 주로 성절성[l̩]로 발음된다

반면에 'marble, candle, circle'과 같은 예들은 [marbl̩], [kænɾl̩], [sʌrkl̩]처럼 성절성 /l/의 발음이 주이고 schwa가 삽입된 [marbəl], [kænɾəl], [sərkəl]과 같은 발음이 오히려 드물게 일어난다. 이는 앞에 오는 자음의 성격과 관련이 있다. 첫째 줄은 'pistol'이나 'cryptal'처럼 두 번째 음절 앞에 '장애음(obstruent)'을 가지고 있으나 둘째 줄은 모두 '공명음(sonorant)'인 /r/과 /n, m/을 가지고 있다.

그러면 왜 앞 자음이 공명음일 때는 장애음일 때보다 성절성자음이 일어날 가능성이 더 많은 것일까? 이 문제 또한 강세를 받지 않는 음절에서 일어나는 schwa탈락 현상과 밀접한 관계에 있다. 즉 /l/의 성절성자음화가 일어나기 위해서는 음절의 핵의 위치에 있는 schwa가 먼저 탈락해야 하는데 이러한 모음의 탈락은 앞이나 뒤에 자음이 몇 개가 오느냐가 중요한 요인으로 작용한다. 즉 앞에 두 개의 자음이 올 때보다는 하나의 자음이 올 때 더 잘 탈락할 수 있다. 그런데 위의 단타음화 과정에서 설명하였듯이 영어에서 /r/이나 비강음 /m, n, ŋ/은 앞의 모음과 합치려는 경향이 매우 강하다. 이러한 이유로 'cercle'과 같은 단어의 경우 앞에 오는 schwa와 뒤에 오는 /r/이 'rhotacization'의 과정을 거쳐 [ɝ]로 합쳐지므로 [sɝkl]과 같이 나기도 하는 것이다. 비강음의 경우 앞에 오는 schwa와 이처럼 완전히 합쳐지는 것은 아니지만 음절 말에서 통상적으로 일어나는 비음화(nasalization)에 의하여 자음성이 많이 약화되므로 /s/나 /p/와 같은 장애음이 앞에 올 때보다 뒤에 오는 schwa가 쉽게 탈락할 수 있다. 이러한 schwa의 탈락은 결국 뒤에 오는 /l/의 성절성자음화로 이어진다. 다음의 설명을 참조해 보자.

pístəl	sʌ́rkəl	tíŋgəl	
″	sɝ́kəl	tĩ́^{ŋ}gəl	rhotacization and nasalization
″	sɝ́kl	tĩ́^{ŋ}gl	무강세 [ə]탈락
″	sɝ́kl̩	tĩ́^{ŋ}gl̩	/l/의 성절성자음화

이렇게 보면 성절성 /l/로 나는 경우는 모두 /l/ 앞에 온 모음 schwa가 탈락한 결과이므로 이들은 모두 한 음절에서 모음 뒤에 올 때 나타나는 어두운 /l/(dark 'l')의 조건을 만족시킨다. 다시 말하면 성절성자음화가 일어난 /l/ 또한 연구개음화(velarization)가 일어난 어두운 [ɫ]인 것이다. 다음의 추출과정은 성절성자음에도 연구개음화가 적용된 결과를 보여준다.

pístəl	sʌ́rkəl	tíᵑgəl	
〃	sɝ́kəl	tĩᵑgəl	rhotacization and nasalization
pístəɫ	sʌ́rkəɫ	tíᵑgəɫ	velarization
〃	sɝ́kɫ	tĩᵑgɫ	무강세 [ə]탈락
〃	sɝ́kɫ̩	tĩᵑgɫ̩	성절성자음화

이 설명에 의하면 'little'이나 'riddle'과 같은 예들도 두 번째 음절에 원래 'schwa'가 있었다고 가정함으로써 같은 궤도에서 어두운 성절성 'l'을 설명할 수 있다.

lítəl	rítəl	
líɾəl	ríɾəl	flapping: t, d → ɾ/ V̄ ___ V̆
líɾəɫ	ríɾəɫ	velarization
líɾɫ	ríɾɫ	무강세 [ə]탈락(하나의 자음 뒤에서)
líɾɫ̩	ríɾɫ̩	성절성자음화

이상의 분석을 종합해 보면 영어에서 /l/은 다음과 같은 음소 구조를 가지고 있다.

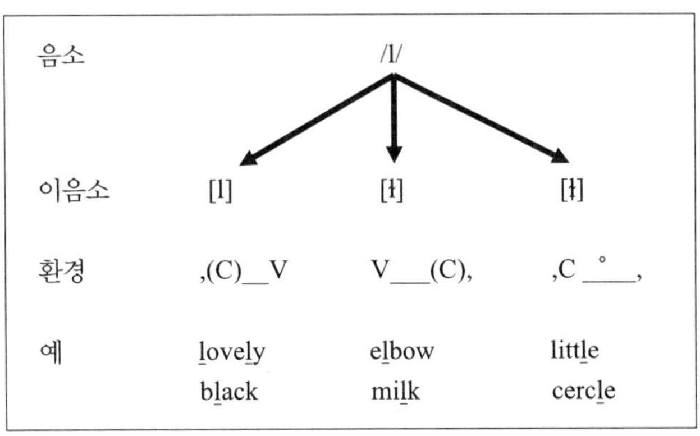

그림 13 | /l/의 음소와 이음소

실습

'little'의 발음을 m-w.com 혹은 naver.com에서 다운받은 다음 프라트의 Modify〉〉Reverse기능을 이용하여 뒤에서부터 들어보고 이때 일어나는 성절성자음 [ɫ̩]의 발음이 실제로 'dark' /l/인지를 확인하여 보자. 힌트: 'feel'을 뒤에서부터 들어볼 때의 발음과 비교하여 비슷한지를 확인해 본다.

7.6.7 부분적 무성음화(Partial Devoicing)

이미 언급한 대로 /n, m, l, r/과 같은 공명음들이 어두에서 /p, t, k/나 /s/와 같은 무성음 뒤에 오게 되면 이들의 영향으로 부분적으로 무성음화한다. 이를 나타내는 부수기호는[̥]이다.

예: s[n̥]ow, s[l̥]ow, p[l̥]ay, p[ɹ̥]ay, t[ɹ̥]ay, c[l̥]ay, c[ɹ̥]y, t[ɹ̥]y 등.

부분적 무성음화의 또 다른 예로는 어두나 어말에서 유성폐쇄음이 무성음화 하는 경우를 들 수 있다.

예: [b̥]o[b̥], [d̥]a[d̥], [g̊]a[g̊]

위의 경우 중 'pl̥ay, pɹ̥ay, tɹ̥ay, cl̥ay, cɹ̥y, tɹ̥y' 등에서 뒤에 오는 /r/이나 /l/의 무성음화는 앞에 오는 무성폐쇄음 /p, t, k/의 기음화(aspiration)와 연관시켜 설명하기도 한다. 즉 강세를 받는 음절의 머리에 오는 무성폐쇄음은 통상 [p^h, t^h, k^h]로 기음화가 일어나고 유기음 [h]가 무성이면서 근접한 음을 무성음화시키는 역할을 하므로 다음과 같은 설명이 가능한 것이다.

pleɪ	treɪ	kleɪ	
p^hleɪ	t^hreɪ	k^hleɪ	aspiration: p, t, k → p^h, t^h, k^h / #__(C)V́
pl̥eɪ	tr̥eɪ	kl̥eɪ	contraction: ^{h}l, ^{h}r → l̥, r̥
(play)	(tray)	(clay)	

의문사 'whether'의 세 가지 발음(Three pronunciations of 'whether')

위의 부분적 무성음화의 분석에 관한 근거로 'whether'의 발음에 나타나는 무성음화 현상을 들 수 있다. 이 의문사는 아래와 같은 세 가지의 발음을 가지고 있다.

[hwɛðɚ]~[wɛðɚ]~[w̥ɛðɚ]

첫 번째 발음은 사전에 기술된 것으로 철자 'wh'가 [hw]로 발음되었다. 그런데 [h]는 다음의 예들에서 볼 수 있듯이 약한 자음인 관계로 자주 탈락한다.

a hístory teacher

an históricalnovel

같은 'h'로 시작하는 단어임에도 불구하고 두 번째 경우에 관사 'an'이 쓰이는 이유는 강세를 받지 않는 음절에서 'h'가 발음되지 않기 때문이다. 즉 모음으로 시작하는 단어이므로 'an'을 써주는 것이다. /h/가 이렇듯 약한 자음이다 보니 'who, what, where, why'를 포함하는 모든 wh-의문사들은 구어에서 [h]탈락을 겪는다. 즉 who[wu], what[wət], where[wɛr], why[waɪ]로 발음되기도 하는 것이다. 'whether'의 두 번째 발음은 이러한 /h/-탈락을 반영한 것이다.

한편 [h]의 또다른 특징은 인접한 음을 무성음화한다는 점이다. 어두에서 /p/가 유기음으로 발음된 영어 'pa'('papa'의 준말)의 스펙트로그램을 보자(그림 14).

이 그림은 이미 우리가 유기음화(aspiration)과 VOT(voice onset time)의 관계를 설명하면서 본 것이다. 그런데 모음의 시작을 알리는 피치 선이 시작하기 전에 나타나는 부분이 흥미롭다. 유기음을 알리는 [h]에 해당하는 이 부분을 자세히 보면 마치 모음에서처럼 여러 개의 포만트 선이 가로로 나 있다. 이는 마치 모음이 훨씬 먼저 시작하였으나 앞에 오는 무성폐쇄음이 [p^h]로 유기음화하는 바람에 폐쇄음의 [h]와 모음의 앞부분이 합쳐져서 무성의 모음, 즉 [ɑ̥]를 형성하고 있는 양상이다. 이럴 경우 어디까지가 폐쇄음이고 어디서부터 모음이 시작하는가 하는 논란이 있을 수 있지만 당장 우리에게 중요한 사실은 [h]가 이처럼 뒤에 오는 모음을 무성음화시킨다는 점이다. 같은 현상이 'weather'의 세 번째 발음에서도 관찰된다. 즉 [w̥ɛðɚ]는 첫 번째 발음인 [hwɛðɚ]에서 [hw]가 합쳐져서 무성의 /w/, 즉 [w̥]로 난 경우인 것이다. IPA에서는 이 무성의 /w/를 [ʍ]로 표기한다. 즉

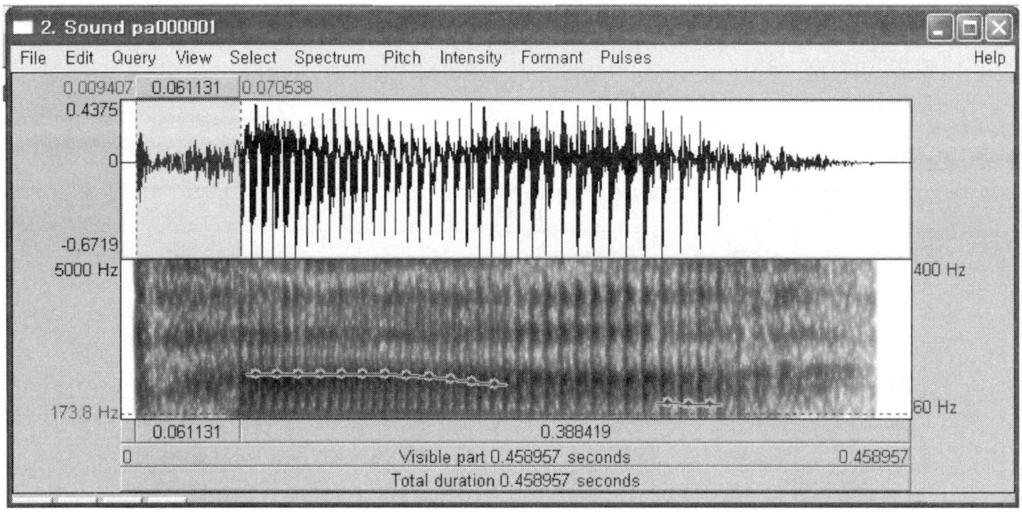

그림 14 | m-w.com에서 불러와 분석한 'pɑ'의 스펙트로그램. 모음이 시작하기 전에 기음 부분에서(선택된 부분) 이미 모음 [ɑ]와 같은 주파수대에서 포만트가 형성되었다.

[w̥] = [ʍ]이다. 이러한 관점에서 보면 'play, tray, clay' 등에서 /l/의 무성음화가 일어나는 이유도 무성폐쇄음 /p, t, k/의 기음화가 일어난 후 무성인 /h/가 뒤에 오는 /l/과 합쳐져서 나온 결과이다. 즉 다음과 같은 현상이 발생한 것이다.

h + w = [w̥]([ʍ])
h + l = [l̥]
h + r = [r̥]

7.6.8 모음의 /r/의 색채화(/r/-Coloring; Rhotacization): 미국영어에서 /r/ 색채 모음(/r/-Colored Vowel) [ɚ]와 [ɝ]:

미국영어에서 음절 말에서 /r/이 발음되는 지역의 경우에도 butter, fur 등과 같은 단어에서 보통 schwa+/r/로 나야 할 것이 두 음 간에 일종의 축약이 일어나 '/r/ 색채 모음(/r/-colored vowel)'으로 나는 경우가 있다. 예: butter [bʌ́ɾɚ], fur[fɝ́]. 발음기호 [ɚ]는 [ə]+[r]이 축약한 것이고 [ɝ]는 [ʌ] +[r]이 축약한 것이다. 전자는 무강세 음절에서 일어나고 후자는 강세를 받는 음절에서 일어난다.

이러한 /r/의 색채화는 'schwa' 다음에 오는 /r/이 같은 음절 안에 있을 때 주로 일어나고 서로 다른 음절에 있으면 일어나지 않거나 방언에 따라서는 수의적으로 일어난다. 다음의 예들을 비교해 보자.

표 10 | 미국영어에서 모음의 /r/ 색채화

	예	phonemic	phonetic	비고
/ə + r/	cénter	/sɛntər/	[sɛ́ntɚ]	/ə́ +r/이 같은 음절에 있음.
	fáther	/fάðər/	[fάðɚ]	
	survíve	/sərvá̱ɪv/	[sɚvá̱ɪv]	
	aróund	/əráʊ̯nd/	[əráʊ̯nd]~[ɚáʊ̯nd]	/ə́/와 /r/이 서로 다른 음절에 있음.
/ə́ +r/ ‖ /ʌ́ +r/	fúr	/fə́r/	[fɝ́]	/ə́ +r/이 같은 음절에 있음.
	hérmit	/hə́rmɪt/	[hɝ́mɪt]	
	confér	/kənfə́r/	[kənfɝ́]	
	húrry	/hə́ri/	[hɜri]~[hɝi]	/ə́/와 /r/이 서로 다른 음절에 있음.

7.6.9 치음화(Dentalization)

/n/, /l/, /t/와 같은 치조음이 /Θ/나 /ð/와 같은 치음 앞에서 치음화한다.

예: te**n**th[tɛn̪Θ], wea**l**th [wɛl̪Θ], eighth[eɪt̪Θ],2) ba**d**[bæd̪] things, grea**t**[greɪt̪] things, kill[kil̪] them

7.6.10 /r/ 앞에서의 파찰음화(Affrication Before /r/)

/t/나 /d/가 /r/ 앞에서 파찰음 [tʃ]와 [dʒ]로 난다.

예: **t**rain[tʃreɪn], **d**rain [dʒreɪn]

이러한 이유로 어린이들이 'train'을 'chrain'으로 적기도 한다.

---

2) 원래 'eight'와 순서를 나타내는 접미사 '-th'로 이루어져 있으나 철자에서는 두 개의 't'가 하나로 줄어듦. 발음에 있는 /t/는 여전히 치음화가 일어났음.

8

음절과 초분절음(Syllables and Suprasegmentals)

언어에서 일어나는 음은 크게 분절음과 초분절음 두 가지로 구분된다. 원래 말소리는 자음·모음 구분이 없이 지속적(continuous)으로 일어나지만 우리가 인위적으로 단절된(discrete) 음으로 인식하여 말하거나 듣는다. 그래서 자음과 모음을 분절음(segments: 영어에 'segment'는 '나누다'라는 뜻이 있음)이라 부른다. 그런데 말소리에는 이처럼 분절음으로 분석되지 않고 그보다 더 큰 단위인 음절(syllable)에 속하는 것들이 있는데 이를 초분절음(suprasegmentals)이라고 부른다.

초분절음이라 하면 보통 강세(accent)와 피치(pitch)를 가리키는데 여기에 경우에 따라서는 음장(length)을 포함시키기도 한다. 강세, 피치, 음장, 이 세 가지 요소들은 영어의 리듬(rhythm)을 형성하는 데 중요한 역할을 한다. 이 장에서는 먼저 음절의 구조와 초분절음에 속하는 세 요소들에 대하여 알아보고 다음 장에서 영어의 리듬에 대하여 자세히 논의하도록 한다.

8.1 음절(Syllable)

대부분의 사람들에게 어떤 단어가 몇 음절로 이루어졌는가를 물어보면 비교적 쉽게 그 숫자를 대답한다. 국어에서 음성상징어인 '달가닥'을 예로 들어보자. 누구나 우리말을 모국어로 하는 사람이라면 특별한 어려움 없이 이 단어가 '달-가-닥'의 3음절로 이루어져 있음을 안다. 이는 어떤 언어이든 모국어 화자는 그 언어의 음절구조에 대한 어느 정도의 직관(intuition)을 지니고 있기 때문이다. 음절에 대한 이러한 보편적 직관에도 불구하고 음성학자들이 음절의 정의를 내리는 데 많은 어려움을 겪었다. 심지어 심장박동(chest pulse)에 의한 정의를 시도하기도 하였으나 모두 잘 맞지 않는 것으로 드러났다.

음절에 대한 정의가 완벽하지 못하다 하더라도 음절이라는 개념이 인간의 언어를 분석하고 연구하는 데 매우 중요한 역할을 하는 것임은 부인할 수 없다. 이에 대한 증거로 다음의 경우들을 생각해 보자.

1) 음절은 발화(utterance)의 최소단위이다. 어떤 언어든 적어도 한 음절을 이루지 않고서는 발화가 될 수 없다. 예를 들면 영어에서 'Ah! Sh!'와 같은 감탄사의 경우 모두 하나의 분절음이 발화를 이루고 있는 것처럼 보이나 사실은 모두 발화에 필요한 최소 음절

수인 1음절을 충족시키고 있다. 그 이유는 이들 감탄사 속에 들어있는 분절음들이 모두 음절의 핵을 이루고 있기 때문이다. 밑에서 음절의 구조를 다루면서 더 자세히 설명하겠지만 한 음절에는 반드시 그 음절의 핵이 있어야 하는데 모음이 이 역할을 하는 것이 보통이나 위의 'Sh!'와 같은 감탄사의 경우 음절 안에 하나의 자음 [ʃ]만 있으므로 이 자음이 음절 내에서 핵의 역할을 대신할 수밖에 없다. 이러한 자음을 **성절성자음(syllabic consonant)**이라 부른다. 즉 발화에 하나의 분절음만 있다 할지라도 이 음이 음절의 필수요소인 핵의 역할을 하고 있으므로 그 발화는 여전히 1음절어인 것이다.

2) 소위 'Spoonerism'이라고 불리는 두음전위(頭音轉位; transposition of initial sound) 현상이 있는데 이는 영국 Oxford 대학의 Spooner 학장의 말실수에서 따온 이름이다. 그는 자주 아래와 같은 실수를 하였다고 한다(Cf. Fromkin et al. 2003, p.306).

의도한 표현	실제 표현
That dear old queen	That queer old dean
You have missed my history lecture	You have hissed my mystery lecture
You have wasted the whole term	You have tasted the whole werm

이러한 실수는 아래와 같은 한 단어의 발음에서도 자주 일어나는데 이때 서로 전이되는 음은 항상 음절 내에서 유사한 위치에 있는 음이다.

	원래 발음	두음전위된 발음
elephant	/ɛ**l**ə**f**ənt/	/ɛ**f**ə**l**ənt/
pancakes	/**p**æn**k**eɪks/	/**k**æn**p**eɪks/
kitchen	/**k**ɪ**tʃ**n̩/	/**tʃ**ɪ**k**n̩/

'[ɛ, **l**ə, **f**ənt]'는 3음절로 이루어져 있는데 음절 머리에 있는 /f/와 /l/ 사이에 두음전위가 일어났다. 2음절인 '[**p**æn, **k**eɪks]'의 경우도 /k/와 /p/가 각 음절의 머리에서 자리바꿈을 하였다. 'kitchen'은 우리나라 화자들이 특히 많이 하는 말실수로 'Spoonerism'이 일어나면 'chicken'이 되고 만다. 이러한 사실은 음의 전위를 설명하는 데도 음절과 그 경계에 대한 개념이 필요함을 잘 보여준다.

3) 외국어의 차용을 보면 각 언어마다 음절구조가 다르다는 것을 알 수 있다. 예를 들어서 햄버거집 상호인 'MacDonald's'가 영어에서는 [mək,dɑ́,nəłdz]로 3음절이지만, 우리말에서는 [mæk,do,nal,dɨ]처럼 4음절로, 일본어에서는 [ma,ku,do,na,ru,do]처럼 6음절로 발음되는 이유는 각 언어마다 허용하는 음절구조의 유형이 다르기 때문이다. 영어의 경

우 기본음절 구조가 한 음절의 머리와 끝에 여러 개의 자음을 허용하는 'CCCVCCCC'인 반면에 우리말은 'CVC', 일본어는 'CV'이다. 이러한 관계로 우리말과 일본어에서는 영어의 모든 자음군(子音群; consonant cluster) 사이에 모음을 삽입하여 발음하게 되는 것이다. 예를 들면 영어의 'golf'를 '골프'로 'stress'를 '스트레스'로 발음하는 것도 우리말은 어두나 어말에 자음군을 허용하지 않는 'CVC' 음절구조를 가진 바, 이러한 음절구조에 맞추기 위하여 자음과 자음 사이에 소위 매개모음인 /으/를 삽입하기 때문이다.

4) 음절은 언어의 운율(rhythm, meter)에서 매우 중요한 역할을 한다. 왜냐하면 운율 즉 리듬은 음절을 기본단위로 하기 때문이다. 한 예로 미국시인 Robert Frost의 〈Stopping By Woods On A Snowy Evening〉을 보면 각 행이 모두 같은 수의 음절(8음절)로 이루어져 박자를 맞추고 있음을 알 수 있다.

Whose woods these are I think I know.
His house is in the village, though;
He will not see me stopping here
To watch his woods fill up with snow.

My little horse must think it queer
To stop without a farmhouse near
Between the woods and frozen lake
The darkest evening of the year.

He gives his harness bells a shake
To ask if there is some mistake.
The only other sound's the sweep
Of easy wind and downy flake.

The woods are lovely, dark and deep.
But I have promises to keep,
And miles to go before I sleep,
And miles to go before I sleep.

실습

위 시를 IPA를 사용하여 음성기술을 하고 음절을 나누어 보라. 각 행이 실제로 8음절로 이루어져 있는지 확인해 보자.

음절의 구조(Structure of syllable)

음절은 아래와 같은 계층구조를 가지고 있다.

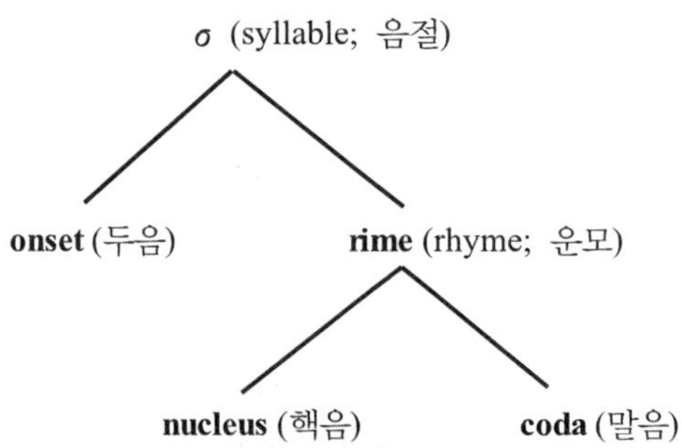

그림 1 | 음절의 구조

음절의 중심이 되는 요소가 **핵음(核音; nucleus)**이기 때문에 주로 모음이 이 핵의 역할을 한다. 음절 핵의 주위에는 독립적으로 음절을 이룰 수 없는 자음이 오는데 핵의 앞에 오는 자음을 **두음(頭音; onset)**, 뒤에 오는 자음은 **말음(末音; coda)**이라 부른다. 언어에 따라 두음과 말음은 없을 수도 있으나 핵음만은 반드시 있어야 한다. 말음이 있으면 **폐음절(閉音節; closed syllable)**이고 없으면 **개음절(開音節; open syllable)**이라 부른다.

음절의 이러한 구조는 시어(詩語)에서 사용하는 **각운(脚韻; rhyme)**에서 더욱 돋보인다. Frost 시의 둘째 연에서 'queer, near, year'가 셋째 연에서는 'shake, mistake, flake'가 각각 같은 각운으로 이루어져 있고 첫 연의 'know, though, snow'도 비록 말음은 없지만 같은 각운을 이루고 있음을 알 수 있다. 이러한 각운의 사용은 시의 음악성을 높이는 구실을 한다. 반면에 두음은 음절의 핵과 어우러지기보다는 독립적으로 운율효과를 내는 것이 보통이다. 각 단어의 첫 음을 맞춰서 효과를 내는 **두운(頭韻; alliteration)**이 바로 그런 데 영국의 19세기 소설가 Jane Austen의 〈**P**ride and **P**rejudice(오만과 편견)〉나 〈**S**ense and **S**ensibility(이성과 감성)〉같은 작품들의 제목에서 같은 두음인 /p/나 /s/를 반복한 것이나 아래 '**P**ied **P**iper'와 같은 동요(nursury rhyme)의 두운이 이를 잘 보여준다.

Peter **P**iper **p**icked a **p**eck of **p**ickled **p**eppers.

그뿐만 아니라 요즘 미국 프로야구리그에서 활약하는 한국 선수들의 별명에도 같은 현상이 관찰된다. 예: Park Bang(박병호), Big Boy(이대호), King Kang(강정호), Chu Chu Train(추신수).[1)]

실습

미국의 팝가수 Neil Diamond의 다음 노래를 YouTube에서 찾아서 들어보고 가사가 가지는 음악성에 대하여 생각해 보자.

> **Song Sung Blue**
>
> Song sung blue
> Everybody knows one
> Song sung blue
> Every garden grows one
>
> Me and you are subject to the blues now and then
> But when you take the blue and make a song
> You sing them out again
> Sing them out again
>
> Song sung blue
> Weeping like a willow
> Song sung blue
> Sleeping on my pillow

성절성자음(Syllabic consonants)

음절 내에서 핵의 역할을 하는 것은 보통 모음이지만 위의 'Sh!'나 'Hmm!'과 같은 감탄사처럼 한 음절 내에 아예 모음이 없거나 모음이 탈락한 경우에는 유음(liquids)이나 비음(nasal)처럼 모음과 가장 유사한 자음이 그 역할을 대신하는데, 이를 성절성자음(**syllabic consonant**)이라 부른다. 예를 들면 'little'과 같은 단어의 경우 [lɪ]와 [ɾl̩] 두 음절로 되어

1) 7장 맨 끝에서 'train'이 'chrain'으로 발음될 수 있다고 했음을 상기하자.

있는데, 둘째 음절의 경우 모음이 없으므로 주위의 자음 중 그 성질이 모음과 가장 가까운 유음 [l]이 모음을 대신하여 음절의 핵이 된다. 마찬가지로 Sh![ʃ̩], Hmm![hm̩]도 단음절어(monosyllabic word)로서 모음이 없으므로 음절 내에 있는 자음 중 모음과 가장 가까운 것이 성절성자음이 되어 모음의 역할을 대신하고 있다. 성절성(syllabicity)은 발음기호 밑에 점을 찍어서 표시한다.

그렇다면 자음이 모음과 가깝다는 것은 무엇을 의미하는 것일까? 맨 먼저 생각해 볼 수 있는 것이 2장에서 설명한 열림도(aperture)이다. 모음이 가장 열림도가 높은 분절음이므로 자음 중 열림도가 높은 순으로 모음에 가까울 것이라는 점이다. 이를 열림도가 높을수록 숫자를 올려 적어서 비교해 보면 아래와 같은 공명성척도(Sonority Scale)를 만들 수 있다.

공명성척도(Sonority Scale)

폐쇄음	마찰음	비음	유음	활음	모음
1	2	3	4	5	6

이 표에서 모음과 가장 가까운 것은 /l, r, y, w/와 같은 근접음(approximant)이고 그 다음이 /m, n, ŋ/과 같은 비음, 그리고 /s, f, Θ/와 같은 마찰음 순으로 모음과 유사함을 알 수 있다. 그런데 근접음은 /l, r/과 같은 유음(流音; liquid)과 /y, w/와 같은 활음(滑音: glide)으로 나뉘므로 이들 사이의 열림도를 생각해 봐야 한다. 이미 2장에서 언급한 대로 자음 중 모음 /i/와 가장 가까운 것은 활음 /y/이고 모음 /u/와 가장 가까운 것은 활음 /w/이므로 활음이 유음보다 더 모음에 가깝다는 것을 추정하는 것은 어렵지 않다.

그런데 모음과 가장 가까운 자음이라고 할 수 있는 활음 /y, w/가 성절성자음이 되는 경우는 없다. 그 이유는 활음은 원칙적으로 음절의 머리나 꼬리에 일어나는 비음절성 모음(nonsyllabic vowel)이기 때문이다. 즉 /y/ = /i̯/이고 /w/ = /u̯/인 것이다([̯]는 비음절성을 표기하는 IPA 부수기호이다). 실제로 /y/나 /w/같은 활음을 스펙트로그램상에서 보면 약하지만 모음 /i/, /u/와 거의 같게 나타난다. 이러한 이유로 활음을 반모음(semi-vowel)이라고도 부르는 것이다. 이렇게 활음이 제외되고 나면 모음과 가장 가까운 자음은 유음이고 다음이 비음, 마찰음, 폐쇄음 순이 되므로 영어에서 주로 유음 /l, r/과 비음 /m, n, ŋ/이 성절성자음이 되는 것은 당연하다. 다만 드물게 'Sh!'(=[ʃ̩]와 같은 감탄사에서 유음이나 비음이 없는 경우에 마찰음이 성절성자음을 이루기도 한다.

성절성자음의 조건(Conditions on syllabic consonant)

유음이나 비음이 성절성자음이 될 수 있지만 아래 설명에서 볼 수 있듯이 그 조건이 같은 것은 아니다. 유음 /l, r/의 경우 같은 음절 내에서 앞에 오는 자음과 관계없이 성절성자음화가 일어난다. 이는 반드시 장애음 뒤에서만 성절성자음이 되는 비음의 경우와 대조된다.

1) 유음 /l/과 /r/의 성절성자음화: 앞에 오는 자음이 어느 자음이라도 관계없이 성절성자음화가 일어난다.

[l̩]:
little, settle, cattle, chattel, metal, ladle, saddle, model, idol
maple, apple, chapel, table, noble, label
buckle, cycle, local, eagle, giggle, frugal
racial, spatial
tunnel, channel, colonel, ethanol, national,
camel, trammel, animal
laurel, squarrel

[r̩]:
center, chamber, number, ladder, latter
golfer, giver, teaser, pusher, weather, whether, catcher, dodger
dinner, corner, hammer, summer, singer, hanger
roller, killer, error, terror

2) 비음 /m/, /n/, /ŋ/의 성절성자음화: 앞에 오는 자음이 반드시 장애음일 때 일어난다.

[m̩]: Adam, atom, album bosom, blossom, hansom, anthem
[n̩]: sharpen, harden, awaken, darken, biggen, largen, densen, lessen, loosen, freshen, richen, deafen, enliven, smoothen, lengthen

반면에 아래의 예들과 같이 비장애음 뒤에서는 일어나지 않는다.

aluminum, asylum, problem, moslem, emblem, spectrum
linen, fallen, stolen, women, barren, brethren,

3) 비음 중 음절성 [ŋ]은 단어 내에서는 그 예가 거의 없으나 다음과 같이 구어체에서 자주 일어난다. (이에 대한 자세한 설명은 9장의 기능어의 강형과 약형에 대한 설명 참조)

[ŋ]: I can[kŋ] go, back and[ŋ] forth

음절 나누기(Syllabification)

그러면 한 단어에 여러 개의 음절이 있을 때 그 경계를 정하는 규칙을 살펴보자. 여기서 음절은 발음을 기준으로 나눈다는 것을 염두에 두어야 한다. 보통 철자를 사용하여 음절의 경계를 보여주는 경우는 있으나 이때도 그 기준은 발음이다. 우선 몇 가지의 기본 규칙을 정한 다음 이러한 규칙이 문제가 될 수 있는 경우들을 살펴보기로 한다.

음절 나누기 연산법[2)]

1) 한 단어에서 모음과 모음 사이에 오는 자음은 뒤에 오는 모음과 같은 음절에 속한다. 즉 'VCV'는 'V,CV'로 음절을 나눈다. 예: ado[ə,dú]
2) 연달아 나오는 모음은 서로 다른 음절에 속한다. 즉 'VV'는 'V,V'로 나눈다. 예: zoology[ʤoʊ̯,á,lə,ʤɪ]
3) 모음과 모음 사이에 연달아 나오는 자음은 서로 다른 음절에 속한다. 즉 'VCCV'는 'VC,CV'로 나눈다. 예: after[ǽf,tər]. 주의: 음절은 발음에 기초하여 나누는 것이므로 두 문자가 하나의 음을 가리키는 이중음자(diagraph)는 하나의 음으로 취급하여 나누어야 한다. 예: mother[mɑ,ðər], quick[kwɪk](1음절임).
4) 영어의 경우 자음 뒤에 바로 /l, r/과 같은 유음이나 /y, w/같은 활음이 연달아 나오면 하나의 자음으로 간주하여 뒤에 오는 모음의 두음(onset)이 된다. 그래서 'atrocious'나 'attune'같은 단어의 경우 [ə,tróʊ̯,ʃəs], [ə,tyún]로 음절이 나뉜다.

공명성제약과 최대두음원칙(The sonority constraint and the principle of maximal onset)

위에 제시한 연산법을 사용하더라도 음절의 경계가 분명치 않을 때가 있다. 이럴 때

2) 이 규칙들은 Foley(1991)의 'syllable boundary algorithm'에 기초한 것이다.

사용할 수 있는 개념이 공명성제약(**sonority constraint**)과 최대두음원칙(**Maixmal onset principle**)이다.

먼저 공명성제약이 음절의 경계분석에서 어떻게 활용될 수 있는지 살펴보면, 음절의 계층구조에서 볼 수 있듯이 한 음절의 중심이 되는 핵은 그 음절 내에서 공명성이 가장 높은 분절음이 되고 이 핵의 위치로부터 변방, 즉 두음과 말음 쪽으로 가면서 공명성이 줄어들게 된다. 간단한 예로 한 음절에 두음과 말음이 각각 하나의 자음으로 되어 있는 'CVC'류의 음절을 보면 음절의 핵에 위치한 모음은 어떤 자음보다도 더 높은 공명성을 가지고 있다. 문제는 'brink[brɪŋk]'처럼 변방에 위치한 두음과 말음에 하나 이상의 자음이 올 때인데 이때도 같은 원칙이 적용된다는 것이 공명성제약이다. 즉 위에 제시한 공명성 척도를 사용하여 'brink'의 공명성 곡선을 그려보면 아래와 같다.

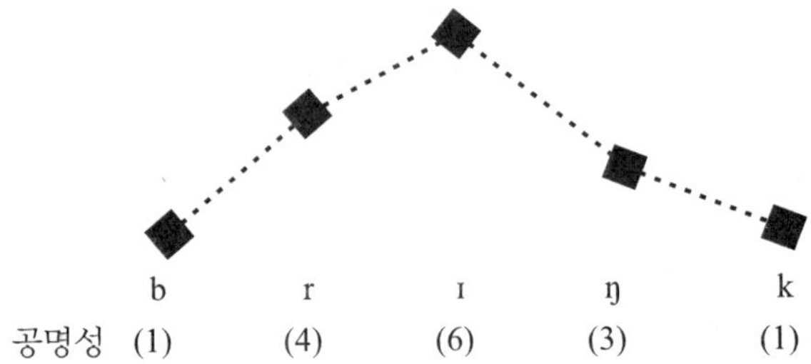

그러나 이러한 공명성제약에 따르지 않는 한 가지 두드러진 예외가 있는데 /s/로 시작하거나 끝나는 음절의 경우이다. 'string'이나 'links'와 같은 단음절어의 공명성을 살펴보면 폐쇄음 /t/나 /k/보다 공명성 가치가 더 큰 마찰음 /s/가 변방에 왔다.

그러면 다음절어(polysyllabic word)인 'construct'의 음절 경계는 어떻게 나누어야 하는지 생각해 보자. 여기서 단어의 중간에 오는 자음군 [nstr]을 나누는 데 두 가지 방법이 가능한 것처럼 보인다. 우선 공명성제약을 엄격하게 적용시킨다면 이 단어는 [kəns, trʌkt]처럼 음절 경계가 나뉘어 첫음절의 말음에서 변방으로 갈수록 공명도(sonority)가 떨어지고 둘째 음절의 두음에서 핵 쪽으로 갈수록 공명도가 올라가도록 해야 할 것이다. 그러나 /s/는 이 제약에서 예외적일 수 있으므로 [kən,strʌkt]와 같은 구조도 가능하다. 비록 두 번째 음절의 두음부분에서 마찰음 /s/가 폐쇄음 /t/ 앞에 옴으로 해서 공명성제약을 어겼으나 이런 경우를 예외적으로 인정하기로 하였기 때문이다. 문제는 이 두 가지 중 어떤 것이 영어의 음절경계를 더 정확히 반영하느냐는 것이다.

이러한 문제는 다음의 최대두음원칙(Maximal onset principle)을 적용하여 해결한다.

Maximal onset principle(최대두음원칙)

Onsets of syllables are maximized, in conformity with the phonotactic and syllable-structure constraint of the language.

그러나 이 원칙을 적용하기 위해서는 영어의 음소배열(phonotactics)에 관하여 먼저 알아보아야 한다.

음소배열론(Phonotactics)

한 음절에서 음소들의 결합방식을 알아보는 일은 한 언어가 가지는 음절구조를 파악하는 데 매우 중요하다. 우리는 이를 음소배열론(phonotactics)이라 부른다. 예를 들면 영어의 경우 어두에 자음이 3개까지 올 수 있지만 그렇다고 어느 자음이나 올 수 있는 것이 아니다.

예: split, stream, sclerosis, scratch, street, square, skew, spew, stew

이 예들은 영어에서 어두에 자음이 세 개가 오려면 다음 세 가지의 제약을 충족시켜야 한다는 것을 보여준다.

1) 첫 자음이 반드시 /s/이어야 한다.
2) 둘째 자음은 무성폐쇄음 /p, t, k/ 중의 하나이다.
3) 셋째 자음은 근접음 /l, r, y, w/ 중의 하나이다.

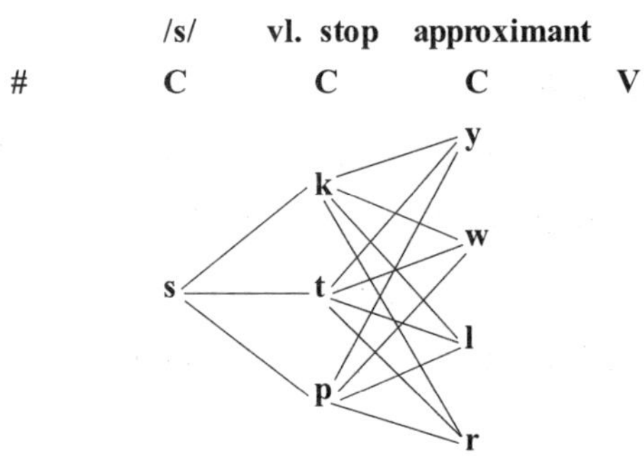

그림 2 | 어두에 올 수 있는 자음조합: 총 12개가 올 수 있다.

그림 2에서 볼 수 있듯이 영어의 어두에 세 개의 자음이 올 때의 경우 수를 계산해보면 총 12가지가 나온다. (첫째 자음 /s/는 고정이므로 둘째 폐쇄음(stop) 셋과 셋째의 근접음(approximant) 넷을 곱하면 12가 된다.) 다음은 사전에서 일일이 확인한 12가지의 예들이다. 빈칸은 이론상 가능하나 그 예가 없는 경우이다.

표 1 | 어두에 올 수 있는 자음 조합의 예

어두자음군	예	어두자음군	예	어두자음군	예
skyV	skew	skwV	squire	sklV	sclerosis
skrV	scream	styV	stew	stwV	—
stlV	—	strV	stream	spyV	spew
spwV	—	splV	splendid	sprV	spring

다시 'construct'의 음절 분석으로 돌아가서 공명성제약(the sonority constraint)을 만족시키는 [kəns, trʌkt]을 택할 것인지 아니면 /s/가 이 공명성제약에서 예외적이므로 [kən, strʌkt]와 같이 음절을 나눌 것인지의 문제를 생각해 보자. 위에 제시한 최대두음원칙(Maximal onset principle)에 의하면 언어의 음소배열과 음절구조의 제약을 충족시키는 한도 내에서 음절의 두음(onset)에 최대한 많은 수의 자음이 올 수 있도록 하여야 한다. 영어의 경우 위의 어두 자음군의 분석에서 볼 수 있듯이 첫 자음이 /s/이고 둘째가 무성 폐쇄음, 그리고 셋째 자음이 공명음인 경우 총 3개까지 어두, 즉 음절의 머리에 올 수 있으므로 음절의 경계를 나눌 때 되도록이면 이러한 자음군이 두음의 위치에 오도록 해야 한다는 것이 최대두음원칙의 요지이다. 그러므로 이 원칙에 의하면 [kəns,trʌkt]보다는 [kən,strʌkt]가 적절한 음절분석이다.

영어와 우리말 음절구조의 차이

영어와 우리말의 음절구조의 가장 큰 차이는 한 음절 내에서 몇 개까지의 자음이 연달아 나올 수 있느냐에 있다. 우리말은 기본적으로 '(C)V(C)'의 구조를 가지고 있는 반면에 영어는 두음(onset)에 최대 3개까지의 자음이 올 수 있고 핵이 되는 모음 뒤에 오는 말음(coda)에 최대 4개까지의 자음이 올 수 있으므로 '(C)(C)(C)V(C)(C)(C)(C)'의 구조를 가지고 있다.

다음은 우리말과 영어에서의 음절구조를 보여주는 여러 가지 예들이다.

국어:

V: 이, 오빠, 가요

CV: 가을, 나, 너

VC: 올, 운

CVC: 간, 먹다, 술

영어:

V: avoid, open

CV: the, low, by

CCV: pray, tray, play, blue, cry, sly, spy, sty

CCCV: split, sclerosis, scratch, street, square, skew, spew, stew

VCC: bulb, barb, etc.

VCCC: filmed, learned, helps, asks, camps, lists, lifts, prints, etc.

VCCCC: instincts, tempts, texts, thirsts, lengths, amongst, glimpsed, worlds, etc.

실습

아래 영어 단어들의 발음기호를 IPA로 적은 후 지금까지 배운 대로 음절구조를 나누어 보자. 특히 위에 제시한 수의 두음(onset)과 말음(coda)을 가지고 있는지 확인해 보자.

V: avoid [____________], open [____________]

CV: the[____________], low[____________], by [____________]

CCV: pray[____________], blue[____________], cry[____________]

CCCV: split[____________], sclerosis[____________], street[____________],
square[____________], skew[____________]

VCC: bulb[____________], barb[____________]

VCCC: filmed[____________], learned[____________], helps[____________],
prints[____________].

VCCCC: instincts[____________], tempts[____________], texts[____________],
thirsts[____________], lengths[____________],
amongst[____________], glimpsed[____________]

8.2 음보(音步; Foot)

음운론(phonology)이나 운율학(metrics)에서는 자주 음보(音步; foot)라는 개념을 사용하는데 이는 음절 간에 강약의 관계가 이루어져 하나의 더 큰 운율단위(metrical unit)가 되는 것을 지칭한다. 보통 두 음절이 하나의 음보를 이루며 이 중 첫음절이 약하게 나고 둘째 음절이 강하게 나면 이를 **약강격음보(iamb)**라고 부르고 첫음절이 강하게 나고 둘째음절이 약하게 나면 이를 **강약격음보(trochee)**라고 부른다. 위의 Frost의 시의 경우 모든 행이 8개의 음절로 되어 있고 각 행에는 두 개의 음절이 모여 하나의 약강격음보를 이루는 약강격사음보(iambic tetrameter)로 되어 있다. 여기서 강약이라 함은 강세와 관련된 것으로서 영어의 모든 단어는 적어도 하나의 강세를 받는 음절을 가지고 있으나 문장 내에서는 주로 내용어(content word)만 강세를 유지하고 문장의 내용보다는 문법적 기능을 전달하는 기능어(function word)들은 강세를 받지 않는다. 이러한 이유로 첫 행에서 'whose, these, I'는 약음절을, 'woods, are, think, know'는 강음절을 이루고 이들이 약강의 순서로 반복되면서 약강격사음보 운율을 구성하는 것이다. 이를 보면 음절이 시어의 리듬을 형성하는 데 얼마나 중요한 역할을 하는가를 알 수 있다. 음보를 이용한 Frost 시의 분석에 대해서는 아래에서 좀 더 자세히 설명하기로 한다.

8.3 음장(Length)

우리는 앞 장에서 영어의 'beat'와 'bit' 사이에 일어나는 모음의 길이가 서로 다를 수 있음을 언급하였다. 'beat'의 /i/가 'bit'의 /ɪ/보다 약간 더 긴 것을 프라트상에서도 확인한 바 있다. 영어의 경우 이러한 차이는 음성학적 실험에서 밝혀진 음장의 차이일 뿐 두 모음 /i/와 /ɪ/를 구분하는 음소적 차이(phonemic difference)를 내지는 않는다. 다시 말하면 'beat'의 /i/모음이 장모음, 즉 [iː]라고 가정할 때 그 질(quality)을 그대로 유지하면서 길이를 짧게, 즉 [i]로 발음해도(악센트가 있는 비표준발음은 되겠지만) 그 의미가 달라지지 않는다. 마찬가지로 'bit'의 /ɪ/모음을 보통 때와 달리 길게, 즉 [ɪː]로 발음해도 그 의미가 달라지지 않으므로 새로운 모음 음소가 되지 못한다. 이는 영어에서 음장의 기능이 음소적(phonemic)이 아니라 음성적(phonetic or allophonic)이기 때문이다.

비슷한 경우로 같은 모음을 가진 아래 두 단어 쌍들의 모음의 길이를 비교하여 보자.

bid /bɪd/	kid /kid/	dib /dib/	pig /pɪg/
bit /bɪt/	kit /kit/	dip /dip/	pick /pɪk/

스펙트로그램상에 나타난 'pig'과 'pick'에 일어나는 두 모음의 지속기간(duration)을 비교해보면 같은 모음 /ɪ/임에도 불구하고 전자에서 모음의 지속기간이 후자의 경우보다 더 길게 나는 것을 확인할 수 있다.

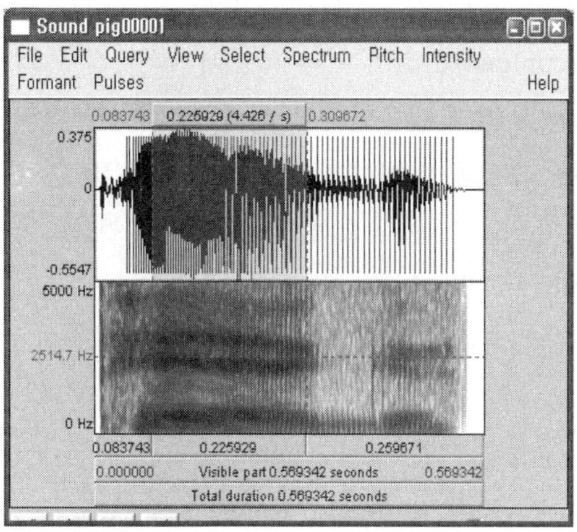

그림 3 | Sound 'pig'의 모음 조음시간

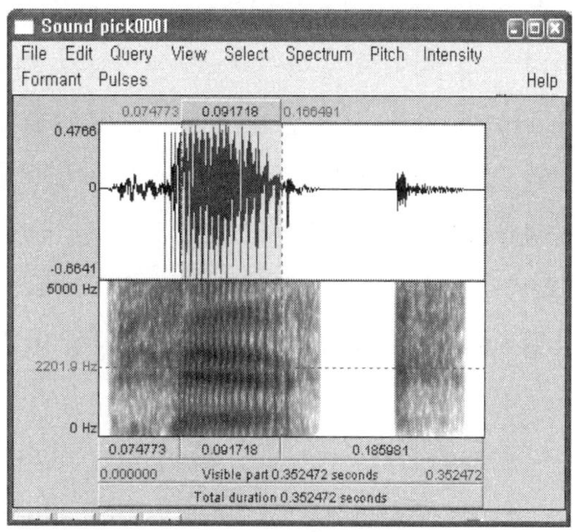

그림 4 | Sound 'pick'의 모음 조음시간

이러한 차이 역시 음성적 차이(phonetic difference)에 불과할 뿐 장모음과 단모음 간의 음소적 차이(phonemic difference)는 아니다. 그 이유는 간단하다. 위의 예들에서 장모음과 단모음이 일어나는 예들을 살펴보면 장모음은 유성자음 앞에서, 단모음은 무성자음 앞에서만 일어나므로 각각의 모음이 일어나는 환경이 서로 상보적 분포(complementary distribution)에 있음을 알 수 있다. 이미 앞 장에서 밝혔듯이 어떤 두 음이 상보적 분포에 있음은 그 음들을 예측(predict)할 수 있음을 의미하므로 같은 음소에 속함을 의미한다. 이를 그림으로 그려보면 아래와 같다.

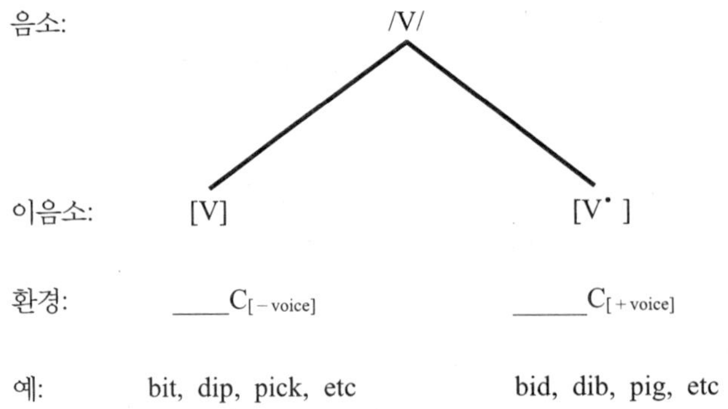

그림 5 | 장모음과 단모음의 음소분석

음소적 차이가 나기 위해서는 두 모음 간에 음성학적인 길이의 차이가 있어야 할 뿐 아니라 그 차이로 인하여 서로 의미상의 대조(contrast)를 이루어야 하는데 위의 경우 짧게 나는 모음을 길게 발음하거나 길게 나는 모음을 짧게 발음한다고 해서 그 의미가 달라지지 않으므로 대조가 일어나지 않고 '단모음을 유성음 앞에서는 길게 발음하라'와 같은 음성규칙에 의하여 길이의 차이가 발생하는 것이므로 이는 음소적 차이가 아닌 이음소적 변이인 것이다.('not a phonemic difference but an allophonic variation')

반면에 우리말의 경우는 영어와 양상이 사뭇 다르다. 아래의 예들을 살펴보자.

눈/nun/ 'eye'	밤 /pam/ 'night'	말 /mal/ 'horse'
눈/nu:n/ 'snow'	밤 /pa:m/ 'chestnut'	말 /ma:l/ 'word'

같은 질의 모음을 짧게 발음할 때와 길게 발음할 때 두 모음의 길이가 음성학적으로 차이가 날 뿐 아니라 의미가 달라지는 것이다. 예를 들어 'eye'를 의미하는 /nun/의 모음을 의도적으로 길게 발음할 경우 [nu:n]으로 되어 의미가 'snow'로 달라진다. 다시 말하면 [nun]과 [nu:n]은 최소대립쌍(minimal pair)를 이루게 되어 /u/와 /u:/는 서로 다른 음소에 속하게 되는 것이다.

언어에 따라 우리말의 경우처럼 음장이 음소적 역할을 하는 언어가 있는가 하면 영어처럼 음성적 차이만 내는 언어도 있다. 우리말, 핀란드어, 네덜란드어(Praat의 철자 'aa'는 장모음 /a/를 나타낸다)는 전자에 속하고 영어는 후자에 속한다.

8.4 'kid' /kɪd/와 'kit' /kɪt/의 음소적 차이와 음성적 차이

영어 모국어 화자들에게 'kid'와 'kit' 두 단어를 제시하면서 발음상 차이가 무엇인지를 물어보면 대부분의 화자들이 어말에 오는 유·무성 자음의 차이를 지적한다. 그러나 같은 화자들이 발음한 두 단어를 프라트 같은 음성분석프로그램을 이용하여 분석해보면 어말의 유·무성폐쇄음의 차이보다는 앞에 오는 모음 길이의 차이가 두드러지게 나타난다. 즉 화자는 유·무성폐쇄음을 구분하여 발음한다고 했으나 실제 발음에서는 의도한 차이는 없고 앞에 오는 모음 길이의 차이만 나타나는 것이다.

유성폐쇄음(voiced stop)은 어말이나 어두에서 무성음화가 일어나기 때문에 단어의 경계에서 유·무성 폐쇄음의 구분이 쉽지 않다. 예를 들면 /pit/과 /bit/의 경우 유성폐쇄음 /b/가 어두에서 무성음화가 일어나 거의 무성음으로 발음되지만 영어에서 무성폐쇄음 /p/는 어두에서 기음화(aspiration)가 일어나므로 최소대립쌍 'pit'과 'bit'은 음소적으로는 /p/와 /b/, 즉 무성폐쇄음과 유성폐쇄음이 대립하고 있지만 음성적으로는 두 음소 사이의 유·무성차이는 없어지고 기음(aspiration)의 유·무만 있을 뿐이다. 이를 도출과정으로 표현하면 아래와 같다.

/pɪt/	/bɪt/	
p^hɪt	″	aspiration: p → p^h /#_____
″	pɪt	b → p/#_____
[p^hɪt]	[pɪt]	

우리는 이 도출과정에서 6장 '음소와 이음소'에서 설명한 바 있는 화자의 심리에 실재하는 음소(phoneme)와 발화에 실질적으로 나타나는 음성(phone)이 같지 않을 수 있다는 것을 다시 확인하게 된다. 또한 이러한 설명은 '변형생성문법'에 자주 등장하는 기저(underlying)와 표면(surface)의 구분과도 상통한다. 즉 음소적 층위는 기저에 해당하고 음성적 층위는 표면에 해당한다.

/kɪd/와 /kɪt/의 경우도 같은 현상이 일어난다. 다만 이 경우 두 단어를 음소적으로 구분하는 것이 유·무성의 차이인 점은 같으나 음성적으로는 기음화가 아니고 폐쇄음 앞에 오는 모음 길이의 차이이다. 다시 말하면 /kɪd/와 /kɪt/ 어말 자음이 모두 무성음으로 나지만

앞에 오는 모음이 전자에서는 좀 더 길게 난다.

/kɪd/	/kɪt/	
kɪ·d	″	vowel lengthening: V → V·/ ____ $C_{[+voice]}$
kɪ·t	″	d → t /____#
[kɪ·t]	[kɪt]	

화자가 이 두 단어를 구분하는 것은 어말 자음의 유·무성 여부이지만 실제 발화에서는 이러한 차이는 없고 앞에 오는 모음 길이의 차이로 나타나는 것이다.

음소 위주로 인지하기는 청자도 마찬가지이다. 1장에서 본 소리연쇄(speech chain) 구도에 의하면 청자가 듣는 것은 화자의 발화, 즉 음향신호(acoustic signal)이기 때문에 위 최소대립쌍의 경우 청자의 고막에 전달되는 것은 어말 자음의 차이가 아니고 앞에 오는 모음 길이의 차이일 뿐이다. 그럼에도 불구하고 청자는 이 두 단어를 화자와 마찬가지로 어말에서 유·무성 폐쇄음의 차이로 인식하는 것이다. 청자가 어떻게 화자로부터 주어진 음향정보를 음소정보로 해독(decode)하는지에 대해서는 아직 확실히 밝혀진 바 없으나 가장 많이 회자되는 학설은 말소리 지각의 **운동이론(motor theory of speech perception)** 이다. 이 이론은 인간의 말소리 지각과정(perception process)과 생성과정(production process) 간에 밀접한 관계를 설정한다. 간단히 설명하자면 우리가 특정한 말소리를 들을 때 인간만이 가지는 특수한 언어능력이 같은 소리를 생성하는 청자의 조음기관을 활성화시키고 이러한 운동기제의 활성화를 통하여 소리를 인지한다는 것이다.

8.5 강세(强勢; Accent or Stress)

강세는 문자 그대로 소리의 세기를 의미한다. 아래 예들에서 볼 수 있듯이 영어에서 강세는 단어의 품사를 바꾸는 중요한 역할을 한다.

noun	verb
ínsult[ínsəlt]	insúlt[ɪnsʌ́lt]

pérvert[pʌ́rvərt]	pervért[pərvʌ́rt]
pérmit	permít
présent	presént
óverflow	overflów
cóntract	contráct
cónflict	conflíct
áddress	addréss

영어에서 강세는 위치에 따라서 같은 단어일지라도 문법적 기능(grammatical function)을 바꿀 뿐만 아니라 발음에도 영향을 준다. 왜냐하면 같은 모음일지라도 강세의 위치가 달라지면서 강세를 받을 때와 받지 않을 때의 발음이 다르게 나기 때문이다. 예를 들면 'contract'의 모음 /o/는 명사이면 첫음절에 강세가 오면서 [ɑ]로 발음되지만 동사일 때는 강세가 둘째 음절에 오므로 'schwa' [ə]로 난다. 'address'도 첫음절의 모음이 명사이면 [æ]로 나지만 동사이면 [ə]로 난다. 예: cóntract [kɑ́ntrækt], contráct [kəntrǽkt], áddress [ǽdrɛs], addréss [ədrɛ́s].[3)]

프라트에서 강세는 'Intensity'를 사용하여 검사해 볼 수 있다. 아래 그림은 'record'의

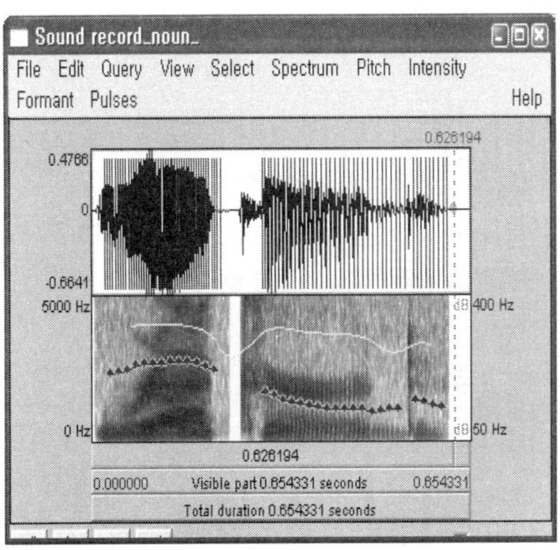

그림 6 | 명사 record[rɛ́kərd]의 분석창

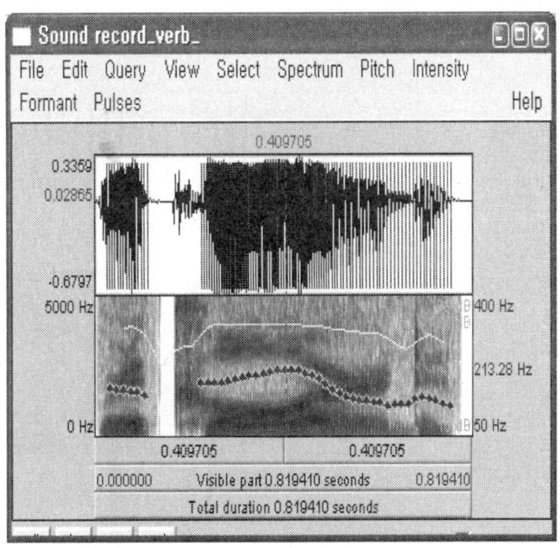

그림 7 | 동사 record[rɪkɔ́rd]의 분석창

3) 그러나 'address'는 'What is your address?'와 같은 경우 명사에서도 둘째 음절에 강세가 와서 [ədrɛ́s]로 나기도 한다.

명사와 동사의 서로 다른 강세 위치를 확인하기 위해 웹스터 사전에서 원어민의 발음을 불러들여와 분석한 것이다.

강세를 받은 음절은 무강세음절보다 그 길이가 더 길 뿐 아니라 피치 또한 더 높게 나타난다. 위의 그림에서도 왼쪽 명사 'récord'의 경우 강세를 받은 첫음절의 피치가 둘째 음절보다 높고 오른쪽 동사 'recórd'의 경우 강세를 받은 두 번째 음절이 길고 피치도 높게 나타났다.

강세를 분석할 때는 이처럼 음절의 길이와 피치도 함께 보는 것이 필요하다. 그 이유는 강세, 길이, 피치 이 세 요소들이 함께 작용함으로써 청자는 강세 받은 음절을 그렇지 못한 음절보다 더 두드러지게 인지하기 때문이다. 한 예로 영어단어 'banana'의 경우를 보자. 3음절인 이 단어는 외형상으로는 각 음절이 길이에 있어서 별 차이가 없어 보인다. 그러나 강세가 두 번째 음절에 오면서 발음에 여러 가지 변화가 일어난다. 첫째는 강세를 받지 않는 첫 번째와 세 번째 음절이 모두 약모음인 'schwa'로 발음되고 강세를 받는 두 번째 음절은 'full vowel'인 [æ]로 나는 점이다. 둘째는 강세를 받지 않는 이 두 음절들의 길이가 강세를 받는 두 번째 음절보다 더 짧게 발음된다는 점이다. 마지막으로 강세를 받는 두 번째 음절은 무강세인 첫 번째와 세 번째 음절보다 더 높게 발음된다는 점이다 이를 확인하기 위하여 웹스터 사전에서 원어민의 발음을 다운받아 프라트로 분석하여 보았다.

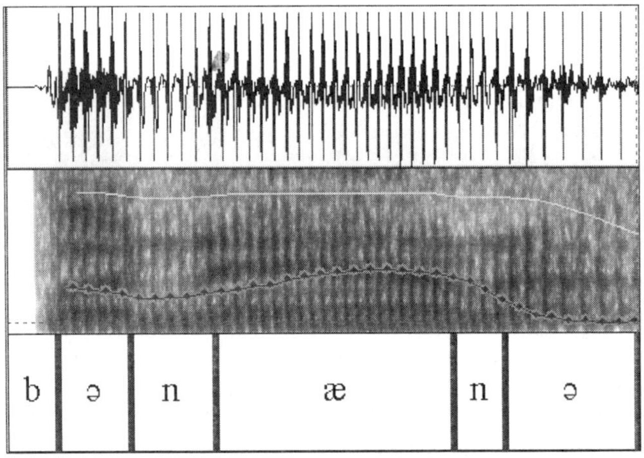

그림 8 | 프라트에서 분석한 'banana'

예측한 대로 강세를 받은 두 번째 음절이 강세를 받지 않은 첫 번째와 세 번째보다 길이가 길고 피치도 더 높게 나타났다. 재미있는 것은 강세를 받은 두 번째 음절의 강도(intensity)가 강세를 받지 않은 첫 번째 음절보다도 강하게 나타나지 않은 점이다. 이 분석에서 가는 선으로 나타나는 음의 강도(intensity)는 첫 번째와 두 번째 음절까지는 별 차이가 없이 지속되다가 맨 마지막 음절에서 약해졌다. 즉 강세의 위치를 파악하는 데 강도 하나만으로는 신뢰할 수 없고 피치도 함께 고려해야 함을 보여주는 예이다.

강세의 종류와 표기

영어에서 강세는 보통 다음의 세 종류로 나뉜다.

1) 주강세(primary stress/strongly stressed syllable): 단어에서 가장 강하게 발음되는 음절을 일컫는다.
2) 부강세(secondary stress/ lightly stressed syllable): 일반적으로 단어가 4음절 이상일 경우에 일어난다. 주강세 다음으로 강하게 발음되는 음절이다.
3) 무강세(no stress): 강세를 받지 않는 음절이다. 강세를 받지 않으므로 모음의 약화가 자주 일어난다.

강세는 강세를 받는 음절의 모음 위에 표기한다. 주강세는 'acute accent'라 불리는 기호 [´]를 쓰고 부강세는 'grave accent'라 불리는 기호 [`]를 사용하여 표시한다. 모음 위에 아무 표시도 없으면 무강세이다. 5음절 단어인 'simplification'을 예로 들면, 이 단어의 첫 음절에는 부강세가 오고, 넷째 음절에는 주강세가 오는 반면에 'schwa'로 발음되는 나머지 음절들은 모두 무강세이므로 [sìmpləfəkéɪʃən]으로 표기하면 된다. 다만 IPA나 웹스터와 같은 일부 사전의 경우 모음 대신 강세를 받는 음절의 두음 앞에 표기한다. 이때 주강세는 [ˈ]를 쓰고 부강세는 [ˌ]를 사용한다. 예: phonetician [ˌfoʊnəˈtɪʃən].

영어의 강세와 리듬(English stress and rhythm)

강세가 있느냐 없느냐에 따라 분절음의 발음이 달라지는 것은 영어 운율의 큰 특징이다. 다음의 예들은 같은 어원(etymology)을 가지고 있는데도 접미사에 따라 강세의 위치가 변하면서 모음과 자음의 발음이 덩달아 변한 경우이다.

phótogràph[fóʊ̬ɾəgræ̀f]　　photógraphy[fətʰάgrəfɪ]　　phòtográphic[fòʊ̬ɾəgrǽfɪk]

먼저 자음의 발음을 보면, 'photograph'과 'photographic'에서는 't'가 '단타음(flap)'으로 나는 반면 'photography'에서는 '기식음'(aspirated 't')으로 난다. 강세 외에는 주변의 음성적 환경이 동일하므로 이러한 발음의 차이는 't'가 일어나는 음절의 강세 유·무와 관계가 있다. 다음은 위 예들의 발음에 음절경계를 더한 것이다.

photograph[fóʊ̬,ɾə,græ̀f]
photographic[fóʊ̬,ɾə,grǽ,fɪk]
photography[fə,tʰά,grəfɪ]

'photograph'와 'photographic'에서처럼 /t/가 속한 음절이 강세를 받지 않으면 단타음(flap)으로 나고 'photography'에서처럼 강세를 받으면 기식음으로 났다. 이는 아래의 규칙 1)과 2)에서 볼 수 있듯이 영어의 단타음화(flapping)는 앞에 강세가 있으면서 일어나는 음절이 강세를 받지 않는 경우에, 기식음화(aspiration)는 음절의 머리에서 강세를 받은 모음 앞에서 일어나기 때문이다.

1) flap(or tap) rule: [−voice, +alveolar stop]→ [+voice, +tap]/ V́___V̆
2) aspiration: [−voice, +stop] → [+aspirated]/ ,_____V́

모음의 발음과 관련하여 주목할 점은 'photograph [fóʊ̬ɾəgræ̀f]'에서는 중간모음 'o'가 강세를 받지 않아서 약모음인 'schwa [ə]'로 나는 반면에 'photography[fətʰάgrəfɪ]'에서는 같은 'o'가 강세를 받아서 [ɑ]로 나는 점이다. 이러한 모음의 교체(alternation)는 'contract'의 발음에서 이미 언급하였다. cf. contract N. [kάntræ̀kt] V. [kəntrǽkt]. 한편 'photograph'의 첫음절 모음의 경우 제1강세이든 제2강세이든 상관없이 강세를 받으면 'phótogràph'와 'phòtográphic'처럼 [oʊ̬]로 나지만 강세를 받지 않는 경우에는 'photógraphy'처럼 약모음인 schwa [ə]로 난다. 이처럼 강세를 받으면 'full vowel'로 나고 강세를 받지 않으면 'reduced vowel'로 나는 양상은 'photograph'의 세 번째 모음에서도 계속된다. 'phótogràph'와 'phòtográphic'에서는 'full vowel'인 [æ]로 나지만 'photógraphy'에서는 'reduced vowel'인 [ə]로 나는 것이다. 이 예들의 근저에는 '강세를 받으면 'full vowel'로 나고 강세를 받지 않으면 'reduced vowel'로 난다'는 영어의 중요한 운율규칙이 있다. 이를 역으로 생각해 보면 영어에서 모음이 'full vowel'로 나면 강세를 받은 것이고(여기서 강세는 제1강세와 제2강세를 둘 다 포함한다) 'reduced vowel'로 나면 강세를 받지 않은 것이다. 다음은 이와 같이 강세의 유무와 모음 발음의 강약의 관계를 잘 보여주는 예들이다.

full vowel	stressed syllable ('full vowel'로 발음됨)	unstressed syllable ('schwa'로 발음됨)
[i]	secr**é**te	sécr**e**tive
[ɪ]	implícit	impl**i**cátion
[eɪ]	hum**á**ne	húm**a**n
[ɛ]	phon**é**tic	phon**e**tícian
[æ]	emph**á**tic	émph**a**sis
[ɑ] or [ɒ]	dem**ó**nstrable	dém**o**nstrate
[oʊ]	inv**ó**ke	inv**o**cátion
[ʌ]	confr**ó**nt	confr**o**ntátion
[aɪ]	recíte	rec**i**tátion

8.6 영어강세의 위치(Position of Stress in English)

영어를 외국어로 공부하는 사람이라면 누구나 강세의 위치 때문에 고생한 경험이 있을 것이다. 이는 물론 이미 위에서 'ph**ó**tograph, phot**ó**graphy, phòtogr**á**phic'를 예로 설명하였듯이 강세의 위치 자체가 불규칙적이기 때문이기도 하지만 초분절음인 강세의 위치가 변하면서 분절음의 발음까지도 덩달아 변하기 때문이다. 그렇다면 왜 이렇게 영어의 강세는 그 위치를 예측하기 힘든 것일까? 그 답은 영어의 역사에서 찾을 수 있다.

영어는 원래 족보상 독일어, 네덜란드어, 스웨덴어 등과 함께 게르만계 언어(Germanic languages)에 속한다. 게르만계 언어들은 강세가 어간의 첫 번째 음절에 오고 앞이나 뒤에 접사(affix)가 붙어도 그 위치가 변하지 않는다. 이는 아래 단어들의 강세위치에서도

표 2 | 게르만계 영어단어의 강세위치: 어간의 첫음절에 고정되어 있다.

STEM	STEM-ly	un-STEM-ly	un-STEM(-li)-ness
fáther	fátherly	unfátherly	unfátherliness
bróther	brótherly	unbrótherly	unbrótherliness
fríend	fríendly	unfríendly	unfríendliness
háppy	háppily	unháppily	unháppiness
éasy	éasily	unéasily	unéasiness

확인된다.

이 단어들이 실제로 외래어가 아닌 고유 영어임은 웹상에 무료로 배포되고 있는 영어 어원사전인 www.etymonline.com에서 어원(etymology)을 확인해 보면 알 수 있다. 만약 영어 단어가 모두 이들처럼 어원이 게르만계인 것들만 있어서 강세위치가 고정되어 있다면 영어를 배울 때 강세 때문에 고생할 일은 없을 것이다.

그러나 영어를 외국어로 배워야 하는 비모국어화자들에게는 불행하게도 영어는 족보상 게르만계에 속하는 순종 단어들 외에 많은 외래어를 차용하여 쓰고 있다. 이들 차용어(loan word)의 대부분은 로망스계 언어(Romance languages)인 라틴어(Latin)와 불어(French) 어원을 가진 것들이다.[4] 로망스계 언어의 특징은 게르만계 언어와는 달리 강세의 위치가 음절의 수에 따라 변한다는 점이다. 특히 라틴어의 경우가 그렇다. 라틴어에서 영어로 차용된 표 3의 단어들을 보자.

이들은 모두 뒤에 접미사가 붙으면서 음절의 수가 늘어나자 강세의 위치가 뒤쪽으로 이동했다. 라틴어로부터 차용된 단어들의 강세가 이처럼 움직이는 이유는 Penultimate Law라고 불리는 라틴어 강세규칙 때문이다.

> 라틴어 강세규칙(Latin Penultimate Law)
>
> Stress the penultimate(i.e. second from the last) syllable if it is heavy; otherwise stress the antepenultimate(i.e. third from the last) syllable.

이를 우리말로 풀어보면, 라틴어에서 강세는 '뒤에서 두 번째 음절(penultimate syllable)이 무거우면 그 음절에 오고 그렇지 않으면(즉 뒤에서 두 번째 음절이 가벼우면), 그 앞

4) 그리스어(Greek)로부터도 많이 차용되었으나 주로 라틴어를 통해서 들어왔으므로 여기서는 다루지 않는다.

표 3 | 로망스계 영어단어의 강세위치: 접미사가 붙으면서 강세위치가 변했다.

STEM	STEM-ity	STEM-it-arian
h**ú**man	hum**á**nity	hum**à**nit**á**rian
áuthor	auth**ó**rity	auth**ò**rit**á**rian
úniform	unif**ó**rmity	unif**ò**rmit**á**rian
t**ó**tal	tot**á**lity	tot**à**lit**á**rian
m**á**jor	maj**ó**rity	maj**ò**rit**á**rian
STEM	**STEM-al**	**STEM-al-ity**
órigin	or**í**ginal	or**ì**gin**á**lity
d**ó**ctrine	doctr**í**nal	d**ò**ctrin**á**lity
STEM	**STEM-ify**	**STEM-ification**
p**é**rson	pers**ó**nify	pers**ò**nific**á**tion
ácid	ac**í**dify	ac**ì**dific**á**tion
h**ú**mid	hum**í**dify	hum**ì**dific**á**tion
r**í**gid	rig**í**dify	rig**ì**dific**á**tion

의 세 번째 음절(antepenulitimate syllable)에 강세가 온다'는 것이다. 무겁고 가벼운 음절은 영어 강세 규칙을 배울 때 다시 나오므로 그 때 자세히 설명하더라도 이 규칙을 보면 왜 위에 예시된 로망스계 영어단어들의 강세위치가 접미사가 붙으면서 점점 뒤쪽으로 이동하는가를 알 수 있다.

한편, 같은 로망스계이면서 라틴어로부터 파생된 언어인 불어의 경우 이런 저런 이유로 라틴어에서는 뒤에서 두 번째 또는 세 번째 음절에 오던 강세 위치가 맨 끝의 음절로 고정되었다. 이는 최근에 불어에서 차용된 아래의 단어들에서 확인된다.

antíque	babóon	ballóon	bazáar	brochúre	caréer
crusáde	bucanéer	cavalíer	chandelíer	masqueráde	mayonnáise
Montréal	pionéer	serenáde			

지금까지의 영어 강세 위치에 대한 논의를 종합해 보자. 게르만계인 영어 고유단어에서는 강세가 원칙적으로 어간의 첫음절에 온다. 라틴어에서 차용된 단어에서는 '라틴어 강세규칙(Latin Penulitimate Law)'에 따라 뒤에서 두 번째 음절이 무거우면 그 음절에 그

렇지 않으면 그 앞의 음절, 즉 뒤에서 세 번째 음절에 온다. 반면 불어에서 최근에 차용된 단어들은 원칙적으로 불어의 강세규칙을 따르므로 접미사 부착 여부와 관계없이 맨 마지막 음절에 온다. 영어단어가 이처럼 각각 다른 강세규칙을 가진 세 종류의 언어로 구성되어 있는 관계로 4개의 음절로 된 영어단어가 있다면 그 단어의 어원에 따라 이 4음절 중 어느 음절에도 강세가 올 수 있다는 결론이 나온다. 영어를 외국어로 배울 때 강세가 어려운 것은 이 때문이다.

그렇다면 외국어로 영어를 배우는 사람들의 어려움을 조금이나마 덜 수 있는 영어 강세 규칙은 없는 것인가? 그동안 영어 음성·음운론 학자들이 이 질문에 답을 찾기 위해 많은 노력을 기울여왔다. 이러한 연구 결과 몇 가지 주목할 만한 영어 강세규칙을 밝혔으며 이를 통해 대다수의 영어 어휘에서 강세위치를 예측할 수 있게 되었다. 예비 영어교사라면 적어도 이 규칙만큼은 알고 있어야 할 것이다.

영어 강세규칙의 설정에 필요한 개념들

영어 강세규칙을 이해하려면 음절과 강세와 관련하여 알고 있어야 할 개념들이 있다. 그 첫 번째가 강세의 위치를 나타내는 다음 용어들이다.

강세 위치를 나타내는 용어

1) penult: 뒤에서 두 번째 음절을 가리킨다. 형용사형은 penultimate
2) antepenult: 뒤에서 세 번째 음절을 가리킨다. 형용사형은 antipenultimate
3) ult 혹은 ultima: 맨 마지막 음절을 가리킨다. 형용사형은 ultimate

이 용어들이 생소하다면 이미 '언어학개론' 과목에서 배운 형태분석(morphological analysis)을 통하여 기억하도록 하자. 예를 들어서, ultimate라는 단어는 '최후의, 마지막의'라는 뜻으로 대부분 알고 있으니 ult가 마지막 음절을 가리킨다는 점은 이와 연관시켜서 기억하자. 즉 ultimate은 어간 ult에 접미사가 붙으면서 ultima, ultimate으로 확장된 것이다. 다음은 penult에도 ult가 들어 있음을 주목하자. 즉 pen+ult인 것이다. pen은 almost를 의미하는 접두사로서 우리나라처럼 삼면이 바다로 둘러싸인 반도를 의미하는 peninsula (almost an island)에도 들어있다. 즉 penult는 almost an ult인 것이다. 거의 마지막 음절에 강세가 온다는 의미는 결코 마지막 음절은 아니고 그 바로 앞에 오는 음절을 의미하니까 뒤에서 두 번째 음절을 가리킨다. 그러면 antepenult는 어떻게 분석할까? 여기에

penult가 들어 있으니 ante-가 접두사임이 분명하다. 그 의미는 antechamber(큰 방으로 통하는 곁방), antecedent(선행사), antedate(시기가 선행하다) 등의 예에서 알 수 있듯이 '전(前; before)'이다. 즉 뒤에서 두 번째 음절 penult의 앞에 오는 음절이니까 뒤에서 세 번째 음절인 것이다.

다음으로 필요한 개념은 음절의 무게와 관련된 것들이다. 앞 장에서 이미 보았듯이 음절은 중심에 핵이 되는 모음이 오고 그 주위에 수의적으로(optionally) 자음이 오는데, 앞에 오는 두음(onset)은 음절의 무게에 영향을 주지 못하는 반면에 핵음(nucleus)과 말음(coda)은 음절의 무게를 계산하는 데 중요하다. 음절의 무게는 운모(rime)에 속하는 모음과 자음의 무게에 의하여 결정되기 때문이다.

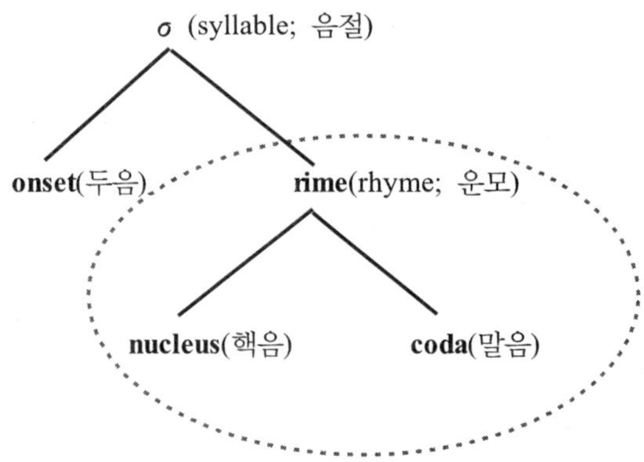

그림 9 | 음절의 구조: 핵음과 말음의 구조가 음절의 무게를 결정한다.

일반적으로 음절의 개·폐 여부와 관계없이 핵을 이루는 모음이 장모음 혹은 이중모음이거나 단모음이더라도 말음이 있으면 무거운 음절, 즉 **중음절**(重音節; heavy syllable)로, 단모음이면서 말음조차 없으면 가벼운 음절, 즉 **경음절**(輕音節; light syllable)로 간주한다. 그러나 이는 일반적 정의이고 영어의 강세규칙을 이해하기 위해서는 중·경음절 외에 가장 무거운 음절을 지칭하는 **초중음절**(初重音節; superheavy syllable)의 개념이 필요하다. 초중음절 역시 운모에 있는 자음과 모음의 무게에 따라 결정되므로 먼저 핵음과 말음의 구성요소를 종류별로 측정해 보기로 하자.

핵음에 장모음(긴장모음)이나 이중모음이 오면 단모음(이완모음)이 올 때보다도 더 무겁다. 마찬가지로 이들 모음은 영어에서 무강세 음절에만 나타나는 대표적인 축약모음인 schwa보다 더 무겁다. 그러니까 무게만 본다면 이 모음들 간에는 다음의 등급이 성립한다.

모음의 무게등급
장모음(긴장모음), 이중모음 〉〉 단모음(이완모음) 〉〉 schwa [ə]

한편 말음의 위치에 자음의 수가 많을수록 무거울 것임은 쉽게 추정할 수 있다. 다만 음절의 무게를 계산할 때는 보통 말음이 하나일 때와 두 개 이상일 때를 구분한다. 여기에 한 가지 더 고려할 것은 개음절(開音節)일 때는 말음이 아예 없다는 점이다. 말음이 없으면 이는 당연히 말음이 있을 때보다 가벼울 수밖에 없다. 그러면 자음 역시 세 등급으로 나뉜다.

자음의 무게등급
겹자음(둘 이상) 〉〉 홑자음 〉〉 말음 없음

여기에 아래와 같이 무거울수록 높은 숫자를 부여하는 정량화(quantification)를 실시하여 쉽게 음절의 무게를 계산할 수 있도록 하자.

모음의 무게등급
장모음(이중)모음 = 2
단모음 = 1
schwa [ə] = 0

자음의 무게등급
겹자음(둘 이상) = 2
홑자음 = 1
말음 없음 = 0

이미 언급한 대로 두음(onset)은 음절의 무게를 계산하는 데 아무 역할도 하지 못하므로 운모(rime)의 구성만 따지면 되는데 핵인 모음의 위치에는 세 종류의 모음이 올 수 있고 말음의 위치에 '말음 없음'까지 포함하면 역시 세 경우 수가 나오므로 이를 곱하면 총 9가지의 조합이 나온다. 다음은 이들의 무게를 위의 척도를 이용하여 계산한 것이다.

표 4 | 유형별 음절 무게표

운모의 구성	운모유형	음절무게	예
장(이중)모음+겹자음	$\bar{V}$CC.	2+2=4	(no examples)
장(이중)모음+홑자음	$\bar{V}$C.	2+1=3	decíde, cocáine
단모음+겹자음	$\breve{V}$CC.	1+2=3	lábyrínth, succínct
장(이중)모음+말음 없음	$\bar{V}$.	2+0=2	agrée, applý, employée
단모음+홑자음	$\breve{V}$C.	1+1=2	astónish
schwa+겹자음	əCC.	0+2=2	súpplement
단모음+말음 없음	$\breve{V}$.	1+0=1	(no examples)
schwa+홑자음	əC.	0+1=1	devélop, center
schwa+말음 없음	ə.	0+0=0	América

영어 강세규칙이 워낙 복잡하다 보니 분석자에 따라 의견이 좀 다를 수 있으나 음절무게를 각 조합의 가치를 따져 정한 위의 척도는 자명한 것이므로 이를 토대로 각 분석자가 어떻게 경음절, 중음절, 초중음절을 구분하는지를 알아보면 될 것이다. 일반적으로 음절무게가 3 이상이면 초중음절이고 2이면 중음절, 1 이하이면 경음절로 간주하나 언어에 따라서는 무게 가치가 2인 경우 중에서 '장(이중)모음+말음 없음'은 초중음절에, '단모음+홑자음'은 경음절에 포함시키기도 한다. 이러한 약간의 견해차가 있더라도 위의 구분 범위 내에서 일어난다고 보면 된다. 그러면 음절무게에 대한 이러한 기초 설명을 바탕으로 영어 강세규칙을 알아보자.

영어 강세규칙

영어 강세 규칙을 논할 때 보통 다음의 세 가지 요인을 고려한다.

1) 품사(명사, 동사, 형용사)
2) 음절의 수(2음절인가, 3음절인가)
3) 음절의 무게(경음절, 중음절, 초중음절로 구분)

품사는 보통 명사와 동사를 확연히 구분하고 형용사는 일부는 명사유형에, 일부는 동사유형에 포함한다. 음절의 수는 2음절어와 3음절 이상의 단어를 구분한다. 음절의 무게는 이미 위에서 언급한 대로 그 범위가 좀 유동적이지만 경음절, 중음절, 그리고 초중음절로 나눈다. 그러면 영어 강세규칙을 1)명사, 2)동사, 3)형용사의 순으로 음절수와 음절무게를 계산하면서 제시하도록 한다.

1) 명사의 강세규칙

명사는 먼저 2음절일 때와 3음절일 때를 구분한다. 2음절인 경우는 보통 첫음절에 강세가 온다. 예: ánswer, tícket, ángel, pócket, etc. 다만 위에서 언급했듯이 최근에 불어에서 차용된 단어들은 아직 불어의 강세위치를 유지하고 있어서 맨 끝음절인 둘째 음절에 강세가 있다. 예: capríce, regíme, paróle, cocáine, etc.(맨 끝 철자는 묵음인 점에 유의할 것)

3음절일 때는 다음의 규칙을 적용한다.

> 명사의 강세규칙
>
> Stress a heavy penultimate syllable, if there is one: otherwise, stress an antepenultimate syllable.

이 규칙은 이미 한 번 본 바 있는 라틴어 강세규칙(Latin Penultimate Law)과 같다. 여기서 'heavy syllable'은 표 4에서 음절무게가 2 이상인 경우를 의미한다. 다음은 이 규칙의 적용을 받는 예들과 강세규칙을 쉽게 적용할 수 있도록 이 예들의 뒤에서 두 번째 음절무게를 운모유형별로 계산한 것이다.

예: a.gén.da, a.ró.ma, Cá.na.da, América, génesis, horízon, hiátus, muséum, amálgam, appéndix, lábyrinth, vénison, áppetite, páradise

표 5 | 운모유형별로 계산한 강세음절의 무게 (명사)

예	운모유형	'penult' 무게	
	V̄CC.	2+2=4	
	V̄C.	2+1=3	
	V̆CC.	1+2=3	중음절
a.ró.ma, ho.rí.zon, hi.á.tus, mu.sé.um	V̄.	2+0=2	
a.gén.da, am.ál.gam, a.ppén.dix	V̆C.	1+1=2	
	əCC.	0+2=2	
Cá.na.da, A.mé.ri.ca, gé.ne.sis	V̆.	1+0=1	
	əC.	0+1=1	경음절
vé.ni.son, lá.by.rinth, á.ppe.tite, pá.ra.dise	ə.	0+0=0	

이들 중 a.gén.da와 a.ró.ma의 두 번째 음절이 중음절이므로 강세를 받는다. 전자는 '단모음+홑자음'의 경우에 해당하고 후자는 '장모음+말음 없음'에 해당하여 둘 다 무게가 2 이상으로 중모음이므로 뒤에서 두 번째 음절(penultimate syllable)이 강세를 받는다. 반면에 A.mé.ri.ca와 gé.ne.sis의 경우 뒤에서 두 번째 음절이 각각 '단모음+말음 없음'과 'schwa+말음 없음'에 해당되어 음절무게가 1과 0인 경음절인 관계로 강세를 받을 수 없다. 그래서 앞의 음절인 'antepenult'에 강세가 오는 것이다.

2) 동사의 강세규칙

동사는 명사와 달리 맨 마지막 음절을 먼저 봐야 한다. 마지막 음절이 초중음절이면 다음의 규칙에 의해서 ult에 강세가 온다.

동사의 강세규칙

Stress a superheavy final syllable, if there is one; otherwise, stress a penultimate syllable

여기서 'superheavy'라 함은 위의 음절 무게표에서 당연히 무게가 3 이상이어야 할 것이나 무게가 2인 유형 중 '장(이중)모음+말음 없음'까지도 초중음절에 포함시킨다. 반면에 '단모음+홑자음'의 유형은 무게가 역시 2이지만 초중음절에 들어가지 못한다. 마찬가지로 'schwa+겹자음'의 경우 또한 무게가 2이므로 초중음절에 못 들어간다. 다음은 이 규칙의 적용을 받는 예들과 그 무게를 운모유형별로 계산한 것이다.

예: pre.vént, obéy, atóne, decíde, molést, usúrp, collápse, astónish, consíder, devélop, inhábit, imágine, dí.ffer.

표 6 | 운모유형별로 계산한 강세음절의 무게 (동사)

예	운모유형	ult의 무게	
	V̄CC.	2+2=4	초중음절
atóne, decíde,	V̄C.	2+1=3	
pre.vént, molést, usúrp, collápse	V̆CC.	1+2=3	
obéy	V̄.	2+0=2	
astónish, inhábit, imágine,	V̆C.	1+1=2	중음절
	əCC.	0+2=2	
	V̆.	1+0=1	경음절
consíder, devélop, dí.ffer	əC.	0+1=1	
	ə.	0+0=0	

먼저 'pre.vént'를 보면 맨 마지막 음절이 '단모음+겹자음'이므로 무게가 3으로 초중음절에 해당하므로 ult에 강세가 왔다. 한편 obéy의 경우 맨 마지막 음절이 '장(이중)모음+말음 없음'으로 무게가 비록 2에 불과하여 원칙적으로 초중음절에 포함시키지 말아야 하나 영어의 동사 강세규칙에서는 예외적으로 superheavy로 인정하므로 역시 ult가 강세를 받는다. 한편 astónish에서는 맨 마지막 음절이 '단모음+홑자음'으로 무게가 같은 2이지만 앞의 '장(이중)모음+말음 없음'의 경우와는 달리 superheavy로 인정받지 못하므로 ult에 강세가 오지 못하고 그 앞의 penult가 강세를 받았다. 한편 consider, remember와 같은 예들은 맨 마지막 음절이 'schwa+홑자음'으로 무게가 1에 불과하여 superheavy에 들 수 없으므로 역시 ult에 강세가 오지 못하고 penult에 왔다.

이상의 경우처럼 일단 맨 끝음절의 초중음절 여부를 확인하였으면 다음으로 확인할 것은 음절의 수이다. 음절의 수가 동사의 강세규칙에서 문제가 되는 이유는 다음과 같은 예들 때문이다.

예: cómpromìse, exággeràte, mánifèst,

이 예들의 마지막 음절은 '장(이중)모음+홑자음'(compomise, exaggerate)이거나 '단모음

+겹자음'(manifest)로서 초중음절이다. 그러므로 위의 규칙에 의하면 당연히 강세를 받아야 한다. 물론 이 예들의 마지막 음절이 부강세를 받기는 하나 주 강세는 여전히 첫음절인 antepenult에 있으므로 문제가 되는 것이다. 이 예들을 수용하기 위해서는 다음의 규칙을 추가해야 한다.

삼음절 이상 동사의 강세규칙

If the ult is superheavy in a three syllable words, do not stress neither the ultimate nor the penultimate syllable; Stress the antepenultimate syllable.

이 규칙이 잘 들어맞는지 확인하려면 동사의 첫 번째 규칙을 적용할 때 사용했던 다음의 예들도 다시 살펴볼 필요가 있다.

예: astónish, consíder, devélop, inhábit, imágine

이 예들도 삼음절이나 맨 마지막 음절이 모두 '단모음+홑자음'(astonish, inhabit, imagine)이거나 'schwa+홑자음'(consider, develop)으로서 초중음절이 아니므로 끝음절이 초중음절일 때만 적용되는 위 규칙의 적용범위에서 벗어나 있다. 그러므로 이 예들은 동사의 첫 번째 강세규칙의 적용을 받아 penult에 강세가 오는 것이 맞다.

3) 형용사의 강세규칙

형용사 강세의 특징은 어떤 것은 명사의 규칙을 따르고 어떤 것은 동사의 규칙을 따른다는 데 있다. 먼저 명사의 규칙을 따르는 다음의 예들을 살펴보자.

예: re.lúc.tant, de.féc.tive, fra.tér.nal, e.ffú.sive, prí.mi.tive, u.ná.ni.mous.

이 중 앞의 넷은 penult가 중음절이어서 강세를 받은 경우이고 뒤의 두 예들, pri.mi.tive와 u.na.ni.mous는 penult가 '단모음+말음 없음'으로 경음절이어서 강세를 못 받고 그 앞의 antepenult가 강세를 받았다.

반면에 다음의 예들은 동사의 규칙을 따르는 예들이다.

예: hu.máne, di.scréet, re.móte, ro.búst, ab.súrd, su.ccínct, có.mmon, vúl.gar, so'.lid

이 중 앞의 여섯 예들은 모두 맨 마지막 음절이 superheavy에 해당되어 ult에 강세가 온 경우이고 뒤의 'có.mmon, vúl.gar, so'.lid'는 끝음절이 'schwa+홑자음'이거나 '단모음+홑자음'으로 초중음절의 조건에 맞지 않으므로 ult에 강세를 받을 수 없게 되어 그 앞의 음절에 강세가 온 경우이다.

접미사의 종류와 강세위치

영어 단어가 어원에 따라 강세 유형이 달라질 수 있다는 것은 이미 위에서 언급하였다. 즉 게르만계인 fáther 같은 단어에서는 보통 어간의 첫음절에 강세가 오고 fátherly, unfátherly 등에서처럼 접미사나 접두사가 붙더라도 그 위치가 변하지 않는 반면에 húman 같은 라틴계 단어의 경우 humánity, humanitárian처럼 접미사가 붙으면서 앞에 있던 강세가 점점 뒤로 옮겨가는데 이는 라틴어의 강세가 보통 뒤에서 두 번째 음절(penultimate syllable)이 무거우면 거기에 오고 가벼우면 그 앞의 음절(antepenult syllable)에 오기 때문이다. 한편 불어의 강세는 맨 마지막 음절(ultimate syllable)에 오니까 접미사가 붙으면 자연스럽게 그 접미사에 강세가 오게 된다. 이러한 이유로 영어접미사를 강세부여와 관련하여 다음의 세 가지로 나눈다.

강세부여를 기준으로 분류한 영어접미사

1) stress-neutral suffix
2) stress-nonneutral suffix
3) autostressing suffix

이 중 1)은 원칙적으로 토종영어 어간에 영어 접미사가 붙는 경우이고 2)는 라틴어 어간에 라틴어 접미사가 붙는 예이다. 3)은 불어 어간에 불어 접미사가 붙는 경우이다. 1)이 stress-neutral인 이유는 접미사가 붙더라도 게르만계 어간은 강세의 위치를 바꾸지 않기 때문이다. 2)가 stress-nonneutral인 이유는 라틴계 어간에서 접미사가 붙으면서 강세가 오는 뒤에서 두 번째 음절(penult)과 세 번째 음절(antepenult)이 자꾸 바뀌기 때문이다. 3)이 autostressing인 이유는 불어에는 자동적으로 맨 끝음절(ult)에 강세가 오기 때문이다.

다음은 각 접미사 유형별로 예를 모은 것이다.

1) Stress-neutral suffix의 예

fríend	fríendly	fríendliness
kníght	kníghtly	kníghtlihood
gáng	gángster	gángsterdom
fáther	fátherless	fátherlessness
sénse	sénseless	sénselessness

2) Stress-nonneutral suffix의 예

cónduct	condúcive	conducívity
néutral	neutrálity	neutralizátion
sólid	solídify	solidificátion
tótal	totálity	totalitárian
cónstitute	constitútion	constitutionálity

3) Autostressing suffix의 예

-ee	employée, interviewée, absentée
-esque	picturésque, Kafkaesque, romanesque, arabesque
-eer	mountainéer, auctioneer, buccaneer, engineer
-aire	questionnáire, billionaire, extraordinaire
-ese	Brooklynése, Congolese, Japanese, Chinese
-ette	cigarétte, coquette, silhouette

위에서 게르만계 어간에는 게르만계 접미사인 stress-neutral suffix가 붙는다고 했으나 이러한 원칙이 항상 지켜지는 것은 아니다. 예를 들면 sense는 sénse, sensátion, sensationálism과 같이 접미사가 붙으면서 계속 강세의 위치가 변하는 데서 원래 라틴계 어간임을 알 수 있다. 그런데도 1)처럼 게르만계 접미사가 붙으면 강세의 위치가 변하지 않는다. 예: sénse, sénseless, sénselessness. 그 이유는 sense가 라틴어에서(중세불어를 거쳐서) 영어로 들어왔지만 생산적이면서 stress-neutral인 게르만계 접미사 -less, -ness와 결합하였기 때문이다.

8.7 소리의 높낮이(Pitch)와 성조(Tone)

소리의 높이는 보통 여러 요인에 의해 결정되지만 가장 중요한 요인은 성대의 떨림 횟수이다. 성대가 많이 떨릴수록 소리는 더 높게 난다. 성대는 어린이와 여자처럼 가늘면 더 빨리 떨려 가늘고 높은 소리가 나고 성인 남자처럼 두꺼우면 느리게 떨려 굵고 낮은 소리가 난다. 음장의 경우와 마찬가지로 피치도 강세와 관련이 있다. 강세를 받은 음절은 더 길고 더 높은 소리가 난다.

지금까지 우리는 피치의 음성학적 특징에 대하여 언급하였다. 음장이나 강세의 경우와 마찬가지로 이러한 음성학적 특징이 반드시 음소적 기능을 하는 것은 아니다. 예를 들면 영어에서 어떤 음이 낮거나 높게 난다고 하여 의미가 달라지지는 않는다. 그러나 어떤 언어에서는 음의 높낮이가 음소적 역할을 수행하는데 그 대표적인 예가 중국어이다. 그림 10에서 분절음은 모두 똑같이 [ma]이지만 초분절음인 피치가 어떤 양상을 띠는가에 따라 그 의미가 달라진다.

STANDARD CHINESE **ma**			
Chinese Character	Tone symbol	Tone description	English gloss
媽	˥ 55	high level	'mother'
麻	˧˥ 35	high rising	'hemp'
馬	˨˩˦ 214	low falling	'horse'
罵	˥˩ 51	high falling	'scold'

그림 10 | 중국어 /ma/의 성조들

아래 그림은 Ladefoged의 음성학 페이지(www.phonetics.ucla.edu/vowels/chapter2/chinese/recording2.1.html)에서 위의 네 가지 /ma/ 발음을 프라트로 불러들여 피치분석한 것이다. 피치 곡선의 모양이 성조유형과 일치함을 알 수 있다.

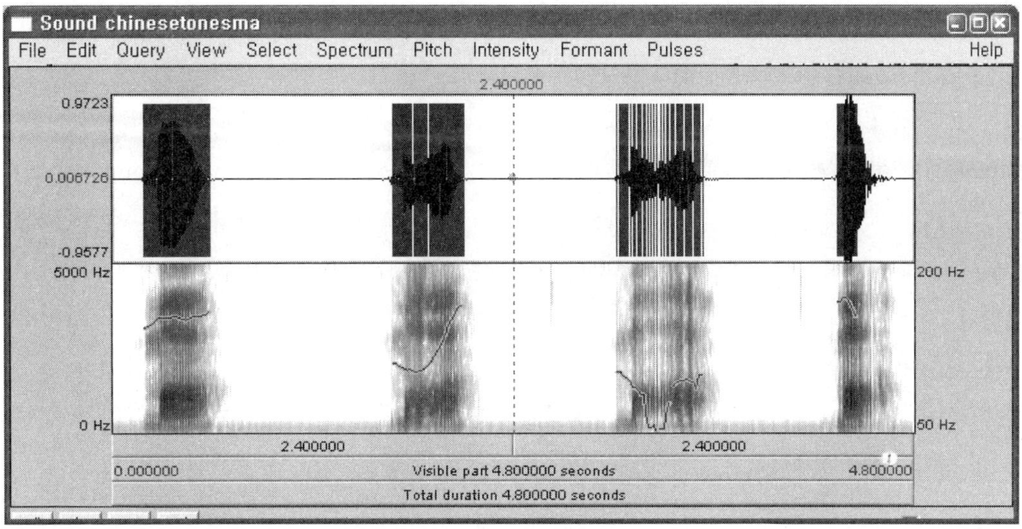

그림 11 | 중국어 /mɑ/의 성조. 피치 곡선이 위의 성조형태들과 일치하고 있다.
('mother': 55, 'hemp': 35, 'horse': 214, 'scold': 51)

중국어처럼 소리의 높낮이가 조직적으로 음소적 역할을 수행할 때 이를 **성조(tone)**라고 부른다. 중국어와 같은 성조언어가 영어와 같은 비성조언어와 다른 점은 소리의 높낮이에 따라 의미의 대조가 일어난다는 점이다. 이 점에 관해서는 우리도 관심을 가질 필요가 있다. 왜냐하면 우리 국어도 한때는 성조언어였고 지금도 경상도 방언의 경우 전형적인 성조언어의 특징을 가지고 있기 때문이다. 중세국어의 방점은 이런 성조를 표기한 것이었다. 중세국어에는 세 종류의 방점이 있었다. 점이 두 개면 처음에는 낮게 나다가 나중에 높게 나는 **상성(rising tone)**을 나타냈고 점이 하나면 높게 나는 **거성(high tone)**을, 점이 없으면 낮게 나는 **평성(low tone)**을 나타냈다. 여기에 **입성(entering tone)**을 구분하기도 하였으나 이는 대체로 중국어의 사성체계를 따르기 위해 삽입한 것이라는 견해가 많다.

상성: :곰(bear), :사람(man), :말(word), :돌(stone), :눈(snow)
거성: ·갈(칼; sword), ·ᄯᅡ(땅; earth)
평성: 곶(꽃; flower), 활(bow), ᄇᆡ(배; pear)

다음 예를 보면 중세국어가 중국어에서처럼 성조가 변하면서 의미가 달라지는 성조언어였음을 확인할 수 있다.

:눈(snow)　vs.　눈(eye)
:밤(chestnut)　vs.　밤(night)

흥미로운 점은 중세국어에서 상성인 단어들이 현대국어에서는 모두 장음(long vowel)으로 나타난다는 점이다. 즉 중세국어에서 성조가 하던 역할을 현대국어에서는 성조는 상실되었으나 음장이 하고 있다는 점이다. 이에 대하여는 다음과 같은 설명을 시도해 볼 수 있겠다. 중세국어에서 음소적 역할을 한 성조의 차이는 음성적으로는 음장의 차이로 나타났을 것이라는 것이다. 그런데 중세국어에서 현대국어로 변화하는 과정에서 성조가 소실됨에 따라 자연스럽게 성조의 변별적 자질로서의 역할을 음장이 수행하게 되었다는 것이다. 이는 음성적 음장이 음소적 음장이라는 새로운 역할을 맡은 것을 의미한다.

nūn 'snow'　nŭn 'eye'
pām 'chestnut'　păm 'night'

실습

아래 'Praat Language Lab'페이지(www.praatlanguagelab.com)에 들어가면 영어강세에 대한 자세한 설명과 함께 강세와 관련된 여러 가지 연습문제가 포함되어 있다. 이 페이지를 방문하여 연습문제를 직접 풀어보자.

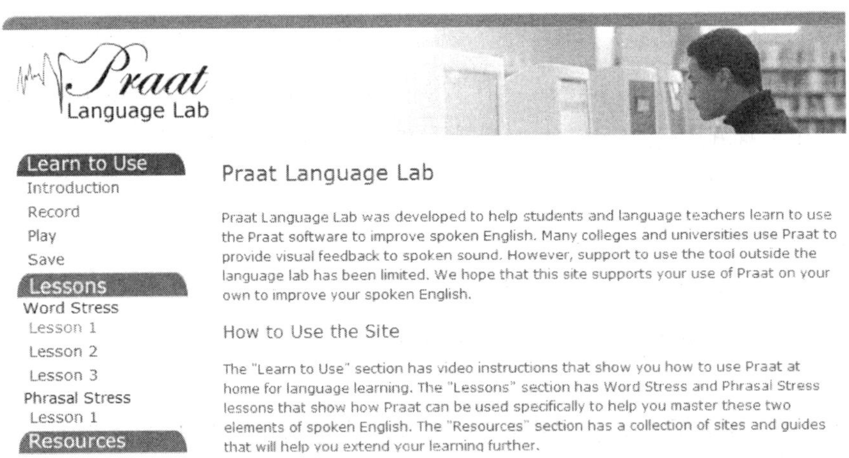

9

영어 리듬과 억양 (Rhythm and Intonation)

Faulkner: The Sound and the Fury came from a passage in Shakespeare's *Macbeth*, that has produced titles for a dozen books. It's a speech of Macbeth's when he was told that Lady Macbeth was dead. He said "Dead? There should have been a time for such as this; tomorrow and tomorrow and tomorrow creep in this petty pace from day to day, and oh, how yesterdays lead but to dusty death. Out, out, brief candle; life is a poor player, who struts and frets as upon a stage, and then is gone. It is a tale told by an idiot, full of sound and fury, signifying nothing."

Interviewer: In Macbeth's "sound and fury," there is no article before "fury." Why did you place a "the" before "fury"?

Faulkner: For emphasis. Sound and Fury wasn't quite enough for the ear. The ear said it needs rhythm, emphasis-*The* Sound and *the* Fury.

-From *William Faulkner 1955: Interviews in Japan*, Minter (1987)

포크너: '음향과 분노'라는 제목은 여러 책의 제목에 자주 등장하는 셰익스피어의 '맥베스'에서 따왔지요. 그것은 레이디 맥베스가 죽었다는 소식을 들었을 때 맥베스가 한 말입니다. 그가 말하기를, "죽었단 말인가? 이런 날이 올 줄 알았지. 내일은 하루하루 작은 보폭으로 다가오고… 오 지난날들은 그저 재만 남는 죽음으로 이끌 뿐이네. 꺼져가는 짧은 촛불처럼. 인생이란 그저 그런 아무 의무도 없이 백치가 내뱉는 음향과 분노로 가득찬 얘기 같은 거지"라고 했지요.

기자: 맥베스의 음향과 분노(sound and fury)에는 'fury' 앞에 관사가 없는데 무슨 이유로 'fury' 앞에 관사 'the'를 붙였나요?

포크너: 강조하기 위해서이지요. 음향과 분노(sound and fury)만으로는 듣기에 충분하지 않아서요. 내 귀가 말하기를 거기에 강조를 위한 리듬이 필요하다고 했어요. *The* Sound and *the* Fury라고.

-윌리엄 포크너 1955: 일본인터뷰 중

앞 장에서 우리는 음절을 구성하는 자음, 모음과 같은 분절음(segments)과 음절에 얹혀서 나는 강세(stress), 음장(length), 피치(pitch)와 같은 초분절음(suprasegments)에 대하여 알아보았다. 이 장에서는 후자의 세 요소들 중 강세와 피치가 어떻게 영어 발화의 운율(prosody)을 형성하는가에 대하여 알아보기로 한다. 이 중 강세는 주로 발화의 리듬을, 피치 즉 음의 높낮이는 한 문장의 억양(intonation)을 형성하는 데 중요한 역할을 한다. 그러면 먼저 리듬이란 무엇인가라는 질문으로부터 논의를 시작하자.

리듬의 정의(Definition of rhythm)

다음은 m-w.com과 Oxford English Dictionary(OED)에서 찾아본 리듬에 관한 정의이다.

리듬의 정의

m-w.com: "an ordered recurrent alternation of strong and weak elements in the flow of sound and silence in speech"

OED: "The measured flow of words or phrases in verse, forming various patterns of sound as determined by the relation of long and short or stressed and unstressed syllables in metrical foot or line"

위의 정의는 모두 언어에서 통상적으로 사용하는 리듬에 관한 정의임에 유념하자. 예를 들면 음악이나 춤에서 일정한 시간을 두고 빠르기를 조절하는 것도 리듬이지만 이는 우리가 알아보고자 하는 발화에서의 리듬과는 별개의 것이므로 고려의 대상이 아니다. 어떤 종류이건 간에 리듬은 일반적으로 두 가지 특징을 가지고 있다. 첫째는 강·약이 있는 것이고 둘째는 일정한 패턴이 반복적(recurrent)으로 일어나는 점이다.

강약은 단순히 소리의 크기만을 지칭하는 것은 아니다. 리듬에서 얘기하는 강약은 좀 더 추상적인 개념으로 강세, 장단, 그리고 높낮이를 다 가리킨다고 이해하는 것이 좋다. 즉 초분절음의 세 요소의 집합이 리듬을 형성하는 것이다. 다만 이 세 요소 중 어느 것을 리듬의 주요소로 사용하느냐는 언어에 따라 다를 수 있다. 예를 들면 영어에서 mother와 같은 2음절어는 첫 음절에 강세가 오고 둘째 음절은 무강세이므로 '강 약'의 리듬을 가지고 있다. 마찬가지로 붉은악마 응원단이 자주 사용하는 구호인 '대~한 민국'은 확실히 첫 음절이 나머지 음절보다 두드러진다는 점에서 '강 약 약 약'(혹은 '강 약 중강 약')의 리듬을 가진다. 다만 우리말과 영어 간에는 강약의 리듬을 형성하는 주요소가 다르다. 영어에서는 소리의 크기, 즉 강세가 주로 강약의 리듬을 형성하는 반면에 우리말에서는 같은 역할을 소리의 길이, 즉 장단이 하고 있다.

영어에서는 강세가, 우리말에서는 장단이 언어리듬을 형성하는 데 주된 역할을 하지만 다른 요소들이 전혀 역할을 하지 않는 것은 물론 아니다. 영단어 **móther**의 경우 첫음절에 강세가 오므로 강하게 발음되는 건 맞지만 이미 영어강세를 설명하면서 밝혔듯이 강세를 받는 음절은 통상적으로 더 길게, 그리고 더 높게 난다. 마찬가지로 우리말의 '대~한민국'과 같은 구호에서 첫음절이 더 길게 발음되는 것은 맞지만 동시에 강하고 높게 발음되므로 이 구호의 리듬형성에는 장단뿐 아니라 강세, 높낮이가 함께 참여한다고 봐야 하는 것이다. 재미있는 점은 아래에서 다시 설명하겠지만 영어처럼 강세박자를 가지고 있는 언어는 강세가, 국어처럼 음절박자를 가진 언어는 음장이 리듬을 형성하는 주된 초분절음 요소가 된다는 점이다.

위에서 리듬에는 강약과 일정한 패턴이 반복적으로 일어난다고 하였으나 사실 통상 강약만 있어도 리듬이 있다고 하고 특정의 강약 패턴이 반복적으로 일어나면 운율(prosody or meter)을 이루는 것으로 본다. 위의 인용문에서 포크너가 셰익스피어의 비극 '맥베스'에는 'sound and fury'라고만 되어 있는데 왜 당신은 여기에 관사를 첨가하여 소설의 제목을 붙였느냐는 기자의 질문에 '리듬이 필요해서 그랬다'고 답한 것도 이러한 넓은 의미의 리듬을 의미한 것이다. 즉 포크너의 귀에는 약간은 단조로운 's**ó**und and f**ú**ry'보다는 강세를 받지 않는 기능어(function word)인 관사를 첨가하여 원문에 변화를 준 'The s**ó**und and the f**ú**ry'가 좀 더 음악적으로 들렸다는 얘기다. 재미있는 점은 문장의 강세와 리듬의 관점에서 보면 전자의 '강 약 강 약' 패턴이나 후자의 '약 강 약 약 강 약' 패턴 모두 영어에 흔히 나타나는 리듬유형이라는 점이다.

9.1 문장의 강세와 리듬

한 단어 내에 강약의 패턴이 있듯이 문장도 단어처럼 주강세, 부강세, 약강세를 받을 수 있다. 표 1의 예들은 문장도 단어와 같이 강세를 받는 음절과 그렇지 못한 음절이 교차되면서 단어와 같은 리듬을 형성함을 보여준다(Cf. Celce-Murcia et al. 1996, pp. 151-2).

표 1 | 단어와 문장의 강세유형 비교

단어	문장	음절수	리듬
móther	Dó it. Páy them.	2	강 약
atténd	You díd? It húrts.	2	약 강
abándon	I sáw you.	3	약 강 약
guàrantée	Hàve some cáke.	3	중강 약 강
èducátion	Màry sáw it.	4	중강 약 강 약
nàtionálity	Còme to Cánada.	6	중강 약 약 강 약 약
commùnicátion	I wànt a sóda.	5	약 중강 약 강 약
elèctrificátion	We tòok a vacátion	6	약 중강 약 약 강 약
Aláska	I'll ásk her	3	약 강 약

이 예들은 모두 왼쪽에 있는 단어와 오른쪽에 있는 문장이 음절의 수가 같을 뿐 아니라 주강세, 부강세가 오는 위치 또한 같다. 즉 매 줄의 단어와 문장 간에 같은 리듬을 가지고 있다.

그런데 단어에서는 주강세와 부강세를 부여하는 강세규칙에 의해서 리듬이 결정되지만 문장에서는 어떻게 각 단어가 가지고 있던 강세와는 별도로 문장 강세를 가져서 강약의 리듬을 가지는 것일까? 예를 들면 표 1의 첫 번째 문장인 **Dó** it.이나 **Páy** them.은 단어의 단계에서는 각각 단어강세를 가지고 있었지만 it이나 them은 문장 내에서 약강세로 발음되어 왼쪽에 오는 단어 **mó**ther와 같은 강 약 리듬유형을 보이는 것일까? 더욱 흥미로운 것은 **Hà**ve some **cá**ke.이나 We **tò**ok a vac**á**tion.과 같은 문장들이 보이는 리듬유형이다. 이들 문장에서는 some이나 we, a같은 단어는 원래 가졌을 강세를 버렸지만 **Hà**ve나 **tò**ok와 같은 단어는 문장 내에서 원래의 주강세가 부강세로 한 단계 내려오게 되어 왼쪽에 있는 gu**à**rant**ée**와 el**è**ctrific**á**tion과 같은 리듬유형을 보여주고 있는 것이다.

단어단계에서는 각자 독립된 리듬을 가졌던 단어들이 모여서 문장이 되면서 이처럼 새로운 리듬을 형성하는 데는 두 가지 원칙이 작용한다. 첫째는 내용어(content words)와 기능어(function words)와 같이 단어의 종류에 따라 강세를 받는 것과 그렇지 못하는 것으로 나뉜다는 점이다. 둘째는 단어 내에 있는 강세음절들 중에는 가장 두드러지는 음절이 있다는 점이다. 이러한 두드러짐은 탁립(prominence)이라 부른다.

9.1.1 내용어와 기능어(Content vs. Function Words)

영어처럼 강세박자를 가지고 있는 언어는 어떤 단어가 문장 내에서 강세를 받느냐 받지 않느냐는 그것이 내용어(content word)이냐 기능어(function word)이냐에 달려 있다. 내용어란 문장의 내용을 전달하는 역할을 하는 단어이고 기능어란 내용보다는 문법적 기능 때문에 존재하는 단어를 지칭한다. 다음은 내용어와 기능어가 될 수 있는 단어들을 문법 범주별로 나눈 것이다.

1) 내용어에 속하는 것들
명사(nouns): cat, mouse, man, woman, table 등
동사(verbs): chase, kill, love, live 등
형용사(adjectives): black, white, pretty, cute 등
부사(adverbs; 'not'과 그 축약형도 포함): really, actually, fortunately, can not, can't 등
지시대명사(demonstrative pronouns): This/that/these/those is/are good.
소유대명사(possessive pronouns): It is yours/his/hers/mine 등
의문사(interrogatives): Who, what, why, when, where, how 등
particle: look it up, come in, He ran up the bill 등

2) 기능어에 속하는 것들
관사(articles): a, an, the 등
조동사(auxiliaries): can, may, must, have 등
'be'동사(copula): am, is, was, are, were 등
인칭대명사(personal pronouns): I, you, he, she, we, they 등
관계대명사(relative pronouns): who, that, which 등
소유형용사(possessive adjectives): his/her/our/your/their books
지시형용사(demonstrative adjectives): This/that/these/those books
의문형용사(interrogative adjectives): Whose books are these?
접속사(conjunctions): and, or, I think that he is cute 등
전치사(prepositions): Look at him, It came in a box, He ran up the hill 등

'be'와 'have' 동사

위의 분류는 예외가 있으므로 부연설명이 필요하다. 문장 내에서 명사, 동사, 형용사, 부사가 문장의 내용을 전달하고 관사, 조동사, 대명사, 접속사, 전치사 등이 문법적 기능을 하리라는 점은 쉽게 추정할 수 있다. 다만 같은 '동사'일지라도 be동사의 경우는 I am a man.같은 문장에서 보면 어떤 내용을 전달하기보다 주어의 위치에 있는 I와 보어의 위치에 잇는 man을 연결시켜주는 역할을 하므로 기능어에 속한다. 전통문법에서는 be동사를 이러한 이유로 계사(繫辭; copula)라 부르기도 한다. 또한 아래에서처럼 be나 have가 본동사적 성격을 가지더라도 특수한 경우가 아니면 조동사일 때처럼 문장 내에서 강세를 받지 않는다.

He is in the gárden toníght.
Jóhn has a lóvely smíle.

이 문장들에서 be동사는 '존재'의 의미를, have동사는 '소유'의 의미를 지니므로 본동사라 볼 수 있다. 그럼에도 이들 동사들은 조동사 be나 have와 마찬가지로 문장 내에서 강세를 받지 않는다. 다만 위의 표1에서 Háve some cáke처럼 명령문(imperative)일 경우에는 have동사도 강세를 받는다.

not의 축약형

부정을 나타내는 부사인 not도 일반부사와 같이 내용어임은 분명하다. 다만 not의 경우 자주 앞에 오는 조동사와 축약하게 되는데 이때는 앞의 조동사가 대신 강세를 받는다.

can nót 〉 cán't
will nót 〉 wón't
shall nót 〉 shán't
should nót 〉 shóuldn't
would nót 〉 wóuldn't
must nót 〉 mústn't
may nót 〉 máyn't

Particle Movement

particle은 적절한 우리말 용어가 없어서 영어를 그대로 사용하였으나 look up, come in 등의 예에서 볼 수 있는 것처럼 '전치사의 모습을 가지고 있으면서도 부사적 역할을 하는 것들'을 가리킨다. 이들은 그러니까 전치사가 아니고 부사이므로 내용어이다. 다음의 두 문장을 비교하면서 설명하기로 하자.

1) John ran up the bill.
2) John ran up the hill.

첫 번째 문장은 '존이 계산서의 금액을 합했다'는 뜻인 반면에 두 번째 문장은 '존이 언덕위로 뛰어 갔다'는 뜻이다. 이 두 문장이 겉으로는 비슷해 보이지만 통사적으로 보나 강세유형으로 보나 서로 다르다. 그리고 이 차이는 동사 run 다음에 오는 up과 관계가 있다. 1)에서 up은 위에서 언급한 particle로서 부사이면서 내용어인 반면에 2)의 up은 전치사이면서 기능어이다. 이러한 차이는 우선 통사적으로 확인된다. 1)의 경우 문장 내에서 부사의 위치이동이 전치사보다 상대적으로 자유로운 관계로 John ran the bill up과 같은 문장이 가능한 반면에 2)의 경우는 up이 전치사로서 뒤에 오는 the hill과 전치사구(prepositional phrase)를 이루므로 반드시 명사 앞에 있어야 한다. 이런 이유로 *John ran the hill up과 같은 문장이 허락되지 않는 것이다.

운율(prosody)의 관점에서 보더라도 위의 두 문장은 확실히 다른 강세유형을 가진다. 1)의 up은 부사로서 내용어이므로 문장의 어느 위치에 있더라도 강세를 받는 반면에 2)의 up은 전치사로서 기능어이므로 강세를 받지 못하는 것이다.

1) Jóhn rán úp the bíll.～Jóhn rán the bíll úp.
2) Jóhn rán up the híll.～*Jóhn rán the híll up.

그런데 이 문장들에서 1)의 the bill과 2)의 the hill을 대명사화(pronominalization)하여 it으로 받게 되면 어떻게 될까? 아래에서 볼 수 있듯이 1)의 경우 up이 반드시 it의 뒤로 가야 하는 반면에 2)의 경우 목적어인 it과 전치사구를 이루므로 그 자리에 그대로 머무른다.

1) Jóhn rán it úp. (John ran up the bill의 의미로 *John ran up it.은 안 됨)
2) Jóhn rán up it. (John ran up the hill의 의미로 *John ran it up.은 안 됨)

기타 예외적 경우

to, of, from, in, up 등과 같은 단순 전치사의 경우 위의 예처럼 일반적 기능어로서 강세를 받지 않으나 instéad of, in spíte of, with respéct to 등과 같이 명사를 포함하고 있는 복합전치사들은 명사에 강세를 받는다. 한편 one은 그 기능에 따라서 one man에서처럼 형용사로 쓰이거나 one, two, three처럼 수사로 쓰일 때는 내용어로서 당연히 강세를 받으나 I like the blue suit as well as the red one.처럼 앞에 이미 나온 명사 suit를 대신할 때는 기능어로서 강세를 받지 않는다.

문장의 끝

마지막으로 주의할 점은 위에 언급한 기능어일지라도 문장의 맨 끝에 오면 강세를 받게 된다는 것이다. 다음의 예들을 보자.

1) Is he an hónest mán? Yés, he ís. (He is an honest man)
2) Can he cóme to the wédding néxt wéek? Yés, he cán. (He can come)
3) The mán was táller than I ám. (I am tall)

위에 밑줄이 그어진 단어들은 기능어이기는 하지만 모두 괄호 안에 설명된 생략어를 대신하고 있는 점에 주의하자. 이 생략된 단어가 내용어이므로 이를 대신하는 기능어 또한 문장 내에서 강세를 받는다.

실습

YouTube에서 미국의 팝가수인 Neil Diamond의 노래 'I am, I said'를 찾아서 아래 부분을 들어보고 1인칭 be동사 am이 어떨 때 강세를 받고 어떨 때는 강세를 받지 않는지 알아보자.

Well, I'm New York City born and raised
But nowadays, I'm lost between two shores
LA's fine, but it ain't home
New York's home but it ain't mine no more

I am, I said
To no one there
And no one heard at all
Not even the chair
I am, I cried
I am, said I
And I am lost, and I can't even say why
Leavin' me lonely still

9.1.2 탁립(Prominence)

단어나 문장에서 탁립에 기여하는 것들은 주로 초분절음 요소들이다. 지금까지 배운 음의 장단, 고저, 강약 세 가지가 모두 참여하지만 이 중 어떤 것이 주 역할을 하느냐는 언어마다 다르다. 예를 들면 영어에서 record는 명사로 쓰일 때와 동사로 쓰일 때 주강세의 위치가 바뀐다. 이렇게 강세를 받은 음절은 당연히 같은 모음이 강세를 받지 않았을 때보다 더 길고 더 높게 난다. 이런 점에서 명사 record에서 첫음절이 둘째 음절보다 두드러지는 반면에 동사 record는 둘째 음절이 첫음절보다 두드러진다. 영어와 같은 강세박자언어에서는 탁립에 영향을 주는 것은 강세이고 길이와 피치의 변화는 이에 따른 부수적 현상이라 할 수 있다.

그러면 음절 간의 탁립의 정도는 어떻게 결정되는 것일까? 단어 내에서는 물론 주강세 부강세, 약강세를 가진 음절들이 차례대로 탁립의 순서가 된다. 여기에 그 음절의 핵을 이루고 있는 모음이 full vowel인지 reduced vowel인지도 함께 고려된다. 전자는 후자보다도 탁립의 정도가 높은 것이다.

강세의 종류와 탁립가
주강세 = 2
부강세 = 1
약강세 = 0

모음의 종류와 탁립가
full vowel = 1
reduced vowel = 0

이를 토대로 electrification같은 단어의 탁립을 도표화하면 아래와 같다.

표 2 | electrification의 탁립정도 계산

음절	ɪ	lɛ̀k	trə	fə	kéɪ	ʃən
강세의 종류	0	1	0	0	2	0
모음의 종류	1	1	0	0	1	0
계	1	2	0	0	3	0
탁립	•	●			⬤	

반면에 주강세와 부강세의 구분이 없는 문장이나 구에서는 둘 이상의 내용어가 있을 때 이들 간의 탁립의 정도를 계산하는 문제가 발생한다. 예를 들면 **elèctrificátion**과 같은 리듬을 가지고 있는 문장인 We **tòok** a **vacátion**의 경우 took와 vacation이 내용어이므로 둘 다 강세를 받고 이 중 어떤 단어가 더 두드러지는지를 결정할 척도가 필요하다. 이때 통상적으로 적용되는 규칙은 내용어인가 기능어인가에 따른 강세 부여 여부와 강세를 받는 음절 중에서 맨 나중에 오는 음절이 가장 두드러진다는 것이다.

단어의 종류
내용어 = 1
기능어 = 0

강세의 위치(내용어에서 강세를 받은 음절들 중에서 계산)
마지막 음절 = 1
그 외 음절 = 0

다음은 We took a vacation의 탁립을 이 같은 방법으로 계산한 것이다.

표 3 | We took a vacation의 탁립정도 계산: electrification과 같다.

음절	wɪ	tòk	ə	və	kéɪ	ʃən
강세의 종류	0	1	0	0	1	0
모음의 종류	1	1	0	0	1	0
강세의 위치	0	0	0	0	1	0
계	1	2	0	0	3	0
탁립	•	●			●	

이 계산에 따라 vacátion은 단어강세로 치면 주강세를, tòok는 부강세를 받는 격이 되어 'elèctrificátion과 같은 리듬을 갖게 된다. 이러한 탁립규칙은 이 장 후반부에서 자세히 다룰 문장의 억양(intonation)에서도 똑같이 적용된다. 다시 We took a vacation을 예로 들면 강세를 받는 음절 중 맨 끝에 오는 음절에서 높낮이(pitch)의 변화가 가장 크게 일어나는데 억양연구에서 이 음절을 tonic syllable이라고 부른다.

9.2 영어리듬의 특징: 강세박자와 음절박자(Stress-timed vs. Syllable-timed)

지금까지 리듬을 논의하는 중에 빠진 중요한 개념이 리듬과 시간의 간격이다. 이는 리듬의 두 번째 특징인 패턴의 반복과 관계가 있다. 일반적으로 리듬의 시간은 언어에 따라 강세박자(stress-timed)와 음절박자(syllabl-timed) 두 가지로 구분한다. 영어 말소리 리듬의 가장 큰 특징은 하나의 운율 단위 내에서 강세와 강세 사이에 걸리는 시간이 같다는 점이다. 즉 영어는 **강세박자언어**(stress-timed language)이다. 이와는 반대로 불어나 우리말의 경우 각 음절마다 걸리는 시간이 같다. 이들은 그래서 **음절박자언어**(syllable-timed language)이다.

그러면 아래의 예문들을 통하여 영어가 강세박자 리듬을 가지고 있음이 무엇을 의미하는지 알아보자(Cf. Celce-Murcia et al. 1996, p. 152).

Cats		chase	mice
The cats	have	chased	mice
The cats	will	chase	the mice
The cats	have been	chasing	the mice
The cats	could have been	chasing	the mice

이 문장들을 영어식 리듬대로 읽으면 cats, chase, mice와 같은 단어는 좀 더 두드러지게 발음되는 반면에 the, could, have, been 등은 약하게 발음될 뿐 아니라 매우 빨리 지나가는 것을 느낄 수 있다. 그 이유는 전자는 문장의 내용을 전달하는 내용어들(content words)이어서 문장 내에서 강세를 받고 후자는 문법적 기능을 하는 기능어들(function words)이기 때문에 문장 내에서 강세를 받지 않기 때문이다. 영어와 같은 강세박자언어의 특징은 이처럼 문장 내에서 강세를 받는 음절 간의 걸리는 시간이 같다는 점이다. 위 문장에서 첫 번째 강세를 받은 cat으로부터 두 번째 강세를 받은 내용어 chase까지 걸리는 시간이 chase에서 세 번째 강세를 받은 mice까지 걸리는 시간과 같다. 강세박자언어에서 강세 간의 등시성(登時性; isochronism)은 강세와 강세 간에 몇 개의 무강세 음절이 오느냐와 관계없이 적용된다. 위의 문장에서 cat과 chase 사이에 have만 오든, have been처럼 두 개의 음절이 오든, 아니면 맨 마지막 문장에서처럼 could have been이 들어가 세 개의 음절이 오든, 두 내용어 사이에 걸리는 시간은 원칙적으로 같다. 그러므로 여러 음절이 내용어와 내용어 사이에 낀 맨 끝 문장에서는 자연히 말의 속도가 빨라질 수밖에 없고 could have been같은 기능어 군은 강세를 주지 않으면서 빨리 발음하다보니 could've been처럼 축약이 자주 일어나는 것이다.

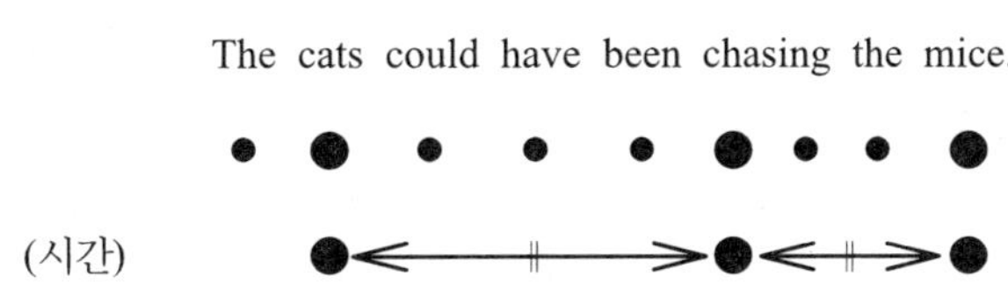

그림 1 | 강세박자언어의 리듬: 강세 간에 걸리는 시간이 같다.

반면에 다음과 같은 우리말 문장은 모두 11개의 음절을 가지고 있는데 국어와 같은 음절박자언어에서는 이 음절들을 발음하는 데 모두 똑같은 시간이 걸린다. 그렇다 보니 매우 단조로운 리듬을 가지게 된다.

아버지가 방에 들어가신다.

●●●● ●● ●●●●●

그림 2 | 음절박자언어의 리듬: 각 음절 간에 걸리는 시간이 같다.

이러한 이유로 영어와 같은 강세박자 언어에는 문장 내에서 강세를 받는 음절과 받지 않는 음절 사이에 강약의 패턴이 뚜렷한 반면에 우리말과 같은 음절박자 언어는 이러한 강약이 없는 단조로운 패턴을 보여준다. 그러므로 우리말처럼 음절박자언어를 모국어로 하는 화자가 영어와 같은 강세박자언어를 외국어로 배울 때는 이 언어가 갖는 특이한 리듬을 이해하는 것이 중요하다.

9.3 강형과 약형(Strong and Weak Forms)

기능어가 문장 내에서 보통 강세를 받지 않음은 위에서 설명한 바 있다. 이러한 이유로 기능어는 한 단어로서 강세를 받았을 때 나는 **강한 발음(strong form)**과 문장 내에서 날 때 강세를 받지 않았을 때 나는 **약한 발음(weak form)**을 가지게 된다. 예를 들면 접속사 and의 경우 우리는 보통 그 발음을 [ænd]로 알고 있으나 이는 강세를 받는 특수한 경우에서만 쓰이는 발음이고 문장 내에서는 보통 [ənd] 혹은 [n̩d]로 발음되거나 더욱 줄어들면 [ən], [n̩] 등으로 발음되기까지 한다. 전자는 and가 강세를 받았을 때 나는 강한 발음이고 후자의 세 발음들은 모두 강세를 받지 않았을 때 나는 약한 발음이다.

그러면 어떨 때 and와 같은 기능어가 문장 내에서 강한 발음으로 날까? 강조가 된 경우이다. 예를 들어서 대화 중 What do you want? Money or happiness?라는 질문을 받았다고 가정하자. 즉 인생에서 돈이 중요한가 행복이 중요한가를 묻는 질문이다. 이럴 때 나는 돈과 행복 둘 다 중요하다고 답하려 한다면 and가 당연히 강조되어야 한다. 즉 I want money AND[ǽnd] happiness로 되어 보통의 경우와 달리 강세를 받게 되어 [ǽnd]로 나는 것이다. 반면에 강조가 되지 않을 때는 아래의 예들에서처럼 약한 발음으로 난다.

you and me [yú ən mí]
bread and butter [bréd n̩ bʌ́ɾər]
Jack and Kate [ʤǽk ŋ kéɪt]
up and back [ʌ́p m̩ bǽk]
back and forth [bǽk ŋ fɔ́rθ]
here and there [hír n̩ ðɛ́r]
down and out [dáʊn n̩ áʊt]

1) 관사

	strong form	weak form	examples
a	eɪ	ə	a cup
an	æn	ən	get an egg
the	ði	ðə, ðɪ	on the right

2) 조동사

	strong form	weak form	examples
can	kæn	kən, kn̩, kŋ̩	I can go
has	hæz	həz, əz, z, s	He has left. He's left.
had	hæd	həd, əd, d	I had been; I'd been
must	mʌst	məst, məs, m̩s	I must sell
will	wil	wɪl, wəl, l	Mother will be there; I'll be there.
would	wʊd	wəd, əd, d	It would do; It'd do
do	du	dʊ, də	How do you do?

3) be동사

	strong form	weak form	examples
am	æm	əm, m	I am sure; I'm sure

are	ar	ər, r	We are ready; We're ready.
was	waz	wəz	It was late

4) 접속사

	strong form	weak form	examples
and	ænd	ənd, n̩d, ən, n̩	You and me
or	ɔr	ər	one or two
as	æz	əz	as good as
that	ðæt	ðət	He said that it did; those that went

5) 인칭대명사

	strong form	weak form	examples
you	yu	yʊ, yə	How did you do?
he	hi	hɪ, i, ɪ	Will he go?
she	ʃi	ʃɪ	Did she walk?
her	hər	ər	made her glad
him	hɪm	ɪm	wish him luck
them	ðɛm	ðəm, əm	Show them. Kill'em.

6) 전치사

	strong form	weak form	examples
at	æt	ət	at home
to	tu	tʊ, tə	to Mexico.
of	ʌv	əv, ə	three of us; three o'clock
from	frʌm	frəm	He came from there
than	ðæn	ðən, ðn̩, n̩	more than that; less than a mile

7) 기타

	strong form	weak form	examples
what	hwat	wət	That's what I said.
some	sʌm	səm, sm̩	Have some cake.

이 중 특히 can의 발음에 유의할 필요가 있다. 이미 언급한 대로 can과 같은 조동사는 기능어이므로 문장 내에서 강세를 받지 않아 보통 [kən]으로 발음되나 can't의 경우처럼 not과 축약이 일어날 때는 not이 내용어이므로 모음의 약화가 일어나지 않는다. 그런데 보통속도의 대화에서 can't의 발음은 [kænt]이지만 빠른 속도의 대화에서는 /t/의 생략이 일어나므로 [kæn]으로 난다. 여기서 우리는 빠른 속도에서 나는 부정형인 can't의 발음(즉 [kæn])이 그 긍정형인 can이 강세를 받아서 나는 강형의 발음과 같을 수 있는데 주목할 필요가 있다. 이러한 이유로 대화 중에 can의 긍정형과 부정형 사이에 종종 혼란이 일어나기도 한다. 문제는 can의 발음을 [kæn]으로만 알고 있는 데서 시작한다. 예를 들어 미국사람이 Can you go?라고 물었을 때 본인은 분명히 Yes, I can go라고 답을 했는데도 미국사람이 자꾸 Can go or can't?라고 다시 묻는 경우가 있다. 이럴 때는 I can go의 can을 약형인 [kən]이나 [kn̩] 대신 강형인 [kæn]으로 발음했기 때문인 경우가 대부분이다.

I can go. [aɪ kən góʊ]([aɪ kæn góʊ]로 잘못 발음하면 혼동이 일어난다)
I can't go [aɪ kǽn góʊ]

어느 응용음성학 교재에서 소개한 다음의 이야기도 같은 경우이다.

> Sometimes, when learners do not attend to (or are unaware of) phonetically subtle differences in English, communication can break down in interesting ways. For example, the modal auxiliary 'can' and its negative contraction 'can't' are easily confused when they occur in context and are spoken rapidly. We know of one nonnative speaker who was parking her car in Los Angeles when a passerby told her, "You can't park here." Thinking that she had heard, "You can park here," she did and thus was very surprised to find a citation on the windshield when she returned to her car.
>
> -From Celce Murcia et al. (1996)

실습

다음 문장에서 강세를 받는 단어에 강세 표시를 하시오.

Must I go there? Yes, you must.
You're not going, are you?
Give me a good one.
She has a new coat and some old ones.

9.4 기타 유의해야 할 강세유형

9.4.1 합성어강세와 구강세(Compound vs. Phrasal Stress Pattern)

단어의 구성은 같으나 아래의 예처럼 그 단어가 합성명사(compound noun)인지 명사구(noun phrase)인지에 따라 강세유형이 바뀌는 경우가 종종 있다.

합성명사(compound noun)	명사구(noun phrase)
dárkroòm	dàrk róom
fréewày	frèe wáy
Whíte Hòuse	whìte hóuse
hótdòg	hòt dóg
dáncing gìrl	dàncing gírl
Énglish teàcher	Ènglish téacher

왼쪽의 경우는 두 단어가 모여서 하나의 단어가 된 합성어인 반면에 오른쪽의 경우는 같은 단어들이 모였으나 앞의 형용사가 뒤에 오는 명사를 수식하는 명사구이다. 전자의 경우는 합성어 강세의 특성상 첫 번째 단어에 주강세가 오고 뒤에 오는 명사는 부강세를 받는다. 반면에 후자의 경우 뒤에 오는 명사에 주강세가 오고 앞의 형용사는 부강세를 받는다. 의미상으로 보면 명사구 dark room의 경우 어느 어두운 방을 가리키지만 합성어 darkroom은 보통의 어두운 방이 아니고 특수한 용도, 즉 사진 현상을 위한 암실을 의미

한다. 마찬가지로 미국 대통령의 집무실을 가리키는 White House는 합성어인 반면에 일반 하얀 집인 white house는 명사구인 관계로 강세패턴이 서로 다르다.

그러면 세 단어가 모여서 하나의 합성어가 된 다음과 같은 예들의 강세 유형은 어떻게 될까?

lighthouse keeper '등대지기'
light housekeeper '체중이 가벼운 가정부'

blackboard eraser '칠판닦이(꼭 검을 필요가 없음)'
black board eraser '검은색의 판자지우개(지우개가 검음)'
black board eraser '검은 판자를 지우는 데 쓰는 지우개(판자가 검음)'

강세유형 분석: light house keeper

이러한 강세 유형을 좀 더 잘 이해하기 위해서 처음부터 다시 시작하는 심경으로 강세규칙을 복습해 보기로 하자. 첫째 규칙은 영어에서 모든 단어는 하나의 주강세를 갖는다는 것이다. 예를 들면 위의 '등대지기'를 의미하는 lighthouse keeper와 같은 합성명사는 세 단어로 이루어져 있으므로 이 단어들도 모두 영어강세규칙(English Stress Rule)에 따라 아래에서처럼 각각 주강세를 받는다. (주강세는 숫자 1, 부강세는 숫자 2, 제3강세는 숫자 3으로 표기한다.)

$[\text{light}]_N$	$[\text{house}]_N$	$[\text{keeper}]_N$	
1	1	1	영어강세규칙(English Stress Rule)

그런데 이 중 첫 두 단어가 한데 뭉쳐서 먼저 합성어가 된 것이다. 이렇게 합성어가 되면 아래에서 볼 수 있듯이 구성요소 중 첫 번째 요소에 주강세가 오고 두 번째 요소에 부강세가 온다는 합성어 강세규칙(Compound Stress Rule)의 적용을 받게 된다. 영어강세규칙을 적용한 결과에 이 합성어 강세규칙을 적용하면 다음과 같은 결과가 나온다.

$[\text{light}]_N$	$[\text{house}]_N$	$[\text{keeper}]_N$	
1	1	1	영어강세규칙(English Stress Rule)

[light house]$_N$ [keeper]$_N$
1 2 1 합성어강세규칙(Compound Stress Rule)

그리고 마지막으로 이제 막 합성어 형성과정을 거쳐 한 단어가 된 lighthouse가 다시 뒤에 오는 keeper와 합성어가 된다. 이때도 역시 같은 합성어강세규칙에 의하여 첫 요소인 lighthouse에 주강세가 오고 뒤에 오는 keeper는 부강세를 받게 된다. 그런데 이미 lighthouse의 house는 부강세를 받고 있어서 새롭게 부강세를 받은 keeper와 충돌하므로 제3강세로 하강조절하게 된다.

[light]$_N$	[house]$_N$	[keeper]$_N$	
1	1	1	영어강세규칙(English Stress Rule)
[light	house]$_N$	[keeper]$_N$	
1	2	1	합성어강세규칙(Compound Stress Rule)
[[light	house]$_N$	[keeper]$_N$]$_N$	
1	3	2	합성어강세규칙(Compound Stress Rule)

반면에 '몸이 날씬한 가정부'를 의미하는 light housekeeper의 경우 위의 경우와 똑같이 각 단어가 영어강세규칙의 적용을 받아 주강세를 받으나 house와 keeper가 먼저 합성명사를 이루므로 합성어강세규칙에 의하여 house가 주강세를, keeper는 부강세를 받는다. 그런 다음 이제 막 하나가 된 합성명사 housekeeper가 앞에 오는 형용사 light와 명사구를 형성하게 된다. 명사구에서는 통상 뒤에 오는 명사, 즉 housekeeper에 주강세가 오므로 내부적으로 주강세를 가지고 있던 house가 주강세를 받고 앞에 오는 light는 부강세를, 그리고 새로운 부강세와 충돌하는 keeper의 부강세는 제3강세로 하강하게 된다. 이를 이미 설명한 규칙들을 활용하여 추출하여 보면 아래와 같다.

[light]$_A$	[house]$_N$	[keeper]$_N$	
1	1	1	영어강세규칙(English Stress Rule)
[light]$_A$	[house	keeper]$_N$	
1	1	2	합성어강세규칙(Compound Stress Rule)
[[light]$_A$	[house	keeper]$_N$]$_{NP}$	
2	1	3	명사구강세규칙(Noun Phrase Stress Rule)

강세유형 분석: blackboard eraser

blackboard eraser의 경우 위의 두 경우 외에 앞의 black과 board가 명사구를 이룬 다음 뒤에 오는 명사와 합성명사를 이루는 세 번째 경우가 추가된다. 아래의 추출과정을 살펴보자.

1) 칠판닦이

$[\text{black}]_A$	$[\text{board}]_N$	$[\text{eraser}]_N$	
1	1	1	영어강세규칙(English Stress Rule)
$[\text{black}$	$\text{board}]_N$	$[\text{eraser}]_N$	
1	2	1	합성어강세규칙(Compound Stress Rule)
$[[\text{black}$	$\text{board}]_N$	$[\text{eraser}]_N]_N$	
1	3	2	합성어강세규칙(Compound Stress Rule)

2) 검은 색의 판자지우개(지우개가 검음)

$[\text{black}]_A$	$[\text{board}]_N$	$[\text{eraser}]_N$	
1	1	1	영어강세규칙(English Stress Rule)
$[\text{black}]_A$	$[\text{board}$	$\text{eraser}]_N$	
1	1	2	합성어강세규칙(Compound Stress Rule)
$[[\text{black}]_A$	$[\text{board}$	$\text{eraser}]_N]_{NP}$	
2	1	3	명사구강세규칙(Noun Phrase Stress Rule)

3) 검은 판자를 지우는 데 쓰는 지우개(판자가 검음)

$[\text{black}]_A$	$[\text{board}]_N$	$[\text{eraser}]_N$	
1	1	1	영어강세규칙(English Stress Rule)
$[\text{black}$	$\text{board}]_{NP}$	$[\text{eraser}]_N$	
2	1	1	명사구강세규칙(Noun Phrase Stress Rule)
$[[\text{black}$	$\text{board}]_{NP}$	$[\text{eraser}]_N]_N$	
3	1	2	합성어강세규칙(Compound Stress Rule)

기타

다음과 같은 예들도 합성명사를 이룰 때와 구를 이룰 때 강세의 유형이 달라짐을 보여 준다(Cf. 전상범 1985, p. 335).

They are vísiting profèssors. (교환교수들이다.)
They are vìsiting proféssors. (교수를 방문 중이다.)

They are chéwing gùms. (껌이다.)
They are chèwing gúms. (껌을 씹고 있다.)

They are sáiling bòats. (경기용 보트들이다.)
They are sàiling bóats. (보트를 띄우고 있다.)

They are chécking accòunts. (체크북을 쓸 수 있는 계좌이다.)
They are chècking accóunts. (계좌를 점검하고 있다.)

이 예들에서 각 그룹의 첫 번째는 동명사와 명사가 합쳐서 합성명사가 된 경우이고 두 번째는 본동사 다음에 그 동사의 목적어가 와서 동사구(verb phrase)를 이룬 경우이다. 위의 Whíte Hòuse와 whìte hóuse의 경우처럼 각 그룹에서 합성명사는 주강세가 첫 번째 요소에 오는 반면에 동사구는 두 번째 요소에 온다.

동사+particle

동사와 뒤에 오는 particle로 이루어진 합성명사와 동사구도 같은 강세유형을 보인다.

합성명사	동사구(동사+particle)
óverflòw	to flòw óver
slówdòwn	to slòw dówn
púshòver	to pùsh óver
úptùrn	to tùrn úp
óutbrèak	to brèak óut

dównfàll	to fàll dówn

어떤 경우에는 합성명사를 만들면서 행위자를 나타내는 접미사 -er이 첨가되기도 하지만 이때도 강세유형은 같다(Cf. 전상범 1985, p. 341).

<u>합성명사</u>	<u>동사구(동사+particle)</u>
pásser-bỳ	to pàss bý
lóoker-òn/ónlòoker	to lòok ón
hánger-òn	to hàng ón

지금까지의 논의를 종합해 보면 이렇다. 명사와 명사이던 부사와 동사이던 두 요소가 합쳐져서 하나의 합성어가 될 때는 주강세가 그 첫 번째 요소에 오는 반면에 명사구이던 동사구이던 하나의 구를 형성하면 주강세가 두 번째 요소에 온다는 점이다. 이러한 원칙은 같은 요소로 이루어진 모든 합성어와 구에 일반적으로 적용되는 규칙이다. 다음의 경우들을 생각해 보라.

<u>합성형용사</u>	<u>형용사구(분사+부사/형용사)</u>
hárd-wòrking	wòrking hárd
éasy-gòing	gòing éasy
góod-lòoking	looking good
éver-làsting	lásting (for)éver
wéll-mèant	mèant wéll
wíde-sprèad	sprèad wíde
fárfètched	fètched fár

다만 다음과 같이 '전치사+동사'로 이루어진 합성동사의 경우는 (추정하건데) 전치사가 기능어인 관계로 뒤에 오는 동사에 주강세가 온다.

ùnderstánd, ùndermíne, ùnderválue, ùphóld, ùpsét, òvertáke, òverthrów, òverlóok, ùnderthrów

이 경우 앞에 오는 under-, up-, over- 등이 접두사일 뿐이어서 실제로는 합성어가 아니기 때문에 첫 요소에 주강세가 오지 않는다는 설명도 가능하다. 이러한 주장은 그러나 óvertàke, úpsèt, óverthròw 등은 명사로도 쓰이면서 여전히 첫 요소에 주강세가 오므로 견지하는 데 문제가 있다. 아무튼 합성동사의 경우는 합성명사나 합성형용사의 경우와는 좀 다른 강세유형을 보인다는 점은 기억하도록 하자.

9.4.2 대조강세(Contrastive Stress)

문장 내에서 두 단어를 대조하게 되면 이들이 다른 단어들보다도 두드러질 뿐 아니라 어떨 때는 강세의 위치까지 변한다. 다음의 예를 생각해 보자.

The númber of bóys in the schóol is décreasing while thát of gírls is íncreasing.

incréase와 decréase의 강세는 원래 두 번째 음절에 있으나 위에서처럼 두 동사 사이에 대조가 일어나면서 그 위치가 첫음절로 옮겨갔다(Cf. 전상범 1985, p. 316). 마찬가지로 위의 '칠판닦이'를 의미하는 bláckboard eraser와 같은 합성명사도 보통 첫음절에 주강세가 오지만 아래의 예에서처럼 bláckboard stand와 대조가 일어날 때는 강세의 위치가 대조를 받는 맨 마지막 단어로 옮겨간다(Cf. Hyman 1975, p. 203).

I said blackboard *eráser*, not blackboard *stánd*.

9.4.3 리듬강세(Rhythmic Stress)-강세충돌(Stress Clash)의 회피

강세를 활용한 리듬은 강약이 반복되면서 일어나는 것이 정상이다. 그러나 간혹 단어끼리 인접할 때 강한 음절이 연달아 나오는 경우가 있는데 이를 회피하기 위하여 강세위치가 옮겨가는 경우가 있다. 아래가 그런 예들이다(Cf. 전상범 1985, p. 316).

정상 강세위치	강세회피가 일어나 옮겨짐
Chinése	Chínese rèstaurant
thirtéen	thírteen mèn
nèxt dóor	néxt dòor néighbor

예를 들면 Chinése의 단어강세는 끝 음절에 있지만 réstaurant과 복합어를 이루게 되면 '강강'의 음절이 연달아 나오게 되므로 이를 피하기 위하여 첫음절로 옮겨갔다. 이때 복합어이므로 첫 요소인 Chinese에 주강세가 왔고 둘째 요소인 restaurant에 부강세가 왔다. thírteen mèn의 경우도 마찬가지이다. nèxt dóor는 명사구이므로 뒤에 오는 명사가 주강세를, 앞에 오는 형용사가 부강세를 받는다. 그러나 néxt dòor néighbor처럼 뒤에 첫음절에 강세가 있는 명사와 다시 복합명사를 이루게 되면 '강강'의 음절이 연달아 나오게 되므로 door의 강세가 부강세로 내려가고 대신 next의 부강세는 주강세로 올라갔다. 이렇게 하여 '강약강'의 리듬이 형성되었다.

9.4.4 차용어의 강세이동(Stress in Loan Words)

영어의 어휘구성에 라틴어와 불어에서 많은 단어가 차용되었음은 이미 언급한 바 있다. 그런데 사람도 새로운 나라에 이민을 가서 오래 살면 점점 그 나라 사람이 되어가듯이 단어도 처음 차용되어 들어왔을 때는 원래의 강세유형을 유지하다가 시간이 지나면서 점점 새로 정착한 언어의 강세유형을 따라가게 되는 경우가 많다. 이러한 이유로 강세의 이동이 생기기도 한다. 불어에서 차용된 다음 이음절 단어들의 강세위치를 보자.

끝음절 강세	첫음절 강세
miráge	víllage
masságe	méssage
colláge	bággage
montáge	cárnage
	hómage
	mórtgage

www.etymonline.com에서 이 단어들의 어원(etymology)을 확인해 보면 모두 불어에서 차용된 것임을 알 수 있다. 그리고 이들은 모두 접미사 -age를 가지고 있는데 불어는 기본적으로 마지막 음절(ult)에 강세가 오므로 -age는 autostressing 혹은 stress attracting suffix임이 분명하다. 왼쪽의 예들에서 끝음절에 강세가 오는 것은 이런 점에서 보면 당연하다. 그러면 왜 오른쪽의 예에서는 같은 불어에서 차용된 단어들임에도 불구하고 강세가

왼쪽에서처럼 -age에 오지 않고 첫음절에 있는 것일까?

이에 대한 답은 '게르만계 언어에서는 기본적으로 강세가 어간의 첫음절에 온다'는 규칙에서 그 힌트를 얻을 수 있다. 영어의 fáther, móther, síster와 같은 원래 영어단어들에서 강세가 첫음절에 오는 이유가 바로 이 규칙 때문인데 위의 오른쪽의 예들은 왼쪽의 것들보다 이른 시기에 영어에 차용되어 '영어화(Anglicize)'되는 바람에 왼쪽의 것들과는 달리 이 영어강세규칙의 적용을 받아 첫음절로 강세가 이동한 것이다. 이에 대한 증거는 두 가지를 들 수 있다. 첫째는 이 단어들이 영어로 차용된 시기를 위의 www.etymonline.com 에서 확인해 보면 아래에서 볼 수 있듯이 오른쪽의 예들이 왼쪽의 것들보다 더 이른 시기에 차용된 것을 알 수 있는 점이다.

차용시기의 비교[1)]

<u>끝음절 강세</u>	<u>첫음절 강세</u>
mirráge, 1812	víllage, late 14c.
masságe, 1876	méssage, c. 1300
colláge, 1919	bággage, mid-15c.
montáge, 1929	cárnage, c. 1600
	hómage, late 13c.
	mórtgage, late 14c.
	courage, c. 1300

또 다른 증거는 같은 접미사를 가지고 있고 역시 불어에서 차용된 'garage, 1902'와 같은 단어의 강세가 미국영어에서 왼쪽의 경우처럼 끝음절에 오는 것이 보통이나 영국영어에서는 첫음절에 나기도 한다는 점이다. 이는 끝음절의 강세가 영어화하면서 첫음절로 이동하고 있음을 보여준다.

실습

아래 문장에서 기능어와 내용어를 구분하여 문장 강세에 따라 발음해 보자.

1) 연도는 보통 문헌에 가장 일찍 나타난 해를 기준으로 함. 연도 앞에 약자 'c.'는 라틴어 'circa'의 약자로 '대강'을 의미함. 14c.의 'c'는 'centrury'의 약자로 14세기를 가리킴.

She doesn't like to hurry.
Her father cleaned the basement.
I didn't want to leave her.
He wanted to help her forget.
We needed to call them at ten.
It's better to hide it from John.

월드컵 이야기: REDS, GO TOGETHER? REDS GO TOGETHER!

2006년 월드컵 때 얘기를 좀 하려고 한다. 그때 국민들은 우리 팀이 자력으로 16강에 진출하기를 한마음으로 기원하였다. 그래서 2002년 4강에 진출했을 때처럼 모두 붉은 악마 빨간 티셔츠를 사서 입었었다. 우리 집 11살짜리도 그걸 사달라고 졸랐으나 이런저런 핑계로 (진짜 이유는 그게 너무 비싸다는 것이었지만) 차일피일 미루던 중 우리가 16강에 탈락하던 날 아이의 마음도 달래줄 겸 마트에 간 나는 셔츠에 적힌 'REDS, GO TOGETHER'란 로고 문구를 보고 많은 생각을 하게 되었다.

우선 2002년 월드컵 때의 Be the Reds!의 것보다 재질이 좋아 보였고 디자인도 맘에 들었을 뿐 아니라 문구도 무척 특색이 있었기 때문이다. 특히 문두의 REDS는 권유를 할 때 주로 쓰이는 Let's를 연상시킬 수 있으므로 단합의 의미가 있을 수 있겠다 싶었다. 그러나 자세히 들여다 본 나는 그 문구가 REDS GO TOGETHER가 아니고 REDS, GO TOGETHER인 것을 알고서 이내 실망하고 말았다.

**** 2006 Slogan: Reds, go together for our dreams**

REDS, GO TOGETHER

그림 3 | 2006년 월드컵 당시 붉은 악마 로고: Reds 다음에 콤마가 있다.

혹자는 콤마 하나의 차이인데 그걸 가지고 뭘 따지냐고 할지 모르지만 여기서 콤마 하나는 매우 많은 차이를 낸다. 일단 콤마가 들어가게 되면 거기에 쉼이 있게 되므로 콤마 앞의 REDS는 호격, 즉 누군가를 부르는 것이 되어서 그 자체가 하나의 인토네이션 단위가 되는 것이다. 그렇게 되면 그 뒤 문구는 주어가 없는 명령문이 되므로 그 의미가 '붉은 악마여 단결하라'와 같이 명령조의 로고가 된다. (나는 누가 나에게 이래라 저래라 명령하면 싫다. 특히 새로 산 티셔츠에 그렇게 쓰여 있다면 별로 기분이 좋을 것 같지 않다.)

물론 우리의 붉은 악마더러 단결하라고 하는 데 아무런 잘못이 있을 수 없다. 다만 문제는 콤마가 있음으로 인해 REDS를 Let's와 연관지어서 '우리 모두 단결합시다'(Let's go together!)의 의미까지는 연상이 되지 않는 데 있다. 반면에 콤마가 없었다면 다음 두 가지의 해석과 연상이 가능하다. 첫째는 REDS GO TOGETHER는 평서문으로 '붉은 악마는 함께한다'는 의미가 될 수 있고 REDS가 Let's로 연상되면(이는 특히 우리나라 사람들이 영어의 /l/과 /r/을 자주 혼돈하므로 가능성이 높다) 서로 단결하자는 의미까지 함축하게 되어 훨씬 더 재미있고 멋있는 로고가 되었을 것이다. 문학에서는 이러한 말의 유희를 pun이라고 하는데 티셔츠의 판매량이 그 셔츠에 붙은 로고문구의 pun이 얼마나 잘 살아나는가와 깊은 연관이 있는 것은 잘 알려져 있다. 사실 2002년 월드컵 때의 붉은 악마 티셔츠의 로고인 Be the Reds는 이러한 언어적 유희를 잘 살린 것이다. Reds가 물론 붉은 악마, 즉 Red Devils를 가리키지만 숨겨진 의미로 '공산당원들(communists)' 즉 빨갱이의 의미도 가지고 있기 때문이다. 세계 최고의 반공국가인 한국에서 이러한 문구를 단 빨간 티셔츠의 물결을 보고서 외국인들은 재미있어 할 수밖에 없는 것이다.

그림 4 | 2002년 월드컵 때 붉은악마 로고: pun을 잘 살렸다.

2006년 붉은 악마 로고의 실수를 콤마 하나 탓으로 돌리기에는 뭔가 씁쓸한 뒷맛이 남는다. 그것은 우리 사회에 예전보다 영어를 잘하는 사람이 많아졌지만 아직 진정한 전문가가 부족한 게 현실이기 때문이다. 이러한 약점을 보완하는 일은 결국 이 책을 읽는 예비 영어교사들을 포함하여 차세대 영어교육 전문가가 해야 할 일이다. 또 한 가지 아쉬운 점은 이처럼 중요한 로고를 만들면서 왜 전문가에게 물어보지 않았을까 하는 점이다. 물론 로고의 전문가가 꼭 영어 전문가는 아니므로 이 또한 괜한 트집일 수 있겠으나 그냥 지나치기엔 너무도 아까운 문구이었기 때문이다. 독자는 이 글을 읽고서 언어의 힘이 어디서 나오는 것인가를 새삼 느낄 수 있기를 바란다. 또한 콤마 하나가 있고 없고는 결국 인토네이션 유형의 차이를 가져오고 이는 곧 의미의 차이로 이어진다는 점도 유념하자. 이 인토네이션이 바로 우리가 다음 절에서 배울 주제이다.

9.5 억양(Intonation)

발화에서 일어나는 피치의 변화를 우리는 인토네이션이라 부른다. 피치는 성대의 떨림에 의해 조절되므로 발화 내의 모든 유성음은 원칙적으로 떨림의 정도에 따라 높낮이의 변화, 즉 곡조(melody)를 겪는다. 하지만 발화 내에서 인토네이션 유형을 형성하는 데는 유성의 정도가 미약한 유성폐쇄음(voiced stop)보다는 음절의 핵을 이루는 모음이나 성절성 자음이 주된 역할을 한다. 이러한 이유로 인토네이션을 논할 때 발화 내의 음절 간의 높낮이 관계를 비교하게 되는 것이다.

인토네이션의 변화는 문장을 단위로 많이 나타나지만 경우에 따라서는 한 문장이 여러 개의 억양단락(抑揚段落; Intonational unit)을 갖기도 한다. 다음과 같은 문장을 보자.

I saw a man in the garden.
[aɪ sɔ́ ə mǽn ɪn ðə gárdn̩]

무표적(unmarked) 발화에서 이 문장은 하나의 억양단락을 이루지만 아래처럼 같은 문장을 두 개의 억양단락으로 나누어 발화할 수도 있다. (부호 '/'는 억양단락의 경계를 나타낸다.)

I saw a man / in the garden.
[aɪ sɔ́ ə mǽn ɪn ðə gárdn̩]

그런가 하면 이 문장을 영어 수업시간에 선생님이 학생들에게 읽어 주듯이 한 단어씩 또박또박 발화한다면 각 단어가 하나의 억양단락이 된다.

I / saw / a / man / in / the / garden.
[áɪ sɔ́ ʌ́ mǽn ɪ́n ðʌ́ gɑ́rdn̩]

이렇게 되면 내용어는 물론 기능어도 강세를 받게 되어 a[ə]와 같은 관사도 강세를 받아 강형인 [ʌ́]로 발음될 것이다.

억양단락에는 강세를 받는 음절 중 맨 끝에 오는 음절에서 가장 두드러지게 피치의 변화가 일어나는데 이를 **변곡음절(變曲音節; tonic syllable)**이라고 부른다. 위의 문장이 하나의 억양단위로 발화될 때는 맨 뒤에 오는 내용어인 garden의 첫 번째 음절에 강세가 오므로 이 음절이 바로 변곡음절이다.

I saw a man in the **gar**den.

반면에 같은 문장을 두 개의 억양단위로 나눠서 발화하면 두 개의 변곡음절이 있게 된다. 첫 번째 억양단위에서 맨 나중에 오는 내용어가 man이므로 이 음절이 변곡음절이다. 두 번째 억양단위에서는 내용어가 하나뿐이면서 맨 끝에 온 garden의 첫음절이 변곡음절이 된다.

I saw a **man** / in the **gar**den.

마찬가지로 위에서 예를 든, 교실에서 선생님이 또박또박 읽는 경우는 각 단어가 하나의 억양단락이므로 모든 단어가 변곡음절을 가진다. garden을 제외한 단어들은 모두 단음절어이므로 그 자체가 변곡음절이고 garden은 첫음절이 변곡음절이다.

I / **saw** / **a** / **man** / **in** / **the** / **gar**den.

변곡음절이 중요한 이유는 이 음절에서 가장 큰 **곡조(曲調; tune)**의 변화가 일어나기 때문이다. 하나의 억양단위로 발화된 위의 문장을 예로 들어보면, 이 문장의 모든 내용어가 강세를 받지만 맨 끝에 오는 강세음절, 즉 변곡음절에서 피치의 변화가 가장 크게 일어난다.

억양에서 피치의 구분

보통 영어에서 억양의 유형을 기술할 때 편의상 다음과 같이 4가지의 피치를 구분한다.

억양에서의 피치구분

1 – 저조

2 – 중조

3 – 고조

4 – 최고조

이 중 최고조는 격앙되었거나 특별히 강조가 일어난 발화에서만 나타나고 보통의 경우라면 피치는 저·중·고의 세 단계에서 오르락내리락한다.

위의 구분대로라면 무표적발화이면서 하나의 억양단위인 I saw a man in the garden은 처음은 중조로 시작하여 계속되다가 변곡음절인 gar에서 고조로 올라가고 뒤따르는 무강세음절 den에서 저조로 내려간다. 즉 전형적인 평서문(indicative sentence)의 인토네이션인 231의 패턴을 가진다. 음성학 교재에서는 이를 자주 아래와 같이 도식화한다.

I saw a man in the garden.

반면에 같은 문장이 두 개의 억양단위로 발화된다면 아래와 같이 두 개의 변곡음절에서 피치의 변화가 나타난다. 패턴은 여전히 231이다.

I saw a man / in the garden.

이 그림에서 첫 번째 억양단위의 변곡음절 man은 올라간 것은 뒤의 garden과 같지만 뒤에 무강세 음절이 없는 점이 다르다. 이때에도 변곡음절에서의 피치의 변화는 있어야 하므로 한 음절 내에서 상승과 하강이 연달아 일어나게 된다. 즉 '중'에서 시작한 피치가 변곡음절에서 '고'로 올라갔다가 '저'쪽으로 활강(glide)하게 되는 것이다. 다만 이 경우 문장이 완전히 끝나지 않았으므로 '저'까지 완전히 내려가지 않고 중간에서 멈추었다.

물론 같은 문장을 각 단어가 하나의 억양단위가 되도록 읽으면 일곱 개의 변곡음절이 생기고 이 경우 모든 단음절어에서 피치의 활강이 일어나게 된다.

I / saw / a / man / in / the / garden.

9.5.1 인토네이션 유형(Types of Intonation)

각 억양단락이 어떻게 끝나는가가 인토네이션의 유형을 결정한다. 보통 다음의 세 가지로 나누는데 각 음조마다 사용 용도가 다르다.

1) 오름조(rising tone): 의문문에서처럼 화자가 청자로부터 정보를 얻고자 할 때 사용한다.
2) 연속조(nonfinal tone): 호격(vocative)에서처럼 아직 다음에 전달할 정보나 얻어낼 정보가 남아 있을 때 사용한다.
3) 내림조(falling tone): 일반적으로 화자가 청자에게 정보를 전달하면서 문장이 끝날 때 사용하나 Wh-의문문에서처럼 정보를 요구할 때도 사용한다.

'오름조'는 보통 고조에서 끝나는데 중조에서 올라가면 23의 유형이 되고 저조에서 올라가면 13의 유형이 된다. '연속조'는 고조나 중조에서 끝난다. 보통 2에서 시작하여 오름조처럼 3으로 올라가 거기에 머무르거나 2로 떨어지지만 1로는 떨어지지 않는다. '내림조'는 저조에서 끝난다. 보통 2에서 시작하여 3으로 올라갔다가 1로 떨어진다.

영어에서는 이처럼 발화에서 억양단락이 위의 셋 중 어떤 유형으로 끝나느냐가 의미전달에 결정적인 역할을 할 수 있다. 발화가 한 단어로만 이루어진 아래의 대화는 이를 잘 보여준다(Cf. Celce-Murcia 1996, p. 196).

He: Ready? ↗
She: No. ↘
He: Why? ↘
She: Problems. ↘
He: Problems? ↗

She: Yes. ↘

He: What? ↘

She: Babysitter. ↘

위의 대화는 한 단어의 '오름조'와 '내림조'만을 사용하여 정보를 요구하고 그에 대한 답을 하면서 대화가 이루어지고 있다. 그러면 각 유형별로 어떤 예들이 있는지 살펴보기로 하자.

231형

Rise-Fall 유형이라고도 불린다. 문장의 끝부분에 있는 변곡음절에서 올라갔다 내려오며 아래와 같은 문장들에서 주로 일어난다.

1) 평서문(declarative sentence)

This is my wife.

맨 끝에 오는 내용어이자 변곡음절인 wife에서 음조가 올랐다가 떨어졌다. 이처럼 활강(glide)이 일어난 이유는 뒤에 무강세 음절이 없지만 평서문의 억양패턴 231에 맞춰서 굴곡이 일어났기 때문이다.

2) 명령문(commands)

Come to see me.

맨 끝의 내용어가 see이므로 여기서 피치의 변화가 일어났다. 이 변곡음절 뒤에 오는 기능어 me가 무강세이므로 이 음절에서 떨어졌다.

3) Wh-의문문(Wh-questions)

What is the matter?

How are you doing?

Why is he angry?

의문문임에도 불구하고 what, who, why, where, which, how와 같은 의문사로 시작하는 의문문은 231의 유형을 갖는다. 세 경우 모두 맨 마지막 단어가 2음절의 내용어인 관계로 강세가 오는 첫음절(변곡음절)에서 음조가 올라갔다가 뒤에 오는 무강세 음절에서 떨어졌다.

4) 동의를 구하는 부가의문문(tag questions eliciting agreement)

We really ought to visit him, shouldn't we?

부가의문문에는 이처럼 동의를 구하는 경우와 다음에서 다루겠지만, 자신의 말에 확신이 없어서 불확실성을 가지는 부가의문문(tag questions signaling uncertainty)의 인토네이션 유형이 확연히 다르다. 위 그림에서 볼 수 있듯이 부가의문문은 그 자체가 하나의 독립된 억양단락이 된다. 다만 앞에 오는 평서문은 문장이 완전히 끝나지 않았음에도 불구하고 전형적인 231형으로 남고 부가의문문은 3에서 시작하여 1로 떨어진다(Cf. Celce-Murcia 1996, p.187).

5) 감탄문(interjections)

What a disáster!

Amázing!

Dámn!

감탄문의 경우도 전형적인 231 유형이다. 2에서 시작하여 변곡음절에서 3으로(혹은 4로) 올라갔다가 1로 떨어진다.

23(3)형

위의 경우와는 달리 문장의 끝에서 피치가 올라가는 경우가 있는데 이를 rising intonation이라고도 부른다. 주로 아래와 같은 경우에 이 유형이 나타난다.

1) 가부의문문(可否疑問文; yes-no question)

주로 wh로 시작하지 않는 보통의 의문문, 다시 말하면 의문문에 대한 답이 yes나 no로 나올 수 있는 의문문(이러한 이유로 yes-no question이라고 부른다)들에서 주로 일어난다.

Are you ready?

Has he written to you?

Does he like it?

이 유형의 특징은 위의 231의 경우처럼 문장 내에서 맨 마지막 강세를 받는 음절에서 올라가나 일단 올라가면 위의 예처럼 내려오지 않고 오른 상태에서 문장을 끝맺는다는 데 있다. 예를 들면 Has he written to you?와 같은 발화의 경우 written이 맨 마지막에 나오는 내용어이므로 wri-가 변곡음절이다. 이 문장이 가부의문문이므로 2에서 시작한 발화가 이 음절에서 3으로 올라간다. 평서문 같으면 다음에 오는 무강세 음절들에서 1로 떨어지겠지만 가부를 묻는 의문문이므로 '오름조'를 그대로 유지한다. 즉 233의 유형을 이루는 것이다. 이는 다음과 같은 문장처럼 변곡음절 뒤에 몇 개의 무강세 음절이 올 때에도 마찬가지이다.

Does she expect to take a dictionary with her?

2) 되묻는 질문(echo question)

wh로 시작하는 의문문일지라도 경우에 따라서는 rising intonation으로 끝날 수 있다.

What's the day of the month?

echo question의 경우로서 당신이 한 질문이 What's the day of the month입니까?라고 되물을 때 쓰인다.

3) 선택권이 열려있는 선택의문문(open-choice alternative question)

Would you like some coffee or tea?

선택의문문(alternative question)은 보통 접속사 or를 사용하여 뭔가를 선택할 것인지를 묻는 질문인데 선택권이 열려있느냐 닫혀있느냐에 따라 두 가지로 나뉜다. 위의 경우는 이중 선택권이 열려있는 경우로서 그 의미는 커피나 홍차 중 어느 하나를 택할 것을 강요하지 않고 그저 커피나 홍차 같은 뭔가 마실 차를 원하는지를 묻는 질문이다. 즉 이 질문에 대한 답으로 Do you have some orange juice?처럼 차가 아닌 주스를 요구할 수도 있다. 반면에 만약 같은 문장을 선택권이 없는 선택의문문의 인토네이션 패턴으로 발화하면 커피나 홍차 둘 중 어느 것을 택할 것을 묻는 질문으로, 이에 대한 응답도 둘 중 하나를 택하거나 아무 것도 원치 않음을 나타내야 한다. 위의 경우처럼 선택권이 열려있는 경우는 coffee or tea가 '대조적' 성격을 갖지 않으므로 문장 내에서 둘 다 같은 정도의 중요성을 지닌 내용어일 뿐이다. 그러므로 맨 나중에 오는 내용어인 tea가 변곡음절이 되고 여기서 올라가 23유형을 이루었다. 선택권이 닫혀있는 선택의문문의 인토네이션 패턴은 아래 기타 유형을 참조할 것.

4) 평서문 어순을 가진 가부의문문(yes-no questions with statement word order)

The plane left early?

위의 한 단어로만 대화하는 담화에서 보았듯이 평서문일지라도 끝을 올려주면 오름조가 되어 yes나 no로 대답할 수 있는 의문문이 된다. 위의 문장이 그런 경우이다. 평서문의 어순을 가지고 있지만 2에서 시작한 발화가 내용어인 left에서부터 3으로 올라가 지속되면서 의문문이 되었다. 이런 경우 보통 특별한 경우일 때가 많은데 이 문장에서는 비행기가 벌써 떠났음이 믿기지 않음이 묻어있다. 이는 early가 맨 나중에 오는 내용어이므로 ear에서 올라가야 함에도 불구하고 left에서부터 올라간 것에서도 알 수 있다. 즉 left 부분이 강조되면서 변곡음절이 되어서 거기서부터 올라간 것이다. 만약 꼭 타야만 하는 비행기를 타러 헐레벌떡 공항에 도착한 사람이 이미 비행기가 떠났다는 얘기를 듣고서 놀람을 표시한다면 233보다 더 높게 244로 올라갈 수도 있다(점선).

5) 불확실성을 나타내는 부가의문문(tag questions signaling uncertainty)

He usually arrives around noon, doesn't he?

내림조(31)를 가진 동의를 구하는 위의 부가의문문과는 달리 불확실성을 나타내는 부가의문문은 오름조인 23 유형을 가진다. 즉 전자가 이미 답을 알고서 그냥 동의를 얻기 위해서 묻는 일종의 평서문이라면 후자는 진정으로 몰라서 묻는 의문문이다. 이렇게 보면 전자가 내림조로 끝나고 후자가 오름조로 끝나는 것은 당연하다.

미완성(Nonfinal)형

평서문이나 의문문에 나타나는 231이나 233의 유형들은 내림조나 오름조로 끝나면서 구두점을 찍은 것처럼 발화가 끝나는 느낌을 주는 반면에 어떤 발화는 이러한 느낌이 없이 여운이 남아있는 경우가 있다. 대개 2에서 시작하여 변곡음절에서 3으로 올라갔다가

1로 완전히 떨어지지 않고 2나 3에 머물러 있으면서 미완성임을 알린다. 보통 3으로 올라가면 오름조가 되어 정보를 요구하는 의문문이 되어야 할 것이나 그런 정보요구가 없이 다음에 오는 내용을 함축적으로 시사한다. 그런가 하면 한 발화 내에 삽입구(parenthetical phrase)가 있는 경우는 대부분 낮게 1에서 시작하여 2에서 끝나거나 1로 떨어지면서 미완성으로 남는다. 여기서는 232와 23 두 유형을 먼저 살펴보고 12와 121로 나타나는 삽입구의 경우를 기술하기로 한다.

232형

1) 미완성 평서문(unfinished indicative statement)

I told him not to do it (... but he wouldn't listen.)

He said he would pay me back (... and I'm not sure I should believe him.)

I opened the door (... and found an elephant staring at me!)

위의 문장들은 모두 평서문으로 끝날 수도 있겠으나 뒤에 생략된 부분을 함축하고 있어서 아직 끝나지 않은 것과 같은 여운을 남기는 예들이다. 이럴 경우 2에서 시작한 발화가 변곡음절에서 3으로 올라갔다가 1까지 내려오지 않고 2에서 머무른다. 즉 미완성 평서문인 것이다.

위의 예들이 뒤에 함축된 부분과 한 문장에 나타나더라도 접속사로 연결되기 전에 오는 앞의 절은 문장이 끝난 것이 아니므로 같은 232의 유형을 가진다. 위의 부가의문문들의 예에서 앞에 오는 평서문들의 경우도 마찬가지이다.

I told him not to do it, but he wouldn't listen.

He said he would pay me back, and I'm not sure I should believe him.

I opened the door, and found an elephant staring at me!

반면에 같은 예들이지만 접속사가 없이 앞의 문장이 끝나거나 뒤의 문장과 아예 연결되어 하나의 문장이 되면 231의 유형을 갖는다.

I told him not to do it; he wouldn't listen.

He said he would pay me back; I'm not sure I should believe him.

I opened the door and found an elephant staring at me!

이 경우 세미콜론(semi-colon)은 의미상 and나 but과 같은 접속사의 역할을 한다. 그러므로 어떻게 보면 이들은 모두 한 문장이라고 볼 수도 있을 것이다. 그렇다고 하더라도 세미콜론 전에 이미 문장이 끝났으므로 뒤에 오는 문장과의 연결이 and나 but으로 연결될 때처럼 긴밀하지 못하다. 이러한 이유로 평서문 때처럼 231의 유형을 갖는 것이다. 세 번째 문장은 아예 and로 연결하여 하나의 문장을 만들었으므로 전체가 한 억양단락으로 231의 유형을 갖는다.

23형

위와 같은 미완성의 발화이지만 여운이 강하게 남을 때는 232로 끝나기 보다는 좀 더 높은 23으로 끝난다.

You know what, I am going to kiss you.

이와 같이 미완성이면서 23의 유형을 갖는 또 다른 예들로는 다음과 같은 것들이 있다.

1) 여러 항목들을 열거할 때(listing items)

Bob's car needs a new tire, new shocks, and a new battery.

We read plays, novels, and poetry.

Come at eleven, twelve, or two.

이 문장들을 보면 전체적으로 하나의 억양단위를 형성하고 있는 것처럼 보이지만 자세히 보면 세 개의 억양단락을 가지고 있다고 할 수 있다. 예를 들어서 첫 문장은 Bob's car needs a new tire, Bob's car needs new shocks, and Bob's car needs a new battery의 생략형이다. 그런 점에서 보면 열거된 항목인 a new tire, new shocks, a new battery가 각각 하나의 독립된 억양단락을 이룬다고 볼 수 있다. 이 중 처음 두 항목을 열거했을 때는 뒤에 열거할 항목이 남아 있으므로 아직 미완성인 문장이 마지막 항목을 열거하면서 완성되었다. 그러므로 전자의 두 항목은 23의 유형을 갖고 마지막 항목은 231 유형을 갖는다.

2) 선택권이 없는 선택의문문(closed choice alternative questions)

Will you be paying by cash, credit card, or check?

이 문장도 Will you be paying by cash, will you be paying by credit card, or will you be paying by check?의 생략형이라고 보면 cash, credit card, check가 각각 독립된 억양단락을 이룬다고 볼 수 있다. 그러므로 이 세 열거항목 중 첫 두 항목에서는 문장이 아직 완성되지 않았으므로 23의 유형으로 끝나고 맨 마지막 항목에서 문장이 끝나므로 231의 유형을 갖는다. credit card의 경우 합성명사이므로 credit에 강세가 있어서 3에서 시작하여 그대로 유지되었다.

121형

발화에서 문장의 중간에 오는 삽입구(parenthetical phrase)는 보통 꼭 들어가야 할 내용이 아니고 덧붙여 주는 말이므로 정보가치가 그만큼 떨어진다고 볼 수 있다. 그러니 만큼 인토네이션 패턴에서도 1에서 낮게 시작하여 2로 오르면서 미완성임을 알린다. 동격구(appositive phrase)의 경우에는 1까지 떨어지기도 한다.

1) 호격이 삽입된 경우(parenthetical vocatives)

I am really sorry, Professor Kim, that I missed the mid-term exam.

이때 삽입구 Professor Kim은 121 유형을 갖는다. 그러나 같은 문장이라도 호격구가 앞으로 나오게 되면 좀 더 힘을 받는다.

Professor Kim, I am really sorry that I missed the mid-term exam.

이처럼 앞에 오게 되면 같은 Professor Kim이지만 23이나 232의 유형을 갖게 된다.

2) 동격이 삽입된 경우(parenthetical appositives)

Mr. Jones, our new composition teacher, is from London.

여기서 동격삽입구는 호격이 문중에 삽입된 경우처럼 121 유형을 갖는다.

프라트에서 인토네이션 확인하기: 발화와 인지의 차이

프라트에서 인토네이션을 확인하는 일은 아주 간단하다. 우선 원어민에게 여러 종류의 인토네이션 패턴을 가진 문장들을 발음해 주도록 부탁한 다음에 이를 녹음하여 프라트로 불러들인 다음 이를 피치분석하면 된다. 물론 이때도 피치와 Intensity를 함께 보는 것이 좋겠다. 그러나 문제는 이렇게 분석하고서부터 발생한다. Ladefoged의 홈페이지에서 다운받아 분석한 I am going away가 무표적으로 발화되었을 때의 분석결과를 보자.

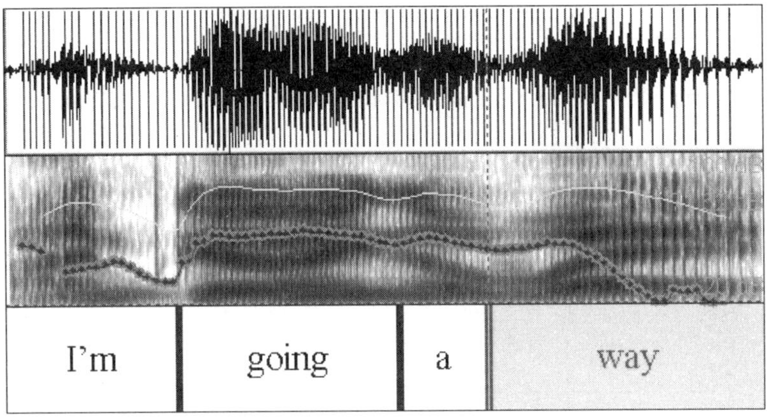

그림 5 | 무표적으로 발화된 평서문 I'm going away

지금까지 배운 바에 의하면 way가 내용어 중 맨 끝에 오는 강세를 받는 변곡음절이므로 3까지 올라갔다가 1로 떨어져야 할 것이다. 그러나 피치 선은 going부터 올라간 것이 그대로 유지되다가 way에서 떨어졌다. intensity 또한 going부터 올라갔으나 way에서도 거의 그대로 유지되었다. 이걸 보면 실제로는 마지막 내용어인 away보다는 going에서 변곡이 일어난 것처럼 보인다. 그런데도 Ladefoged의 녹음을 들어보면 way가 확실히 두드러져 들린다. 이는 무엇을 의미하는 것일까? 여기서 우리는 음의 음향분석(acoustic analysis)이 청자가 듣고서 느끼는 바와는 차이가 있을 수 있음을 알 수 있다. 이는 마치 latter와 ladder의 경우 모국어 화자는 이 두 단어의 차이를 /t/와 /d/의 차이로 인지하고 있으나 실제로 음향분석한 결과는 그 앞에 오는 모음의 길이의 차이로 나타나는 것과 유사하다. 즉 평서문의 억양유형 231이 화자에게 심리적으로 내재하는 인토네이션을 기술한 것이라면 위의 그림은 실제로 발화한 억양곡선을 보여준다는 것이다.

이처럼 음향분석에 나타난 억양곡선과 화자가 심리적으로 느끼는 억양유형 간의 괴리는 다음과 같은 '가부의문문'의 경우에 더욱 두드러진다.

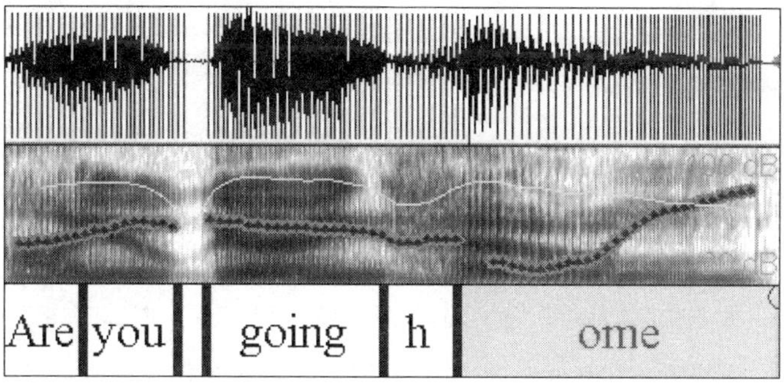

그림 6 | 무표적 가부의문문 Are you going home?

지금까지 배운 대로라면 맨 마지막 내용어인 home에서 3으로 올라가서 거기에 머물러야 할 것이나 음향분석에 나타난 피치곡선은 오히려 home에서 한번 1로 떨어졌다가 3으로 올라갔다. 반면에 intensity선은 많은 차이는 없지만 home에서 여전히 강하게 발화된 것으로 나타났다. 이 또한 실제 억양곡선과 화자가 심리적으로 느끼는 억양유형과의 괴리라고 봐야 할 것이다. 다만 이미 위에서 설명하였듯이 일반적으로 '변곡음절'에서 피치의 변화가 가장 많이 일어난다는 점은 위의 그림에서도 잘 나타난다고 하겠다. 이러한 이유로 예를 들면 Celce-Murcia et al. (2010)은 가부의문문의 억양유형을 233이 아닌 213으로 정하였다.

9.6 탁립과 억양(Prominence and Intonation)

용어의 정리

영어의 문장 내에서의 탁립과 억양의 관계를 설명하기 전에 지금까지 배운 초분절음에 관한 개념들을 다시 정리해 보자. 탁립(卓立; prominence)은 한자어로 두드러짐을 의미한다. 억양(抑揚; intonation) 또한 한자어로 문장 내에서 높이의 기복을 의미한다. 이 용어들 외에 또 많이 쓰이는 용어가 악센트(accent)인데 이는 단어 내에서 특별한 음절이 강하게 또는 높게 발음되는 것을 가리킨다. 전자의 경우 강세악센트(stress accent), 후자는 고저악센트(pitch accent)라 부른다. 그런데 이 단어는 이러한 의미 외에도 '그 사람 영어에 경상도 악센트가 심하다'와 같은 표현에서 볼 수 있듯이 말투의 특성, 특히 초분절음에 있어서 두드러지게 나타나는 비표준 발음을 가리키기도 한다. 이렇게 보면 탁립, 억양, 악센트 세 용어가 모두 강세와 피치 같은 초분절음에 있어서의 언어적 특징을 이르는 단어들이지만 서로 조금씩 다름을 알 수 있다. 악센트가 엄밀한 의미에서 단어에서 강세를 받는 음절이 강하면서 높게 나는 것을 가리킨다면 탁립은 좀 더 범위를 넓혀서 단어뿐 아니라 문장 내에서 어떤 특정한 단어나 그 단어 내의(보통 강세를 받는) 음절이 다른 음절들에 비해 더 강하게 그리고 높게 발음되어 두드러지는 것을 가리킨다고 할 수 있다. 반면에 억양은 문장 내에서 일어나는 이러한 강약과 높낮이가 일정한 패턴을 이루는 것을 의미한다.

무표적 발화와 유표적 발화

지금까지 기술한 문장 내에서 일어나는 인토네이션 유형은 주로 무표적 발화(unmarked utterance)를 기준으로 이루어졌다. 그러나 아래에서 볼 담화에서는 같은 발화임에도 불구하고 중립적인 무표적 발화가 아닌 유표적 발화(marked utterance)를 자주 만나게 된다. 탁립과 관련해서 이러한 유표적 발화는 주로 다음의 세 가지 경우에 일어난다.

1) 새로운 정보가 제공될 때
2) 어느 특정 부위가 강조될 때
3) 비교 대상이 대조될 때

새로운 정보(New Information)

다음의 대화를 보자. (Allen 1971, p.77; Celce-Murcia et al. 2010, p.223에서 재인용)

X: I've lost an umBRELLla.
Y: A LAdy's umbrella?
X: Yes. A lady's umbrella with STARS on it. GREEN stars.

첫 번째 문장은 무표적 발화이다. 그래서 맨 마지막에 오는 내용어인 umbrélla, 그중에서도 강세를 지닌 brell가 두드러졌다. 반면에 Y의 발화에서 umbrella는 앞에 이미 나온 구정보(old information)가 된 반면에 lady's가 신정보에 해당한다. 그러므로 비록 맨 마지막에 오는 내용어가 아님에도 불구하고 이 부분에서 탁립이 일어났다. 마지막으로 Y의 질문에 대한 X의 답에서는 lady's는 umbrella와 더불어 더 이상 신정보가 아니다. 그 뒤에 오는 star와 green이 신정보이므로 이 부분에서 탁립이 일어났다.

강조(Emphasis)

다음의 예들을 보자.

What are you doing?	I'm **lis**tening
Who's listening?	**I**'m listening.
Why aren't you listening?	I **am** listening. (not *I'm listening)

위에서 각각의 질문에 대한 답으로 나온 발화는 단어의 배열로 보면 모두 I am listening으로 세 단어로 되어있다. 이 중 내용어는 listening만이므로 무표적 발화라면 당연히 이 부분에서 탁립이 일어나야 한다. 첫 번째 경우가 이에 해당한다. 반면에 두 번째와 세 번째 경우는 각각 I와 am에 초점을 받으므로 기능어임에도 불구하고 탁립이 일어났다.

다음과 같은 대화에서도 강조가 일어났다.

X: Guess what! I am in **love**.
Y: Are you **REALLY** in love?

대조(Contrast)

담화에서 대조가 일어날 때는 다음의 예처럼 서로 대조되는 대상들에서 탁립이 일어난다.

Is this a **LOW**- or a **HIGH**-impact aerobics class?

여기서는 에어로빅 강습이 운동량이 많은(high-impact)지 아니면 적은지(low-impact)를 물으면서 많고 적고를 대조시켜 질문을 했다. 만약 이처럼 한 문장에서 대조를 하지 않고 묻는다면 다음의 예에서처럼 탁립의 장소가 달라진다. (Celce-Murcia et al. 2010, p.224

에서 재인용)

Is this the low-impact aeRobics class?

No, it's the **HIGH**-impact class.

여기서도 low와 high 간에 일종의 대조가 일어났으나 위의 경우처럼 한 문장 내에서 일어나지는 않았다. 첫 번째 문장은 일상의 질문이므로 복합명사이면서 맨 마지막 내용어인 aerobics class가 가장 두드러져야 한다. 그런데 복합명사의 경우 이미 배웠듯이 첫 요소에 주강세가 오므로 aerobics의 강세음절인 -ro-가 가장 두드러지게 되는 것이다. 두 번째 문장은 첫 번째 질문에 부정적으로 응답하면서 low-impact와 대조되는 high-impact를 언급하였으므로 high가 강조되어 두드러지게 발음되었다.

10

문장 내에서 일어나는 음운변화

지금까지 우리는 한 단어 내에서 강세의 위치가 변하면서 모음의 발음이 달라지는 것을 주로 보았다. 그런데 이러한 단어들이 문장 내에 모이게 되면 이들 간에 다시 발음의 변화가 생기게 된다. 실제 대화를 녹음하여 그 발음을 기술한 다음의 예들을 보자.

What are you doing?	[wʌ́tʃədúɪn]
I can inquire.	[áɪkŋkwáɪɚ]
Did you eat yet?	[dʒîtjɛʔ]
I don't believe him.	[aɪdóʊ̃bəlîvm̩]
We ought to have come.	[wiɔ́ɾɣkʌ́m]

실습

이 예들은 Ladefoged의 홈페이지에 있는 미국영어 발음을 발췌한 것이다. 이 페이지를 방문하여 실제 발음을 들어보고 음성기술이 정확히 되었는지 확인해 보자. 사용한 발음기호는 원래의 것을 이 책의 체계에 맞게 변형한 것임. 홈페이지 주소는 phonetics.ucla.edu 이고 Course in Phonetics 5th Ed. >> Chapter 5 English Words and Sentences /Performance Exercises로 들어가면 됨.

첫 번째 예인 'What are you doing?'을 단어별로 기술하자면 다음과 같을 것이다.

/hwʌ́t ər jə dúɪŋ/

그러나 대화 상황에서 이러한 발음이 실제로 구현될 경우는 의도적으로 또박또박 발음하지 않는 한 거의 없다. 아무리 느리게 발음한다 하더라도 다음 두 가지 현상은 일어날 것이다.

1) 의문사 'what'에서 /h/의 탈락
2) /t/의 단타음화(flapping)

이 중 첫 번째의 /h/탈락은 단어 자체 내에서 일어나는 현상이지만 두 번째의 단타음화는 일반적으로 /t/ 앞에 오는 모음이 강세를 받고 뒤에 오는 모음은 무강세인 환경(V́__V̆)

에서 일어나므로 'what' 다음에 오는 'are'와의 연결에서만 가능하다. 이 두 규칙이 적용되면 다음과 같은 발음이 될 것이다.

[wʌ́ɾərjədúɪŋ]

반면에 매우 빠른 스피치에서는 다음의 연결이 보여 주듯이 기능어 'are'가 아예 생략될 수도 있다.

/(h)wʌ́t (ər) jə dúɪŋ/

이렇게 되면 /t/의 뒤에 모음이 아닌 반자음 /j/가 오게 되어 더 이상 모음 간 환경을 충족시키지 못하므로 단타음화가 일어날 수 없다. 대신 /t/와 /j/가 연음(linking)이 되면 '구개음화(palatalization)'가 일어나게 된다. 여기에 어말에서 연구개 비음 /ŋ/이 치경비음 [n]으로 발음되는 치경음화 현상까지 같이 일어나게 되면 위와 같이 원형에서 매우 멀어진 발음이 나오게 되는 것이다.

3) 구개음화(palatalization): t + y → tʃ
4) 치경음화(alveolization): ŋ → n / ___#

이상의 논의는 문장 내에서 단어와 단어가 접촉함으로써 일어나는 음운현상으로 인하여 단어의 발음과 문장 내에서 일어나는 발음이 서로 다를 수 있음을 잘 보여준다. 그러면 이러한 변화는 주로 어떤 경우에 일어나는 것일까? 다음의 경우를 생각해 볼 수 있다.

1) **스타일의 차이**: 격식체(formal style)보다는 대화체(casual or conversational)에서 자주 나타난다. 그렇다고 격식체에서 전혀 일어나지 않는 것은 아니다. 그 정도가 대화체보다는 덜 할 뿐이다.
2) **말의 속도**: 속도가 빠를수록 자주 나타난다. 학자에 따라서는 이러한 이유로 말의 빠르기를 음악에서 쓰는 용어를 사용하여 **알레그로**(allegro: 빠르게), **프레스토**(presto: 아주 빠르게) 등으로 구분하기도 한다. 예를 들면 'What are you doing?'의 발음에서 [wʌ́ɾərjədúɪŋ]가 알레그로 스피치에서의 발음이라면 [wʌ́tʃədúɪn]은 프레스토 스피치의 것으로 기술하는 것이다.

3) **사용빈도(frequency of use)**: 일반적으로 음운현상은 사용빈도가 높은 단어일수록 잘 적용되는 것으로 알려져 있다. 이는 문장의 경우도 마찬가지이다. 'What are you doing?'을 비롯한 위의 예들이 모두 일상적 대화에서 많이 사용되는 문구들인 것은 이러한 이유에서이다.

실습

위에서 프레스토로 기술한 문장들을 알레그로 스피치에서 나는 발음으로 바꾸어 보자.

문장	프레스토	알레그로
What are you doing?	[wʌ́tʃədúɪn]	[wʌ́ɾərjədúɪŋ]
I can inquire.	[áɪ̯kŋkwáɪ̯ɚ]	
Did you eat yet?	[dʒítjɛʔ]	
I don't believe him.	[aɪ̯dóʊ̯̃bəlívm̩]	
We ought to have come.	[wiɔ́ɾɣkʌ́m]	

이렇듯 문장 내에서 일어나는 음운변화를 유형별로 살펴보는 것이 본장의 주제이다.

10.1 연음(Linking)과 재음절화(Resyllabification)

연음(linking)이란 한 단어의 마지막 음과 바로 뒤에 오는 단어의 첫 음이 이어서 발음되는 현상을 말한다. 대개 연음이 일어나는 정도는 말의 속도(rate of speech)가 빠를 때, 비형식적인 회화체의 영어일수록 더 심하다. 연음에서 자주 보이는 현상 중의 하나는 아래와 같은 재음절화(resyllabification)이다.

left arm	/lɛf**t** ɑrm/	[lɛf,**t**ɑrm]
wept over	/wɛp**t** oʊ̯vɚ/	[wɛp,**t**oʊ̯,vɚ]
find out	/faɪ̯n**d** ɑʊ̯t/	[faɪ̯n,**d**ɑʊ̯t]
pushed up	/pʊʃ**t** ʌp/	[pʊʃ,**t**ʌp]

이 예들에서 첫 단어의 끝 자음은 뒤에 오는 단어의 첫 모음과 연결되면서 재음절화가 일어났다. 즉 'left, wept, find, pushed'가 독립된 단어일 때는 앞 모음을 핵으로 하는 음절의 말음(coda)이던 자음이 뒤에 모음으로 시작하는 단어가 오면서 다음 음절의 두음(onset)이 되었다.

연음은 문장 내에서 단어 간에 음운변화를 일으키는 가장 큰 요인이다. 영어 단타음화를 예로 보자. 단타음화는 단어 내에서 다음과 같은 경우에 일어나는 음운변화이지만 문장 내에서도 일어난다.

단어 내에서 일어나는 단타음화: latter, la**dd**er, Betty, city, activity, etc.
문장 내에서 일어나는 단타음화: put it on, what are you doing?, etc.

이미 언급한 대로 문장 내에서의 단타음화는 연음 때문에 일어난다. 즉 /p**ʊ́t** ɪt án/이 [pʊ́,**ɾɪ**,**ɾ**án]으로 연음이 일어나면서 단타음화도 일어나고 재음절화도 되는 것이다. 재미있는 점은 다음과 같이 문장과 문장 사이에서도 단타음화가 일어날 수 있는 것이다. (Cf. Nespor & Vogel 1986)

It's la**t**e. I am not leaving though. [ɪts,léɪ̯,**ɾ**aɪ̯m,nát,lí,vɪŋ,ðóʊ̯]

두 문장 사이에 항상 이렇듯 밀접한 관계를 맺어서 연음이 일어나고 그 결과로 단타음화 같은 음운현상이 일어나는 것은 물론 아니다. 위의 문장의 경우 화자가 늦었다는 사실과 그럼에도 불구하고 떠나지 않겠다는 사실을 마치 하나의 발화(utterance)처럼 밀접하게 연관시킨 결과 두 개의 문장이 하나로 연결되어 단타음화 규칙이 적용된 것이다.

마찬가지로 독립 단어일 때는 탈락하지 않는 어말의 자음이 뒤에 자음으로 시작하는 단어가 올 때는 탈락하는 다음과 같은 예들도 연음으로 인해 자음군탈락(cluster simplification)이 일어난 경우이다.

east	eas**t** side [is saɪ̯d]
hand	han**d**-made [hænmeɪ̯d]
left	lef**t**-handed [lɛfhændəd]

10.2 동화(Assimilation)

동화란 어떤 음이 주위의 인접한 음의 성격을 본받아 서로 비슷해지는 현상을 말한다. 이런 현상은 물론 단어 내뿐 아니라 단어와 단어 사이에서도 자주 일어난다.

동화의 종류

동화는 그 방향, 완성도, 조음점, 조음방법 등에 따라 다음과 같이 분류한다. 이들을 차례로 살펴보자.

1) 완전/불완전동화(full vs. partial assimilation)
2) 순행/역행동화(progressive vs. regressive assimilation)
3) 조음점/조음방법에 의한 동화(place vs. manner assimilation)
4) 동기관 비음동화(homorganic nasal assimilation)

10.2.1 완전/불완전 동화(Complete vs. Partial Assimilation)

동화는 용어 자체에 그 의미가 담겨있듯이 서로 비슷해지는 과정을 일컫는다. 그런데 비슷해지는 것이 극단(極端; extreme)으로 가면 완전히 같아지게 될 것인데 이것이 **완전동화(complete assimilation)**이다. 반면에 비슷해지기는 하나 완전히 같아지지 않으면 **불완전 동화(partial assimilation)**이다. 다음은 영어에 일어나는 완전동화와 불완전동화의 예를 모은 것이다.

완전동화의 예:

완전동화의 공식은 간단하다. 서로 다른 두 개의 음이 만나서 완전히 같아지면 된다. 즉 A+B가 BB로 되거나 AA가 되는 것이다. 이 둘은 다음에 논의할 동화의 방향에서 전자는 '역행동화', 후자는 '순행동화'로 서로 다르지만 둘 다 동화의 정도에서는 '완전동화'이다. 완전동화는 그러나 예를 찾기가 쉽지 않다. 영어에서 일어나는 대부분의 동화가 불완전동화이기 때문이다. 다음과 같은 예가 있을 뿐이다.

in Madrid /ɪ**n** madrɪd/ [ɪ**m** madrɪd]

불완전동화의 예:

완전동화와는 달리 두개의 음이 만나서 비슷해지기는 하나 완전히 같아지지는 않는 경우이다. 영어의 대부분의 동화가 불완전동화이다. 다음의 예들을 살펴보자.

(1) 영어 복수형 접미사를 나타내는 원음 /z/가 앞에 오는 무성자음의 영향으로 무성음화하여 [s]로 발음된다.

caps */kæ**p-z/** >[kæ**ps**] vs. cabs */kæ**b-z**/ >[kæ**bz**]

이와 같은 동화는 복수형 뿐 아니라 '3인칭 단수 어미'와 '**s**로 표현되는 '소유격 어미'에서도 일어난다.

(He) cooks */kʊ**k-z**/ > [kʊ**ks**] vs. cogs */kɑ**g-z**/ > [kɑ**gz**]

(The) ship's */ʃɪ**p-z**/ > [ʃɪ**ps**] vs. (The) rib's */rɪ**b-z**/ > [rɪ**bz**]

(2) 영어 과거시제 접미사를 나타내는 원음 /d/가 앞에 오는 동사어간의 끝자음이 무성음이면 무성음화한다.

(He) kissed */kɪ**s-d**/ > [kɪ**st**] vs. buzzed */bʌ**z-d**/ > [bʌ**zd**]

그러나 이 예들은 불완전동화가 한 단어 내에서 유·무성 간에 동화가 일어났다는 공통점이 있다. (유·무성 간의 동화는 'voicing assimilation'이라 부르기도 한다). 단어와 단어 간에 일어나는 예로는 다음과 같은 것들이 있다.

/i**n**/ > [i**m**]: i**n** Boston, i**n** Paris

/i**n**/ > [iŋ]: i**n** Korea, i**n** Gwangju

/i**z** + **ʃ**/ > [i**ʒʃ**]: I**s** **sh**e, Doe**s** **sh**e, Wa**s** **sh**e, Ha**s** **sh**e

이 외에도 많은 예들이 있으나 동화의 방향과 조음점·조음방법에 의한 동화를 설명하면서 제시하기로 한다.

10.2.2 순행/역행/상호 동화(Progressive vs. Regressive vs. Reciprocal Assimilation)

동화가 일어난 경우들을 잘 관찰해 보면 옆에 있는 음에 영향을 주는 음이 있는가 하면 옆의 음으로부터 영향을 받아서 변하는 음이 있다. 앞에 오는 음이 영향을 주는 음이고 뒤에 오는 음이 영향을 받는 음이면 순행동화(巡行同化; progressive assimilation)이다. (영향의 방향이 좌에서 우로 일어났으므로 순행이다.) 반면에 뒤에 오는 음이 앞에 오는 음에 영향을 주어 서로 비슷해지면 역행동화(逆行同化; regressive assimilation)이다. (영향의 방향이 우에서 좌로 일어났으므로 역행이다.) 한편 앞에 오는 음과 뒤에 오는 음이 서로 영향을 주고받으면서 변하는 상호동화(相互同化; reciprocal assimilation)도 있다.

그런데 어떤 학자들은 순행동화를 영어로 '**perseverative** assimilation'이라 부르고 역행동화를 '**anticipatory** assimilation'이라 부르기도 한다. 이 용어들이 어렵다면 'perseverative'에는 '견디다, 유지하다'를 의미하는 동사 'persevere'가 들어있고 'anticipatory'에는 '예상하다'를 의미하는 'anticipate'가 들어있는 점에 유의하자. 즉 이 용어에 따르면 순행동화는 앞에 오는 음이 그 자질을 뒤의 음에서까지 견지한다는 것이고 역행동화는 앞에 오는 음이 뒤에 오는 음을 미리 예상하여 그에 맞게 변한다는 뜻이다. 이는 앞에 오는 음이 뒤에 오는 음에 어떻게 반응하는가를 기준으로 동화작용을 분류한 것이다. 용어야 어떻든 우리말로는 그냥 순행동화와 역행동화로 부른다. 다음은 영어에서 방향과 관련한 동화의 예들을 종류별로 모은 것이다.

순행동화의 예:

복수형 어미: caps */kæ**p-z**/ >[kæ**ps**]
3인칭 단수어미: (He) cooks */kʊ**k-z**/ > [kʊ**ks**]
소유격 어미: (The) ship's */ʃɪ**p-z**/ > [ʃɪ**ps**]
과거시제 어미: (He) kissed */kɪ**s-d**/ > [kɪ**st**]

역행동화의 예:

/i**n**/ > [i**m**]: in Boston, in Paris
/i**n**/ > [i**ŋ**]: in Korea, in Gwangju
/**z**+**ʃ**/ >[**ʒʃ**]: Is **sh**e, Does **sh**e, Was **sh**e, Has **sh**e

아래에서 축약(contraction)의 예로 다시 제시할 다음과 같은 예도 모두 역행동화가 일어난 것이다.

have + to [hæv +tu] → hæftə] 'hafta'
has + to [hæz +tu] → hæstə] 'hasta'
used + to [yuz +tu] → [yustə] 'usta'

상호동화의 예:

그 예가 많지 않다. 학자에 따라서는 구개음화(palatalization)를 상호동화의 일종으로 보기도 한다. 예: /**t**+**j**/ >[**tʃ**] Won'**t** **y**ou > [woʊn**tʃ**u]. 즉 /t/와 /j/가 서로 영향을 주고받은 결과 /t/도 /j/도 아닌 구개음 /tʃ/가 되었다는 것이다.

10.2.3 조음점/조음방법에 의한 동화(Place vs. Manner Assimilation)

두 자음이 조음점(place of articulation)에서 서로 비슷해졌으면 조음점동화(place assimilation)이고 조음방법(manner of articulation)에서 비슷해졌으면 조음방법동화(manner assimilation)이다.

조음점동화의 예:

영어에서 조음점동화는 아래의 예에서 볼 수 있듯이 /t, d, n, l, s, z/와 같은 치조음(alveolar consonant)이 뒤에 오는 자음의 영향을 받아 조음점이 바뀌는 역행동화가 대부분이다.

/**t** + **m**/ > [**pm**]: that **m**an [ðæ**p** **m**æn]
/**t** + **k**/ > [**kk**]: that **c**up [ðæ**k** **k**ʌp]

/**d** + **b**/ > [**bb**]: goo**d** **b**oy [gʊ**b** **b**ɔɪ]
/**d** + **g**/ > [**gg**]: goo**d** **g**uy [gʊ**g** **g**aɪ]

/**n** + **m**/ > [**mm**]: te**n** **m**en [tɛ**m** **m**ɛn]

/**n** + **ŋ**/ > [**ŋŋ**]: ten **g**uys [tɛ**ŋ** **g**aɪz]

/**l** + **m**/ > [**mm**]: te**ll** **m**e [tɛ**m** **m**i]
/**s** + **ʃ**/ > [**ʃʃ**]: thi**s** **sh**ip [ðɪ**ʃ** **ʃ**ɪp]
/**z** + **ʃ**/ > [**ʒʃ**]: Ha**s** **sh**e [hæ**ʒ** **ʃ**ɪ]
/**s** + **y**/ > [**ʃy**]: Thi**s** **y**ear [ðɪ**ʃ** **y**iər]
/**z** + **y**/ > [**ʒy**]: Doe**s** **y**our [də**ʒ** **y**ər]

그러나 다음의 경우처럼 치조음이 아닌 자음도 역행조음점동화를 겪는다.

/**m** + **f**/ > [**ɱf**]: co**m**e **f**or [kʌ**ɱ** **f**ər]
/**m** + **g**/ > [**ŋg**]: I'**m** **g**onna come [aɪ̯**ŋ** **g**ənə kʌm]
/**v** + **m**/ > [**mm**] gi**v**e **m**e [gɪ**mm**i]

특이한 점은 사용빈도수(frequency of use)가 높은 'Le**t** **m**e see'와 같은 문장은 /**t**+**m**/의 완전동화가 일어나 [lɛ**mm**i si]로 발음될 수 있는 것이다. 사용빈도수가 높아 발음에 변화가 오게 되면 자연스럽게 철자에도 그 변화가 반영된다. 'Give me more' > 'Gimme more'. 'Let me see' > 'Lemme see'. 역으로 이처럼 특정문구에서 변형된 철자가 통용됨은 높은 사용빈도수의 근거가 된다.

조음방법동화의 예:

두 자음이 조음방법에 있어서 비슷해지는 경우이나 영어에서 예를 찾기가 쉽지 않다. 혹자는 'Get some of that soap'와 같은 문장을 빨리 발음할 경우 'tha**t** **s**oap'이 [ðæ**s** **s**oʊ̯p]으로 발음될 수 있음을 예로 들기도 한다. 사실이라면 폐쇄음 /t/가 뒤에 오는 마찰음 /s/의 영향을 받아 마찰음 [s]로 발음되었으므로 조음방법동화이다.

10.2.4 동기관비음동화(Homorganic Nasal Assimilation)

구강자음(oral consonant)과 비강자음(nasal consonant) 사이에 동화가 일어나면 비음이 그 조음점을 앞이나 뒤에 오는 자음의 조음점에 맞게 변하는 경우가 많은데 이를 동기관

비음동화(**homorganic nasal assimilation**)라 부른다. 동기관은 영어로는 'homorganic'인데 이 단어는 같음을 의미하는 'homo-'(cf. homosexual)와 기관을 의미하는 'organ'에 형용사 접미사 '-ic'이 붙은 것이다. 다음의 예들에서 볼 수 있듯이 이들은 순행동화일 때도 있고 역행동화일 때도 있다.

순행 동기관비음동화(progressive homorganic nasal assimilation)의 예:

기능어 'and'가 문장 내에서 강세를 받지 않아 약화되어 [n̩]~[m̩]~[ŋ̍]으로 날 수 있음은 이미 언급하였다. 그런데 이 세 성절성비음(syllabic nasal) 중 어느 것으로 날 것인지는 앞에 오는 자음의 조음점에 달려있다. 앞의 단어가 /t, d/와 같은 치경음(alveolar sound)으로 끝나면 치경비음(alveolar nasal) [n̩]으로, /p, b/와 같은 양순음(bilabial sound)으로 끝나면 양순비음(bilabial nasal) [m̩]으로, 그리고 /k, g/와 같은 연구개음(velar sound)으로 끝나면 연구개비음(velar nasal) [ŋ̍]으로 난다.

1) nigh**t** and day; brea**d** and butter
 [**n̩**] [**n̩**]

2) u**p** and back
 [**m̩**]

3) ba**ck** and forth
 [**ŋ̍**]

또 다른 예로는 'open' 'listen', 'bacon'과 같은 단어에서 원래 [ópən], [lísən], [békən]처럼 나지만 두 번째 음절의 schwa가 탈락하면 위의 경우처럼 성절성비음이 앞에 오는 자음의 영향으로 동기관비음동화를 겪게 된다.

open [oʊ̯**pm̩**], **listen** [lí**sn̩**], **bacon** [beɪ̯**kŋ̍**]

다음은 이 발음들이 도출되는 과정을 보여준다.

oʊ̯pən	lístən	beɪ̯kən	
oʊ̯pn	lístn	beɪ̯kn	schwa탈락: ə → Ø
"	lísn	"	자음군탈락(cluster simplification): CCC →

CC

oʊ́pm	“	beɪ̯kŋ	동기관비음동화(homorganic nasal assimilation)
oʊ́pm̩	lɪ́sn̩	beɪ̯kŋ	성절성자음화(syllabic nasal formation)

역행 동기관 비음동화(regressive homorganic nasal assimilation)의 예:

역행 동기관비음동화의 예로는 전치사 ‘in’의 비음이 뒤에 오는 자음의 영향으로 조음점이 변하는 경우가 있다. 즉 /b, p/ 앞에서는 ‘bilabial nasal’ [m]으로, /f, v/ 앞에서는 ‘labio-dental nasal‘ [ɱ]으로, /t, d/ 앞에서는 ‘alveolar nasal’ [n]으로, /Θ, ð/ 앞에서는 ‘dental nasal’ [n̪]으로, 그리고 /k, g/ 앞에서는 ‘velar nasal’ [ŋ]으로 나는 것이다.

1) i<u>**n**</u> **B**oston, i<u>**n**</u> **P**aris
   [i**m**] [i**m**]
2) i<u>**n**</u> **Ph**oenix, i<u>**n**</u> **V**ancouver
   [i**ɱ**] [i**ɱ**]
3) i<u>**n**</u> **T**oronto, i<u>**n**</u> **D**enver
   [i**n**] [i**n**]
4) i<u>**n**</u> **th**eater, i<u>**n**</u> there
   [i**n̪**] [i**n̪**]
5) i<u>**n**</u> **K**orea, i<u>**n**</u> **G**wangju
   [i**ŋ**] [i**ŋ**]

10.3 구개음화(Palatalization)

폐쇄음(stop)이 전설모음이나 활음(glide) /y/ 앞에서 구개음으로 변하는 현상을 일컫는다. 폐쇄음 중 주로 치경음 /t, d/와 연구개음 /k, g/가 구개음화를 겪는다. 영어에서는 이 중에서도 치경음 /t/와 /d/가 활음 /y/ 앞에서 각각 치경구개음 [tʃ]와 [dʒ]로 변한다.

1) /**t** + **y**/ → [**ʧ**]: Don’**t** **y**ou ever do that again.
   [**ʧ**u]

Got you!~Got**ch**a! [gáʧə](‘I got you’의 준말)

2) /**d** + **y**/ → [**ʤ**]: Di**d** **y**ou do that? Woul**d** **y**ou please open the door?
[**ʤ**u] [**ʤ**u]

사람들에 따라 이러한 경우를 동화작용(assimilation)에 포함시키기도 한다. 그 이유는 뒤에 오는 구개음 /y/에 끌려서 앞의 치경음(alveolar) /t, d/가 치조구개음(alveo-palatal sound)인 [**ʧ, ʤ**]로 변했다고 보기 때문이다. 즉 조음점동화의 일종으로 보는 것이다. 그러나 구개음화는 두 음이 합쳐져서 하나의 음을 형성했다는 점에서 두 음이 서로 비슷해지기만 하는 일반적인 동화작용과는 다르다. 다음의 예들과 비교해 보자.

3) /**s** + **y**/ > [**ʃy**]: Thi**s** **y**ear [ðɪ**ʃ** **yiər**]
4) /**z** + **y**/ > [**ʒy**]: Doe**s** **y**our [də**ʒ** **yər**]

이미 동화의 예로 든 이들의 경우 두 음이 만나서 서로 비슷해지기만 할 뿐 하나의 음으로 축약(coalescence)되지 않았다. 학자에 따라서는 이 경우 치경음 /s, z/가 치조구개음 /ʃ, ʒ/로 변했으므로 구개음화가 일어났다고 보기도 한다.

실습

구개음화가 일어난 곳을 찾아 밑줄을 긋고 발음해 보자.

1) Not yet.
2) Where did you go?
3) Where’s Union Station?
4) Would you mind?
5) Suit yourself.

10.4 이화작용(Dissimilation)

두 음이 서로 비슷해지면 동화작용(assimilation)이고 서로 달라지면 이화작용(**dissimilation**)이다. 1장에서 이미 설명한대로 조음기관을 가리키는 형용사는 '-al'이나 '-ar'과 같은 두 가지의 접미사를 가지는데 전자가 일어나는 환경과 후자가 일어나는 환경이 상보적 분포(complementary distribution)에 있다.

'-al'로 끝나는 예: oral, nasal, labial, dental, palatal, pharyngeal, glottal, laryngeal, lingual, apical, laminal, dorsal, radical, lateral
'-ar'로 끝나는 예: alveolar, velar, uvular

음소(phoneme)를 설명하면서 언급하였듯이 두 개의 음이 서로 비슷하면서 상보적분포에 있으면 같은 음소에 속하는 이음소(allophone)일 개연성이 크다. 마찬가지로 두 개의 접미사가 서로 비슷하면서 상보적분포에 있다면 원래 하나의 접미사에 속하는 것임을 의심해볼 필요가 있다. 위의 두 접미사 중 '-ar'은 앞에 오는 어간이 /l/로 끝나는 경우에만 오고 (alveo**l**-ar, ve**l**-ar, uvu**l**-ar) '-al'은 /l/을 제외한 다른 음으로 끝나는 경우에 나타나므로(or-al, nas-al, dent-al, lingu-al 등) 하나의 접미사에서 환경에 따라 변형되어 둘로 나타났음을 알 수 있다. 다시 말하면 원래 형용사를 만드는 접미사는 *-al인데 앞에 오는 어간이 /l/로 끝날 때만 이 접미사의 끝 자음 /l/이 /r/로 바뀌어 -ar로 나타난 것이다. 즉 다음과 같은 이화작용 규칙이 적용된 것이다.

이화작용: *l-al > lar

이 규칙이 어떻게 적용되는지를 'dental'과 'velar'를 예로 제시하면 다음과 같다.

dent-al	vel-al	
”	velar	이화작용: *l-al > lar

또 다른 이화작용의 예로는 한 단어 내에 두 개의 /r/이 왔을 때 그중 하나가 수의적으

로(optionally) 탈락하는 것이 있다(밑줄 친 자음이 탈락한다).

February, govermer, surprise, temperature, library, thermometer, particular, secretary

이러한 예에서 일어나는 이화작용에 대하여 Webster's Collegiate Dictionary는 아래와 같이 설명하고 있다(www.m-w.com에서 쓰는 발음기호에 주의하여 읽도록 하자).

> "Dissimilation may occur when a word contains two identical or closely related sounds, resulting in the change or loss of one of them. This happens regularly in *February*, which is more often pronounced /ˈfeb-(y)ə-ˌwer-ē/ than /ˈfeb-rə-ˌwer-ē/, though all of these variants are in frequent use and widely accepted. The /y/ heard from many speakers is not an intrusion but rather a common pronunciation of the vowel u after a consonant, as in *January* and *annual*."
>
> "While the pronunciation /ˈlī-ˌbrer-ē/ is the most frequent variant in the United States, the other variants are not uncommon. The contraction /ˈlī-brēand the dissimilated form /ˈlī-ˌber-ē/ result from the relative difficulty of repeating /r/ in the same syllable or successive syllables; our files contain citations for these variants from educated speakers, including college presidents and professors, as well as with somewhat greater frequency from less educated speakers."

이러한 이화작용은 /r/ 이외의 자음이 반복될 때도 일어난다. 아래의 예들의 발음을 확인해 보자(마찬가지로 밑줄 친 자음이 탈락한다).

environment, fulfill, candidate, ophthalmologist

아주 같지는 않지만 비슷한 이화작용이 육군 대령을 의미하는 영어단어 'colonel' [kə́:rnl]에도 나타난다. 이 단어는 발음상 세 가지 특징을 보여준다. 첫째는 위에 설명한 이화작용인데 한 단어 안에 /l/이 두 개가 와서 그중 첫 번째 것이 /r/로 변한 것이다. 둘째는 이 단어의 중간 모음 /o/가 발음이 되지 않는다는 점이다. 이렇듯 영어에서 중간에 강세를 받지 않는 모음이 발음이 되지 않는 경우(즉 탈락하는 경우)가 종종 있는데 음운론에서는 이를 중간모음탈락현상(syncope)이라 부른다. 다른 예로는 business[bíznɪs] (중간모음 /i/탈락), catholic[kǽθəlɪk~ kǽθlɪk] (강세를 받지 않는 중간모음 /o/가 영어의 대표적인 약(弱)모음인 schwa [ə]로 발음되거나 수의적으로(optionally)탈락함) 등이 있다. 셋째로 끝 음절의 발음이 모음이 없이 자음으로만 이루어진 점이다. 즉 이 음절에서는 /l/이 성절성자음(syllabic consonant)으로 난다. 성절성자음은 이미 설명한 대로 음절의 핵의 역할을 하는 모음이 탈락할 때 그 음절 내에서 가장 모음에 가까운 자음이 모음처럼 음절 핵의 역할을 대신할 때 붙여주는 이름이다. 사전에는 colonel의 둘째 음절을 [nəl]로 표기하기도 하는데 그러한 경우에는 모음 schwa가 음절의 핵의 역할을 하므로 끝 자음 'l'은 성절성자음이 아니다. 그래서 밑에 점을 찍어 주지 않는다.

10.5 탈락(Deletion)

탈락은 문자 그대로 음이 없어지는 현상을 지칭한다. 예를 들면 앞에 언급한 **Feb<u>r</u>uary**나 **lib<u>r</u>ary**와 같은 단어에서 일어나는 이화작용도 두 개의 /r/이 올 때 하나가 발음되지 않으므로 탈락의 일종으로 볼 수 있다. 여기서는 자음군탈락, 중간모음탈락, 어두모음소실, 세 가지 현상만을 다루기로 한다.

자음군탈락(consonant cluster simplification)

다음 예에서처럼 자음이 연속해서 나올 때 그중 하나가 탈락하는 현상이다(역시 밑줄 친 자음이 탈락한다).

res<u>t</u>less, lis<u>t</u>less, whis<u>t</u>le

단어와 단어가 인접해서 자음군이 형성될 때에도 이 현상이 자주 일어난다.

Eas<u>t</u> side, blin<u>d</u> man, wil<u>d</u> boar

그러나 이 규칙은 Ea**st**, bli**nd**, wi**ld**처럼 자음군이 두 자음만으로 되어 있거나 Ea**st** end처럼 뒤에 모음으로 시작하는 단어가 올 때는 적용되지 않는다. 즉 세 개 이상의 자음이 모여 있을 때만 일어난다.

다음의 예들은 두 개의 자음이 연속으로 일어날 때는 탈락하지 않으나 세 개가 일어나면 탈락함을 잘 보여준다(밑줄 친 자음이 탈락한다).

so**ft**	so**ften**
li**st**	li**sten**
ha**st**e	ha**sten**
Chri**st**	Chri**sten**
wre**st**	wre**stl**e

오른쪽의 예들은 모두 왼쪽의 단어에 접미사 -en이나 -le가 붙어서 형성되었는데 철자와는 달리 이 접미사들의 발음은 성절성자음 [n̩]과 [l̩]이다. 이러한 이유로 앞에 오는 두 개의 자음과 함께 자음군을 형성하여 그중 하나를 탈락시키는 것이다.

자음군탈락: CCC → CC (ftn̩ → fn̩, stn̩ → sn̩, stl̩ → sl̩)

중간모음탈락(syncope)

단어 내에서 중간모음이 탈락하는 현상이다. 주로 강세가 일어난 음절 뒤에서 모음이 약화되어 schwa로 발음되거나 탈락한다.

chóc**o**late, év**e**ry, cám**e**ra, mýst**e**ry, cómp**a**rable, fám**i**ly

조금 다른 경우이지만 빠른 대화체의 경우 아래와 같은 예들에서는 강세를 받지 않는 첫음절의 모음이 schwa로 발음되거나 탈락한다.

c**o**rréct, p**a**ráde, p**o**líce, s**u**ppóse, g**a**ráge

어두모음소실(aphesis)

비격식적(informal)인 대화체나 노래가사에서 종종 어두의 모음이나 음절이 소실되는 경우가 있다 (어두에 오는 '는 어두모음소실이 철자에 반영된 것이다).

’cause (**be**cause), ‘bout (**a**bout), ‘round (**a**round)

기능어에서 자음탈락(elision of consonants in function words)

또 다른 탈락의 예로 아래에서처럼 기능어의 자음이 탈락하는 경우들이 있다.

1) ‘of’가 축약되어 schwa로만 나는 경우: lots **of** [ə] money, waste **of** [ə] time
2) 대명사의 경우 [h]나 [ð]가 탈락하는 경우: ask **h**er[ər], help **h**im[ɪm], tell **th**em[ɛm]

eight o’clock 등에서 시간을 나타내는 데 쓰이는 ‘o’clock’도 원래는 ‘of clock’이었는데 기능어 ‘of’의 자음이 탈락하면서 모음만 남게 되면서 철자에 반영된 것이다.

10.6 삽입(Epenthesis)

삽입은 탈락과 달리 없던 음이 새로 생겨난 경우이다. 보통 자음과 자음 사이에서 일어나지만 film[fɪlm], elm[ɛlm] 등의 비표준발음에서 [fɪl**ə**m], [ɛl**ə**m]처럼 두 자음 사이에 schwa가 삽입되기도 한다. 이보다 좀 더 재미있는 경우는 아래의 경우처럼 자음과 자음 사이(/n/과 /s/ 사이)에 또 다른 자음(/t/)이 덧나는 경우이다.

prince	[prɪns]	~	[prɪn**t**s]
sense	[sɛns]	~	[sɛn**t**s]
tense	[tɛns]	~	[tɛn**t**s]
chance	[ʧæns]	~	[ʧæn**t**s]

이렇게 자음 간 삽입이 일어나면 각각 'prints, cents, tents, chants'와 발음이 같게 된다. 마찬가지로 warmth, thanks 등의 발음에서 보통 [wɔmΘ], [Θæŋ Θ]로 나나 종종 자음 삽입이 일어나 [wɔm**p**Θ], [Θæŋ**ks**Θ]로 나는 것도 같은 자음삽입(epenthesis)의 일종이다. 또 다른 예로는 'something'이 [sʌ́mΘɪŋ]~[sʌ́m**p**Θɪŋ], 'dreamed'가 [drɛmt]~[drɛm**p**t]가 있다.

역사적으로 보면 em**p**ty와 같은 영어 단어는 고대영어에서는 /m/과 /t/ 사이에 /p/가 없었는데(cf. OE æmtig) 현대영어로 변화하면서 /p/가 덧나게 되어 철자에 반영된 것이다. 마찬가지로 Thomson과 같은 고유명사가 Thom**p**son으로도 쓰이는 이유도 /m/과 /s/ 사이에 /p/가 삽입된 까닭이다. (Thomson의 원래 의미는 'son of Thom'이다) 다음의 지명이름 또한 역사적으로 보면 자음과 자음 사이에 또 다른 자음이 삽입된 경우이다.

Southam**p**ton (from south + ham 'home' + ton 'town') "south hometown"
Ham**p**shire (from ham 'home' shire 'castle') "home castle"

이상의 자음과 자음 사이의 삽입규칙을 정리해보면 다음과 같다.

ns → nts (prince)
mΘ → mpΘ (warmth), ms → mps (Thompson), mt → mpt (empty)
ŋΘ → ŋkΘ (thanks)

이 규칙들이 가지는 공통점은 무엇인가? 우선 삽입이 일어나는 환경부터 정리해보면, 첫 자음은 모두 비음(nasal consonant)인 반면에 둘째 자음은 /s, t, Θ/ 등으로 장애음(obstruent)임을 알 수 있다. 다음으로 삽입되는 자음의 성격을 살펴보면 /t, p, k/로 모두 무성폐쇄음이며 조음점이 앞에 오는 비음의 것과 일치한다('homorganic'). 다시 말하면, 삽입되는 자음의 조음점은 앞에 오는 자음과 일치하는 반면에 유·무성여부는 뒤에 오는 자음과 일치한다.

10.7 축약(Contraction)

축약은 'I am'이 'I'm'으로 줄어드는 것처럼 어떤 이유로든 단어의 길이가 줄어드는 것을 가리킨다. 'am'은 기능어(function word)이므로 강세를 받지 않아서 [əm]으로 나는데 schwa가 탈락하면서 /m/만 남게 되어 철자에 반영된 것이 I'm이다. 비슷한 축약의 예로 대표적인 것이 'to'의 축약이다.

to의 축약(Cf. Prator & Robinett 1985, p.195)

Full form	Reduced form	Meaning
going to	gonna[gʌ́nə]	intention
got to	gotta[gáɾə]	necessity
has to	hasta[hǽstə]	necessity
have to	hafta[hǽftə]	necessity
ought to	oughta[ɔ́ɾə]	moral obligation
used to	usta[jústə]	former habit
want to	wanna[wánə]	desire

마찬가지로 'don't know'도 (주로 영국영어에서) dunno[dʌ́nəʊ]로 축약된다. 이 경우 먼저 자음군탈락이 일어난 후 겹자음이 홑자음으로 발음된 것이다. ntn → nn → n.

다음의 예들은 서로 다른 기능어들의 발음이 약화되면서 같은 모습으로 축약된 것들이다(Cf. Kreidler 1989, p.246).

What'**s** that sign mean?
What'**s** that man doing?
What'**s** the weather been like lately?

첫 번째 문장에서는 'does'가, 두 번째 문장에서는 'is'가, 그리고 세 번째 문장에서는 'has'가 축약된 것이다. 이들은 다음과 같은 과정을 거치면서 같은 모습으로 축약되었다.

What does	What is	What has	
hwʌ́t dəz	hwʌ́t ɪz	hwʌ́t həz	vowel reduction ($\mathring{V}$ → ə)
hwʌ́t z	hwʌ́t z	hwʌ́t z	contraction (dəz, ɪz, həz → z)
hwʌ́t s	hwʌ́t s	hwʌ́t s	progressive voicing assimilation
(What's)	(What's)	(What's)	orthographic representation

실습

아래 예문들에 어떤 음운규칙들이 나타나는지 적어보자 (규칙이 적용된 부분에 밑줄을 긋고 적용된 규칙대로 발음해 보자).

Why don't you amuse yourself more quitely.
Why can't you come?
Could you possibly meet your friends outside?
Would you like to have some coffee?
Give me five.
Did you ever think of going back?
Don't count your chickens before they're hatched.
Put your money where your mouth is.
Don't forget your vitamins.
Eat your vegetables.
Have you read your mail yesterday?
I'd like to meet your sister.
You will freeze your toes.
I will miss you.

커피 이름에 숨어 있는 음운현상들

자칫 지루할 수 있는 언어학 공부가 예기치 못한 곳에서 즐거움을 주는 경우가 있다. 특히 교실에서 배울 때는 전혀 쓸모없을 것 같았던 음성학이나 음운론 규칙이 그 가치를 발휘할 때가 그렇다. 예를 들어서 요즘 우후죽순처럼 늘어나고 있는 에스프레소 커피전문점의 메뉴판을 보자.

Caffe Espresso
Caffe Latte
Caffe Cappuccino
Caffe Mocha
Caffe Americano
Caffe Machiato

이 중 'Espresso'는 영어의 'express'와 함께 라틴어 어원을 가진 단어이다. 그 뜻도 당연히 '빠른, 특별한' 등의 의미를 지니고 있다. '위키피디아'에 의하면 'espresso machine'이 커피를 빨리 만들어 내기 때문이기도 하고 또 이렇게 만들어 낸 커피가 'expressly for you,' 즉 특별히 당신만을 위한 것이라는 의미도 함축한다. 그 외의 어원적 의미로는 접두사 'ex-'가 'out'의 의미가 있으니까 'pressed out'이 있는데 이는 에스프레소 커피를 만드는 기계가 'steam press'방식을 사용하기 때문이다. 아무튼 'express'와 'espresso'를 비교해 보면 전자에 있는 자음군 'ksp' ([ɪksprɛs])가 후자에서는 'sp' ([ɛsprɛsoʊ̯])로 줄어든 것을 알 수 있다. 즉 위에서 설명한 자음군탈락현상(consonant cluster simplification)이 일어난 것이다. 그러면 왜 같은 현상이 'express'에서는 일어나지 않는 것일까? 이는 언어의 차이 때문이다. 'espresso'는 에스프레소 커피의 근원에서 알 수 있듯이 이태리어인 반면에 'express'는 라틴어에서 영어로 차용된 것이다. 즉 라틴어에서는 자음군 'ksp'가 탈락현상을 겪지 않는 반면에 라틴어에서 파생된 이태리어에서는 'k'가 탈락하여 'sp'로 줄어든 것이다.

그러면 이제 이태리어로 '우유'를 의미하는 'latte'를 분석해 보자. 이 단어와 같은 어원을 가진 영어 단어로 'milk'의 형용사형으로 쓰이는 'lacteal'이 있다. 이 단어에서 형용사형 접미사 '-eal' (cf. pharynx-pharyngeal)을 빼면 우유를 의미하는 어간 'lact'가 남는데 이태리어 'latte'는 바로 이 어간의 자음군 'ct'(발음은 [kt])가 'tt'로 동화한 것이다. kt → tt이니까 '조음점 간의 완전동화'인 셈이다. 이와 관련된 것으로 역시 우유를 탄 불란서식 커피를 'café au lait'라고 부르는데 여기서 'lait'는 어간 'lact'의 불어형이다. 즉 'k'가 자음 앞에서 'i'(혹은 [y])로 변한 것이다. 이는 불어에서 일어나는 현상으로 'vocalization', 즉 '모음화현상'이라고 부른다. 지금이야 에스프레소 커피의 유행으로 'Caffe Latte'의 인기가 높지만 한때는 불란서식 커피인 'Café au Lait'가 유행하기도 했었다.

요즘 커피전문점이 늘어나면서 생긴 신종 직업이 '커피바리스타'이다. 'barista'는 'bartender'를 의미하는 이태리어로 'bar+ista'로 분석된다. 'bar'는 커피전문점의 영어표현인 'espresso bar'를 가리킨다. '-ista'는 물론 영어 접미사 '-ist'에 상응한다. 요즘 유행하는 단어 '패셔니스타(fashionista)'도 'fashion'에 같은 접미사가 붙은 경우이다. 'barista'와 혼돈하기 쉬운 단어로 변호사를 의미하는 'barrister'가 있다. 이 단어 또한 같은 어간 'bar'에 접미사 '-ster'(cf. seamster, spinster, brewster)가 붙었다. 다만 그 앞에 연결모음 '-i-'가 오고 'bar'의 'r'이 중복된 점이 특이하다. *barr-i-ster. 이 'bar'는 법정을 가리킨다. 우리말의 '사법고시'가 영어로 'bar exam'이라고 불리는 점을 참조할 것.

그 외의 단어들은 이태리어로 'marked'를 의미하는 'Macchiato'를 제외하고는 모두 고유명사에서 나왔다. Cappuccino는 이 커피의 색이 프란체스카 수도승들이 입는 '후드'가 달린 Capuchin 옷의 색과 비슷한 데서 유래했다. 'Mocha'도 한때 아라비아커피의 생산기지였던 예멘의 도시이름에서 따온 것이다. 'Caffe Americano'는 미군이 2차대전 때 유럽에서 에스프레소에 물을 타서 집에서 마시던 커피 맛을 내려한 데서 유래했다. 'Esprésso, Americáno, Cappuccíno, Machiáto' 등 3음절 이상의 커피이름이 모두 뒤에서 두 번째 음절(penult)에 주강세가 오는 것도 흥미롭다. 참, 요즘 새로 나온 메뉴인 'Frappuccíno'는 'fruit'와 'Cappuccino'가 합성(blend)된 것이다. 언어학개론에서 배운 'smog(smoke+fog), brunch(breakfast+lunch), blog(web+log)'를 기억하자.

11

음향음성학 (Acoustic Phonetics)

큰 북을 울려라 둥둥둥.
작은 북을 울려라 동동동.

소리의 물리적 특징

소리(sound)는 공기를 통해 전달(transmit)된다. 좀 더 자세히 얘기하자면 공기에 있는 개개의 분자를 움직여 발생하는 파장에 의해 전달된다. 음이 공기 파장에 의해 전달되는 속도는 1초에 330미터 정도이다. 좀 더 밀집된 물체들인 물이나 철의 경우는 이보다 더 빠르게 전달된다. 소리가 전달되려면 매개체가 꼭 있어야만 하므로 진공에서는 전달되지 않는다.

실습

What is sound? 다음 웹페이지에 가서 이에 대한 답을 들어보자.

www.nidcd.nih.gov/health/education/video/sound_vid.htm

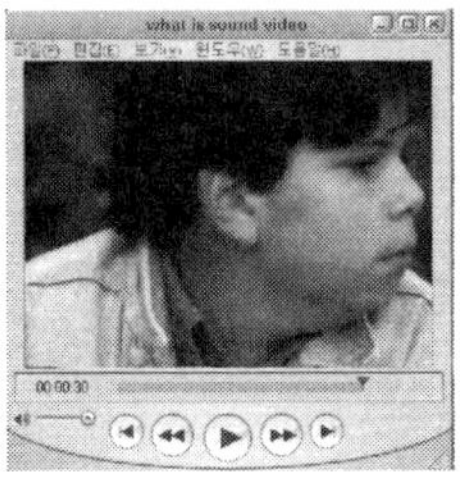

보통 소리의 파장을 연못에 돌을 던졌을 때 일어나는 물결에 비유하기도 하는데 이 비유는 아주 적절한 것이다. 아래 그림은 잔잔한 호수에서 돌을 던졌을 때 어떻게 파장이 일어나는지를 그린 것이다.

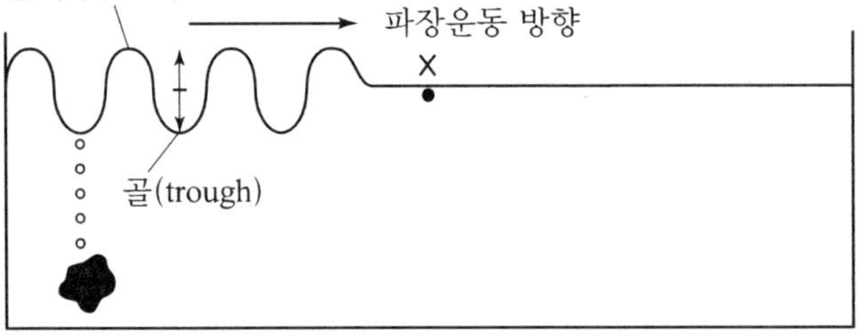

그림 1 | 물의 표면에 일어나는 파장(Cf. MacKay 1978, p.66)

이 그림에서 볼 수 있듯이 돌이 호수에 떨어져서 물결이 일어나면 파장은 바깥쪽을 향하여 움직이는데 물의 분자들은 함께 밀려나가지 않고 파장이 일단 지나고 나면 제자리로 돌아온다. 이 점은 소리의 파장도 같다. 그러나 소리의 파장과 물의 파장에는 중요한 차이가 있다. 우선 물은 파장이 표면에서만 일어나는 반면에 소리는 전달 매체인 공기 안에서 일어난다는 점이다. 그래서 물은 분자들이 제자리에서 상하로 움직이면서 호수의 표면에 파장을 일으키지만 공기분자들은 좌우로 움직이면서 파장을 일으킨다. 소리는 공기의 표면(공기의 표면이란 원칙적으로 있을 수 없다)이 아니라 공기를 통하여 전달되는 것이다.

보통 기체의 일정한 지점이 어떤 음을 맞게 되면 이 교란으로 인하여 주위의 공기분자들을 압축하게 되어 공기 압력이 일단 올라가지만 이 분자들이 제자리로 되돌아오면서 압력 또한 제자리로 돌아온다. 반면에 한 번 시작된 압력의 변화는 그 다음 공기분자들을 다시 압축시키면서 지속적으로 오름과 내림을 반복하게 된다. 아래 그림은 이러한 공기 압력의 주기적 변화를 잘 보여준다. 우리가 제1장의 말소리의 연쇄(speech chain)에서 밝혔듯이 이러한 소리의 파장이 청자의 귀에 있는 고막에 전달되어 화자와 청자 간의 의사소통이 이루어지는 것이다.

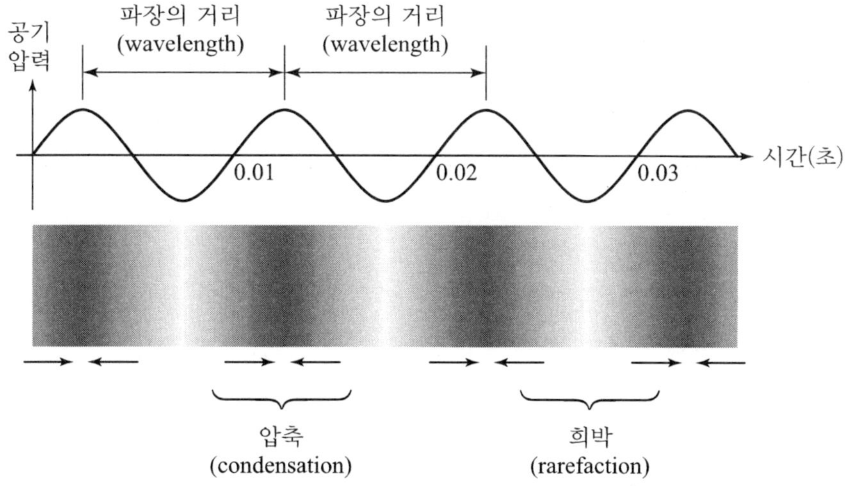

그림 2 | 소리의 파장: 공기압력의 변화가 주기적으로 일어난다.

파장과 관련된 몇 가지 개념

사이클(cycle): 어떤 현상이 주기적으로 반복될 때 원에서처럼 한 바퀴를 돌아 시작의 상태로 되돌아오는 것을 지칭한다. 위의 그림에서 공기 압력의 변화가 오름과 내림을 반복하여 다시 처음의 수준으로 돌아오는 데 0.01초가 걸렸다면 한 사이클을 달성하는 데 0.01초가 걸린 것이다.

파장의 진폭(Amplitude): 파장 사이클에서 가장 높은 점과 가장 낮은 점 사이의 거리를 가리킨다. 진폭이 클수록 파장 사이클의 높낮이의 차이가 크다. 진폭의 크기는 파장을 일으키는 힘의 양과 비례한다. 파장의 진폭은 공기 압력의 압축의 정도와 일치한다. 공기 압력의 교란이 클수록 분자들을 더 멀리 움직이게 하고 공기 압력의 오름과 내림의 폭을 크게 한다. 이 폭의 진동이 고막에 그대로 전달되어 소리의 크기를 인지하는 것이다.

파장의 거리(Wavelength): 파장 사이클의 처음부터 끝까지의 길이를 가리킨다. 파장의 거리는 다음에 설명할 파장의 주파수와 역함수의 관계에 있다. 파장이 길수록 초당 몇 번의 사이클이 일어났는가를 나타내는 주파수가 낮고 파장이 짧을수록 주파수가 높다. 이에 대한 자세한 설명은 아래의 주파수에 관한 설명을 참조하라.

파장의 주파수(Frequency): 일정한 시간 내에 파장의 사이클이 얼마나 자주 반복해서 일어나는가를 재는 척도이다. 초당 몇 사이클인가를 재는 **cps(cycles per second)**를 쓰는데 같은 의미로 **Hertz(Hz)**가 사용되기도 한다. 주파수는 음의 높이와 관련이 있다. 높을수록 피치가 높고 낮을수록 낮은 음이다.

이상의 개념들을 토대로 주파수와 진폭이 다른 여러 가지의 음들을 살펴보자.
아래 그림은 주파수와 진폭이 다른 여러 종류의 음파들을 보여준다.

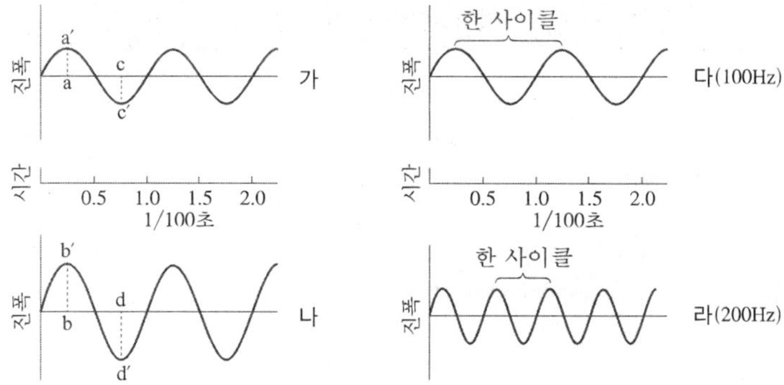

그림 3 | 주파수와 진폭이 다른 여러 종류의 음파들

왼쪽 첫 번째 그림(가)은 한 사이클이 일어나는 데 1/100초가 걸렸다. 이는 곧 1초에 100사이클이 일어난다는 의미이므로 이 음은 100Hz이다. 이는 바로 아래 있는 경우(그림 나)도 마찬가지인데 단지 파장의 진폭(amplitude)이 다를 뿐이다. 이는 두 소리가 높이는 같지만 크기가 다름을 의미한다. 두 번째 소리가 첫 번째의 것보다 크다. 반면에 오른쪽 첫 번째(그림 다)와 두 번째(그림 라) 음파는 진폭은 같으나 한 사이클이 일어나는 데 걸리는 시간이 다르다. 첫 번째 음파에서는 1/100초가 걸렸지만 두 번째 음파에서는 0.5/100초가 걸렸다. 전자는 소리의 높이가 100Hz이고 후자는 200Hz이다.

실습

그러면 프라트에서 일정한 주파수와 진폭을 가진 음을 만들어서 분석해 보기로 하자.

프라트에서 어떤 주파수의 음을 만드는 일은 의외로 간단하다. 우선 프라트 객체창에서 New밑에 보면 Sound메뉴가 있는데 여기를 클릭하여 Create sound from formula...를 선택하면 다음과 같은 창이 나오게 된다.

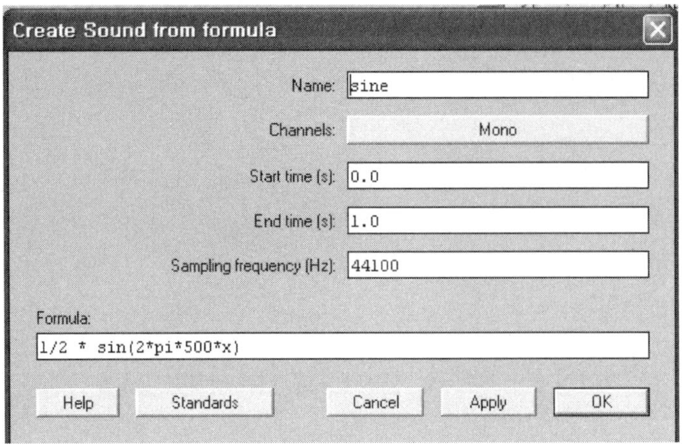

그림 4 | 프라트에서 원하는 주파수의 음 만들기

이 창에 그림 4처럼 입력한 후 OK 버튼을 클릭하면 객체창에 500Hz의 단순음이 생성되게 된다. 이렇게 생성된 음을 Edit 버튼을 이용하여 분석해 보면 아래와 같이 나타난다.

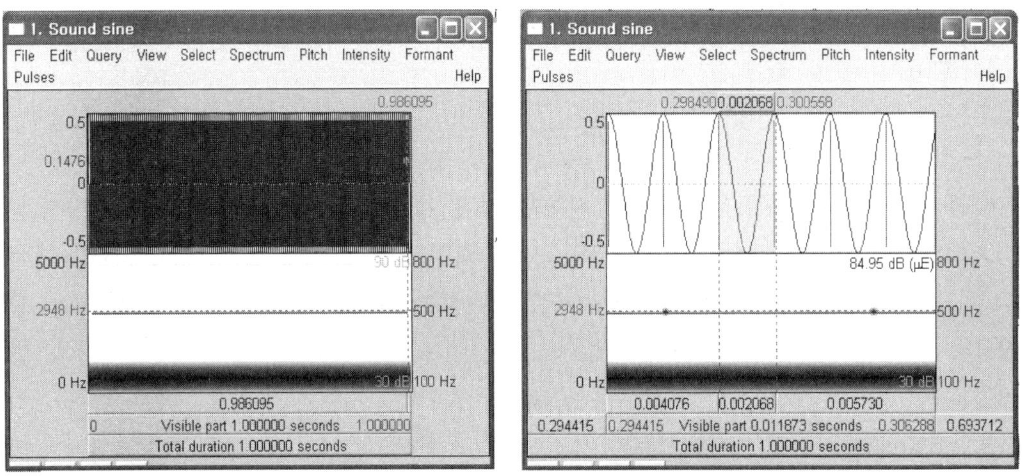

그림 5 | 프라트에서 생성된 500cps인 단순음. 오른쪽은 sel 버튼을 이용하여 일부를 선택하여 펼쳐보인 것이다.

위의 오른쪽 그림에서 우리는 한 사이클을 완성하는 데 걸린 시간이 대략 0.002초임을 알 수 있다. 이는 1초에 500 사이클이 일어나고 있다는 의미이다. 즉 이 소리는 아래 창의 피치 선이 가리키고 있듯이 기본 주파수가 500Hz인 단순음인 것이다.

그러면 다시 Create sound from formula... 메뉴를 이용하여 기본 주파수가 300인 단순음을 만들어 보기로 하자. 위의 과정을 다시 거치되 formula 공식에 500 대신 300을 입력하면 된다. 다음은 이렇게 하여 만들어 낸 소리를 프라트로 분석해 본 것이다(펼쳐진 그림만 보이기로 한다).

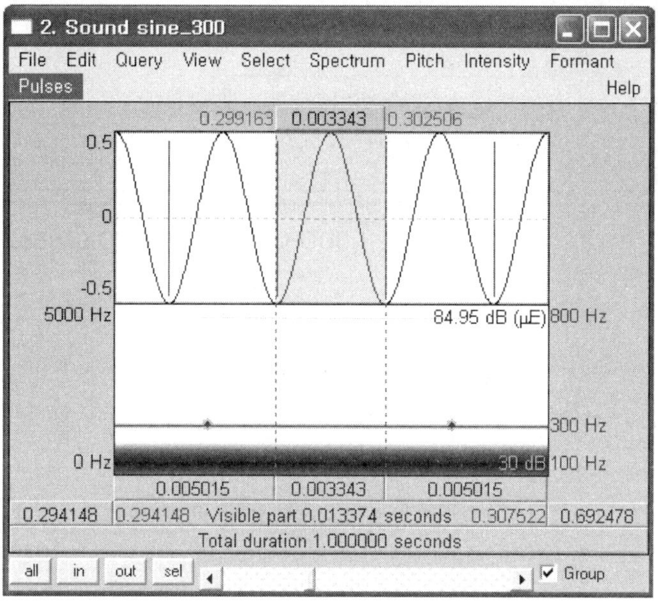

그림 6 | 프라트로 생성하여 분석한 300Hz 단순음. 한 사이클을 완성하는 데 대략 0.0033초가 걸렸다.

위의 500Hz와 300Hz의 단순음들은 소리의 높이는 다르지만 그 크기는 둘 다 84.95dB로 같다. 그러면 위의 소리들을 소리의 높이는 그대로 유지하면서 크기를 줄여보도록 하자. 그렇게 하기 위해서는 프라트의 객체 창에서 위의 300Hz와 500Hz의 음들을 각각 선택한 다음 우측 메뉴 중 Modify 기능을 택하여 Formula에서 *self 다음에 '*1/5'를 적어 넣은 다음(진폭을 1/5로 줄인다는 뜻이다), 이를 분석해 보면 된다. 다음은 300Hz 84.95dB의 음을 이렇게 분석하여 펼친 창이다.

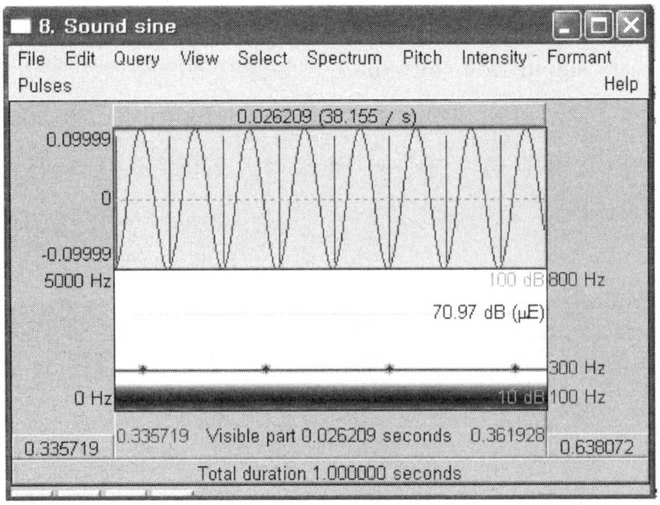

그림 7 | 진폭을 1/5로 줄인 300Hz의 음. 크기가 70.97dB로 줄어들었다.

이 그림에서 소리의 크기가 줄었으므로 당연히 진폭이 작아졌지만 프라트 분석창에서 보이는 음파의 폭은 줄지 않았다. 다만 진폭을 나타내는 숫자가 크기를 줄이기 전의 0.5～−0.5에서 0.09999～−0.0999로 줄어들었음을 알 수 있다. 즉 진폭의 크기는 1/5로 줄었지만 소리의 크기를 나타내는 단위인 dB(decibel)의 숫자는 같은 비율로 줄지는 않은 것이다(70.97dB로 줄었다).

그러면 위의 500Hz와 300Hz의 두 단순음들을 합성하여 하나의 복합음을 만들어 보기로 하자. 이 기능은 객체창의 우측에 있는 Combine Sound기능을 사용하면 된다. 먼저 두 음을 한꺼번에 선택한 다음(shift를 누르고 선택하면 됨) Combine Sound로 가서 convolve를 선택한다. 이렇게 하면 object창에 새로운 복합음이 뜨게 된다. 이를 rename 기능을 사용하여 Sound 300_500convolved로 명명하자. 이 소리를 Edit기능을 이용하여 펼쳐보면(sel 버튼을 눌러 펼친다) 아래와 같은 복합음을 볼 수 있게 된다(이에 대한 설명은 아래 참조).

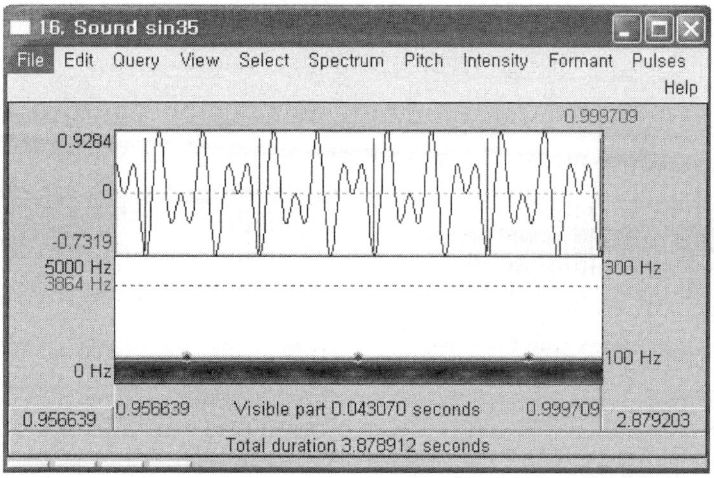

그림 8 | 300Hz와 500Hz의 단순음을 합성시켜 생성된 복합음

주기음과 비주기음(Periodic/Aperiodic Sounds)

지금까지 우리는 파장의 사이클이 항상 일정한 크기로 반복되는 주기적(periodic)인 파장의 경우만을 생각해 왔다. 그러나 어떤 파장은 비주기적(aperiodic)일 수 있다. 이러한 비주기적 파장에서는 사이클이 주기적으로 일어나지 않으므로 주파수를 얘기할 수 없다. 주기적 파장을 가진 음은 어떤 악기의 한 음처럼 일정한 음조(tone)를 가지고 있는 것처럼 인지되는 반면에 비주기적 파장을 가진 음은 소음(noise)으로 인식된다. 모음 '아'(혹은 영어의 [ɑ])를 길게 발음하면 주기적 파장이 일어나지만 s나 sh같은 음은 비주기적 파장을 갖는다.

그렇다면 어떤 음들이 주기적이고 어떤 음들이 비주기적인가? 이에 대한 답으로 우리는 제2장에서 소리의 종류를 악음(tone)과 소음(noise)으로 나눈 점을 상기해 볼 필요가 있다. 이미 설명하였듯이 악음(樂音)은 문자 그대로 노래할 수 있는 음이라고 했는데 이러한 음의 가장 중요한 요소는 소리의 높낮이(피치)를 조정할 수 있는 점이다. 반면에 /s/나 /ʃ/같은 소음은 피치를 조정할 수 없는 음이었다. 이제 우리는 이 두 음의 차이를 음파의 주기성과 비주기성으로 다시 정의하여 보여 주고자 한다.

/ɑ/와 같은 악음이 주기적이고 /s/나 /ʃ/와 같은 소음이 비주기적임은 프라트상에서 아래와 같은 과정을 통하여 손쉽게 확인해 볼 수 있다.

1) 먼저 IPA차트에 가서 이 두음의 소리 파일을 만들어 프라트의 객체창으로 불러온다. (이에 대한 상세한 설명은 제2장의 설명을 참조할 것)

2) 객체창으로 불러온 두 음을 오른쪽에 있는 Edit 메뉴를 이용하여 분석해 보면 아래와 같은 모양의 음파와 스펙트로그램이 뜨게 된다.

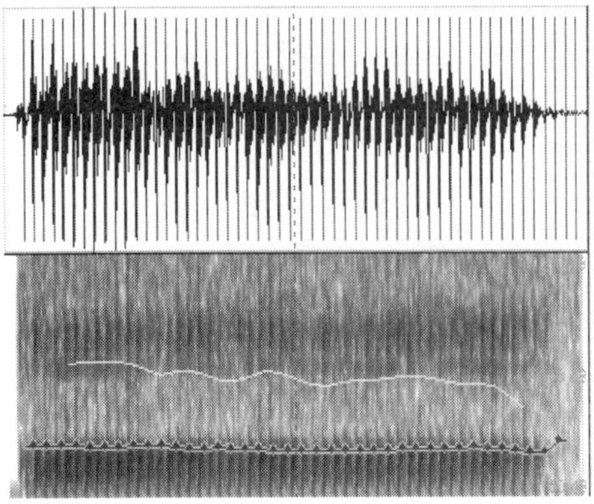

그림 9 | 프라트 Edit 메뉴로 분석한 카디날 모음 /ɑ/의 음파와 스펙트로그램

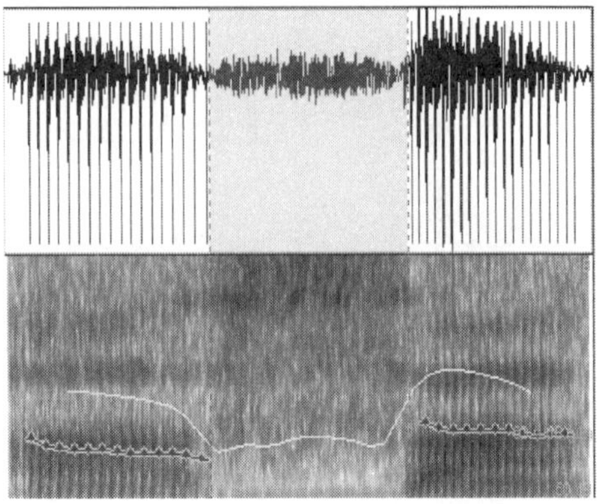

그림 10 | 프라트 Edit 메뉴로 분석한 /ɑsɑ/의 음파와 스펙트로그램. /s/만 녹음할 수가 없어서 모음과 모음 사이의 /s/음을 불러들였다.

위의 두 그림 중 음파를 나타내는 부분의 가장 큰 차이는 첫 번째 그림은 성대의 pulse를 나타내는 파란 수직선이 모음 /ɑ/의 조음기간 중 규칙적인 간격으로 지속적으로 나타나지만 두 번째 그림은 이 선이 중간에 /s/의 조음 부분에서 나타나지 않는다는 점이다. 이는 이미 언급하였듯이 성대의 떨림이 유성음인 모음의 경우에는 일어나지만 무성음인 /s/의 경우는 일어나지 않기 때문이다. 아래의 스펙트로그램상에 나타나는 피치를 가리키는 수평의 파란선도 마찬가지로 모음 부분에서는 양쪽 그림에서 똑같이 나타나지만 무성음인 /s/의 부분에서는 나타나지 않고 있음을 알 수 있다.

그러나 위의 그림만 가지고는 위 두 음의 음파가 주기적인지 비주기적인지가 분명히 드러나지 않으므로 분석 창에서 아주 짧은 기간 동안의 음을 선택하여 아래 그림에서처럼 왼쪽 아래에 있는 메뉴 중 sel버튼을 눌러 전체창으로 펼쳐보아야 한다. 아래 그림 11은 주기적인 모음 /ɑ/의 분석창이고 그림 12는 비주기적인 소음인 /s/의 분석창이다.

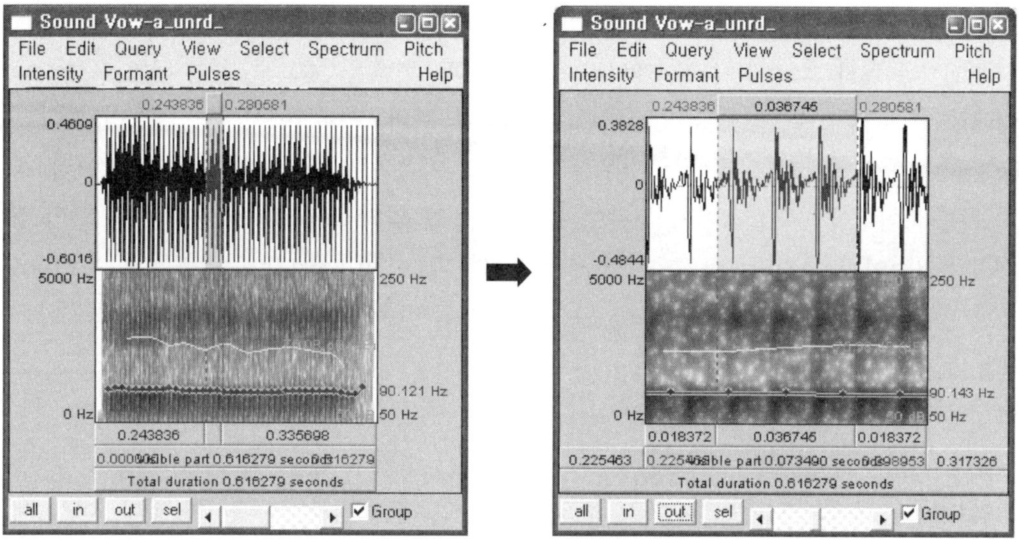

그림 11 | 모음 /ɑ/의 음파와 스펙트로그램: 프라트 객체창으로 불러온 /ɑ/의 소리 파일 중 아주 짧은 기간을 선택하여 왼쪽 아래에 있는 sel버튼을 이용하여 넓게 펼쳐보면 우측의 그림에서처럼 진동이 주기적으로 일어나고 있음을 알 수 있다. 너무 짧은 기간을 택해서 주기가 잘 나타나지 않을 경우 out(zoom out을 의미함)버튼으로 조정할 수 있다.

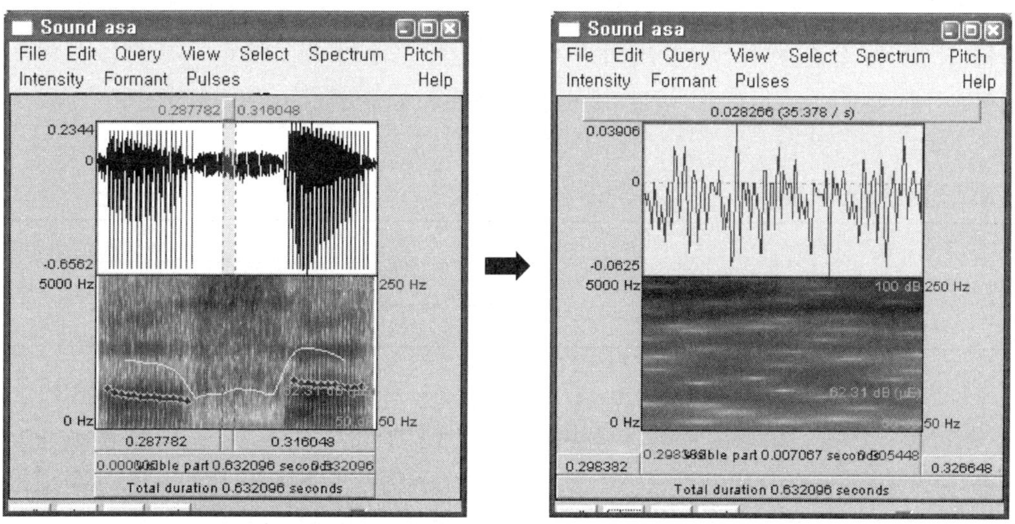

그림 12 | /s/의 일부분을 선택하여 펼친 모습. 음파가 비주기적임이 잘 나타나 있다. 이번에는 위의 모음의 경우와는 달리 왼쪽 아래의 in(zoom in을 의미함)버튼을 이용하여 비주기성이 잘 나타나도록 조정하였다.

단순음과 복합음(Simple vs. Complex Tones)

우리는 위에서 소리가 음파 에너지로서 시간과 진폭을 축으로 하는 사인곡선(sine wave)으로 나타낼 수 있음을 언급하였다. 그러나 위의 그림 5에서처럼 말소리가 하나의 주파수와 진폭으로 나타나는 경우는 없다. 그 이유는 말소리는 단순음들이 여러 개가 모여서 이루어진 복합음이기 때문이다. 예를 들면 위의 그림 11에 나타난 모음 /ɑ/를 보면 주기적이긴 하지만 단순한 사인곡선이 반복되는 것이 아니라는 것을 알 수 있다. 이는 그림 5처럼 주파수가 500Hz인 단순음의 경우 단순한 사인곡선이 주기적으로 반복되는 것과는 대조된다.

소리의 음향적 분류

우리는 제2장에서 말소리를 악음, 소음, 순간음의 세 가지로 분류한 바 있다. 이제 이 소리들을 위에서 소개한 주기음/비주기음, 단순음/복합음과 같은 음향학적 개념으로 정리해 보기로 하자. 악음은 노래할 수 있는 음으로 성대가 주기적으로 떨려서 나는 소리라고 하였다. 그러므로 이는 당연히 주기음이다. 또한 말소리는 모든 경우 단순음이 아닌 복합음이다. 반면에 소음의 경우 복합음이기는 마찬가지이나 음파가 주기적이지 못하고 비주기적이다. 순간음은 소음과 마찬가지로 주기성이 없는 음이다. 순간음의 경우 물론 사인파를 형성하는 단순음이 아니지만 아주 짧은 기간에 막힘이 터지면서 나기 때문에 이를 복합음이라 부르기도 힘들다. 이를 정리하면 아래와 같다.[1)]

표 1 | 소리의 음향적 분류

	악음	소음	순간음
주기/비주기음	주기음	비주기음	비주기음
단순/복합음	복합음	복합음	–

악음에는 모음과 활음(glides), 유음(liquids), 비음(nasals) 등이 있다. 이 음들을 보면 모두 울려서 나는 소리임을 알 수 있다. 즉 성대가 떨리면서 피치를 갖는 주기음을 만들고 이 음원이 구강이나 비강과 같은 조음기관(vocal tract)을 통과하면서 공명(resonance)이 일어나 특정한 주파수 대를 증폭시키면서 형성음(formant)을 가지게 되는 것이다.

1) 아래 음의 분류는 박한상(2007)의 분류를 참조하여 정리한 것이다.

소음에는 자음 중 마찰음이 여기에 속한다. 이 음들은 유성과 무성이 있으므로 [z]나 [ʒ]와 같은 유성음들의 경우 성대의 떨림으로 인하여 주기적인 음을 만들려고 하겠으나 이를 유지할 울림 공간이 없는 관계로 비주기적인 음이 되고 형성음 또한 만들어지지 않는 것이다.

푸리에 분석(Fourier Analysis)

주기적으로 일어나는 복합음을 나타내는 음파가 여러 개의 단순음파로 분석될 수 있음은 프랑스의 수학자인 Joseph Fourier가 1822년에 처음으로 발견하였다. 그래서 이를 푸리에 분석이라고 부른다. 예를 들어 기본 주파수가 100, 200, 그리고 300Hz인 세 개의 단순음이 있다고 하자. 이 음들이 어떻게 합성되어 하나의 복합음을 형성하는가는 아래의 그림에 잘 나타나 있다. 그 방법은 의외로 간단하다. 어떤 시간 x에서 세 그래프에서 일어나는 진폭의 정도를 모두 합하면 되는 것이다. 예를 들면 100Hz가 60dB, 200Hz가 30dB, 그리고 300Hz가 −20dB이라면 이들을 합하면 60+30−20=70dB가 나온다. 이렇게 시간별로 계속하면 주기적으로 일어나는 복합음파가 탄생하게 되는 것이다.

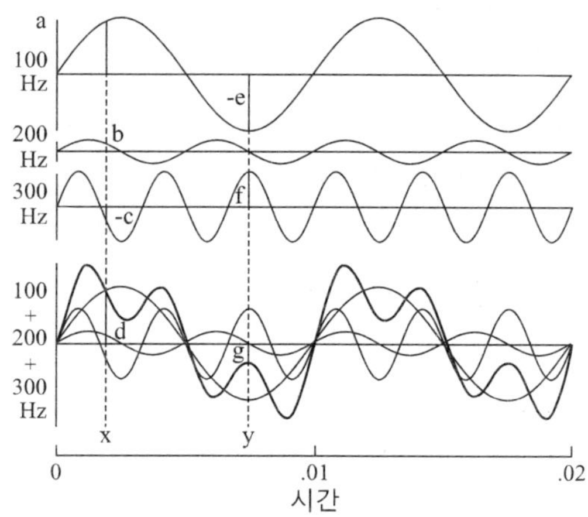

그림 13 | 푸리에 분석: 여러 개의 단순음들이 모여서 어떻게 하나의 복합음이 형성되는지를 잘 보여준다.

아래 그림은 프라트 프로그램에서 주파수가 300과 500Hz인 두 음을 합성하여 분석한 것이다. 기본 주파수가 300과 500Hz인 음들을 합성한 음의 기본 주파수는 각 음의 기본 주파수들의 최대공약수, 즉 300과 500의 최대공약수는 100이므로 100Hz인 음이 탄생하게 된다.

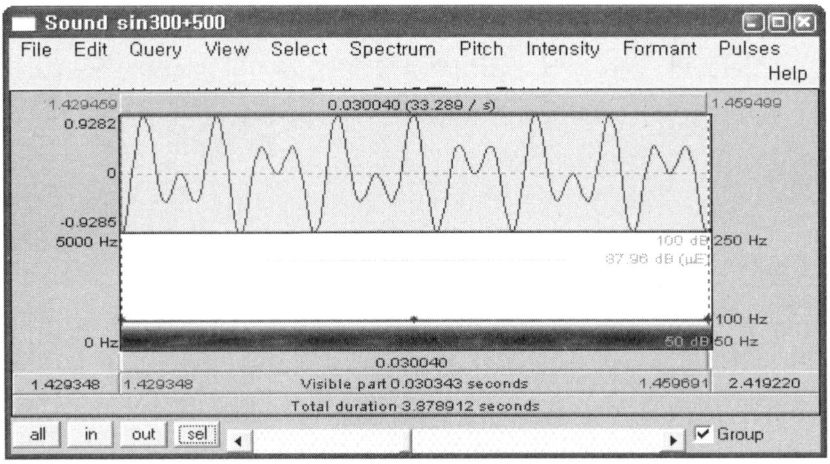

그림 14 | 주파수가 300과 500Hz인 음을 합성한 후 프라트에서 불러와서 분석한 그림. 아래 부분에 피치를 나타내는 선이 이 음의 기본 주파수가 100Hz임을 잘 보여주고 있다.

스펙트럼 분석(Spectrum analysis)

복합음이 여러 개의 단순음을 포함하고 있음은 이미 언급한 바 있다. 그런데 이런 복합음 속에 있는 단순음들을 진폭(amplitude)과 주파수(frequency)별로 분석하여 막대그래프로 보여주는 것이 스펙트럼이다(아래에 설명할 스펙트로그래프와 혼동하지 말 것). 예를 들면 주파수가 각각 300Hz와 500Hz이고 진폭이 각각 30dB와 90dB인 두 음을 합성하면 그림 14와 같이 기본 주파수가 100Hz인 새로운 음이 탄생한다. 이렇게 탄생한 음에는 당연히 주파수가 300과 500Hz인 두 음이 포함되어 있을 것이다. 이를 확인하기 위하여 먼저 단순음들을 각각 스펙트럼분석을 하여 보자.

아래 그림들은 각각 300Hz와 500Hz인 단순음들을 스펙트럼 분석한 그림들이다.

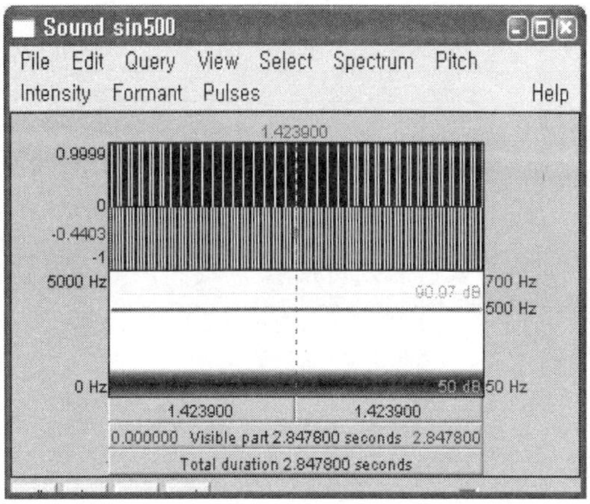

그림 15 | 기본 주파수가 500Hz인 단순음: 아래의 파란 선은 이 음의 주파수가 500Hz임을, 노란 선은 이음의 진폭이 90dB임을 보여준다.

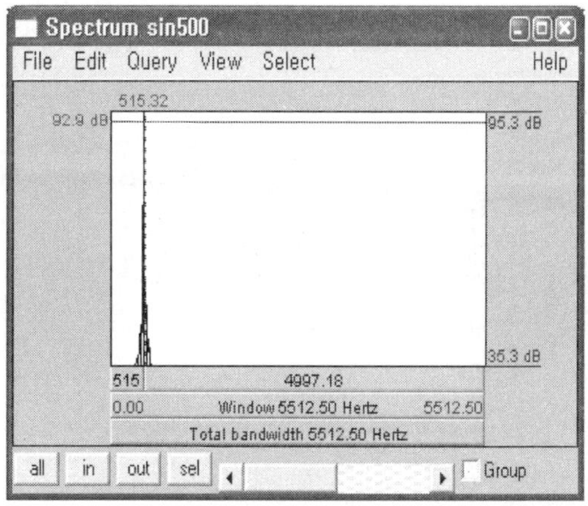

그림 16 | 왼쪽의 음을 프라트에서 스펙트럼 분석한 그림. 이 음이 주파수가 500Hz이고 진폭이 90dB인 단순음임을 잘 보여준다.

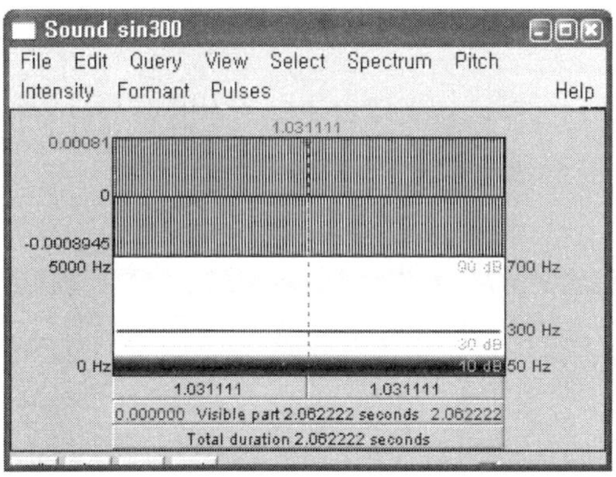

그림 17 | 기본 주파수가 300Hz이고 진폭이 30dB인 단순음.

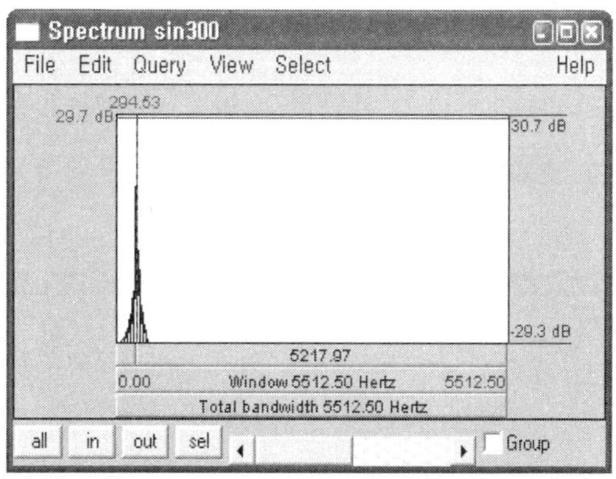

그림 18 | 왼쪽의 음을 프라트상에서 스펙트럼 분석한 그림. 주파수가 300Hz(294.53)이고 진폭이 30dB임을 잘 보여준다.

반면에 합성음의 스펙트럼을 분석하면 몇 개의 어떤 단순음이 합성되었느냐에 따라 스펙트럼상에 음의 수와 종류가 다르게 나타난다. 예를 들면 900Hz와 1200Hz의 두 음을 합성할 경우 스펙트럼 분석에서는 아래 그림처럼 900Hz대와 1200Hz대에서 두 음이 나타나게 될 것이다.

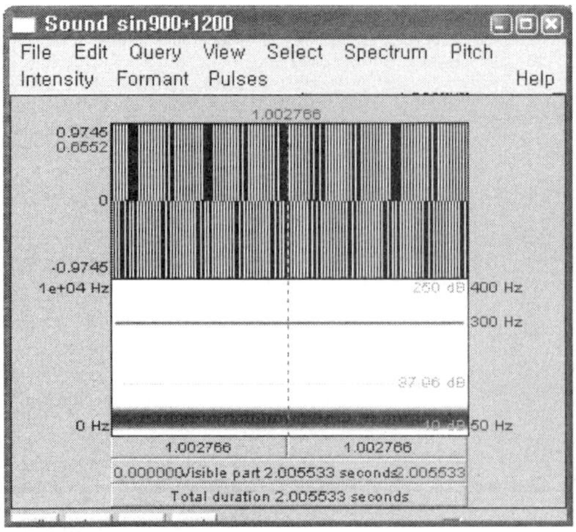

그림 19 | 기본 주파수가 각각 900Hz와 1200Hz인 음을 합성한 것을 프라트로 분석한 그림: 이때 기본 주파수는 900과 1200의 최대공약수인 300Hz가 된다. (아래의 파란 선으로 나타남)

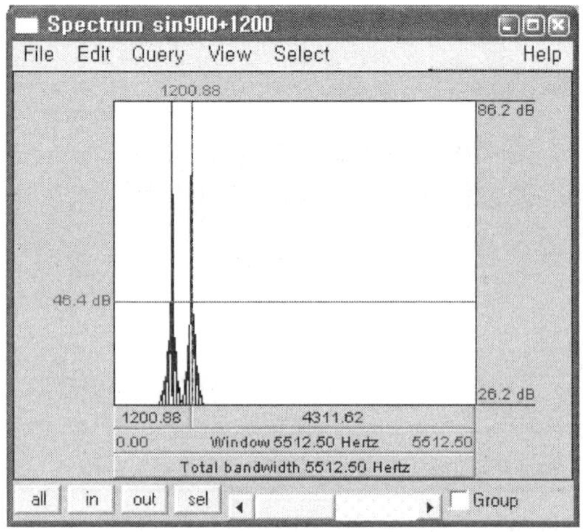

그림 20 | 왼쪽의 음을 프라트상에서 스펙트럼 분석한 그림. 900Hz와 1200Hz의 음들이 들어있다.

그러나 대부분의 복합음은 위의 경우보다 훨씬 더 많은 수의 단순음을 가지고 있다. 아래는 플룻의 소리(C4)를 프라트에서 분석하고 그 스펙트럼을 추출한 그림들이다.

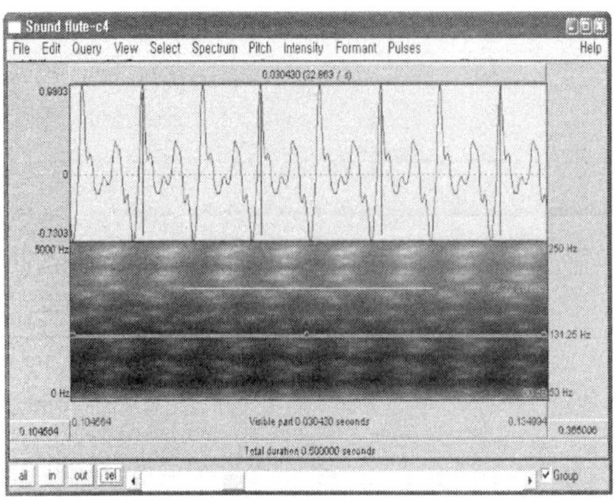

그림 21 | 플룻의 소리 C4를 프라트에서 분석한 모양

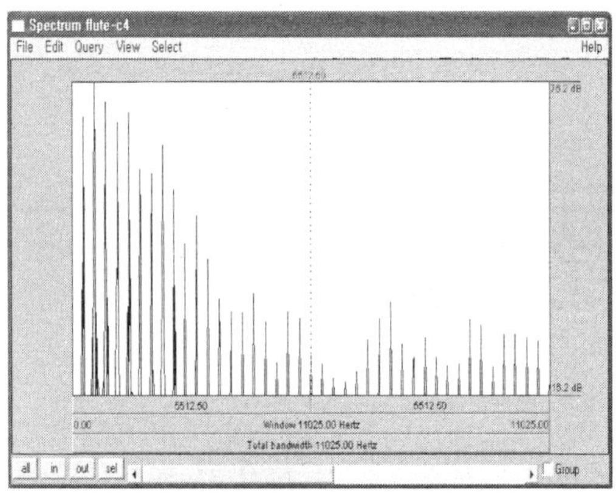

그림 22 | 같은 음을 스펙트럼 분석한 모양. 각 Hz별로 다양한 크기의 음들이 들어있다. 각 Hz대별로 일부분을 선택하여 아래에 있는 가로막대 중 선택한 부분을 클릭하면 그 소리를 들어볼 수 있다.

일단 우리는 여기까지의 논의에서 대부분의 음에는 여러 개의 단순음이 들어있음을 알게 되었다. 그렇다면 말소리도 이러한 여러 개의 단순음으로 되어 있으리라는 점은 쉽게 이해할 수 있다. 다만 말소리에는 이미 첫 장에서 언급하였듯이 악음(tone)과 소음(noise)이 있다고 하였는데 이들 중 주기적인 음은 악음이므로 모음과 같은 악음들은 일단 여러 개의 단순음으로 분석해 낼 수 있을 것이다. 그러나 /s/나 /ʃ/ 같은 소음들은 어떨까? 원론적으로 얘기하자면 이러한 소음들도 여러 개의 단순음으로 되어있다고 보아야 할 것이다. 다만 주기음처럼 여러 개의 단순음들이 모여 있기보다는 모든 주파수의 음들이 연이어 있어서 스펙트럼분석을 하여 보면 위의 그림처럼 각 주파수별로 독립된 막대들이 나타나지 않고 모든 주파수대에서 단순음들이 연속적으로 나타난다. 아래 그림은 소음 /ʃ/를 IPA차트에서 저장하여 프라트로 불러들여서 스펙트럼분석을 하여 본 것이다.

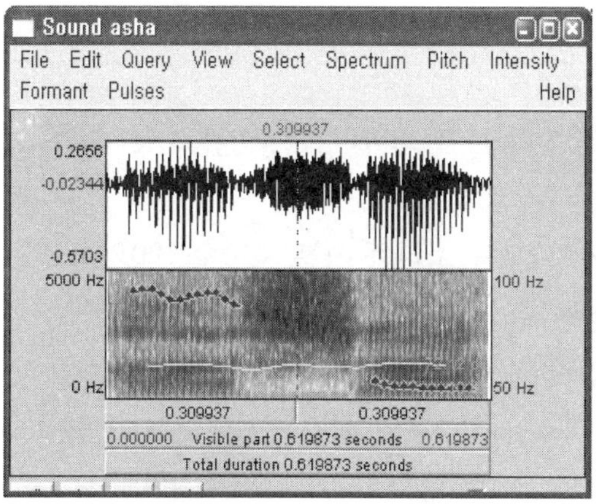

그림 23 | /ɑʃɑ/의 음파와 스펙트로그램: 이 중 가운데에 피치가 나타나지 않는 부분이 /ʃ/에 해당한다.

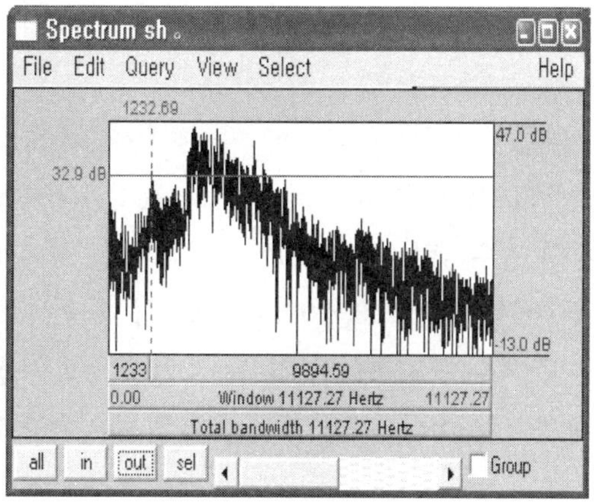

그림 24 | 왼쪽의 그림 중 /ʃ/에 해당하는 부분만 따로 추출하여 스펙트럼분석을 한 그림. 모든 주파수대의 음들이 연속적으로 나타난다.

배음과 공명(Harmonics and Resonance)

일단 기본 주파수가 있는 주기적인 복합음이라면 보통 부가적 음조가 있기 마련인데 이를 배음(**harmonics**)이라 부른다.[2] 배음은 기본 주파수의 정수의 곱에 해당하는 주파수들로서 이들을 차례로 그 정수에 해당하는 번호를 붙여서 2차, 3차, 4차 배음 등으로 불

2) 음악에서는 harmonics 대신 overtone이라는 용어를 쓴다.

러준다. 원칙적으로 배음은 2차부터 시작하여 무한대로 지속된다고 할 수 있으나 차수가 더해질수록 그 진폭이 약하게 되어 크기가 작아지므로 실질적으로 음질에 영향을 주는 배음들은 초기의 배음들이라 할 수 있다.

주기적 복합음의 경우에만 부가적 음조가 있기 마련이라고 위에서 정의하였으나 사실은 주기적인 음이면 모두 배음이 있다고 생각해 볼 수도 있다. 다만 단순음의 경우에는 이러한 배음들이 진폭을 가지고 있지 않아서 스펙트럼에 나타나지 않을 뿐이다. 이러한 생각을 가지고 위에서 분석한 900Hz와 1200Hz의 음이 합성된 복합음을 다시 보자. 이 음의 기본 주파수는 900과 1200의 최대공약수가 300이므로 300Hz가 된다. 이러한 음의 배음은 기본 주파수 300의 정수의 곱인 600, 900, 1200, 1500, 1800 등 각 300Hz씩 차이를 두고서 2차, 3차, 4차 등의 순서로 배음이 있게 되는 것이 원칙이다. 그러나 우리의 스펙트럼분석에서 이 음은 3차인 900Hz와 4차인 1200Hz의 배음만이 존재하는 것으로 나타났다. 그러면 그 외의 배음들은 위에서 언급한 것처럼 모두 진폭이 없어서 나타나지 않은 것으로 보아야 할 것이다.

배음에 대한 개념을 잘 이해하는 것이 중요한 이유는 말소리의 원천이라고 할 수 있는 성대의 떨림에서 나오는 소리도 똑같은 배음을 가지고 있기 때문이다. 예를 들면 보통 남자의 경우처럼 1초에 100Hz로 떨리는 성대에서 나오는 소리는 기본 주파수 100의 n정수곱(100*n), 즉 200, 300, 400Hz 등의 순서로 배음을 갖게 되고 보통 여자의 경우처럼 기본 주파수가 220Hz인 경우는 220의 n정수곱인 440, 660, 880Hz 등의 순서로 배음을 갖게 되는 것이다. 아래 그림은 기본 주파수가 100Hz인 성대음의 배음을 보여주는 그림이다.

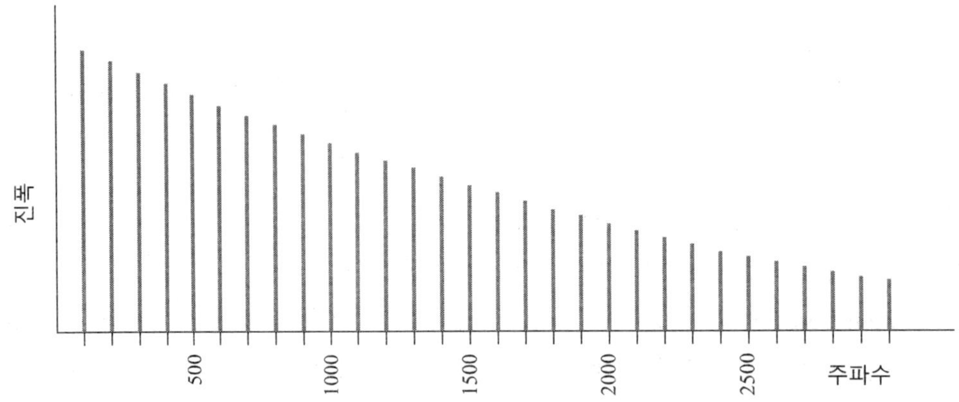

그림 25 | 기본 주파수가 100Hz인 성인남자의 성대음. 100Hz단위로 배음이 들어 있다.

이처럼 말소리에서의 배음은 성대의 떨림에 의해서 결정된다. 그런데 이렇게 일정한 주파수 간격을 두고 수많은 배음을 가지고 있는 음원이 발성기관이라는 관을 통과하면서 어떤 주파수대에서는 증폭이 일어나고 어떤 주파수대에서는 감폭이 일어나서 특유의 소리를 만들어내는 것이다. 이를 **공명(resonance)**이라고 한다.

공명주파수

모든 물체는 그 물체가 가장 자연스럽게 진동하는 주파수를 가지고 있는데 이를 **공명주파수(resonant frequency)**라 부른다. 여러 가지 부피의 병을 불어보면 서로 다른 음들이 나는 이유는 각각의 병들이 가지는 공명주파수가 다르기 때문이다. 마찬가지로 핸드폰이 진동인 상태에서 책상 위에 있을 때 전화가 오면 보통 때보다도 더 큰 소리가 나는데 이는 핸드폰의 진동소리에 그 소리가 책상에 전달되어 나오는 진동음을 함께 듣기 때문이다. 이처럼 소리를 받아들여 공명을 일으키는 물체를 우리는 공명체(resonator)라 부른다.

말소리에 이용되는 성도(vocal tract)도 하나의 관으로 공명체의 역할을 한다. 그런데 공명체는 종류에 따라서 반응하는 음의 영역이 매우 다를 수 있다. 공명체로서 성도의 특징은 책상의 재료인 나무나 병들과는 달리 어떤 주파수는 받아들이면서 키우는 **증폭자**의 역할을 하면서도 그 외의 다른 주파수는 차단 혹은 감폭하는 **필터**의 역할을 동시에 한다는 점이다.

그런데 성도(vocal tract)와 같이 길이가 약 17.5cm인 관에서 일어나는 공명의 특징은 보통 500Hz 부근에서 증폭이 시작되고 높은 주파수로 올라가면서 500의 홀수곱에 해당되는 주파수에서 또한 증폭이 일어난다는 점이다. 이를 그림으로 나타내보면 아래와 같다.

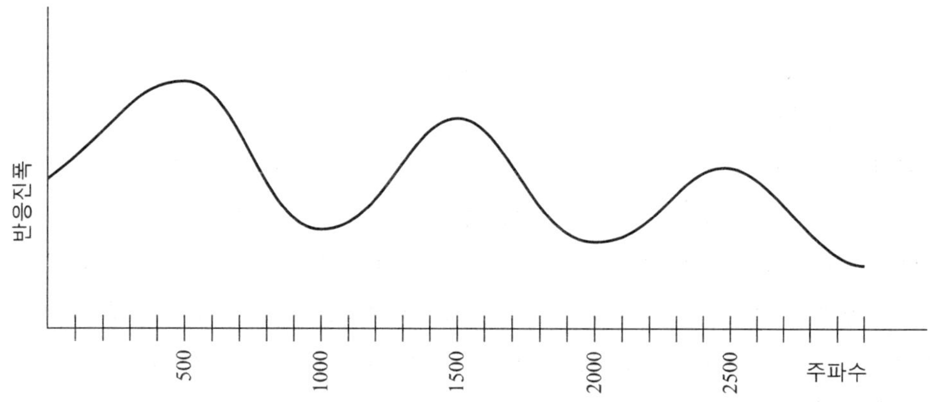

그림 26 | 성도의 공명곡선: 500Hz의 홀수곱인 주파수대에서 증폭이 일어나도록 되어 있다.

그러므로 그림 25의 성대음이 그림 26과 같은 필터를 거치면 아래와 같은 성도의 공명음을 얻게 되는 것이다.

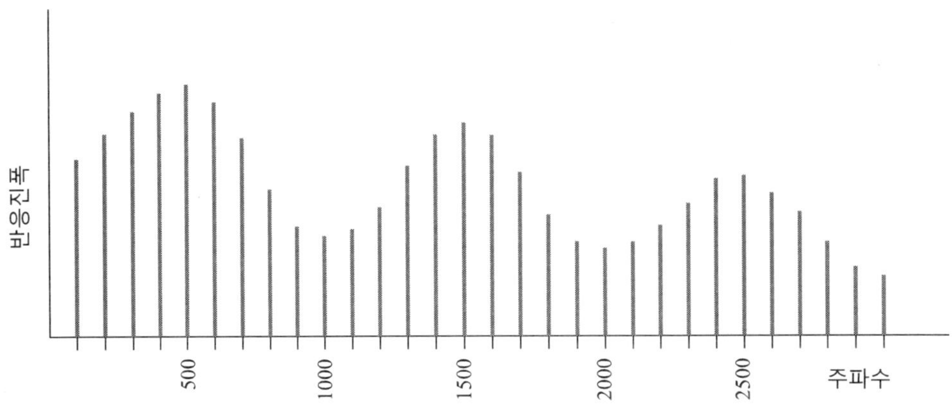

그림 27 | 성대음이 성도의 필터를 거쳐서 발생한 공명음. 주파수가 500, 1500, 2500인 부분에서 증폭이 일어났다.

한편 우리의 발성기관이 클라리넷과 같은 목관악기처럼 일정한 단면을 가진 관의 형태에 가장 가깝게 되는 경우가 sofa의 두 번째 음절에서 나는 모음소리, 즉 schwa의 소리를 낼 때인데 이때의 성도가 바로 위와 같은 공명곡선을 가지게 된다.

형성음(formant)

우리는 이미 위의 그림 27의 스펙트럼이 영어 단어 sofa의 두 번째 음절의 모음인 schwa를 분석할 때 나타나는 스펙트럼에 가깝다고 언급한 바 있다. 이 스펙트럼을 얻게 된 과정을 다시 한번 생각해 보자. 우선 schwa를 발음할 때 성대의 떨림에서 나오는 원음은 사람마다 다른 기본 주파수와 그 배음들을 가진 복합음인데 이 음이 성도라는 공명체를 거치면서 성도가 가장 자연스럽게 공명을 일으키는 주파수인 500Hz와 그 홀수 배인 주파수들인 1500, 2500, 그리고 3500Hz 등의 주파수대에서 증폭이 일어나게 되어 위와 같은 스펙트럼을 가지게 되는 것이다. 여기서 우리가 주목할 점은 기본 주파수는 사람에 따라서 변할 수 있지만 schwa를 발음할 때의 공명체인 성도가 갖는 공명주파수는 항상 일정하다는 것이다. 이 점이 중요한 이유는 사람마다 목소리는 제각각이지만 영어의 schwa 같이 어떤 언어에서 나는 소리를 우리가 같게 인식하는 이유가 바로 이 공명체가 갖는 공명주파수와 그 증폭이 일어나는 주파수대가 일정하다는 것 때문이다. schwa의 경우 우리는 첫 번째 증폭이 500Hz에서 일어났으며, 두 번째는 1500Hz에서 그리고 세 번째는 2500Hz에서 일어났음을 알 수 있는데 이를 가리켜 각각 제1포만트, 제2포만트, 제3포만트라고 부른다. 원칙적으로는 이 포만트도 제4포만트, 제5포만트 등으로 지속될 것이나 이미 언급한 대로 높은 주파수대로 갈수록 그 진폭이 약해지므로 소리를 구분해 내는데는 별 역할을 하지 못한다. 포만트의 주파수는 홀수곱으로 나타난다고 하였으므로 이 공식대로라면 제4포만트는 3500Hz에서, 제5포만트는 4500Hz에서 나타났을 것이다.

스펙트로그래프(Spectrograph)

위의 그림 27과 같은 스펙트럼의 단점은 어떤 한 순간의 소리에 관한 주파수들과 그 진폭을 보여줄 뿐 이 요소들이 시간에 따라 어떻게 변화하는지를 보여주지 못한다는 점이다. 그래서 고안된 것이 음향음성학에서 가장 유용한 음분석 도구의 하나인 스펙트로그래프이다. 요즘은 예전과 달리 컴퓨터 프로그램이 이 기구의 역할을 대신하고 있는데 음을 음향학적으로 기록해내는 도구이다. 이 기록 자체는 스펙트로그램(spectrogram) 혹은 스펙트로그래프(spectrograph)라고 부른다. 보통 스펙트로그램에는 세 가지 요소가 포함되어 있다.

1) 시간: 수평선상에 나타난다.
2) 주파수(frequency): 수직선상에 cps(cycles per second)로 나타난다.
3) 명암도(intensity): 프린트의 흑색농도로 나타난다. 검으면 검을수록 명암도가 높은 것이다. 위의 포만트들은 이 명암도가 일정하게 띠를 이루어 나타나게 된다.

그러면 프라트를 이용하여 영어의 schwa음에 해당하는 스펙트로그래프를 보면서 더 자세히 설명해보자. 그림 28은 IPA의 모음차트에서 schwa음을 프라트로 불러들인 다음 이를 스펙트로그래프로 분석한 것이다.

그림에서 보면 제1포만트가 0에서 1000의 중간 정도, 즉 500Hz 부근에 제2포만트는 1000과 2000의 중간 부근인 1500Hz(이보다 조금 낮긴 하지만)에 그리고 제3포만트는 2000과 3000의 중간인 2500Hz 부근에 그리고 제4포만트는 3000과 4000의 중간인 3500Hz 지점에 나타나고 있음을 알 수 있다. 이 지점들은 바로 위의 그림 27에서 성도의 공명에 의하여 증폭이 일어난 부분과 일치하고 있다(제4포만트는 그림에 포함되어 있지 않지만).

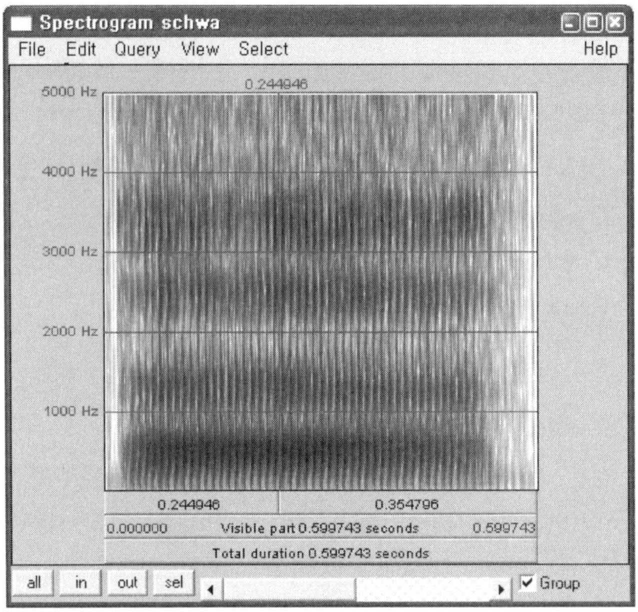

그림 28 | IPA [ə]의 스펙트로그램: 수평으로 검게 나타난 띠가 포만트들이다.

또 하나 주목할 점은 포만트를 나타내는 띠의 검기가 위로 올라갈수록 옅게 나타난다는 점이다. 이는 우리가 위에서 언급한 대로 높은 주파수로 올라갈수록 진폭이 줄어들기 때문이다. 물론 공명에 의하여 증폭이 되긴 하지만 위의 그림에 나타나 있듯이 포만트의 차수가 높아질수록 진폭은 점진적으로 낮아지기 때문이다. 마지막으로 세로상에 보이는 무수히 많은 물결처럼 보이는 까만 선들은 성대의 진동을 나타낸다. 우리가 음파에서 보았듯이 두 성대의 띠가 맞닿았다가 떨어지면서 성도의 공기 압력이 상승과 하강을 계속하게 되므로 이는 자연히 진폭의 변화로 나타나게 되고 음향에너지의 변화로 검고 흰 부분이 반복되면서 위와 같은 띠가 나타나게 된다. 이를 확인해 보려면 위에서 분석한 schwa의 일부분을 선택하여 늘려서 보면 된다.

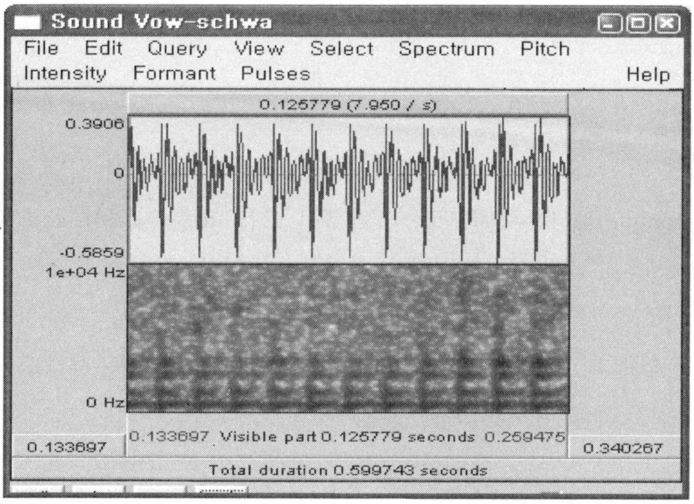

그림 29 | 물결처럼 수직으로 나타난 검은 띠들을 성대의 떨림과 일치하는지 확인하기 위하여 schwa의 일부분을 펼쳐서 본 그림. 음파에서 파란 수직선으로 나타난 성대의 맥박(pulse)이 아래의 검은 띠와 규칙적으로 상응하고 있음을 확인할 수 있다.

모음의 음향음성학

이제 지금까지 배운 음향음성학의 기본 개념들을 토대로 모음의 분석에 들어가 보기로 하자. 이미 언급한 대로 모음은 여러 개의 단순음이 모여 형성된 복합음으로 그 음파가 주기적으로 반복해서 일어난다. 이러한 음파는 스펙트럼 분석을 통하여 하나의 기본 주파수(fundamental frequency; 줄여서 F0라 부름)와 이를 수반하는 여러 개의 배음(harmonics)으로 분석해 낼 수 있다. 기본 주파수는 발성체계(phonatory system), 즉 성대의 떨림(vibration of vocal cords)에서 나온다. 성대가 가늘고 짧으면 주파수가 높고, 굵고 길면 낮다. 반면에 조음체계(articulatory system)는 공명자(resonator)의 역할을 하게 되는데 성도의 모양에 따라 공명이 일어나면서 특정한 주파수대에서 증폭(amplify)되어 형성음(formant)이 만들어지는 것이다.

모음의 질에 따라 형성음의 유형이 달리 나타남은 물론이다. 제1포만트(F1)는 혀의 높이에 의해서 결정된다. 따라서 모음의 간극도가 큰 열린 모음의 F1이 닫힌 모음보다 높게 나타난다. 제2포만트(F2)는 주로 조음점(place of articulation)에 의하여 결정된다. 전설모음(front vowels)이 후설모음(back vowels)보다 F2 값이 높게 나타난다. 제2포만트는 또한 원순(lip-rounding)에 의해서도 영향을 받는다. 원순모음일수록 낮게 나타난다. 제3포만트(F3)는 조음체계와 쉽게 연관시키기 어렵지만 입술(labial)과 연구개(velar)소리, 음의 비음성(nasality), 권설성(retroflexion)과 관련이 있다.

존스의 기본모음과 음향음성학

우리는 5장에서 존스(Jones)의 기본모음(cardinal vowels)이 실제 혀의 위치(articulatory position of the tongue)보다는 1번 모음 /i/와 5번 모음 /ɑ/를 제외하고는 모음 간 청각적 등거리(auditory equi-distance)에 근거함을 언급한 바 있다. 한편 전통적인 모음의 분류는 혀의 높낮이를 기초로 시작되었으나 5장의 그림 6을 복사한 아래 그림 30에서 볼 수 있듯이 기본모음의 실제 혀의 위치와는 잘 맞지 않는다. 그러면 모음 사각도는 무엇을 나타내 주는 것인가 하는 의문이 생길 수 있다.

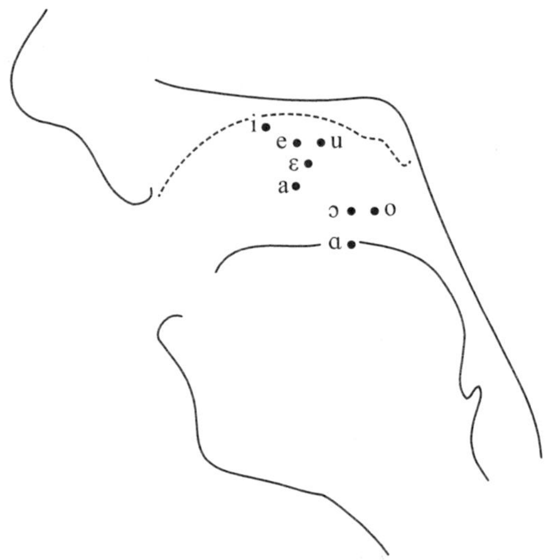

그림 30 | 1차 기본모음의 실제 혀의 위치: 높낮이를 기초로 한 모음의 분류와 맞지 않는다 (Cf. Ladefoged 1993, p.202).

다음 그림 31은 Catford(1988/2001)가 산정한 1차 기본모음(primary cardinal vowels)의 F1과 F2 값(표 2 참조)을 포만트 차트에 기입한 것이다. 그림 30과 비교해 보면 이 차트가 우리가 통상 알고 있는 모음 사각도와 유사하다는 것을 알 수 있다. 이는 모음의 높낮이에 대한 우리의 개념이 조음음성학보다는 음향음성학적으로 더 정확한 것임을 말해 주는 증거이다.

표 2 | 1차 기본모음의 F1, F2 값 계산(Cf. Catford 1988/2001, p.154)

기본 모음	1 [i]	2 [e]	3 [ɛ]	4 [a]	5 [ɑ]	6 [ɔ]	7 [o]	8 [u]
F1	240	390	610	850	750	500	360	250
F2	2400	2300	1900	1610	940	700	640	595

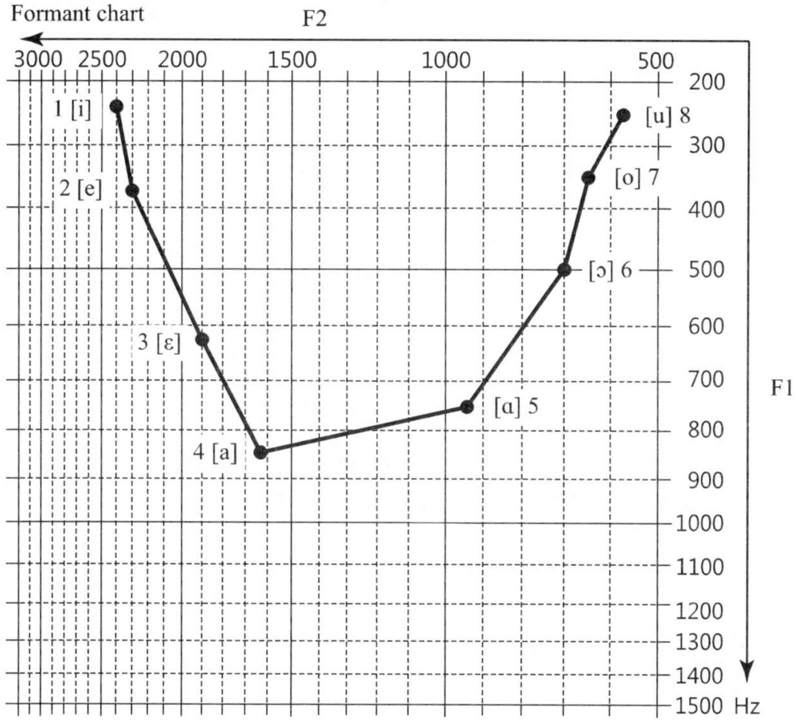

그림 31 | 표 1의 F1, F2 값을 포만트 차트에 기입한 모습: 기본모음 사각도와 비슷해졌다.

기본모음이 실제 혀의 높낮이와는 정확하게 일치하지 않는다는 점은 이미 여러 음성학자들에 의하여 밝혀진 바 있다. 그러면 음성학자들이 통상적으로 산정하는 모음사각도 내에서의 모음의 위치가 무엇을 의미하는지에 대한 의문이 생길 수 있는데 그 의문이 음향음성학에서 밝혀진 것이다. 즉 지금껏 고모음 중모음 저모음 등 모음의 분류에서 사용된 용어들은 실제 혀의 높낮이보다는 청각적 높이를 지칭한다고 보는 것이 정확하다. 존스는 처음 기본모음 체계를 제안할 때 본인의 직관(intuition)에 의지하여 제1기본모음 /i/와 제5기본모음 /ɑ/ 사이에 오는 모음들이 청각적 등거리(auditory equidistance)에 있다는 주장을 폈는데 그의 직관이 음향음성학적인 실험을 통하여 부분적으로 증명된 셈이다.

실습

영어 모음의 음향음성학

아래 그림은 구강 내에서 영어모음의 혀의 가장 높은 점이 실제로 어디에 위치하는지를 보여준다(Cf. Ladefoged 2001, p.115). 한눈에 보아도 혀의 높낮이를 근거로 한 전통적인 분류와는 잘 맞지 않음을 알 수 있다.

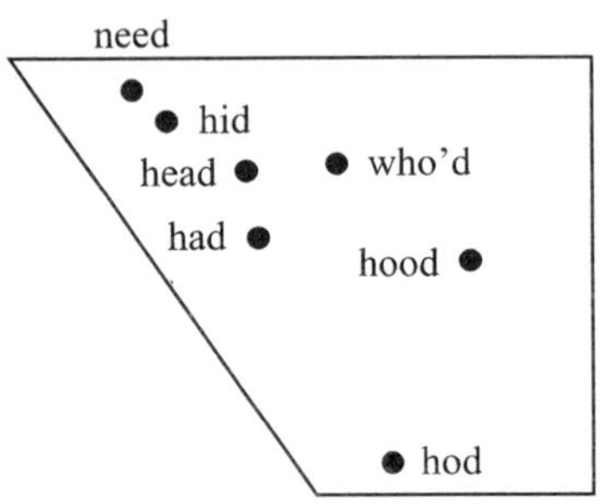

그림 32 | 혀의 가장 높은 점을 근거로 추정한 미국영어 모음 차트: 전설모음군이 후설모음군보다 더 위로 올라가 있다(Cf. Ladefoged 2001, p.115).

반면에 아래 그림은 음성학자들이 청각에 기초하여 통상적으로 찍은 영어모음의 모음 사각도 내 위치이다. 전통적인 높낮이 분류와 비교적 잘 일치하고 있음이 확인된다.

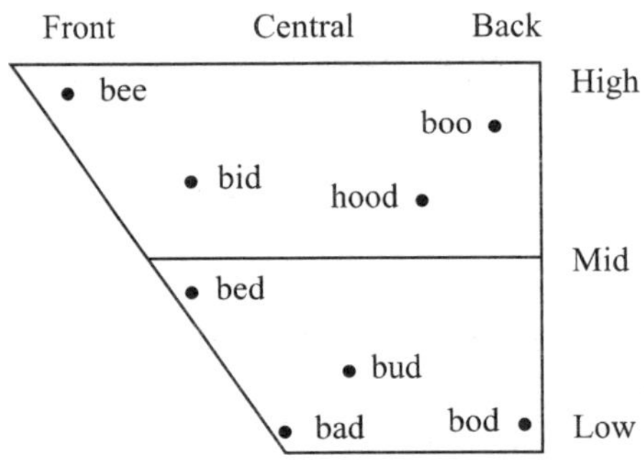

그림 33 | 청각에 기초한 미국영어 모음차트: 전후설 모음 모두 전통적인 모음의 분류와 대체로 일치한다 (Cf. Ladefoged 2001, p.116).

지금까지의 논의대로라면 그림 33은 음향음성학적으로도 의미가 있어야 한다. 아래에 주어진 영어모음의 포만트 값을 그림 34에 있는 포만트 차트에 기입하여 실제로 그림 33과 유사한 결과가 나오는지 확인해 보자.

표 3 | 영어모음의 1, 2차 포만트 값

영어 모음	i	ɪ	ɛ	æ	ɑ	ʌ	ʊ	u
F1	280	400	550	690	710	640	450	310
F2	2250	1900	1770	1660	1100	1190	1030	870

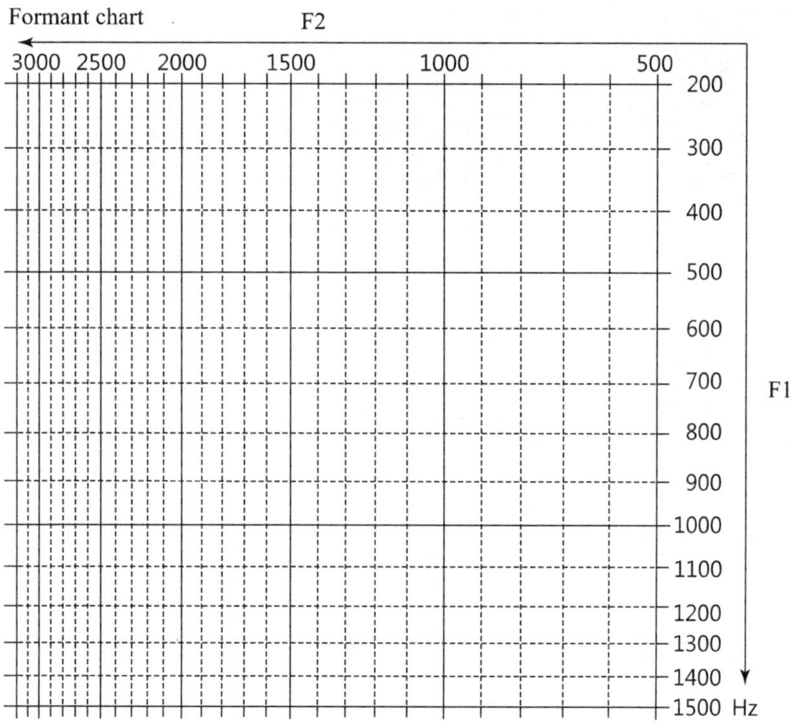

그림 34 | 포만트 차트: 표 3의 포만트 값을 근거로 영어 모음의 위치를 정한 다음 그림 33과 어느 정도 일치하는지 알아본다.

자음의 음향음성학

1) 폐쇄음(stops)

폐쇄음이 폐쇄가 시작되는 closing stage와 폐쇄가 지속되는 hold stage, 그리고 파열이 일어나는 release stage의 삼 단계로 이루어져 있음은 이미 언급한 바 있다. 이 세 단계 중 스펙트로그램상에서 폐쇄음의 특징을 가장 잘 나타내 주는 것은 폐쇄가 지속되는 hold stage일 것이다. 그러나 이 단계는 모든 폐쇄음에 공통적으로 일어나므로 마찰음과 같은 비폐쇄음과의 구분을 위해서는 편리하지만 /p, t, k, b, d, g/ 등과 같은 여러 폐쇄음들을 서로 구별해 내는 데는 별로 도움이 되지 못한다. 이를 위해서는 오히려 폐쇄음이 끝나면서 인접한 모음으로 혹은 모음으로부터 폐쇄음이 시작하는 단계로 전이(transition)해 가는 특징을 주목할 필요가 있다. 예를 들면 아래의 bib, did, gig의 스펙트로그램들은 Webster인터넷 판 사전으로부터 다운받아서 프라트로 분석한 스펙트로그램이다.

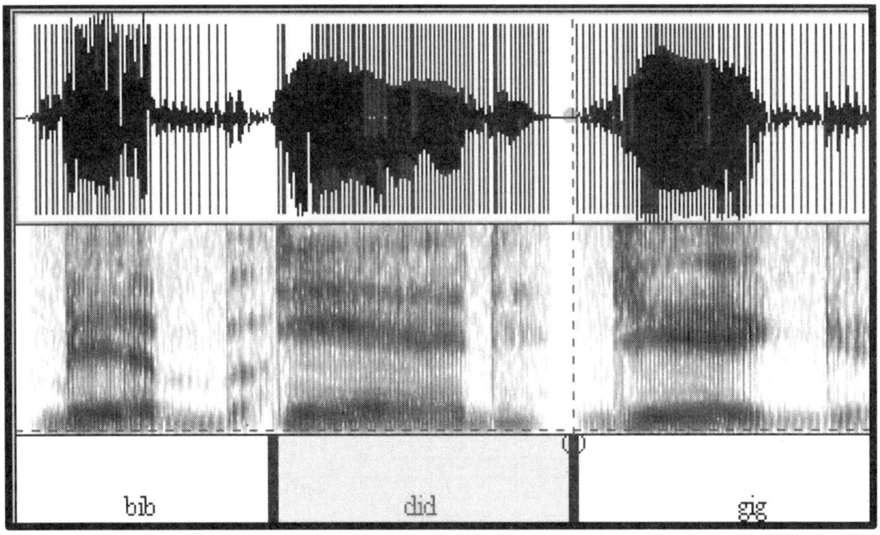

그림 35 | bib, did, gig의 음파 및 스펙트로그램

위의 그림에서 볼 수 있듯이 양순폐쇄음의 가장 큰 특징은 F2와 F3가 평행이면서 모음을 향해서는 올라가는 반면에 모음으로부터 폐쇄음으로 전이가 일어날 때는 내려온다는 점이다. 반면에 연구개폐쇄음의 경우는 F2와 F3가 모음 뒤에서 서로 모인다는 점이다(음향음성학 용어로 'velar pinch'라 부른다). 치조폐쇄음의 경우는 주위에 어떤 모음이 오느냐에 따라 상당히 변화가 많으므로 그 특징을 꼬집어서 기술하기가 쉽지 않다.

2) 마찰음

마찰음의 경우 가장 큰 특징은 소음(noise)이다. 이러한 소음은 모음이나 비장애음의 경우와는 달리 여러 개의 비주기적 파장이 동시에 일어날 때 나타나는 특징이다. 마찰음 중에서도 /s/에 가까운 음들을 가리키는 치찰음(sibilants)의 경우 비치찰음(nonsibilants)에 비하여 소음이 더 강하게 나타나게 된다. 아래의 그림은 프라트에서 ship, sip, zip의 스펙트로그램을 만들어 본 것이다.

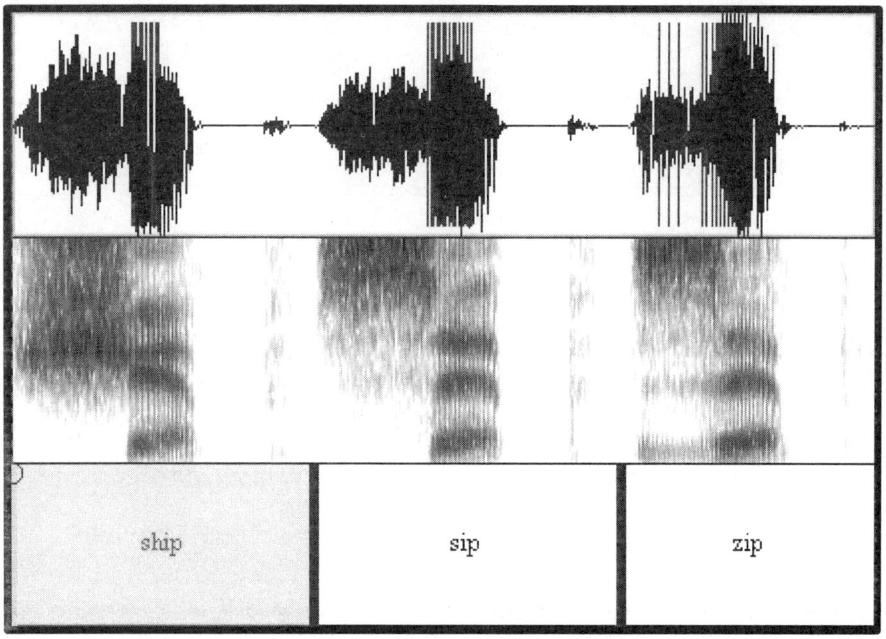

그림 36 | ship, sip, zip의 음파 및 스펙트로그램

위의 그림에서 볼 수 있듯이 /s/와 /z/의 경우 소음이 /ʃ/보다 좀 더 높은 영역에서 나타난다. 반면에 /h/는 소음이 다음에 일어나는 모음의 포만트들과 일치해서 일어나는 특징이 있다. 아래의 그림에서 sigh, shy, high의 첫 음에서 일어나는 소음들을 비교해 보라.

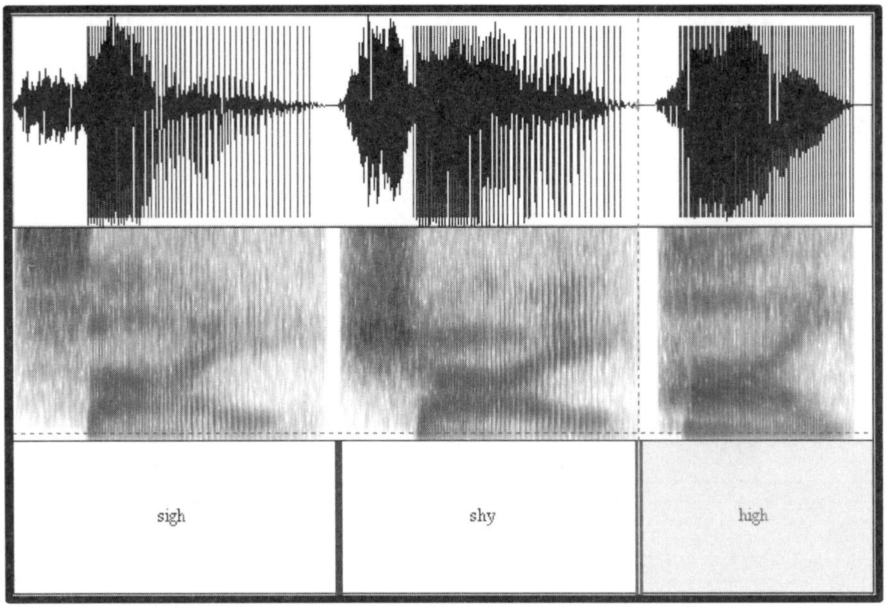

그림 37 | sigh, shy, high의 음파 및 스펙트로그램

반면에 /f, v, θ, ð/와 같은 비치찰음(nonsibilants)은 폐쇄음의 경우처럼 인접한 모음과의 전이형태에서 구분된다. 아래는 fie, vie, thigh, thy의 스펙트로그램이다.

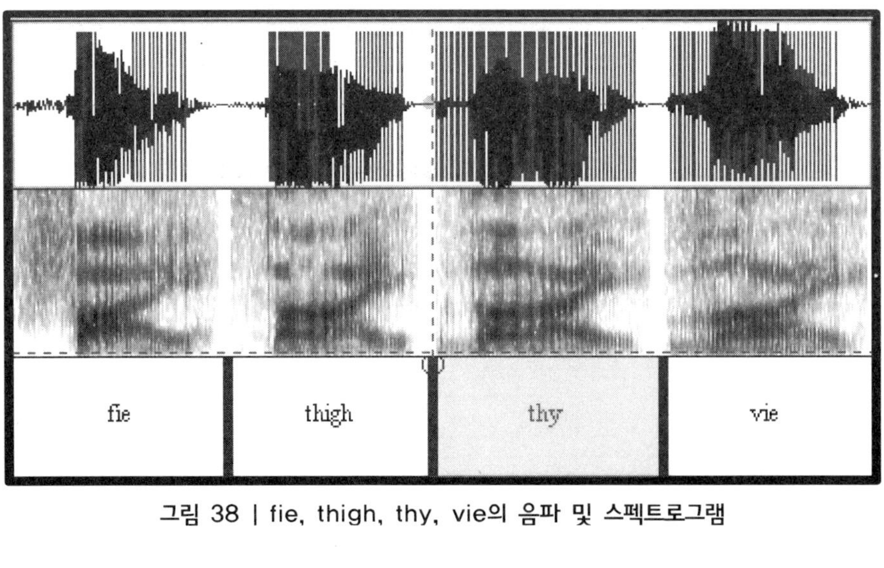

그림 38 | fie, thigh, thy, vie의 음파 및 스펙트로그램

3) 파찰음(affricates)

폐쇄음과 마찰음이 합하여 이루어진 파찰음은 이 두 음의 특징을 함께 보여준다. 아래는 batch와 badge의 스펙트로그램이다.

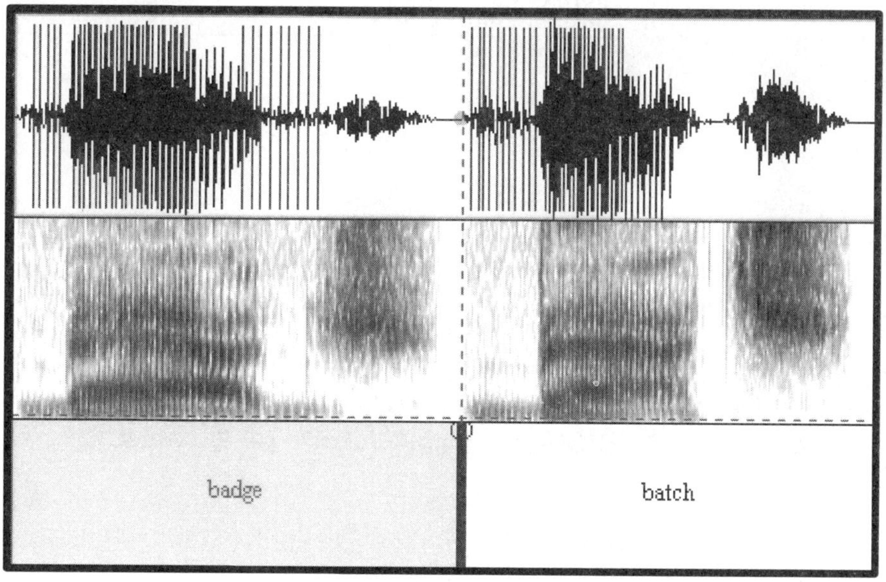

그림 39 | badge, batch의 음파 및 스펙트로그램

4) 장애음에서의 유무성의 구분

스펙트로그램상에서 유·무성의 가장 또렷한 차이는 스펙트로그램의 맨 밑에 막대기처럼 검게 나타나는 **유성막대(voice bar)**의 유무이다. 폐쇄음의 경우 어두에서 유성음이 무성음화하는 경향 때문에 이 막대가 잘 나타나지 않을 수 있다. 그러므로 유·무성 차이를 비교해 보기 위해서는 모음과 모음 사이에서의 차이를 보는 것이 좋다. 아래는 IPA 차트에서 다운받은 [aka]와 [aga]의 음파 및 스펙트로그램이다.

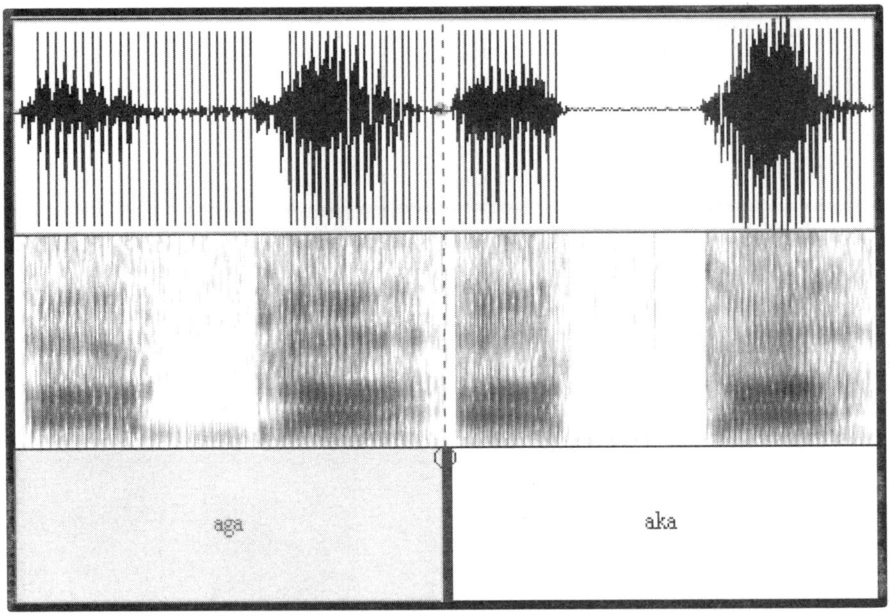

그림 40 | IPA 차트에서 다운받은 [aga]와 [aka]의 음파 및 스펙트로그램

이 그림에서 유성폐쇄음 [g]와 무성폐쇄음 [k]의 차이는 두 가지로 나타난다. 첫째는 상단에 나타난 음파를 보면 [g]의 경우에는 성대의 떨림을 나타내는 펄스가 모음에서부터 시작하여 폐쇄음부분에서도 계속되는 반면에 [k]의 경우에는 폐쇄음 부분에서 같은 펄스가 나타나고 있지 않은 점이다. 둘째는 하단의 스펙트로그램에서 유성폐쇄음의 경우 맨 아래에 유성을 나타내는 검은 막대가 있는 반면에 무성폐쇄음의 경우에는 그런 막대가 나타나지 않는다는 점이다.

5) 공명음(sonorants)

공명음은 모음처럼 공명(resonance)이 일어나서 나는 소리이므로 포만트가 나타난다. 다만 비음(nasals)과 설측음(lateral)의 경우 모음보다도 약하게 나타난다. 반면에 /l/을 제외한 다른 근접음들(approximants), 즉 /w, j, r/의 경우, 모두 포만트가 인접한 모음으로 자연스럽게 전이되어가는 것을 보여준다. 비음들은 폐쇄음의 경우와 마찬가지로 인접한 모음으로 전이에서 각 조음점별로 구분된다. 아래는 ram, ran, rang의 스펙트로그램이다.

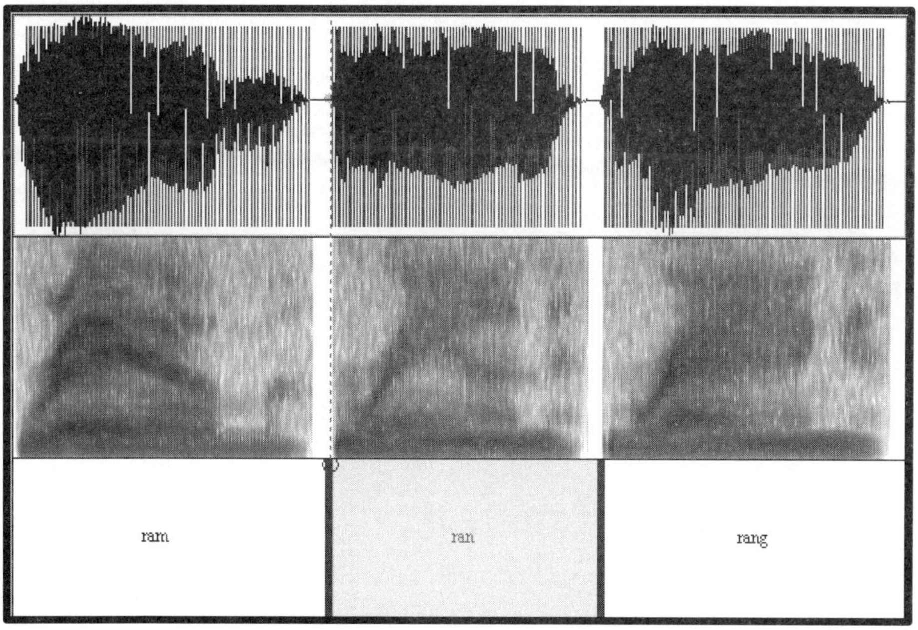

그림 41 | ram, ran, rang의 음파 및 스펙트로그램

실습

clear vs. dark 'l': 음향적 차이 확인하기

clear 'l'과 dark 'l'은 조음시 구강 내 혓몸의 위치 차이로 인하여 포만트에서 다음과 같은 일반적 차이가 있다. 특히 F2 값에서 가장 두드러진 차이가 있는 것으로 알려져 있다.

표 4 | clear 'l'과 dark 'l'의 포만트 차이

formants \ clear vs. dark 'l'	clear 'l'	dark 'l'
F1	low	high
F2	high (1500-2000 Hz)	low (800-1200 Hz)
F3	low	high

m-w.com에서 'feel'과 'leaf'의 음성파일을 다운받아 분석하여 스펙트로그램상에서 영어 /l/의 두 이음소도 비슷한 차이를 보이는지 확인해 보자(영어의 clear 'l'과 dark 'l'의 조음적 차이에 대해서는 7.6.6의 그림 12 참조).

참고문헌

박한상. 《PRAAT: 음성분석 프로그램》. 한빛문화. 2007.

신지영. 《말소리의 이해: 음성학·음운론 연구의 기초를 위하여》. 한국문화사. 2000.

양병곤. 《프라트(Praat)를 이용한 음성분석의 이론과 실제》. 만수출판사. 2003.

전상범. 《영어음성학》. 을유문화사. 1985.

최전승. "국어 움라우트 현상의 유추적 확대와 화용론", 《한국어 방언의 공시적 구조와 통시적 변화》. 도서출판 역락. 2004.

Abercrombie, D. *Elements of General Phonetics*. Edinburgh University Press. 1967.

Catford, J. C. *A Practical Introduction to Phonetics*. Oxford University Press. 1988/2001.

Celce-Murcia, M., D. Brinton and J. M. Goodwin. *Teaching Pronunciation: A Reference for Teachers of English to Speakers of Other Languages*. Cambridge University Press. 1996. 2nd edition published with the help of Barry Griner in 2010.

Denes, P. B and Elliot N Pinson. *The Speech Chain: The Physics and Biology of Spoken Language*. W. H. Freeman and Company, New York. 1993.

Foley, James. *The Wonder of Words*. Abecedarian Book Company, Vancouver, Canada. 1991.

Fromkin, Victoria, Robert Rodman and Nina Hyams. *An Introduction to Language*. International ed. Wadsworth Cengage Learning. 2003.

Gimson, A. C. *An Introduction to the Pronunciation of English*. Fourth Edition. Revised by Susan Ramsaran. Edward Arnold, London. 1989.

Hammond, M. *The Phonology of English: A Prosodic Optimality-Theoretic Approach*. Oxford University Press. 1999.

Hyman, Larry M. *Phonology: Theory and Analysis*. Holt, Rinehart and Winston. 1975.

Kenyon, John S and Thomas A. Knott. *A Pronouncing Dictionary of American*

English (2nd ed.). Springfield, Mass.: Merriam-Webster. 1953.

Kreidler, Charles W. *The Pronunciation of English: The Course Book in Phonology*. Oxford University Press. 1989.

Jones, Daniel and A. C. Gimson. *English Pronouncing Dictionary*. Cambridge University Press. 1977.

Johnson, Keith. *Acoustic and Auditory Phonetics*. 2nd edition. Maldon, MA. 2003.

Ladefoged, P. A. *Course in Phonetics*. 3rd edition. Harcourt Brace Jovanovich. 1993.

Ladefoged, P. A. *Vowels and Consonants*. 2nd edition. Blackwell Publishers. 2001.

Ladefoged, P. and Ian Maddieson. *The Sounds of World's Languages*. Blackwell, Oxford. 1996.

Mackay I. R. A. *Introducing Practical Phonetics*. Little, Brown and Company, Boston. 1978.

Nespor, Marina and Irene Vogel. *Prosodic Phonology*. Foris Publications. 1986.

Prator, Jr. C. H. and B. W. Robinett. *Manual of American English Pronunciation*. Fourth Edition. Holt, Rinehart and Winston, Inc. Chicago. 1985.

Pyles, Thomas and John Algeo. *The Origins and Development of the English Language*. Harcourt Brace Jovanovich. 1993.

Van Lieshout, P. Praat Short Tutorial: *A Basic Introduction. V. 4.2.1.* Unpublished Manuscript. 2003.

Webster's Collegiate Dictionary. Merriam Webster. 1961.

Wells, J. C. *Longman Pronunciation Dictionary*. Longman. 1990.

Wolfram, Walt and Robert Johnson. *Phonological Analysis: Focus on American English*. Center for Applied Linguistics: Washington, DC.

Yavaş, Mehmet. *Applied English Phonology*. 2nd ed. Wiley-Blackwell. 2011.

Zhou, Xinhui, C. Y. Espy-Wilson, S. Boyce, M. Tiede, C. Holland, and A. Choe. 2008. A Magnetic resonance imaging-based articulatory and acoustic study of "retroflex" and "bunched" American English /r/. *Journal of Acoustic Society of America* 123.6: 4466-4481.

인용문헌

법정. ‘겨울 숲’, 《텅빈 충만》. 샘터. 2001.

박완서. 《그 많던 싱아는 누가 다 먹었을까》. 웅진 닷컴. 1992.

Milton, John. Complete Poems. Vol. IV. *The Harvard Classics*. New York: P.F. Collier & Son, 1909-14; Bartleby.com, 2001. www.bartleby.com/4/. Aug. 9, 2016.

Minter, D. (ed.) *William Faulkner: The Sound and the Fury*, A Norton Critical Edition. W.W. Norton & Company, New York, 1987.

Park, Wan-Suh. *Who Ate Up All the Shinga?* Trans. by Yu Young-Nan and Stephen J. Epstein. New York: Columbia Univ. Press. 2009.

찾아보기

ㄹ

ㅁ

ㅂ

ㅅ

ㅇ

ㅈ

ㅎ

기타

부 록

임용고시 서답형 모의문제

아래 문제들은 그동안 가르치면서 직접 만들거나 이미 출제된 임용고시 문제들을 변형하여 시험에 사용한 것들을 모은 것이다. 임용고시가 영어로 답을 쓰도록 하고 있으므로 모두 영어로 작성하였다.

1. Read 〈A〉 and 〈B〉 and answer the questions below. (Text adapted from Dines and Pinson 1963, chapter 1)

〈A〉

A convenient way of examining what happens during speech is to take the simple situation of two people talking to each other. For example, you as the speaker, want to transmit information to another person, the listener. Here is what you do:

a. Arrange your thoughts in the brain, decide what you want to say and then put what you want to say into linguistic form. The message is put into linguistic form by selecting the right words and phrases to express its meaning, and by placing these words in the order required by the grammatical rules of the language.

b. The message thus formulated in the brain gives appropriate instructions, in the form of impulses along the motor nerves, that are sent to the muscles that activate the vocal organs. The nerve impulses thus set the vocal muscles into movement.

c. The movement of the vocal organs then produce minute pressure changes in the surrounding air, generating 'sound waves' that travel through the air between speaker and listener.

d. The pressure changes in the air is received at the ear of the listener, activating the listener's hearing mechanism that eventually produce nerve impulses that reach the listener's brain.

e. A considerable amount of nerve activity is already taking place in the listener's brain, which is modified by the nerve impluses arriving from the ear. This modification of brain activity brings about the speaker's message.

〈B〉

Match the levels with the five stages of speech chain mentioned above:

a. psycholinguistic level: ____________________
b. physiological level: ____________________
c. acoustic level: ____________________

Choose which of the following subdisciplines of phonetics corresponds to the above descriptions:

a. articulatory phonetics: ____________________
b. acoustic phonetics: ____________________
c. auditory phonetics: ____________________

2. Fill in the blank. [2005년 서울/인천 임용고시문제 변형]

The plural suffix -s is pronounced as [əz] in words like *buses, bushes, benches, mazes, rouges*, and *garages*. These words end with the consonants [s, z, ʃ, ʒ, ʧ, ʤ]. These sounds differ with respect to voicing as well as place and manner of articulation. That is, they do not share any articulatory feature. They do, however, have an auditory property in common: they all have a high-pitched hissing sound quality. The high-pitched hissing sound quality is described by using the feature, *sibilant*. These sounds form the natural class of sibilant consonants in English. Using this feature makes it possible to state a generalization. If we state that [əz] occurs in six different situations, we treat the six consonants as if they were a random collection of sounds with no relation to each other. By referring to the natural class, however, we can state the simple generalization as: ____

____

3. Find where /t/ and /d/ can be **flapped** in the following dialogue. (Cf. Celce-Murcia et al. 1996, p.73)

Betty: Peter, what are you doing tonight?

Peter: Nothing exciting, Betty. What about you?

Betty: Well, Sally and I are meeting some students from our class at a restaurant downtown. Can you come?

Peter: What time?

Betty: Oh, about eight o'clock.

Peter: Sounds great! A lot better than eating at home! Thanks for inviting me.

4. Read the following passage and answer the questions below.

[2008년도 1차 전국 임용고시 문제 변형]

The rules of word stress placement in English are complex and have exceptions, but some information such as the grammatical category of the word, the number of syllables the word has, and the phonological structure of those syllables is important in stress placement. Consider the following stress placement rules:

(1) In three-syllable verbs,

① if the final syllable is strong, then it is stressed;

② if the final syllable is weak, then it is unstressed, and stress is placed on the preceding syllable if that syllable is strong.

(2) In three-syllable nouns,

① if the final syllable is weak, or ends with [əʊ], then it is unstressed; if the syllable preceding this final syllable is strong, then that middle syllable is stressed;

② if the second and third syllables are both weak, then the first syllable is stressed.

Note: A strong syllable has a rhyme which either has a syllable peak which is a long vowel or diphthong, or a vowel followed by a coda (i.e., one or more consonants). Weak syllables have a syllable peak which is a short vowel, and no coda unless the syllable peak is [ə].

Write which of the above stress placement rules the following examples belong to.

(a) bonanza _______ (b) resurrect _______ (c) cinema _______
(d) remember _______ (e) embroider _______ (f) algebra _______
(g) entertain _______ (h) aroma _______

5. Read the passage and fill in each blank using phrases from it.

[2007년도 임용고시 서울/인천 변형]

English has a set of principles or rules which allow native speakers to assign stress to the appropriate syllable of a word. The unit of a syllable may contain as its core a long vowel or a short vowel, a monophthong or a diphthong, or one or multiple consonants before or after the core.

Consider the following two-syllable verbs:

ballot	exclude	attract	annoy	divide
abstract	enter	delight	incline	salute
contain	feature	protest	portion	signal

We can see that the stress may fall on either the first or the second syllable. Since stress placement rules usually apply to the final syllable first, compare the underlined rhyme sections of the stressed second syllables with the rhymes of the unstressed counterparts. We notice that the final syllable is stressed when it contains ________①________, ________②________, or ________③________ in its rhyme section. That is, the final syllable is stressed when its rhyme is "heavy" in a sense.

6. Read the following passage carefully and answer the questions below.

[2007년도 임용고시 전국 변형됨]

> It is common that every syllable contains a vowel at its nucleus. However, certain consonants also act as the nucleus elements of syllables in English. Words such as ______(1)______, in which the nasal sound comes after stops or fricatives, show that the nasals are syllabic. But we can't say that nasals become syllabic whenever they occur at the end of a word after a consonant. Words such as ______(2)______, in which the nasal sound comes after a sonorant consonant, show that the nasals are not syllabic. Therefore, the key issue here appears to be the manner of articulation of the consonant preceding the nasal sound at the end of a word.

Which of the following words do you think should belong to the blank (1) above; which words to the blank (2)?

(a) charm (b) chasm (c) film

(d) seldom (e) leaden (f) salon

(1) ______________________________

(2) ______________________________

7. In the following conversations (1) and (2), the meaning of the phrase 'English teacher' is ambiguous. Explain why this is so by referring to the two different stress rules: the compound stress rule and the phrasal stress rule.

[2003년 임용고시 전국 변형됨]

> (1) A: Do you like the English teacher?
> B: Yes, I do. He's French, but he teaches English so well.
>
> (2) A: Do you like the English teacher?
> B: Yes, I do. He's a typical Englishman. But interestingly, he teaches Spanish, not English.

8. Read the following description of assimilation rules in English and answer the questions below. [2010년도 1차 임용고시 문제변형]

> Assimilation, one of the most common phonological processes, comes in two types. One is place assimilation, in which the assimilated sound becomes similar to the conditioning sound in terms of place. The other is manner assimilation, where a sound takes on the manner of articulation from an adjacent sound. In English, these two types of assimilation can be found in the alternations of the negative prefix 'in-,' as shown below.
>
> (1) /in + kouhiərənt/ → [iŋkouhíərənt]
>
> (2) /in + regjələr/ → /irregjələr/ → [irégjələr]
>
> (Note: In (2), after assimilation, degemination occurs, i.e., the two identical consonants are fused into one.)

Which of the following examples belong to 'place assimilation'? Which ones to 'manner assimilation'? Write 'place' or 'manner' in the blanks.

a. /in + ladʒikəl/ 'illogical' ____________

b. /in + mətjuər/ 'immature' ____________

c. /in + rezəlu:t/ 'irresolute' ____________

d. /in + græ̃tətju:d/ 'ingratitude' ____________

e. /in + kərɛkt/ 'incorrect' ____________

9. Read carefully the following paragraph and answer the questions below.

[2009년도 1차 임용고시 문제변형]

> The following rules describe some characteristic features of Standard American English.
>
> (1) The lateral /l/ can be syllabic (i.e. standing as the nucleus of a syllable) following a sequence of a stressed vowel and an alveolar stop (an oral or a nasal stop).
>
> (2) A word-final /t/, /d/ or /n/ may assimilate in place of articulation to a following word-initial bilabial or velar stop, resulting in two identical consonants in some cases. But some features such as voicing and nasality of the consonant remain constant. When place assimilation results in two identical consonants, it is called total assimilation.

For each of the sentences below, indicate where the above rules occur? Underline the parts where the rules occur and then write the number 1) or 2) below the underline. Note that there may be sentences in which neither 1) or 2) applies.

a. Can you pass me the one in the middle?
b. He lost his pet cat yesterday.
c. You excel as a painter.
d. I like the blue soap dish.
e. I will cross the channel by boat.
f. Teachers extol the virtue of honesty.
g. You're a very good boy.
h. I heard that ten cooks went home.

10. Consider the following sentence and answer the questions below.

The blackboard is not necessarily a black board.

What are the content words that occur in this sentence? What are the function words? ______________________________

Now explain how the stress pattern differs in the following two compounds:

blackboard eraser "an eraser for a blackboard"
black board eraser "a board eraser that is black"

Relate your answer to the different **morpho-syntactic (i.e. word or phrase) structures and their meaning difference**. Use the number 1 for primary stress, 2 for secondary stress, and 3 for tertiary stress.

11. Read the passage and then draw the intonation patterns.

> Context 1: Your friend visits your place. After saying usual greetings you ask your fiend:
>
> Would you like some coffee or tea?
>
> Context 2: You are high up in the air in a transpacific flight from Seoul to New York. After a meal, the stewardess begins to serve the drinks for the passengers. You ask for a hot drink. And she responds:
>
> What would you like, coffee or tea?

12. Write what kind of assimilation or assimilations are occurring in the examples given. Choose from the following list:

1) total assimilation
2) partial assimilation
3) progressive assimilation
4) regressive assimilation
5) place assimilation
6) manner assimilation

It is > It's [ɪts]	_______	have to > hafta [hæftə]	_______
Swiss chalet	_______	Give me > Gimme	_______
back and[ŋ] forth	_______	up and[m] back	_______

13. The following is an explanation on poetic meter. Read carefully and answer the questions below.

> Syllabic prosody measures only the number of syllables per line... In syllabic meter stress or accent is usually only a device of embellishment and not a criterion of the basic metrical 'skeleton' of the line. Poetry in the Romance languages and in Japanese is fundamentally syllabic in construction.
>
> In accentual meter, on the other hand, only the accents are measured; **syllables may vary in number, it being assumed that 3 or 4 syllables can be uttered in the same time as 1 or 2.**(1) Most Germanic poetries, including OE, are based on accentual meter, as are most Eng. poems in which the number of syllables varies from line to line.
>
> The third metrical system, the accentual-syllabic, represents really a tightening of the accentual. Here, both number of accents and number of syllables are measured, frequently through the measuring of "feet". **Variations of accent placement, addition, or omission are much more readily "allowed" than variations in number of syllables per line.**(2)
>
> [Excerpted from Alex Preminger (ed.) *Princeton Encyclopedia of Poetry and Poetics*, Princeton University Press, 1974.]

a) It is generally agreed that there are two types of rhythmic pattern in world's languages, the stress-timed and the syllable-timed. Which of these do you think most closely corresponds to the bold, underlined definition numbered (1)?

Answer: The definition numbered (1) most closely corresponds to the rhythmic system of ______________________ languages.

b) Now, look again at the last four lines of Frost's "Stopping by Woods on a Snowy Evening" in light of the above (bold, underlined) statement numbered (2):

> The woods are lovely, dark and deep.
> But I have promises to keep,
> And miles to go before I sleep,
> And miles to go before I sleep.

Do these lines keep the same number of syllables? Write Yes or No: _______

If yes, how many? _____________

How many (iambic) feet are there in each line? __________________

We mentioned that the iambic feet maintains the weak-strong syllabic pattern. If indeed the above lines show what is often called 'iambic quartraine' (meaning that each line consists of four iambic feet), in which of the above lines do you think the "allowances for accent placement, addition, and omission" have occurred? Point out the problematic line and explain the kind of allowances that have occurred:

____

____

____

____

____

c) The above excerpt talks about three types of poetic meter: 1) the syllabic system, 2) the accentual system, and 3) the accentual-syllabic system. To which of these, do you think "Stopping by Woods on a Snowy Evening" by Robert Frost belongs and why? The poem belong to _______________ system because ____

14. Write out the spelling for the following assimilated pronunciations.

Assimilated (pronunciation)	Unassimilated (spelling)
gim mi	______________
hæpm̩	______________
tɛm mi əbau̥t ɪt	______________
aɪŋ gənə kʌm	______________

15. Which of the following words cannot lose the vowel in the first syllable?

correct, police, restless, suppose, garage

16. Consider the following two sentences, which, despite looking similar on the surface, have quite different syntactic as well as accentual pattern.

a. John ran up the bill.
b. John ran up the hill.

What do these two sentences differe syntactically? Answer this question by applying two transformational rules to them: particle movement and pronominalization. Particle movement rule moves the particle 'up' to the end of the sentence. Apply it to the above sentences and show how one of them results in an ungrammatical sentence. (Use asterisk * to indicate an ungrammatical sentence.)

John ran up the bill → (by particle movement) ________________________

John ran up the hill → (by particle movement) ________________________

Next, apply pronominalization of the last noun phrase ('the bill' and 'the hill') to show that the rule results in different word order.

John ran up the bill → (by pronominalization) ________________________

John ran up the hill → (by pronominalization) ________________________

Finally 'up' receives the sentential stress as a content word in one sentence, while it receives no stress in the other, being a function word. Indicate which is which.

'Up' receives stress as a content word in ________________________

'Up' receives no stress, being a function word in ________________________

17. Classify the following pairs of words into three groups according to suffix types:

father-fatherly, photograph-photography, gang-gangster, tatal-totality billion-billionaire, cigar-cigarette

Stress-neutral: ________________ ________________

Stress-nonneutral (i.e. stress-shifting): ________________ ________________

Autostressing: ________________ ________________

18. Match the word on the left with the sentence with the same rhythmic pattern:

1) nationality ______ I'll ask her.

2) guarantee ______ Come to Canada.

3) Alaska ______ We took a vacation.

4) electrification ______ Have some cake.

19. Let's say the following example undergoes Spoonerism. What do you think would be the likely result, and why?

cheap rate: ________________ (Spoonerized)

What does this exercise tell you about the status of /tʃ/ being one segment rather than a consonant cluster consisting of /t/ and /ʃ/?. Use the above example to illustrate your position.

20. Read the following text carefully and fill in the blanks.

In the formation of the regular noun plurals, third person possessive marking, and marking of the third person verb ending in the simple present, sibilants play an important role. In all these events, English has three possible markings, [___], [___], and [___][1), as the pronunciations of the underlined part indicate:

Plural	Possession	Simple present
cats	Jack's	s/he jumps
dogs	John's	s/he runs
buses	George's	s/he catches

All the above can be accounted for by stating one rule:

____

____ 2)

This pattern repeats itself in the contractions with "is" and "has" in connected speech. This again is shown by the underlined parts of following sentences.

Pam's very angry.	Pam's been very angry.
What's your name.	It's been a long time.
Ross is here.	Mitch has been there.

Note particularly the examples in the last line where the actual pronunciation often shows the same contraction even though there is no reduction in the orthography.

21. The tonic accent usually falls on the head of the noun phrase in examples such as the following (* indicates the tonic syllable):

I have a *party to plan I have a *letter to write

But the following sentences are ambiguous, depending on where the tonic syllable is.

Jenny gave Peter instructions to follow. **I don't watch TV typically.**

Explain the ambiguity of the above sentences in relation to two different tonic accent positions. Note: in one of the reading of the second sentence, the adverb 'typically' can be moved to the front, as in 'Typically, I don't watch TV'.

22. Describe what the following words have in common. Note: the phenomenon is related to stress and careful vs. fast speech. Your task is to explain clearly what is happening in these words and why.

camera, aspirin, general, veteran

The same phenomenon also occurs with the word 'temperature'. Transcribe the word when it is pronounced in a careful speech and a fast speech with the latter showing the process that occurs in the above words.

temperature (careful speech): [________________] temperature (fast speech): [________________]

23. Consider the stress positions of the following words and answer the questions below.

medicine, happen, finish

1) Explain why these examples can be problematic with generalization that 'heavy syllables attract stress, and essentially, in English, no stressed syllable may be light.'

2) Now explain how this problem can be remedied by using the concept of 'ambisyllabicity' which maintains that 'a consonant that is (part of) a permissible onset (cluster) is ambisyllabic if it occurs immediately after a short vowel /ɪ, ɛ, æ, ʌ, ʊ, ɔ/ɑ/ that forms the nucleus of a stressed syllable.

24. Read carefully the following text and answer the questions below.

> The processes that are responsible for the contextual variants are almost always assimilation processes. Simply defined, assimilation refers to the influence that one sound may have on another when they are contiguous in time. To exemplify this, let us look at the Korean triplet [s, z, ʃ] we discussed earlier. We saw that /s/ was realized phonetically as [ʃ] before /i/. The change shown here is that a voiceless alveolar fricative becomes a voiceless palato-alveolar fricative. If we think about the area that is relevant for the articulation of [i], we realize that it corresponds to the same area where palato-alveolars are made. In other words, the influence of [i] as a conditioning environment for [ʃ] is, phonetically, very plausible, and indeed not infrequent in languages. Since in this case, the conditioning sound, [i], is after the conditioned sound, the process is said to be an example of a 1)____________

assimilation (the following sound influences the preceding sound; called 2)____________ coarticulation in some books). If the influence comes from the preceding sound on to the following sound, it is termed a 3)____________ assimilation (called 4)____________ coarticulation in some books).

a) Fill in the blanks 1) and 3) with appropriate name indicating direction of assimilation. For the blanks 2) and 4), fill them in with one of the following terms:

perseverative, anticipatory, reciprocal

b) Indicate to which type of assimilation the following examples belong to. Write either 1) or 3).

come first [kʌɱ fɚst] _______ *cat-z [kæts] _______

c) In examples such as 'seven' pronounced as [sɛbɱ], both types of assimilation seem to occur, which is why it is called an example of 'reciprocal assimilation'. Explain why seven [sɛbɱ] is an example of 'reciprocal assimilation'.

25. Read the following statement about the stress patterns of Spanish and English and answer the questions below.

If we consider the English word probability and its cognate Spanish probabilidad, the difference in rhythm becomes rather obvious. Although the words share the same meaning and the same number of syllables, the similarities do not go beyond that. In Spanish, the stress is on the last syllable. Although the remaining syllables are unstressed, they all have full vowels, and the duration of all five syllables is approximately the same. In English, on the other hand, the word reveals a rather different picture. The third syllable receives the main stress (the most prominent) and the first syllable has a secondary stress (second most prominent). The first, third, and last syllables have full vowels, while the second and fourth syllables have reduced vowels. Because of these differences in rhythm, English is said to have a 'galloping' rhythm as opposed to the 'staccato' rhythm of Spanish.

a. Phonetically transcribe the English word 'probability' showing the primary and the secondary stresses as well as the full and reduced vowel, the flap consonant. (4 points: primary and secondary stress for 2 points, vowel reduction for 1 point, and flap consonant for 1 point).

[______________________________]

b. Write which of the two languages, English and Spanish, belongs to syllable-timed rhythm and which to stress-timed rhythm.

English belongs to ________________ rhythm.

Spanish belongs to ________________ rhythm.

c. In rhythmic pattern, which language, do you think, is closer to Korean, Spanish or English?

________________ has the same rhythmic pattern as Korean.

26. Examine the following English data and determine the phonemic status of [ʌɪ] and [aɪ] (i.e. whether they belong to one or two phonemes). Are they in complementary distribution? Do they belong to the same phoneme? If so, which one of the two sounds do you think should be the underlying phoneme? Explain briefly the reasons behind your choice of the underlying phoneme.

nine [naɪn]	rice [rʌɪs]	rise [raɪz]	tight [tʌɪt]
tire [taɪr]	life [lʌɪf]	side [saɪd]	pipe [pʌɪp]
buy [baɪ]	Mike [mʌɪk]		

27. People often talk about two types of free variation: one occurs between two allophones and the other between two phonemes. Let us call the former 'allophonic free variation' and the latter 'phonemic free variation'. Using the following examples explain the difference between these two types of free variation.

Examples:

1) The final stop consonant of 'bake' could be either unreleased or released.
2) Words such as 'economics' could be pronounced as either [ɛkənamɪks] or [ikənamɪks]

28. Note that same word should occur in the blanks 1) and 2) in the following text. What is that word? ______________________

> When the following /r/ is in the same syllable, the vowel takes on some retroflex quality, which is commonly known as 'r-coloring'. When this happens, several otherwise well-established vowel contrasts of English are lost with many speakers of English. For example, the contrast between the two high front vowels /i/ and /ɪ/ seems to disappear in words such as <u>ear</u>, <u>fear</u>, <u>beard</u>, <u>pier</u>, etc. The r-colored production resembles neither /i/ nor /ɪ/; it is somewhere in between. A similar situation can be observed between the two high back vowels /u/ and /ʊ/ in words such as <u>tour</u>, <u>mature</u>, <u>endure</u>, and <u>poor</u>. The r-colored vowel is not identical to either /u/ or /ʊ/. This phenomenon of 1)________________ of contrasts continues with full force in the front and back mid vowel series. For many speakers of American English, the r-colored vowel in <u>Mary</u>, <u>merry</u>, and <u>marry</u> is the same, thus revealing 2)________________ of the contrasts between /e/, /ɛ/, and /æ/.

29. Consider the following three sets of data and then answer the questions below.

A: English past tense:

Set A: *grab* [græb], *grabbed* [græbd]; *hug* [hʌg], *hugged* [hʌgd]]; *faze* [fez], *fazed* [fezd]; *roam* [rom], *roamed* [romd].

Set B: *reap* [rip], *reaped* [ript]; *poke* [pok], *poked* [pokt]; *kiss* [kɪs], *kissed* [kɪst]; *patch* [pætʃ], *patched* [pætʃt]

Set C: *gloat* [glot], *gloated* [glotəd], *raid* [red], *raided* [redəd]

B: Akan:

mɪ pɛ	'I like'	mɪ mpɛ	'I don't like'
mɪ tɪ	'I speak'	mɪ ntɪ	'I don't speak'
mɪ kɔ	'I go'	mɪ ŋkɔ	'I don't go'

C: English nasal and oral vowels:

TABLE 7.1 Nasal and Oral Vowels: Words and Nonwords

Words						Nonwords		
be	[bi]	bead	[bid]	bean	[bĩn]	*[bĩ]	*[bĩd]	*[bin]
lay	[le]	lace	[les]	lame	[lẽm]	*[lẽ]	*[lẽs]	*[lem]
baa	[bæ]	bad	[bæd]	bang	[bæ̃ŋ]	*[bæ̃]	*[bæ̃d]	*[bæŋ]

Note: there could be more than one answer in the following questions.

a) Which of the above illustrate the relationship between morpheme and allomorph? ____________________

b) List all the allomorphs of the prefixes and suffixes that occur in the above data:

____

c) Which of the above illustrate the relationship between phoneme and allophone?____________________

d) List all the allophones that occur in the above data:

____

e) Which of the above illustrate homorganic nasal rule? ___________________

f) Which of the above illustrate complementary distribution? _______________

g) Which of the above illustrate assimilation of place? ___________________

h) Which of the above illustrate assimilation of manner? __________________

I) Which of the above illustrate assimilation of voicing? __________________

j) Which of the above illustrate progressive assimilation? __________________

k) Which of the above illustrate regressive assimilation? __________________

l) Let's say you are teaching middle school students about how to pronounce past tense forms of English verbs. How would you state the rule in simple words. Please write it in English.

30. Read the following conversation and answer the questions below.

[2002년 임용고시 전국 변형]

Inho: Lisa seemed to have much difficulty doing her homework.
James: Oh, did she? She [maytfΘɔ:t] of asking us for help.
Inho: Pardon?
James: I mean I am sorry she didn't think of asking us for help.

1) Write out the words for the pronunciation **[maytfΘɔ:t]:**

She _____________ _____________ _____________ of asking us for help.

2) What phonetic processes have occurred in the pronunciation **[maytfΘɔ:t]?** Write the names of at least two processes: ①_______________ and ② ___________________.

31. Do [ʌj] and [aj] belong to the same phoneme? Answer *yes* or *no* and then give your **reasons**.

bite	[bʌjt]	bide	[bajd]	die	[daj]
rice	[rʌjs]	rise	[rajz]	by	[baj]
ripe	[rʌjp]	bribe	[brajb]	sigh	[saj]
wife	[wʌif]	wives	[wajvz]	rye	[raj]
dike	[dʌjk]	dime	[dãjm]	guy	[gaj]
		nine	[nãjn]		
		rile	[rajl]		
		dire	[dajr]		
		writhe	[rajð]		

웹으로 배우는

영어발음 이론과 실습

지은이　김형수
펴낸이　조경희
펴낸곳　경문사
펴낸날　2016년 9월 1일 1판 1쇄
등　록　1979년 11월 9일 제313-1979-23호
주　소　04057, 서울특별시 마포구 와우산로 174
전　화　(02)332-2004　팩스 (02)336-5193
이메일　kyungmoon@kyungmoon.com
facebook　facebook.com/kyungmoonsa

값 24,000원

ISBN 978-89-6105-427-0

★ 경문사 홈페이지에 오시면 즐거운 일이 생깁니다.
http://www.kyungmoon.com